浙江省普通高校"十三五"新形态教材

浙江省一流本科专业（金融学）建设成果

国际金融
International Finance

佘明龙　主　编

中国财经出版传媒集团

·北京·

图书在版编目（CIP）数据

国际金融 / 佘明龙主编. -- 北京：经济科学出版社，2024.4
浙江省普通高校"十三五"新形态教材
ISBN 978-7-5218-5843-3

Ⅰ.①国… Ⅱ.①佘… Ⅲ.①国际金融-高等学校-教材 Ⅳ.①F831

中国国家版本馆 CIP 数据核字（2024）第 082856 号

责任编辑：杜　鹏　郭　威
责任校对：杨　海
责任印制：邱　天

国际金融

GUOJI JINRONG

佘明龙　主　编

经济科学出版社出版、发行　新华书店经销
社址：北京市海淀区阜成路甲 28 号　邮编：100142
编辑部电话：010-88191441　发行部电话：010-88191522
网址：www.esp.com.cn
电子邮箱：esp_bj@163.com
天猫网店：经济科学出版社旗舰店
网址：http://jjkxcbs.tmall.com
固安华明印业有限公司印装
787×1092　16 开　22.25 印张　520000 字
2024 年 4 月第 1 版　2024 年 4 月第 1 次印刷
ISBN 978-7-5218-5843-3　定价：56.00 元
（图书出现印装问题，本社负责调换。电话：010-88191545）
（版权所有　侵权必究　打击盗版　举报热线：010-88191661
QQ：2242791300　营销中心电话：010-88191537
电子邮箱：dbts@esp.com.cn）

前　言
INTRODUCTION

　　国际金融学是研究国际货币流通与国际资金融通基本规律的科学，其不仅是金融学专业的主干课程，也是经济类专业的必修课程之一。本教材自2004年8月出版和2009年2月修订再版以来，得到许多读者的喜爱。2019年本教材又成功立项浙江省普通高校"十三五"新形态教材。为使本教材既反映国际金融理论与实践的新变化，又符合新形态教材的要求，我们对其进行了全面而系统的修订重写。

　　本次所做的修订重写工作主要体现在"新"，具体包括以下方面。

　　（1）内容新。为反映国际金融理论与实践的新内容、新变化，本次修订重写工作对内容作了大幅修改。第1章按《国际收支和国际投资头寸手册》（第六版）进行了重写；第2章增加了人民币汇率制度改革和人民币自由兑换改革的最新内容；第3章增加了包括米德冲突、丁伯根法则、斯旺模型和蒙代尔模型等在内的政策组合论；第5章对外汇交易的主要规则进行了重新梳理并按最新制度对我国个人实盘外汇买卖规则进行了重写；第8章对欧洲货币体系进行了改写；第10章对国际货币基金组织和世界银行集团进行了改写，增加了国际清算银行和亚洲基础设施投资银行等内容；第11章对"我国的利用外资与对外投资"进行了重写并对国际金融危机的部分内容进行了改写。此外，还对各章数据进行了更新，对各章文字进行了润色，对各章编校错漏之处进行了订正。

　　（2）体例新。为了更好地适应教学的需要和思维逻辑要求，本次修订重写工作对体例作了大幅调整。各章体例按知识认知的思维逻辑进行了重新构造：从了解知识框架与学习目标（知识目标与技能目标）入手，借用导入案例提出问题，通过知识阐述提供理论、方法（穿插扩展阅读和经典人物），然后通过理论提炼（本章小结）复习固化知识，最后运用理论、方法解决问题——复习思考题（包括名词解释、单项选择题、多项选择题、判断题和简答题的知识题以及包括讨论题、案例题的能力题）。

　　（3）形式新。为满足新形态教材内容的呈现要求，本次修订重写工作对教材内容的呈现作了诸多尝试。作为浙江省普通高校"十三五"新形态教材，本教材采用"立方书"形式，将教学微课视频、习题答案等内容以二维码的形式穿插在各部分内容中，以符合知识认知的规律并提高教与学的便利。

本教材修订重写由佘明龙担任主编，杨学昌、李玉双和戴夏晶担任副主编。修订重写分工如下：第1章由佘明龙、薛鸣丰执笔；第2章由杨学昌执笔；第3章由陈燕执笔；第4章由李玉双执笔；第5章由张学峰执笔；第6章由涂序平执笔；第7章由李欣执笔；第8章由戴夏晶、戈越执笔；第9章由曹学芹执笔；第10章由颜晔执笔；第11章由李燕执笔；第12章由王喜执笔；第13章由孙克执笔；全书的增补和重（改）写内容由佘明龙执笔。主编与副主编商定全书修订重写提纲，最后由主编修改并总纂定稿。

本教材的修订重写吸取了国内兄弟院校在国际金融学科建设方面的宝贵经验，借鉴和参考了许多已有教材和论著，在此一并致谢。

由于编者水平有限，加之时间仓促，难免存在疏漏和不足，恳请读者批评指正。

编者

2024年4月

目 录
CONTENTS

第一编　国际金融基础

第1章　国际收支 …… 3
- 1.1　国际收支概述 …… 4
- 1.2　国际收支平衡表 …… 6
- 1.3　国际收支分析 …… 19
- 1.4　国际收支调节 …… 22
- 1.5　国际储备 …… 28

第2章　外汇与汇率 …… 36
- 2.1　外汇 …… 37
- 2.2　汇率 …… 42
- 2.3　汇率的决定基础与影响因素 …… 48
- 2.4　汇率制度 …… 60
- 2.5　外汇管制 …… 78

第二编　国际金融理论

第3章　国际收支理论 …… 95
- 3.1　弹性论 …… 96
- 3.2　乘数论 …… 100
- 3.3　吸收论 …… 101
- 3.4　货币论 …… 104
- 3.5　政策组合论 …… 106

第4章 汇率决定理论 ········ 115
- 4.1 购买力平价说 ········ 116
- 4.2 利率平价说 ········ 120
- 4.3 国际收支说 ········ 124
- 4.4 资产市场说 ········ 127

第三编 国际金融实务

第5章 外汇交易概述 ········ 139
- 5.1 外汇市场 ········ 140
- 5.2 外汇交易及其种类 ········ 146
- 5.3 外汇交易程序与规则 ········ 148

第6章 外汇交易业务 ········ 156
- 6.1 即期与远期外汇交易 ········ 157
- 6.2 套汇与套利 ········ 166
- 6.3 择期与掉期 ········ 169
- 6.4 外汇期货与期权交易 ········ 172

第7章 外汇风险及其防范 ········ 184
- 7.1 外汇风险的概念与分类 ········ 185
- 7.2 外汇风险防范 ········ 189

第四编 国际金融体系

第8章 国际货币体系 ········ 201
- 8.1 国际货币体系概述 ········ 202
- 8.2 国际金本位体系 ········ 205
- 8.3 布雷顿森林体系 ········ 210
- 8.4 牙买加体系 ········ 219
- 8.5 欧洲货币体系 ········ 224

第9章 国际金融市场 ········ 234
- 9.1 国际金融市场概述 ········ 235
- 9.2 国际货币市场和国际资本市场 ········ 239

9.3 欧洲货币市场和欧洲债券市场 …………………………………………… 244

第10章 国际金融机构 …………………………………………………… 255
10.1 国际货币基金组织 ………………………………………………………… 256
10.2 世界银行集团 ……………………………………………………………… 260
10.3 国际清算银行 ……………………………………………………………… 269
10.4 区域性国际金融机构 ……………………………………………………… 271

第11章 国际资本流动 …………………………………………………… 280
11.1 国际资本流动概述 ………………………………………………………… 282
11.2 国际债务 …………………………………………………………………… 290
11.3 国际投资 …………………………………………………………………… 294
11.4 我国的利用外资与对外投资 ……………………………………………… 296
11.5 国际金融危机 ……………………………………………………………… 301

第五编 国际金融创新

第12章 国际金融创新概述 ……………………………………………… 315
12.1 国际金融创新的含义与类型 ……………………………………………… 316
12.2 国际金融创新的内容 ……………………………………………………… 316
12.3 国际金融创新的动因 ……………………………………………………… 319
12.4 金融工具创新——衍生金融工具 ………………………………………… 324
12.5 国际金融创新对世界经济的影响 ………………………………………… 325

第13章 国际金融创新风险管理 ………………………………………… 331
13.1 国际金融创新风险的含义 ………………………………………………… 332
13.2 国际金融创新风险的构成与成因 ………………………………………… 333
13.3 国际金融创新风险的管理 ………………………………………………… 336

参考文献 …………………………………………………………………… 346

第一编

国际金融基础

第1章 国际收支

第1章
国际收支

【知识结构与学习目标】

知识结构	知识目标	技能目标
国际收支	了解国际收支的演变,理解国际收支概念	掌握国际收支的内涵界定和国际收支与国际信贷的联系及区别
国际收支平衡表	理解国际收支平衡表概念,熟知国际收支平衡表内容和记账原则	看懂国际收支平衡表,掌握国际收支平衡表的编制原理
国际收支分析	了解国际收支分析的意义,熟知国际收支分析的方法	学会运用国际收支分析方法对一国国际收支进行简单分析
国际收支调节	了解国际收支失衡实质,熟知国际收支失衡成因及对经济的影响	学会运用国际收支调节手段对一国国际收支状况进行调节
国际储备	了解国际储备的含义,熟知国际储备形式和作用	掌握国际储备总量管理和结构管理方法并加以运用

【导入案例】

2020 年我国的国际收支

2020 年我国经常账户顺差 2 989 亿美元,与同期国内生产总值(GDP)之比为 2%,继续处于合理区间;跨境资金双向平稳流动,国际收支保持基本平衡。一是货物贸易保持较高顺差。2020 年,国际收支口径的货物贸易顺差为 5 338 亿美元。其中,出口同比增长 4%,进口与 2019 年基本持平,均明显好于预期。分季度来看,货物贸易顺差呈现出先降后升的走势:一季度由于新冠疫情暴发,顺差规模明显回落;二至四季度,通过采取有效的疫情防控措施,我国率先复工复产,弥补全球产出缺口,顺差较快恢复。二是服务贸易逆差逐步收窄。2020 年,服务贸易逆差 1 453 亿美元,同比下降 44%。其中,旅行逆差 1 162 亿美元,同比下降 47%,主要是在新冠疫情影响下,跨境出行受限,旅行收支大幅萎缩。三是直接投资延续较高顺差。2020 年,直接投资顺差 1 034 亿美元,同比增长 78%。其中,对外直接投资 1 096 亿美元,同比增长 12%,境内主体对外投资保持理性有序;来华直接投资 2 130 亿美元,同比增长 37%,表明境外投资者看好我国经济长期发展潜力。证券投资项下双向流动更加活跃，对外证券投资和来华证券投资均表现为增长。总体来看，我国正在加快构建以国内大循环为主体、国内国际双循环相互促进的新发展格局，积极促进内需和外需、进口和出口、引进外资和对外投资协调发展，从而有利于我国国际收支保持基本平衡。

资料来源：国家外汇管理局国际收支司. 国际收支分析［J］，中国外汇，2021（5）.

案例思考： 什么是国际收支？影响国际收支的主要因素有哪些？

1.1　国际收支概述

1.1.1　国际收支的内涵

1. 国际收支概念的演变

国际收支最早出现于17世纪初。根据当时的国际经济交易实际，国际收支只是被简单地理解为一个国家的对外贸易差额。其后很长一段时期，一直通行这种观点。到19世纪末20世纪初，随着资本主义国际经济交往的内容、范围不断扩大，特别是国际资本流动的重要性与日俱增，原来的概念显然已不再适用。所以20世纪30年代国际金本位制度崩溃后，国际收支的含义扩展为一国的外汇收支，凡是国际经济交往中必须通过外汇收支进行清算的交易，都属于国际收支的范围。这就是所谓的狭义国际收支概念。第二次世界大战之后，国际收支的概念又有了新的发展，它包括一个国家一定时期内的全部国际经济交易。其不仅包括涉及外汇收支的各种国际经济交易，还包括不涉及外汇收支的各种国际经济交易，如无偿援助、捐赠及清算支付协定项下的记账、易货贸易等。这就是所谓的广义国际收支概念。狭义国际收支是以支付为基础的国际收支，而广义国际收支是以交易为基础的国际收支。现在世界上大多数国家都使用广义国际收支概念。

2. 国际收支概念的界定

国际收支（balance of payments，BOP）是指一个国家或地区的居民与世界其他国家或地区的非居民之间由于贸易、非贸易和资本往来引起的国际资金转移而形成的国际资金收支行为。它包括两种具体的收支形式：直接的货币收支（国际债权债务清算引起的货币收支和非国际债权债务清算引起的货币收支）和以货币表示的资产的转移。2009年国际货币基金组织出版的《国际收支和国际投资头寸手册》（第六版）给出的国际收支定义是：国际收支是某个时期内居民与非居民之间的交易汇总统计表。它具体包括经常账户、资本和金融账户及会计上需要对上述不能相互抵销的交易和变化加以平衡的误差与遗漏等。

要准确理解国际收支概念，应从以下几个方面加以把握。

（1）国际收支反映的数值是一个以期间为基础的流量指标。根据统计学定义，流量是一定时期内发生的变量变动的数值。国际收支是一定时期内居民与非居民之间的交易汇总记录，因此，它是一个流量概念。当人们提及国际收支时，总是需要指明它是属于哪一段时期发生的国际交易。这里的时期可以是 1 年，也可以是 1 个季度或 1 个月，完全根据分析的需要和资料的获得可能来确定。各国（地区）通常以 1 年为报告期。

(2) 国际收支反映的内容是一个以交易为基础的经济交易。国际收支反映的内容是以货币记录的交易（非收支）为基础的国际经济交易。所谓国际经济交易是指经济价值从一个经济体向另一个经济体的转移。根据转移的内容与方向，经济交易可以划分为四类：一是交换，即交易双方对等经济价值标的物（实际资源和金融资产）的交换，包括货物与服务之间、货物服务与金融资产之间及金融资产之间等的交换；二是转移，即交易一方向交易另一方提供经济价值标的物（实际资源和金融资产）的无偿单向转移，包括货物、服务和金融资产等的转移；三是移居，即一个人将住所从一个经济体搬迁到另一个经济体的行为，移居带来的该个体资产负债关系转移引起的两个经济体的对外资产、债务关系的变化；四是推论交易，即居民与非居民之间实际的经济价值流动没有发生，但通过逻辑推论而存在的交易，如国外直接投资收益的再投资，尽管没有发生货物、服务和金融资产等的转移，但由于投资者在海外子公司所获得的投资收益中部分属于居民投资者，所以应该在国际收支中予以反映。

(3) 国际收支记录的交易是发生在居民与非居民之间的交易。因为只有居民与非居民之间的经济交易才是国际经济交易，才会影响一国的国际收支。在国际收支统计中，居民是指在一个国家的经济领土内具有经济利益中心的经济单位。理解居民的关键点在于：①一国经济领土是指该国政府有效实施经济管理的地区，包括陆地区域、领空、领海、在海上领土中属于该国领土的岛屿和世界其他地方的领土飞地。其中飞地是指实际上位于其他国家领土内，由拥有或租赁它们的政府在经过实际领土所在国政府正式同意后，用于外交、军事、科学或其他目的的，有明确界限的陆地区域（如使领馆、军事基地、科学站、信息或移民局、援助机构、具有外交身份的中央银行代表处等）。②具有经济利益中心是指一个单位在一国经济领土内拥有一定的活动场所（如住宅、厂房或其他建筑物），并持续（一年或一年以上）从事一定规模的经济活动，或计划如此行事。③经济单位是指构成一国经济领土内居民的所有机构单位，具体包括家庭和组成家庭的个人以及法定实体和社会团体，如公司和准公司、非营利机构和政府单位。依据上述三点，在所在国从事一年或一年以上经济活动的自然人属于居民；在所在国注册并长期在当地从事经济活动的企业（包括外国独资、合资与合作企业）属于居民；所在国非营利团体属于居民；所在国各级政府机构（包括境外大使馆、领事馆及军事机构等）属于居民。国际性机构如联合国、国际货币基金组织、世界银行等是所有国家的非居民。

1.1.2 国际收支与国际借贷

解读一个国家或地区国际收支概念时,通常要注意国际收支与国际借贷的联系和区别。

国际借贷(balance of international indebtedness)是指在某一时点上的一国居民对外债权债务的汇总。现实世界中,国家与国家之间进行的各种经济交往,如货物、服务、资本的输出输入,多半会产生国际债权债务关系。输出国获得一定的对外债权,输入国则负有一定的对外债务。它具有在某一时点上产生(如货物输入时)和在某一时点上消失(如支付货物价款时)的特点。其与国际收支的区别在于:一是国际借贷反映的是一个国家或地区在一定时点上对外债权债务的综合情况,是一个存量概念;而国际收支则反映的是一个国家或地区在某一特定时期内对外货币收支的综合情况,是一个流量概念。二是国际借贷只包括形成债权债务关系的国际经济交易,范围小;而国际收支则包括一切对外发生的经济交易(包括未体现在国际借贷关系中的赠与、侨汇等无偿转移),范围大。其与国际收支的联系在于:一方面,国际借贷是产生国际收支的原因。一个国家之所以会发生国际收支问题,是因为国际债权债务关系须在一定时期内结算清偿。另一方面,国际收支反作用于国际借贷。国际收支的某些变化会引起国际借贷活动的展开,一国国际收支中资本账户、投资账户差额的历年累积,即为该国国际借贷。因此,两者之间相辅相成、互为因果。

1.2 国际收支平衡表

1.2.1 国际收支平衡表的概念

国际收支平衡表(balance of payments statement)是按照一定的编制原则和格式,系统记录一个国家一定时期内(1年、半年、1季度或1个月)的各种国际收支项目及其金额的一种统计报表,其集中反映一国国际收支的总貌和构成。按照国际货币基金组织章程的要求,各会员国必须定期向其报送本国的国际收支平衡表。为便于各会员国按统一格式和相同指标口径编制报送国际收支平衡表及各会员国之间国际收支状况的比较,国际货币基金组织自1948年首次发布《国际收支手册》以来,先后于1950年、1961年、1977年、1993年和2008年修订发布了新的版本。2008年国际货币基金组织修订发布的《国际收支和国际投资头寸手册》(第六版)(以下简称BPM6)提供了最新的国际收支平衡表的账户分类标准和统一格式,各国可以根据本国具体情况对其进行必要的调整。

1.2.2 国际收支平衡表的编制

1. 编制原理

国际收支平衡表是采用国际通行的复式记账法——借贷记账法编制的。按照借贷记账法"有借必有贷,借贷必相等"记账规则的要求,对每项国际经济业务,既要记录一个(或几个)账户的借方,同时又要记录另一个(或几个)账户的贷方,即"有借必有贷";账户借方记录的金额必然等于账户贷方的金额,即"借贷必相等"。因此,从原理上来说,国际收支平衡表的借方总额与贷方总额必然相等,净差额为零。然而,这仅是形式上的平衡,并不代表国际收支真正平衡。

2. 编制规则

(1) 记账方法。国际收支平衡表采用借贷记账法系统记录国际经济交易。虽然每笔国际经济交易是一国的居民单位与他国的非居民单位之间发生的经济往来,但实际上,国际收支平衡表的会计主体不是该国的任一经济单位,而是作为一个整体的国家,其反映的是国与国之间的交易。

BPM6 提供的国际收支平衡表的账户包括"经常账户""资本账户""金融账户"及一个平衡账户"净误差与遗漏"(我国的国际收支平衡表将"资本账户"和"金融账户"合并为"资本和金融账户")。根据借贷记账法的基本原理,在"经常账户""资本账户"中,借方记录进口、应付初次收入、应付转移和非生产非金融资产的获得;贷方记录出口、应收初次收入、应收转移和非生产非金融资产处置。与经常账户和资本账户不同,在金融账户中,金融资产和金融负债按净额记录(金融资产的净获得额是指增加的资产减去减少的资产,金融负债的净产生额是指增加的负债减去减少的负债;增加的资产和负债记为正号,减少的资产和负债记为负号)。金融负债的净产生额记入借方;金融资产的净获得额记入贷方(见表1.1)。

表1.1　　　　　　　　　国际收支平衡表各分项目记账规则

账户			贷方(+)	借方(-)
经常账户	货物		出口	进口
	服务		输出	输入
	初次收入	雇员报酬	居民短期受雇非居民雇主而获得的报酬	非居民短期受雇居民雇主而获得的报酬
		投资收益	居民拥有非居民金融资产而获得的投资收益	非居民拥有居民金融资产而获得的投资收益
		其他初次收入	居民从非居民国获得的对产品和生产的补贴及自然资源使用租金等	居民向非居民国缴纳的对产品和生产的税收及支付的自然资源使用租金等

续表

账户			贷方（+）	借方（-）
经常账户	二次收入	个人转移	居民住户从非居民住户获得的所有现金或实物的经常转移	非居民住户从居民住户获得的所有现金或实物的经常转移
		其他经常性转移	外国政府转入的现金或实物等	向外国政府转出的现金或实物等
经常账户差额			净盈余或净赤字（出口和应收收入之和 - 进口和应付收入之和）	
资本账户		非生产非金融资产的获得或处置	非生产非金融资产的处置	非生产非金融资产的取得
		资本转移	居民获得非居民提供的资本转移	居民向非居民提供的资本转移
资本账户差额			资本净流入或净流出	
经常账户和资本账户差额			净贷出（+）或净借入（-）	
金融账户		直接投资	金融资产净获得	金融负债净产生
		证券投资		
		金融衍生产品雇员认股权		
		其他投资		
		储备资产		
金融账户差额			净贷出（+）或净借入（-）（资产变化减去负债变化）	
资本和金融账户差额			资本净流入或资本净流出	
净误差与遗漏			经常账户和资本账户差额合计与金融账户差额之差	

根据 BPM6 的规定，国家外汇管理局编制国际收支平衡表时，经常账户和资本账户采用全值方式记录贷方和借方发生额；金融账户采用净额（某类金融资产或负债的增加额减去减少额，而不是资产减去负债）方式对每项金融资产和负债的净变动进行记录。经常账户和资本账户贷方总额与借方总额均记为正数；但金融账户没有使用 BPM6 的符号，仍沿用《国际收支手册》（第五版）（BPM5）的符号，即金融资产净增加用负值表示，净减少用正值表示；负债净增加用正值表示，净减少用负值表示。

（2）记账时间。BPM6 建议采用权责发生制确定交易的记录时间。按照权责发生制在经济价值被创造、转换、交换、转移或消失时，记录国际经济交易，即以所有权变更的时间作为记录时间。据此，国际收支平衡表中记录的国际经济交易包括：①编表时所有权已经转移且全部结清的国际经济交易。②编表时所有权已经转移且已经到期必须结清的国际经济交易。如到期应支付的利息，无论是否实际支付都应记入表中。③编表时所有权已经转移但需要跨年度结清的国际经济交易。如采用预付款或延期付款方式结算的交易。

值得注意的是，由于数据来源所限，部分交易采用收付实现制确定交易的记录时间。如服务贸易、二次收入的部分项目采用国际交易报告系统采集的数据进行记录，其遵循的是收付实现制。

（3）记账价格。BPM6规定国际收支平衡表应按照国际经济交易的市场价格记录。交易的市场价格是指在双方自愿的前提下，买方为获取某物而向卖方支付的货币数额。在市场价格可得的情况下，国际收支交易按市场价格计值记录，但金融资产和负债按市场价格计值记录时应剔除佣金、费用和税金。在无法观测交易的市场价格时，可以利用同等条件下形成的已知市场价格计值记录；在交易的市场价格不存在时，可按其生产要素所决定的成本或按其销售资源可获得的款项测算计值记录。

与海关统计的进出口货物贸易口径不同，国际货币基金组织（IMF）规定进出口货物贸易记入国际收支平衡表时，货物进出口一律采用离岸价格计价。因此，如果实际交易是以到岸价格成交，则要将到岸价调整为离岸价，即用到岸价减去运输和保险费。

（4）记账货币。非金融和金融交易的值与金融资产和负债的原始值可能以各种货币或其他价值标准（如特别提款权）表示，因此，为便于账户项目的汇总统计，编制国际收支平衡表需要确定统一的记账货币并将各种货币或其他价值标准折算为记账货币单位。BPM6建议按照流量发生时的通行汇率对流量进行转换。记账货币可以是本国货币，也可以是外国货币（特别提款权一律视为外币）。我国国际收支平衡表的编制长期采用美元（外国货币）为记账货币。2010年以后，国家外汇管理局同时也编制以人民币为记账货币的国际收支平衡表，2016年开始向公众提供以特别提款权为记账货币的版本。

3. 编制实例

（1）A国一企业出口价值200万美元的设备。

解析：出口意味着本国货物减少应记贷方，出口获得货款意味着存款的增加记借方（净资产增加）。[①]

| 借：金融账户——其他投资——货币与存款 | 200 |
| 贷：经常账户——货物与服务——货物 | 200 |

（2）A国某居民到外国旅游花费了50万美元。

解析：到国外旅游意味着进口国外资源，本国服务增加记借方，支付旅游花费意味着存款的减少记贷方（净资产减少）。

| 借：经常账户——货物与服务——服务 | 50 |
| 贷：金融账户——其他投资——货币与存款 | 50 |

---

① BPM6规定：金融资产和金融负债按净额记录，金融负债的净产生额记入借方；金融资产的净获得额记入贷方。这里考虑到习惯与方便，编制分录仍按借贷记账规则做分录，在表中用＋、－号表示。

(3) A 国某居民将短期受雇国外某公司获得的个人薪金 20 万美元汇回国内。

解析：居民短期受雇国外某公司而获得报酬薪金意味着初次收入增加记贷方，汇回国内意味着存款增加记借方（净资产增加）。

  借：金融账户——其他投资——货币与存款　　　　　　　　　20
   贷：经常账户——初次收入——雇员报酬　　　　　　　　　　20

(4) A 国某企业海外投资获得利润 200 万美元，其中 150 万美元购买当地商品运回国内，50 万美元汇回国内结汇。

解析：A 国某企业海外投资获得利润意味着投资收益增加记贷方，部分美元购买当地商品意味着本国货物增加记借方，企业将剩余美元汇回国内结汇即将外汇卖给政府，本国储备资产增加记借方。

  借：经常账户——货物与服务——货物　　　　　　　　　　　150
    金融账户——储备资产　　　　　　　　　　　　　　　　50
   贷：经常账户——初次收入——投资收益　　　　　　　　　　200

(5) A 国政府动用外汇储备 50 万美元向某国提供无偿援助，另提供相当于 50 万美元的粮食、药品援助。

解析：A 国政府向某国提供无偿援助属于单方面转移性质，意味着二次收入减少记借方，动用外汇储备意味着储备资产减少记贷方，提供实物意味着货物减少记贷方。

  借：经常账户——二次收入　　　　　　　　　　　　　　　　100
   贷：金融账户——储备资产　　　　　　　　　　　　　　　　50
    经常账户——货物与服务——货物　　　　　　　　　　　50

(6) 驻 A 国非政府组织机构从境外总部募集到相当于 10 万美元的纸张、办公用品等捐赠给 A 国希望小学。

解析：从境外总部募集到实物意味着国内货物增加记借方，二次收入增加记贷方。

  借：经常账户——货物与服务——货物　　　　　　　　　　　10
   贷：经常账户——二次收入　　　　　　　　　　　　　　　　10

(7) A 国政府接受 100 万美元投资捐赠，用于道路建设。

解析：接受投资捐赠意味着存款增加记借方，同时资本（资本转移）增加记贷方。

  借：金融账户——其他投资——货币与存款　　　　　　　　　100
   贷：资本账户——资本转移　　　　　　　　　　　　　　　　100

(8) 非居民企业向 A 国居民公司直接投资 200 万美元的股权资本。

解析：向国外直接投资意味着投资资产增加记借方，存款减少记贷方。

  借：金融账户——直接投资——股权和投资基金份额　　　　　200
   贷：金融账户——其他投资——货币与存款　　　　　　　　　200

(9) A 国居民买进非居民企业发行的 100 万美元债务证券。

解析：购买外国债务证券意味着投资资产增加记借方，存款减少记贷方。

借：金融账户——证券投资——债务证券　　　　　　　　　　100
　　贷：金融账户——其他投资——货币与存款　　　　　　　　100

（10）非居民甲公司向 A 国居民发放 100 万美元贷款，A 国居民向非居民甲公司偿还 50 万美元贷款本金。

解析：从国外贷款存入银行意味着贷款增加记贷方，存款增加记借方；用存款归还国外贷款意味着贷款减少记借方，存款减少记贷方。

借：金融账户——其他投资——货币与存款　　　　　　　　100
　　贷：金融账户——其他投资——贷款　　　　　　　　　　100
借：金融账户——其他投资——贷款　　　　　　　　　　　　50
　　贷：金融账户——其他投资——货币与存款　　　　　　　　50

根据上述业务编制 A 国国际收支平衡表（简表）见表 1.2。

表 1.2　　　　　　　　　A 国国际收支平衡表（简表）　　　　　　　　单位：万美元

项目	贷方	借方
经常账户	+480	+310
货物和服务		
——货物	+200① +50⑤	+150④ +10⑥
——服务		+50②
初次收入	+20③ +200④	
二次收入	+10⑥	+100⑤
经常账户差额（贷方减去借方）	+170	
资本账户	+100	
资本转移	+100⑦	
资本账户差额（贷方减去借方）	+100	
净贷出（+）/净借入（-）经常账户和资本账户差额之和	+270	

项目	金融资产的净获得	金融负债的净产生
金融账户	+320	+50
直接投资——股权和投资基金份额	+200⑧	
证券投资——债务证券	+100⑨	
其他投资——货币和存款	20	
	+200①	
	-50②	
	+20③	
	+100⑦	
	-200⑧	

续表

项目	金融资产的净获得	金融负债的净产生
	-100⑨	
	+100⑩	
	-50⑪	
其他投资——贷款		+50
		+100⑩
		-50⑪
储备资产	0	
	+50④	
	-50⑤	
净贷出（+）/净借入（-） 金融资产净获得-金融负债净产生	+270	
净误差与遗漏		

注：数字上标代表对应分录号。

1.2.3 国际收支平衡表的构成

国际收支平衡表包括的内容比较广泛，下面以我国国际收支平衡表为例说明国际收支平衡表的构成。我国的国际收支平衡表是在国际货币基金组织 BPM6 基础上编制而成的，包括经常账户、资本与金融账户和净误差与遗漏等项，见表 1.3。

表 1.3　　2016~2020 年中国国际收支平衡表（缩编）　　单位：百亿元人民币

项目	2016年	2017年	2018年	2019年	2020年
1. 经常账户	12 638	12 685	1 882	7 116	18 709
贷方	163 269	185 304	195 272	202 232	207 187
借方	-150 631	-172 619	-193 391	-195 116	-188 478
1.A 货物和服务	16 976	14 578	6 053	9 173	25 267
贷方	146 177	163 847	175 694	181 617	187 926
借方	-129 201	-149 268	-169 641	-172 444	-162 659
1.A.a 货物	32 490	32 076	25 359	27 180	35 311
贷方	132 324	149 470	160 237	164 760	171 737
借方	-99 834	-117 393	-134 878	-137 579	-136 426
1.A.b 服务	-15 515	-17 498	-19 306	-18 007	-10 044
贷方	13 853	14 377	15 457	16 858	16 189
借方	-29 368	-31 875	-34 763	-34 864	-26 233

续表

项目	2016年	2017年	2018年	2019年	2020年
1.B 初次收入	−3 701	−1 090	−4 038	−2 764	−7 204
贷方	15 042	19 554	17 745	18 828	16 673
借方	−18 743	−20 645	−21 783	−21 592	−23 876
1.B.1 雇员报酬	1 372	1 011	535	214	28
贷方	1 785	1 468	1 193	983	1 016
借方	−413	−456	−657	−769	−988
1.B.2 投资收益	−5 096	−2 131	−4 690	−3 051	−7 340
贷方	13 220	18 040	16 416	17 722	15 481
借方	−18 316	−20 171	−21 106	−20 773	−22 821
1.B.3 其他初次收入	23	30	117	73	108
贷方	37	47	137	123	176
借方	−14	−17	−20	−50	−68
1.C 二次收入	−637	−804	−133	706	645
贷方	2 050	1 902	1 833	1 787	2 588
借方	−2 687	−2 706	−1 966	−1 080	−1 943
1.C.1 个人转移	—	−173	−25	4	28
贷方	—	472	408	278	286
借方	—	−644	−433	−274	−259
1.C.2 其他二次收入	—	−631	−108	702	618
贷方	—	1 431	1 425	1 508	2 302
借方	—	−2 062	−1 533	−806	−1 684
2. 资本和金融账户	1 951	1 212	9 901	1 800	−7 266
2.1 资本账户	−23	−6	−38	−23	−6
贷方	21	15	20	15	11
借方	−44	−22	−58	−38	−17
2.2 金融账户	1 974	1 218	9 939	1 823	−7 260
资产	−15 426	−28 604	−23 873	−18 009	−42 918
负债	17 400	29 822	33 812	19 831	35 657
2.2.1 非储备性质的金融账户	−27 647	7 354	10 976	461	−5 383
资产	−45 047	−22 468	−22 836	−19 370	−41 040
负债	17 400	29 822	33 812	19 831	35 657
2.2.1.1 直接投资	−2 658	1 825	5 987	3 457	6 938
2.2.1.1.1 资产	−14 323	−9 314	−9 465	−9 447	−7 572
2.2.1.1.2 负债	11 664	11 139	15 452	12 904	14 510
2.2.1.2 证券投资	−3 466	1 951	6 966	4 003	5 912

续表

项目	2016 年	2017 年	2018 年	2019 年	2020 年
2.2.1.2.1 资产	-6 858	-6 374	-3 481	-6 181	-11 472
2.2.1.2.2 负债	3 392	8 326	10 447	10 184	17 384
2.2.1.3 金融衍生工具	-359	24	-415	-165	-800
2.2.1.3.1 资产	-433	104	-326	94	-490
2.2.1.3.2 负债	75	-80	-89	-259	-310
2.2.1.4 其他投资	-21 164	3 553	-1 563	-6 834	-17 433
2.2.1.4.1 资产	-23 433	-6 884	-9 565	-3 836	-21 506
2.2.1.4.2 负债	2 269	10 437	8 002	-2 997	4 073
2.2.2 储备资产	29 621	-6 136	-1 037	1 362	-1 878
2.2.2.1 货币黄金	0	0	0	0	0
2.2.2.2 特别提款权	22	-49	2	-34	7
2.2.2.3 在国际货币基金组织的储备头寸	-348	146	-47	-1	-132
2.2.2.4 外汇储备	29 947	-6 233	-992	1 397	-1 753
2.2.2.5 其他储备资产	0	0	0	0	0
3. 净误差与遗漏	-14 589	-13 896	-11 783	-8 916	-11 443

注：计数采用四舍五入原则。

资料来源：中国国际收支平衡表时间序列（BPM6）.国家外汇管理局官网，https：//www.safe.gov.cn/safe/2019/0627/13519.html.

1. 经常账户

经常账户（current account）是记录居民与非居民之间经常发生的经济交易内容的账户，显示的是居民与非居民之间货物、服务、初次收入和二次收入流量。经常账户包括货物和服务账户、初次收入账户以及二次收入账户三个子项。

（1）货物和服务账户。货物和服务账户列示属于生产活动成果的交易项目，主要是居民与非居民之间货物和服务的交换环节。

货物账户是经常账户和整个国际收支平衡表最重要的项目，其记录了一国产品的出口和进口，又称有形贸易账户。BPM6 将货物分为两大类，即一般商品和其他商品。其中一般商品包括经济所有权在居民与非居民之间发生变更的大多数可移动货物；其他商品主要包括转手买卖下的货物净出口和非货币黄金。

服务账户记录服务的输入和输出，又称无形贸易账户。BPM6 中的服务项目包括对他人拥有的实物投入的制造服务（加工服务）、别处未涵盖的维护和维修服务、运输、旅行、建设、保险和养老金服务、金融服务、别处未涵盖的知识产权使用费、电信与计算机和信息服务、其他商业服务、个人与文化和娱乐服务及别处未涵盖的政府货物和服务等。需要注意的是，学生和病人无论在外停留多长时间都被称为旅行者，其开支计入旅行服务项目；旅行服务不包括居民在境外旅行时购买的超过海关限额的贵重物品和耐用消费品；使馆工作人员、驻外军事人员不是旅行者，其开支计入政府服务项目。

（2）初次收入账户。初次收入账户反映的是机构单位因其对生产过程所做的贡献或向其他机构单位提供金融资产和出租自然资源而获得的回报，显示的是居民与非居民机构单位之间的初次收入流量。初次收入可分为两类：一是与生产过程相关的收入。雇员报酬是向生产过程投入劳务的收入，包括现金形式的工资和薪金、实物形式的工资和薪金及雇主的社保缴款。对产品和生产的税收和补贴也是有关生产的收入。二是与金融资产和其他非生产资产所有权相关的收入。财产收入是提供金融资产和出租自然资源所得的回报，主要是指将自然资源交由另一机构单位处置而获得的收入——租金。投资收益是提供金融资产所得的回报，包括股息和准公司收益提取、再投资收益和利息。但是，对金融衍生产品和雇员认股权的所有权不产生投资收益。

（3）二次收入账户。二次收入账户记录居民与非居民之间现金或实物的经常转移，显示收入的再分配。转移是一个机构单位向另一个机构单位提供货物、服务、金融资产或其他非生产资产而无相应经济价值物品回报的交易。现金转移包括一个机构单位向另一个机构单位支付货币或可转让存款而无任何回报；实物转移包括非现金类货物或资产所有权的转移或者服务的提供而未获得具有相应经济价值物品的回报。转移可分为经常转移或资本转移。各种不同类型的经常转移计入二次收入账户，而资本转移计入资本账户。经常转移包括个人转移和其他经常转移。个人转移是指居民住户向非居民住户提供的或从其获取的所有现金或实物的经常转移，因此，无论转出方收入来自何处，也不管住户之间是否有亲属关系，个人转移包含居民和非居民个人之间进行的所有经常转移。根据惯例，住户之间进行的与彩票和其他博彩类型有关的经常转移计入个人转移。其他经常转移包括对所得和财富等征收的经常性税收、社保缴款、社会福利、非寿险净保费、非寿险索赔、经常性国际合作和其他经常转移等。

经常转移尽管不从对方获得货物、服务或资产作为回报，但交易各方均应将转移记入借贷两个方向。对于现金转移，捐赠方记录货币或存款的减少（贷方）并记录应付转移（借方），接受方记录货币或存款的增加（借方）并记录应收转移（贷方）；对于以实物方式免费提供货物或服务，捐赠方记录货物或服务的减少（贷方）并记录应付转移（借方），接受方记录货物或服务的增加（借方）并记录应收转移（贷方）。经常转移削弱了捐赠方的收入和消费能力，并增强了接受方的收入和消费能力。

经常账户各项交易差额的总和被称为经常账户差额，其显示的是出口和应收收入之和与进口和应付收入之和之间的差额（出口和进口是指货物和服务，而收入是指初次收入和二次收入），等于经济体的储蓄——投资缺口。经常账户差额是分析对外不平衡的重要经济总量指标，是预警国际金融危机的先行指标之一。

2. 资本和金融账户

BPM6将资本账户、金融账户分列为与经常账户并列的两大账户，我国编制的国际收支平衡表仍将其归并为资本和金融账户同一大项。

（1）资本账户（capital account）是记录资产所有权国际转移行为的账户，反映所有生产和非生产资产的资本形成，包括居民与非居民之间的非生产非金融资产的取得或处置及居民与非居民之间应收和应付的资本转移。非生产非金融资产取得或处置是指自然资源（包括土地、矿产权、林业权、水资源、渔业权、大气空间和电磁光谱等）和无形资产（包括契约、租约、许可和营销资产等）的取得或处置。资本转移是资产（非现金或存货）所有权从一方转到另一方的转移；或者使一方或双方获得或处置资产的转移；或者债权人减免负债的转移。因非现金资产（非存货）的处置或获得而产生的现金转移是资本转移；无费用的非金融资产（固定资产、贵重物品或非生产资产）所有权的转移和债权人不获得相应价值回报而减免的债务是资本转移；与交易一方或双方获得或处置固定资产相关或以其为条件的现金转移也是资本转移（例如投资捐赠）。生产资产交易记入货物和服务账户，无论这些货物或服务是用于资本性还是经常性目的。

按照借贷记账法原理，居民与非居民之间非生产非金融资产的取得或处置和资本转移应记入借贷两个方向。非生产非金融资产的取得记入资本账户借方，非生产非金融资产的处置记入资本账户贷方，如向使馆出售的土地、租赁和许可的出售。资本转入记录货币或存款增加等（借方）并记录应收资本转移（贷方）；资本转出记录货币或存款减少等（借方）并记录应付资本转移（贷方）。

资本账户差额表示资本转移和非生产非金融资产的贷方合计减去借方合计，顺差代表资本的净流入，逆差则代表资本的净流出。经常账户差额和资本账户差额合计也可列示为平衡项目，表示来自资本账户和经常账户的净贷款（+）/净借款（-），即本国与世界其他经济体之间的净贷款（顺差）和净借款（逆差）。从理论上来说，经常账户差额和资本账户差额合计等于金融账户的净差额，但实际仍会有差异。

（2）金融账户（financial account）是记录涉及金融资产与负债以及发生于居民与非居民之间的交易的账户，反映特定期间内金融资产的净获得和负债的净产生。金融账户包括直接投资、证券投资、金融衍生产品（储备除外）和雇员认股权、其他投资及储备资产。

①直接投资。当一个经济体内的居民投资者通过投资对另一个经济体的居民企业实施管理上的控制或重要影响时，便产生直接投资关系。控制或影响可以直接实现，即通过拥有股权，获得对一个企业的表决权；也可以间接实现，即通过在另一个对该企业具有表决权的企业中拥有表决权。因此，实现控制或影响的方式有两种：一是直接的投资关系，是指投资者拥有股权，并且这种股权使其在直接投资企业中享有10%或以上的表决权。如果投资者在直接投资企业中拥有50%以上的表决权，则认为存在控制；拥有10%~50%的表决权，则认为存在

重要影响。二是间接的投资关系,是指在一个投资者在直接投资企业中拥有表决权,而该直接投资企业又在另外一个(或一些)企业中拥有表决权。

②证券投资。证券投资是指没有被列入直接投资或储备资产的,有关债务或股本证券的跨境交易和头寸。投资基金份额或单位(即由投资基金发行的份额或单位)如果有证券作为证明,并且不是储备资产或直接投资,应列入证券投资。尽管属于可流通工具,但交易所交易的金融衍生产品不列入证券投资,它们被列入单独的类别中。非证券形式的股权(如非公司型企业中的股权)不列入证券投资,而列入直接投资或其他投资。

③金融衍生产品(储备除外)和雇员认股权。金融衍生品是一种基于基础金融工具的金融合约,即一种金融工具。该金融工具与另一个特定的金融工具、指标或商品挂钩,通过这种挂钩,可以在金融市场上对特定金融风险本身(如利率风险、外汇风险、股权和商品价格风险、信用风险等)进行交易。具体可对合约本身进行交易(期权可进行这种交易),也可创建一份新合约,该合约所含风险应与原合约风险相称,以达到对冲目的。雇员认股权作为一种报酬形式,是向公司雇员提供的一种购买公司股权的期权。在有些情况下,发行期权的公司可能是雇员所在经济体之外另一经济体的居民(如用人单位是期权所涉公司的一个分支机构或子公司)。一方面,雇员认股权的定价行为与金融衍生产品类似;另一方面,它们具有不同的性质(包括授予日、归属日安排)和目的(即雇员认股权是为了鼓励雇员为提升公司的价值做贡献,而不是交易风险)。如果授予雇员的认股权可以不受限制地在金融市场上交易,即可列为金融衍生产品。

④其他投资。其他投资是指没有列入直接投资、证券投资、金融衍生产品和雇员认股权以及储备资产的其他股权、货币和存款、贷款(包括基金组织信贷的使用及来自基金组织的贷款)、保险及养老金和标准化担保计划、贸易信贷和预付款、其他应收应付款以及特别提款权分配(特别提款权持有列入储备资产)等。

⑤储备资产。储备资产是指由货币当局控制,并随时可供货币当局用来满足国际收支资金需求,用以干预汇兑市场影响货币汇率,以及用于其他相关目的(如维持对本国货币或经济的信心)的对外资产。其具体包括货币黄金、特别提款权持有、在国际货币基金组织的储备头寸、货币和存款、证券(包括债务和股本证券)、金融衍生产品以及其他债权(贷款和其他金融工具)。货币黄金、特别提款权持有和在基金组织中的储备头寸被视为储备资产,因为它们属于货币当局可以无条件随时使用的资产。货币和存款、证券和其他债权在很多情况下都具有同样的可用性,因此具备储备资产的条件。

与经常账户和资本账户不同,金融账户按净额记录交易,金融资产和金融负债按净额单独列示(即金融资产的净交易额是指资产买进减去资产卖出,而不是资产减去负债)。资产和负债的增加记为正号,资产和负债减少记为负号。

金融账户差额等于资产变化减去负债变化,反映净贷款或净借款的分配和筹措情况。换言之,金融账户衡量的是对非居民的净贷款和净借款是如何获得资金的。资本与金融账户差额是指本国一定时期内对外资本输出入与金融交易收支的汇总差额，反映本国资本输出入与金融产品跨国交易等收支的平衡状态。差额为正值时，表明该国资本与金融资源流入大于流出的净盈余；反之，差额为负值时，该国资本与金融资源流出大于流入的净赤字。

3. 净误差与遗漏

净误差与遗漏是基于会计上的需要，在国际收支平衡表中借贷双方出现不平衡时，设置的用以抵消由于数据来源不同、资料不完整、统计时间不同、计价标准不同及不同币种间换算差额等因素而形成统计偏差的项目。误差与遗漏净额是作为残差项推算的，可按从金融账户推算的净贷款/净借款，减去从经常账户和资本账户中推算的净贷款/净借款来推算。

【扩展阅读1.1】

《国际收支和国际投资头寸手册》（BPM6）的特征

进入21世纪后，经济出现全球化趋势，个体和公司之间产生了更多的经济联系，金融工具细化，移民工及其汇款流量增多，国际服务贸易和汇款量增大，资产与负债问题突出，国际投资头寸、直接投资、外债、证券投资、金融衍生产品和储备资产量不断受到关注。同时，经济全球化背景下新的金融工具涌现，如金融衍生产品、证券化产品、指数挂钩证券和黄金账户等。因此，自2001年起IMF统计部和国际收支统计委员会组织来自全球的经济学家、统计学家着手修订BPM5，历经数年意见甄别和文本修改，2008年7月BPM6正式定稿，11月国际收支统计委员会正式通过BPM6。

BPM6大大弥补了既有国际收支统计核算理论方法的缺陷，解决了彼时国际经济活动新出现的经济现象的统计核算问题，建构了一个严整的统计核算体系，与《国际收支手册》（第五版）（BPM5）相比具有以下特征。

第一，《国际收支手册》（BPM）被易名为《国际收支和国际投资头寸手册》（Balance of Payments and International Investment Position Manual）。IMF组织的专家在研制BPM6的整个过程中始终注意统一性和协调性，力图使BPM6中的概念、范畴、分类、核算表、账户、计算口径、核算方法与《国民经济核算体系》（SNA2008）、《政府财政统计手册》和《货币与金融统计手册》一致，尽可能沿用这些文件中的相同术语，如金融工具、初次收入、二次收入等，并注重阐明其与SNA2008中对应内容的关系。在体例、形式上，BPM6与SNA2008一脉相承，它可以是一个独立的统计核算体系，也可以是SNA2008的一个分账户体系。

第二，比照SNA2008对既有内容进行了修正。BPM6根据各国统计核算实践及新出现的问题，比照SNA2008样式对BPM5的内容进行了修改和增补。如"经济领土"的定义中不再要求人员、货物和资本自由流动；"贸易信贷"改称

"贸易信贷和预付款";金融账户中的"贷方"和"借方"分别被改为"金融资产净获得"和"负债净额";金融账户分录术语被改为"收益再投资";"专用权使用费和特许费"一词被改为"别处未涵盖的知识产权使用费"。BPM6 还取消了所有权变更原则的例外情况;取消了通过加工贸易流量来推定金融账户中贸易信贷项目的做法;变更了加工贸易和转手买卖的处理办法;变更了金融中介服务、证券买卖价差以及保险和养老金服务的计量方法;修改了对地区性支付协议中净债权头寸的处理方法;居民地位发生变化后的个人物品、金融资产和负债不再属于资本转移,遗产被视为资本转移,而不是经常转移;扩展了"非生产资产"一词的外延,使其包括"自然资源""契约、租约和许可""营销资产和商誉";"拖欠"被视为原始资产或负债的补充类别,而不是偿还"原始负债"和产生新的"短期贷款";"养老金权益"被确认为一项金融工具,"特别提款权分配负债"被作为单独一项划入"其他投资",而过去是未对这些负债予以确认的。

第三,对原有内容进行了扩增。如 BPM6 引入了"计价货币""结算货币""过手资金""初次收入""二次收入""个人转移""经济所有权"等术语,并阐述了其意义和用法;阐述了对跨领土企业的处理方法;采用国民账户体系的机构部门分类,对标准组成部分采用简化形式,编制单独的数据对特区进行核算;详细阐述控股公司的部门分类和对土地名义单位的处理方法,并将其应用扩展到长期租赁;对衍生金融工具做了进一步的补充性细分,将"直接投资"分为三类,即直接投资者企业的投资、逆向投资和联属企业之间的投资;讨论了对隔夜存款(或流动账户)的处理方法,讨论了冻结资产;提供了对空头头寸的处理方法;讨论了合并与收购、债务废止、股票回购、一次性担保、债务承担的处理方法;讨论了环境服务、碳补偿与截存、废物处理及废料处理方法,讨论了服务转手买卖的处理方法;增加了对"视听服务"与"货物"界限的阐释,并解释了不同类型的知识产权许可之间的关系,增加了对"博彩服务"的处理方法,澄清了别处未涵盖的"政府货物和服务"的范围等。BPM6 扩增了很多内容,还添加了新附录,这使得其篇幅比 BPM5 扩充了 1 倍,故而内容更详细,解释更全面。因此,它的面世是国际收支统计理论体系发展史上的一个里程碑事件,标志着国际收支统计核算理论与方法走向成熟。

资料来源:李金华. 国际收支统计核算体系的演进脉络及历史贡献[J]. 国外社会科学,2017(5).

1.3 国际收支分析

1.3.1 国际收支分析的作用

国际收支是了解一国对外经济、贸易和金融活动全貌的综合性指标,其收支状况反映了一国的经济实力和国际竞争力。国际收支平衡表是反映和分析一国国际收支状况的主要经济分析工具。因此，国际收支分析主要是对国际收支平衡表各类账户差额及相互关系的分析。国际收支平衡表既是编表国家也是非编表国家进行经济分析的工具。从编表国家来说，它可以利用平衡表逐项分析国际收入的来源与国际支出的去向以掌握本国国际收支的运动规律，还可以制定对策使国际收支状况朝着有利于本国经济发展的方向变化。对于非编表国家来说，它也具有重要的意义与作用。这是因为当今各国在经济、政治等方面的联系日益密切，一国的对外交往及反映这些交往全貌的国际收支状况，都对本国经济的运转具有重要影响，一国为保障自己对外经济交往的顺利发展，必须了解外国的政治经济实力与对外经济政策的动向和世界经济的发展趋势，以便制定正确的对外经济政策。通过对国际收支平衡表的分析，有助于了解他国的经济实力，预测编表国家的国际收支、货币汇率和对外经济政策的动向，以及世界经济与世界贸易的发展趋势。

1.3.2 国际收支分析的方法

国际收支平衡表的分析方法主要包括静态分析法、动态分析法和比较分析法。

1. 静态分析法

静态分析法是指对某国在某一时期（1年、1季度或1个月）国际收支平衡表的有关项目收支额、差额及原因进行分析的一种方法。具体来说就是计算和分析平衡表中的各个项目收支额及差额，分析各个项目收支额、差额形成的原因与对国际收支总差额的影响，从而找出国际收支总差额形成的原因。需要指出的是：在分析各个项目的收支额、差额形成的原因时，还应结合其他有关资料，进行综合研究。这是因为各个项目的收支额、差额形成的原因是多方面的，只利用单一资料不能全面掌握和认识其实际情况。

2. 动态分析法

动态分析法是指对某国若干连续时期的国际收支平衡表进行分析的方法。动态分析的必要性在于，一国某一时期的国际收支往往是同以前的发展过程相联系的。因此，在分析一国的国际收支时，需要将静态分析和动态分析结合起来。对各个项目收支额、差额以及总差额的分析，都要坚持这样的原则。

3. 比较分析法

比较分析法是指对一国若干连续时期的国际收支平衡表进行纵向比较分析或对不同国家相同时期的国际收支平衡表进行横向比较分析的方法。不同国家间国际收支平衡表的横向比较分析较为困难，因为各国的国际收支平衡表在项目的分类与局部差额的统计上不尽相同，从而难于比较。利用 IMF 的资料有助于克服这一困难，因为它公布的若干主要指标都是经过重新整理后编制的，统计口径一致，具有可比性。但是，这些资料较为粗略。

不难理解，动态分析法和比较分析法都是以静态分析法为基础的。

1.3.3　国际收支分析的内容

国际收支分析的内容主要是指分析国际收支平衡表中的各个项目收支额及差额形成的原因及对国际收支总差额的影响，从而找出国际收支总差额形成的原因。按照传统习惯和国际货币基金组织的做法，国际收支分析的主要内容具体包括以下几点。

（1）关于经常账户中贸易收支的分析，我们知道，一国贸易收支出现逆差或顺差，是多方面因素共同作用的结果。其中主要有：经济周期阶段的更替；财政货币政策的变化所决定的总供给与总需求对比关系的变动；气候等自然条件的变化；国际商品市场的供求关系的变化；编表国家出口商品的质量和生产成本的高低；编表国家货币的汇率水平与通货膨胀程度高低。结合这些因素进行分析，有助于了解该国贸易收支差额形成的原因。

（2）关于经常账户中初次收入的分析，由于劳务收支反映该国有关行业发达程度及其消长状况，而投资收益高低除决定于该国输出输入资本的多寡以外，还受有关国家经济形势与金融政策等方面的影响，我们在分析这两项收支时，必须收集和利用这些辅助性资料。

（3）关于经常账户中二次收入的分析，较为复杂的是官方转移收支的分析。官方转移收支包括经济援助与军事援助收支。但是，有些国家对军事援助和经济援助不作明确的划分，甚至还用各种手法掩盖真实情况，这会使这方面的分析发生困难。参阅其他有关资料，是解决这一问题的唯一办法。此外，在分析官方转移收支时，除考察具体数字外，还应考察其转移方向、影响和效果，以把握实质。

（4）关于资本与金融账户中长期资本的分析，长期资本包括直接投资、证券投资、贷款、延期收付款信用和国际租赁等。一般来说，前三项是该账户的主要部分，分析直接投资对分析跨国公司具有重要意义，证券投资和贷款则反映对外债权和债务的关系变化。分析长期资本，除应注意流量与结构之外，还应从经济、金融与政治的角度分析其影响与后果。

（5）关于资本与金融账户中短期资本的分析，短期资本包括银行、地方和部门借款，延期收付款及其他资本往来项目。20 世纪 90 年代以后，短期资本在国际的流动速度与规模都加大了，它不仅影响着国际汇率的变化，而且也对一个国家的经济、金融稳定产生越来越重要的影响。分析短期资本应着重研究短期资本在国际转移的数量、方向与方式。

（6）关于资本与金融账户中储备资产的分析，重点是国际储备资产的结构变化，其中主要是外汇储备的变化，因为黄金储备、在国际货币基金组织的储备头寸与特别提款权的数量一般很少变动或不变动。

1.4 国际收支调节

1.4.1 国际收支失衡的标准

如前所述，国际收支平衡表是按照会计学的借方与贷方相互平衡的复式簿记原理编制的，因而借方总额与贷方总额是相等的，其差额必为零。但这是人为形成的、账面上的平衡，并非真实的平衡。那么，如何判断一国的国际收支是否平衡呢？

西方经济学家按照交易的性质，把国际收支平衡表的各个项目划分为两种类型：一种是自主性交易（autonomous transactions），又称事前交易（ex-ante transactions），它是经济实体或个人出自某种经济动机和目的（如追求利润、降低风险、资产保值、逃避管制和投机等）独立自主进行的国际经济交易。自主性交易具有自发性，因而交易的结果必然是不平衡的，不是借方大于贷方，便是贷方大于借方。这会使外汇市场出现供求不平衡和汇率的波动，从而带来一系列的经济影响。一国货币当局如不愿接受这样的结果，就要运用另一种交易来弥补自主性交易不平衡所造成的外汇供求缺口。这另一种交易就是调节性交易（accommodating transactions）。它是指在自主性交易收支不平衡之后进行的弥补性交易（compensatory transactions），因而也被称为事后交易。一般而言，自主性交易所产生的借方金额和贷方金额相等或基本相等，就表明该国的国际收支平衡或基本平衡；如果自主性交易所产生的借方金额与贷方金额不相等，就表明该国的国际收支不平衡或失衡。一些著作中所说的线上项目实际是指自主性交易项目，而线下项目则是指调节性交易项目。

究竟哪些项目属于自主性交易和调节性交易呢？人们普遍认为，经常账户和资本与金融账户中的长期资本项目属于自主性交易，而储备资产项目则属于调节性交易。至于资本与金融账户中的短期资本项目，看法就完全不同了：从一国货币当局角度来看，短期资本流动是它为弥补自主性交易收支不平衡而向国外借贷或采取某种经济政策作用的结果，因而属于调节性交易；从短期资本交易的主体角度来看，它是出自追逐利润等目的而自主地进行交易的，因而属于自主性交易。由于区分短期资本交易的性质在技术上较为困难，也就没有一个统一的衡量国际收支是否平衡的标准。人们往往根据所要分析的问题，而采用不同的差额，如贸易差额、经常账户差额、金融账户差额、基本差额（经常账户差额和长期资本移动差额之和）和综合差额等。其中，综合差额（也称总差额）是经常账户、资本账户中的资本转移项目与金融账户中的非储备性质金融项目差额之和，其将全部短期资本都视为线上项目,因此,它是反映线上交易最全面的差额。鉴于IMF和我国都采用综合差额,我们可以把全部短期资本都视为自主性交易。

1.4.2 国际收支失衡的成因

1. 经济周期

宏观经济受商业周期的影响周而复始地呈现繁荣、衰退、萧条、复苏四个阶段,在周期的各个阶段,由于价格、生产与就业的变化,人均收入和社会需求的消长,会使一国的国际收支发生不平衡。同时由于生产与资本国际化的发展,各国的生产活动和经济增长受世界经济的影响日益增强,因此,主要工业国的经济周期阶段的更替会影响其他国家经济致使各国发生国际收支失衡。这种由经济周期阶段的更替而造成的国际收支失衡被称为周期性不平衡(cyclical disequilibrium)。

2. 国民收入

一国国民收入的变化可能是由经济周期阶段的更替也可能是由于经济增长率变化所致。一国国民收入的增减会对其国际收支发生影响。一方面,如果一国经济处于繁荣期,则随着国民收入的增加,国内个人消费需求和企业投资需求增加,进口增长超过出口增长,极易产生国际收支逆差。另一方面,如果一国经济处于繁荣期,经济增长带来国民收入增长,则产生更多投资机会,极易吸引外资流入,形成资本账户盈余。这种由于国民收入的变化所引起的国际收支不平衡被称为收入性不平衡(income disequilibrium)。

3. 经济结构

一般来说,一国基于自然资源和其他生产要素禀赋优势而形成的国际分工格局决定了一国的贸易收支,而一国的国际收支状况往往取决于其贸易收支状况。当世界市场的需求发生变化时,一国输出商品的结构如能随之调整,该国的贸易收支将不会受到影响;相反,如该国不能按照世界市场需求的变化来调整自己输出商品的结构,该国的贸易收支和国际收支就将产生不平衡。由此而产生的国际收支失衡被称为结构性不平衡(structural disequilibrium)。

4. 货币价值

在一定的汇率水平下,一国的物价与商品成本高于其他国家,必然对其出口不利而有利于进口,从而使其贸易收支和国际收支发生逆差;反之,一国的物价与商品成本低于其他国家,则有利于其出口而不利于进口,进而使其贸易收支和国际收支发生顺差。这种由本国货币升值或贬值所引致的国际收支失衡被称为货币性不平衡(monetary disequilibrium)。

5. 偶发因素

除以上各种经济因素外,政局动荡和自然灾害等偶发性因素,也会导致贸易收支的不平衡和巨额资本的国际移动,从而使一国的国际收支失衡。由偶发因素造成的国际收支失衡被称为偶发性不平衡(accidental disequilibrium)。

上述是引起国际收支失衡的几个基本因素。至于当今对有关国家国际收支有重要影响的国际游资(international hot money,是指为追逐高利和躲避政治、经济风险而经常在各国际金融中心调出调入的短期资本)在国际的流动,乃是在上述因素影响下而发生的。

就上述各个因素来说,经济结构性因素和经济增长率变化所引起的国际收支失衡具有长期、持久的性质,因而被称为持久性不平衡(secular disequilibrium);其他因素所引起的国际收支失衡仅具有临时性,因而被称为暂时性不平衡(temporary disequilibrium)。

1.4.3 国际收支失衡的影响

1. 国际收支逆差的影响

一国的国际收支出现逆差,一般会引起本国货币汇率下浮;如果逆差严重,则会使本币汇率急剧跌落。该国货币当局如不愿接受这样的后果,就要对外汇市场进行干预,即抛售外汇和买进本国货币。这一方面会消耗外汇储备,甚至会造成外汇储备的枯竭,从而严重削弱其对外支付能力;另一方面则会形成国内的货币紧缩形势,促使利率水平上升,影响本国经济的增长,从而引致失业的增加和国民收入增长率的相对与绝对下降。从国际收支逆差形成的具体原因来说,如果是贸易收支逆差所致,将会造成国内失业的增加;如果是资本流出大于资本流入,则会造成国内资金的紧张,从而影响经济增长。

2. 国际收支顺差的影响

一国的国际收支出现顺差,固然可以增大其外汇储备,增强其对外支付能力,但也会产生如下的不利影响:第一,一般会使本国货币汇率上升,而不利于其出口贸易的发展,从而加重国内的失业问题;第二,将使本国货币供应量增长,而加重通货膨胀;第三,将加剧国际摩擦,因为一国的国际收支发生顺差,意味着有关国家国际收支发生逆差。国际收支顺差如形成于出口过多所形成的贸易收支顺差,则意味着国内可供使用资源的减少,因而不利于本国经济的发展。

一般说来,一国的国际收支越是不平衡,其不利影响也就会越大。虽然国际收支逆差和顺差都会产生不利影响,但相比之下,逆差所产生的影响更为险恶,因为它会造成国内经济的萎缩、失业的大量增加和外汇储备的枯竭,因而对逆差采取调节措施要更为紧迫。对顺差的调节虽不如逆差紧迫,但从长期来看也还是需要调节的。

1.4.4 国际收支失衡的调节

1. 国际收支失衡的自动调节机制

（1）国际金本位制下的自动调节机制。

在国际普遍实行金本位制的条件下，一个国家的国际收支可通过物价的升降和现金（黄金）的输出输入自动实现平衡。这一自动调节机制被称为"物价—现金流动机制"（price specie-flow mechanism）。因为其由英国经济学家大卫·休谟（David Hume）于1752年提出，因此又称"休谟机制"。"物价—现金流动机制"自动调节国际收支的原理是：当一国的国际收支出现逆差时，则外汇供不应求，外汇汇率上升，若外汇汇率上升超过了黄金输送点，则本国商人直接用黄金对外支付，造成黄金大量输出。黄金外流导致国内黄金存量减少，货币发行量下降，国内物价下跌，本国商品价格的出口竞争力增强，进而实现出口增加和进口减少，国际收支逆差逐渐缩小直至平衡。反之，当一国国际收支出现顺差时，黄金输入导致国内黄金存量增加，货币发行量上升，国内物价上涨，本国商品价格的出口竞争力下降，出口减少和进口增加，国际收支顺差逐渐缩小直至平衡。

（2）纸币流通条件下的国际收支自动调节机制。

①利率机制。当一国国际收支出现逆差时，该国所持有的外国货币存款或其他外国资产减少，货币供应减少，市场利率上升，进而实现资本流入增加和流出减少，资本账户收支状况逐步改善，国际收支逆差逐渐减少直至平衡。反之，当一国国际收支出现顺差时，该国所持有的外国货币存款或其他外国资产增加，货币供应增加，市场利率下降，进而导致资本流入减少和流出增加，国际收支顺差逐渐减少直至平衡。

②收入机制。当一国国际收支出现逆差时，该国外汇支出增加，外汇储备减少，货币供应减少，市场利率上升，消费和投资需求下降，导致国民收入减少。国民收入减少致使进口需求下降，经常账户下贸易逆差状况逐渐改善，国际收支逆差逐渐减少直至平衡。反之，当一国国际收支出现顺差时，该国外汇储备增加，货币供应增加，市场利率下降，消费和投资需求上升，国民收入增加。国民收入增加导致进口需求增加，经常账户下顺差状况逐渐改善，国际收支顺差逐渐减少直至平衡。

③价格机制。当一国国际收支出现逆差时，该国外汇支出增加，外汇储备减少，货币供应减少，市场利率上升，消费和投资需求下降，国内物价下跌，进口商品价格相对提升，出口商品国际竞争力增强，进而导致出口增加和进口减少，经常账户下贸易逆差状况逐渐改善，国际收支逆差逐渐减少直至平衡。反之，当一国国际收支出现顺差时，该国外汇储备增加，货币供应增加，市场利率下降，消费和投资需求扩大，国内物价上升，进口商品价格相对下降，进而导致出口减少和进口增加，经常账户下贸易顺差状况逐渐改善，国际收支顺差逐渐

减少直至平衡。

④汇率机制。当一国国际收支出现逆差时，该国外汇需求大于外汇供给，致使本币贬值、外币升值，出口商品以外币表示的国际市场价格下跌，进口商品以本币表示的国内市场价格上升，出口商品价格国际竞争力增强，进而导致出口增加和进口减少，经常账户下贸易逆差状况逐渐改善，国际收支逆差逐渐减少直至平衡。反之，当一国国际收支出现顺差时，该国外汇需求小于外汇供给，致使本币升值、外币贬值，出口商品以外币表示的国际市场价格上升，进口商品以本币表示的国内市场价格下降，进而导致出口减少和进口增加，经常账户下贸易顺差状况逐渐改善，国际收支顺差逐渐减少直至平衡。

2. 国际收支失衡的政策调节机制

（1）外汇缓冲政策。

外汇缓冲政策是指一国运用所持有的一定数量的国际储备（主要是黄金和外汇）作为外汇稳定或平准基金，通过中央银行在外汇市场上买卖外汇，来消除国际收支失衡所形成的外汇供求缺口，从而使收支失衡所产生的影响仅限于外汇储备的增减，而不致导致汇率的急剧变动和进一步影响本国的经济。外汇缓冲政策的优点是简便易行，但它也有局限性，即它不适用于对付长期、巨额的国际收支赤字，因为一国外汇储备的数量总是有限的。这时，如完全依靠外汇缓冲政策，必将使该国出现外汇储备的枯竭；如该国为填补外汇储备的不足而向国外借款，又会大量积累外债。

（2）财政货币政策。

①财政政策。财政政策是指通过缩小或扩大财政开支和调整税率的方式实现调节国际收支失衡的政策。在国际收支出现赤字的情况下，一国政府宜实行紧缩性财政政策，抑制公共支出和私人支出，从而抑制总需求和物价上涨。总需求和物价上涨受到抑制，有利于改善贸易收支和国际收支。反之，在国际收支出现盈余的情况下，政府则宜实行扩张性财政政策，以扩大总需求，从而有利于消除贸易收支和国际收支的盈余。需要指出的是，一国实行什么样的财政政策主要取决于国内经济的需要。

②货币政策。货币政策是指货币当局通过调整货币供应量影响利率进而达到调节国际收支的政策。该政策的主要政策工具包括再贴现率、法定存款准备金率和公开市场操作。货币政策通过影响金融市场利率，进而影响资本流入和流出的规模，同时影响国内投资、消费需求和贸易收支，从而影响国际收支。

如上所述，一定的财政政策、货币政策是有助于扭转国际收支失衡的，但它也有明显的局限性，即它往往同国内经济目标发生冲突：为消除国际收支赤字而实行紧缩性财政政策，会导致经济增长放慢甚至出现负增长，以及失业率的上升；为消除国际收支盈余而实行扩张性财政政策，又会促进通货膨胀的发展和物价上涨的加快。因此，通过调整财政政策、货币政策而实现国际收支的平衡，必然以牺牲国内经济目标为代价。

(3) 汇率调整政策。

汇率调整政策是指在固定汇率制度下，一国通过汇率的调整来实现国际收支平衡的政策措施。当国际收支出现严重逆差时，实行货币法定贬值（devaluation），以改善国际收支；当国际收支出现巨额顺差时，则在他国压力下实行货币法定升值（revaluation），以减少和消除国际收支顺差。实行货币贬值，唯有在一定的出口商品国内供给弹性与国外需求弹性存在的条件下，才会产生改善贸易收支与国际收支的效果。另外，货币贬值一般具有加剧国内通货膨胀与物价上涨的作用，因而结合紧缩性财政货币政策来实行货币贬值，才能起到既改善国际收支，又不致加重国内通货膨胀的作用。

(4) 直接管制政策。

直接管制政策是指政府通过发布行政命令，对国际经济交易进行行政干预，以求国际收支平衡的政策措施。直接管制包括外汇管制（foreign exchange control）和贸易管制。直接管制通常能起到直接、迅速改善国际收支的效果，能按照本国的不同需要，对进出口贸易和资本流动区别对待。但是，它并不能真正解决国际收支平衡问题，只是将显性国际收支赤字变为隐性国际收支赤字；一旦取消管制，国际收支赤字仍会重新出现。此外，实行管制政策，既为国际经济组织所反对，又会引起他国的反抗和报复。因此，西方国家在运用这项政策措施时较为谨慎。

当一国国际收支出现不平衡时，须针对形成的原因采取相应的政策措施。例如，如果国际收支失衡是由季节性变化等暂时性因素造成的，可运用外汇缓冲政策；如果国际收支失衡是由国内通货膨胀加重而形成的货币性不平衡，可运用货币贬值的汇率政策；如果国际收支失衡是由国内总需求大于总供给而形成的收入性不平衡，可运用财政货币政策，实行紧缩性政策措施；如果国际收支失衡是由经济结构性因素引起的，可进行经济结构调整并采取直接管制措施。

上述政策措施和政策选择的原则都不能在根本上消除当前各国在国际收支方面的不平衡状况，各国出台的政策措施也只能是部分地和阶段性地解决了国际收支失衡的问题。

【经典人物】

大卫·休谟

大卫·休谟（David Hume）1711年4月26日生于苏格兰爱丁堡，是苏格兰哲学家、经济学家、历史学家，被视为苏格兰启蒙运动以及西方哲学历史中最重要的人物之一，也是英国古典政治经济学产生时期的主要代表人物之一。休谟的主要著作有《人性论》《道德和政治论文选》《人类理解研究》《道德原理探究》《宗教的自然史》《自然宗教对话录》等。休谟的经济思想主要反映在《休谟经济论文选》中,其除了论述贯穿于《休谟经济论文选》中的货币数量论,经济思想还涉及商业、国际贸易理论、利息、赋税等相关内容。休谟的货币数量理论认为货币本身不具有价值,只是一种代表劳动和商品的象征,一种评价与估计劳动和商品的方法;货币与劳动、商品的关系,也只一种数量关系,一切东西的价格取决于商品与货币之间的比例,任何一方的重大变化都能引起价格的波动。同时,休谟还将货币数量理论应用到国际收支分析,并提出"铸币—价格流动机制"。其基本思想是国际收支顺差引起储备增加从而增加货币供给;货币供给的增加提高了物价水平,使本国商品的价格竞争力下降从而抑制出口,增加进口,直至国际收支顺差消失。当一国有国际收支逆差时将出现相反的过程,黄金流出,货币供给减少,价格下降,出口增加,国际收支顺差趋于消失。

资料来源:笔者根据相关资料整理得到。

1.5 国际储备

1.5.1 国际储备的含义和特征

1. 国际储备的含义

十国集团[①]在《创造性储备资产研究小组报告》中将国际储备(international reserve)定义为:"一国货币当局所持有的,当国际收支出现逆差时能够直接或通过有保障地与其他资产的兑换,用来支持其汇率水平的所有资产。"世界银行对国际储备也作了相似的界定:"一国货币当局占有的、在国际收支逆差时可以直接或通过有保障的机制兑换其他资产来稳定该国汇率的资产。"由此可见,国际储备既是一种对外支付的准备金,又是一种国际支付手段,同时还是一种干预外汇市场的资产工具。

一般来说,国际储备是指一国货币当局为平衡国际收支、维持汇率稳定及其他意外支付而集中持有的国际普遍接受的一切流动资产,又称官方储备或自有储备。

需要注意的是,国际储备有广义和狭义之分。通常所讲的国际储备是狭义的国际储备,即自有储备。广义的国际储备即国际清偿力(international liquidity),是狭义的国际储备——无条件的国际清偿力(自有储备)和有条件的国际清偿力(借入储备)之和,其反映了一国货币当局平衡国际收支和干预外汇市场的总体资产调度能力。

---

① 十国集团又称巴黎俱乐部(Paris Club),是1961年11月正式成立的、由主要来自工业国的官方债权人组成的非正式集团,目前包括美国、英国、法国、德国、意大利、日本、荷兰、加拿大、比利时和瑞典等。

2. 国际储备的特征

（1）官方持有性。作为国际储备的资产必须是由一国货币当局集中掌握的。非官方金融机构、企业和私人持有的黄金、外汇等资产不能算作国际储备。因此国际储备也被称作官方储备。

（2）自由兑换性。作为国际储备的资产必须是可以自由地与其他货币或金融资产相交换的。因此，如果这种储备资产不能自由兑换，则无法用于弥补国际收支逆差及其他国际支付，也就不会被国际普遍接受。

（3）充分流动性。作为国际储备的资产必须是随时能动用或变现的资产，如存放在银行里的活期外汇存款和有价证券等。因此，如果这种储备资产不能充分流动，则无法平衡国际收支和干预外汇市场。

（4）普遍接受性。作为国际储备的资产必须是能为世界各国在事实上普遍承认、接受与使用的资产。因此，如果这种储备资产不能被世界各国普遍接受，则无法平衡国际收支和干预外汇市场。

1.5.2 国际储备的构成

根据国际货币基金组织的规定，一国的国际储备包括黄金储备、外汇储备、在国际货币基金组织的储备头寸和特别提款权。

（1）黄金储备。黄金储备是指一国货币当局集中持有作为金融资产的货币黄金（不包括非货币用途黄金）。货币黄金作为最终支付手段和世界货币，是通行的国际储备。在金本位和金汇兑本位货币体系时期，只有黄金和能兑换为黄金的货币才能成为国际储备，所以黄金储备历来是各国国际储备中最重要的部分。自20世纪70年代中期世界货币体系变革为纯信用本位体系后，虽然黄金通常已不再用作国际支付手段，但许多国家的国际储备中仍保留一定数量的黄金储备，以备不时之需。

（2）外汇储备。外汇储备是指一国货币当局持有的国际储备资产的外汇部分。用作国际储备的外汇被称为储备货币，它应当是能自由兑换为各国货币的所谓"硬通货"。第一次世界大战前，作为储备货币的货币主要是英镑，因为英镑与黄金等同使用。第二次世界大战前，储备货币主要是美元和英镑，因为它们能有条件地兑换为黄金。第二次世界大战后布雷顿森林体系时期，储备货币则为美元独霸，因为布雷顿森林体系是以美元为中心的国际货币体系。20世纪70年代布雷顿森林体系解体后，虽然发生了美元危机，但是由于美国在世界经济与国际贸易中的超强地位，美元仍是主要储备货币，但已不再是唯一的储备货币。在现行的纯信用本位的世界货币体系时代，外汇储备多样化，储备货币除美元外，还有欧元、日元、英镑和瑞士法郎等，但仍以美元为主，并且一国的国际储备中的外汇储备额通常也以美元表示。目前，世界各国的国际储备资产中，主要部分是外汇储备而非黄金储备，因此，一国外汇储备的多少代表了其国际储备的多少。

（3）在国际货币基金组织的储备头寸。在国际货币基金组织的储备头寸，又称普通提款权，是指 IMF 会员国在 IMF 的普通资金账户中可自由提取和使用的资产，包括会员国向 IMF 缴纳份额中缴纳的外汇部分和会员国向 IMF 缴纳份额中缴纳的本国货币部分。

IMF 是以会员国入股方式组成的国际组织，其成立的宗旨之一是在会员国遭受国际收支困难时向其提供短期资金融通。普通贷款最高限额是会员国认缴份额的 125%。会员国份额中 25% 用黄金、美元或特别提款权认缴，其余 75% 用本国货币认缴。以 25% 认缴份额获取的贷款被称为"储备档"贷款，会员国可不经 IMF 批准随时用本国货币购买（并在规定期限内再购回本国货币）用以弥补国际收支逆差，因此，其一直是国际储备资产。储备头寸的另外一部分是 IMF 为满足其他会员国的资金要求而使用掉的会员国向 IMF 缴纳份额中缴纳的 75% 本国货币部分。这部分是会员国对 IMF 的债权，IMF 随时可向会员国偿还，亦即会员国可以随时无条件用其平衡国际收支。

（4）特别提款权。特别提款权（special drawing rights，SDR）是国际货币基金组织为弥补国际储备资产不足而创设的、按会员国基金份额分配给会员国的一种以记账方式发行的储备资产。其是用作国际清算的一种信用资产，只能由各国央行持有。它本身不具有绝对的货币价值，而是由国际金融组织成员集体创设的国际清算工具，不受任何一国货币波动的影响，所以被认为是一种比较稳定的储备资产。

特别提款权是由国际货币基金组织于 1970 年 1 月创造和开始使用的。20 世纪 60 年代末、70 年代初，美国黄金储备下降，各国对美元出现了信心动摇。美国和西欧各国为了减少对美元的压力和依赖，就创造了特别提款权作为一种新的国际清偿工具。它的主要作用表现在两个方面：一方面是增加了成员国的国际储备资产，以满足不断增长的国际支付的需要；另一方面因其特殊的计价方法，使其汇率与任何一国的货币相比，都要稳定得多，从而减少了使用国的汇率风险。但是，特别提款权作为成员国国际储备的一部分，仅由其中央银行持有，用于向其他成员国和基金组织购买外汇，赎回本币或偿还贷款，而不能像美元等外汇储备那样用于商业银行和非金融机构的金融交易，如干预外汇市场，也不能直接用于贸易的或非贸易的支付。因此，特别提款权是一种特殊的国际储备资产。

1.5.3 国际储备的作用

在现代国际经济和金融交往中，国际储备具有如下一些重要作用。

1. 保证国际支付能力

如前所述，在各种各样的国际有形贸易和无形贸易以及资本转移过程中，时刻都伴随着大量的货币支付。但是，被用作国际支付手段的不能是本国的货币，而必须是国际普遍接受的通用资产，也即国际储备资产。所以，任何国家的中央银行均必须持有一定规模的国际储备资产，以满足随时发生的国际支付的需要。

2. 维持本国货币的汇率稳定

国际储备中的外汇储备是干预外汇市场的主要市场工具。若本币汇率升值过快而不利于出口，则可用抛出本币、增加外汇储备的方法来遏止本币的升值；反之，若本币汇率贬值过快而影响本国的金融稳定，则可用抛出外汇、购买本币的方法来遏止本币的贬值。因此，保持一定规模的外汇储备有助于稳定本国货币汇率。

3. 为国际贷款提供信用保证

对一个国家而言，其国际储备的规模大小反映其国际还款能力的高低。若其国际储备规模较大，则它的国际还款能力就较强，向国外借贷就较容易。若其国际储备规模较小，那么它的国际还款能力就较弱，向国外借款就较困难。

4. 争取国际竞争优势

在现代市场经济竞争上，资产雄厚与否和竞争力强弱有直接关系。资产雄厚的竞争者在经济竞争中竞争力就强。一国的国际储备实际上就是该国所掌握的国际资产。所以，一个国家持有一定规模的国际储备，就具备了一定的国际竞争实力，能在激烈的竞争中立于不败之地。

1.5.4 国际储备的管理

对于一个国家来说，并非国际储备越多越好。过多的国际储备会造成资金浪费，提高储备成本。而如何确定国际储备的适度量是一个较难把握的问题，这就需要加强国际储备的管理。一国的国际储备管理包括两个方面：一方面是对国际储备规模的管理，以求得适度的储备水平；另一方面是对国际储备结构的管理，以求得合理的储备结构。

1. 国际储备的规模管理

国际储备水平是指一国在一个时点上持有的国际储备额同一些经济指标的对比关系。这些对比指标包括国民生产总值（DNP）、国际收支总差额、外债总额、进口额度等。确定一国对国际储备的需要量十分复杂，应当将该国持有国际储备的成本、对外贸易状况、借用国外资金的能力、国际收支调节机制、经济调整的强度与速度、对外贸和外汇的管制程度、汇率制度与外汇政策、金融市场发育程度、本国货币的国际地位、国际资金流动情况以及国际货币合作状况等因素综合起来考虑，而单从某个因素考虑是片面的。例如，IMF曾采用几项客观指标来反映一国国际储备不足和国际储备需求量增加的情况。一是持续实行高利率政策。这表明该国旨在抑制资本外流和吸引外资内流，以增加储备和满足对储备的需要。二是强化国际经济交易限制。这表明该国旨在强化国际经济交易限制，以弥补国际储备不足。三是实施以增加储备为目标的经济政策，如奖励出口和限制进口、紧缩银根的政策等。四是汇率持续不稳定。五是储备增加的结构变化，如一国储备的增加主要来自向国外借款，则表明该国储备不足。一般来说，最适度的储备量，是既能满足调节国际收支平衡的需要，又使储备总成本最小的储备量。国际货币基金组织和世界银行以3个月的进口额来估算确定国际储备额，可以作为适度储备的参考。

2. 国际储备的结构管理

一国持有的国际储备，除了在水平上要适度之外，在结构上也要合理，以确保流动性（liquidity，也称变现性）、收益性和安全性。合理的国际储备结构是指国际储备资产最佳的分布格局，即使黄金储备、外汇储备、普通提款权和特别提款权之间及外汇储备的各种储备货币之间保持适当的比例关系。

【扩展阅读1.2】

国际储备货币的演变

从工业革命到第一次世界大战爆发，英镑一直是主要的国际储备货币。当时，英国是世界最大的出口国，在1860年占世界出口总额的30%多；在1860~1914年，大约60%的国际贸易以英镑成交和结算。同时，伦敦是最发达的国际金融中心，其他国家如果到海外筹款，往往到伦敦市场发行以英镑标值的债券。英镑的国际地位离不开大英帝国的经济和军事实力。早在18世纪早期，英国政府就极力促使英国在世界各地的殖民地使用英镑。英国金融机构在殖民地国家建立分支机构，殖民地国家的银行也在伦敦设立分行。这些活动极大地提高了伦敦金融市场的交易量和流通性。由于伦敦市场发达、流通性高，各国政府可以在伦敦管理它们的国际储备，还可以干预外汇市场，保持汇率稳定。在第一次世界大战爆发前，英镑几乎占了国际货币储备的一半。后来，英镑的地位逐渐被美元代替。

作为外汇储备，美元的崛起并非一帆风顺。早在1872年美国就超过英国，成为世界最大的经济实体。在国际贸易方面，美国在第一次世界大战之前增长迅猛，并于1912年成为世界最大贸易国。但直至1944年布雷顿森林协议签订，美元的霸主地位才得到确定。按照布雷顿森林协议，美元被指定为储备货币，与黄金直接挂钩，固定在35美元/盎司。美国政府通过"黄金窗口"来保障这一价格。其他货币则按固定汇率紧紧盯住美元。各国央行通过外汇市场干预来维持固定汇率，而直接干预的工具就是动用国际储备。各国央行必须储备足够的美元，以便随时在实际汇率偏离中心汇率时进行干预。这样，美元实际上成为唯一的储备货币，随后成立的国际货币基金组织的主要作用就是帮助各国维持固定汇率体系。从此,美元开始主宰世界金融。

1971年美国总统尼克松宣布关闭"黄金窗口",布雷顿森林体系随之坍塌。随后,各主要货币逐一开始自由浮动。如果汇率完全自由浮动,即央行从不干预外汇市场,汇率完全由市场供给和需求决定,原则上来讲央行是不需要保持外汇储备的。但在现实中,这种不受央行干预、完全自由浮动的汇率制度是不存在的。此外,许多货币目前仍盯住某个主要货币如美元,维持一定的外汇储备是必要的。截至2017年9月底,各国央行总共持有11.3万亿美元的外汇储备,其中已经配置的外汇储备共有9.6万元亿美元。这部分外汇储备中,美元占63.5%、欧元占20%、日元占4.5%、英镑占4.5%、加元占2.0%、澳元占1.8%。2016年10月人民币成为特别提款权"一篮子"货币后,国际货币基金组织开始把人民币单独列出来,这样外汇储备可以划分出八种货币。

资料来源:吴丛生. 人民币作为国际储备货币的前景展望 [J]. 重庆交通大学学报(社会科学版),2018(4):51-52.

【本章小结】

1. 国际收支是指一个国家或地区的居民与世界其他国家或地区的非居民之间由于贸易、非贸易和资本往来引起的国际资金转移而形成的国际资金收支行为。它包括两种具体的收支形式:直接的货币收支(国际债权债务清算引起的货币收支和非国际债权债务清算引起的货币收支)和以货币表示的资产的转移。

2. 国际收支平衡表是按照一定的编制原则和格式,系统记录一个国家一定时期内(1年、半年、1季度或1个月)的各种国际收支项目及其金额的一种统计报表,集中反映了一国国际收支的总貌和构成。其包括经常账户、资本与金融账户、净误差与遗漏等。国际收支平衡表是按照国际通行的复式记账法——借贷记账法编制的,在经常账户和资本账户中,借方记录进口、应付初次收入、应付转移和非生产非金融资产的获得;贷方记录出口、应收初次收入、应收转移和非生产非金融资产的处置。与经常账户和资本账户不同,在金融账户中,金融资产和金融负债按净额记录(金融资产的净获得额是指增加的资产减去减少的资产,金融负债的净产生额是指增加的负债减去减少的负债;增加的资产和负债记为正号,减少的资产和负债记为负号)。金融负债的净产生额记入借方;金融资产的净获得额记入贷方。复式记账法要求同一笔经济交易同时记入借方和贷方,因此,借方总额与贷方总额最终必然相等。然而,这仅是形式上的平衡,并不代表国际收支真正平衡。要考察国际收支均衡则需要考察局部差额,如贸易差额、经常账户差额、资本与金额账户差额和综合差额等。

3. 国际收支失衡的成因主要包括经济周期、国民收入、经济结构和货币价值变化及偶发因素等。上述因素中,经济结构性因素和经济增长率变化所引起的国际收支失衡具有长期、持久的性质,而被称为持久性不平衡;其他因素所引起的国际收支失衡仅具有临时性,而被称为暂时性不平衡。国际收支失衡调节的政策措施主要包括外汇缓冲政策、财政货币政策、汇率调整政策和直接管制政策等。

4. 国际储备是指一国货币当局为平衡国际收支、维持汇率稳定及其他意外支付而集中持有的国际普遍接受的一切流动资产,又称官方储备或自有储备。根据国际货币基金组织的规定,一国的国际储备包括黄金储备、外汇储备、在国际货币基金组织的储备头寸和特别提款权。国际储备管理包括两个方面:国际储备规模管理和国际储备结构管理。

【复习思考题】

一、知识题

(一) 名词解释

国际收支　　国际借贷　　国际收支平衡表　　经常账户
资本账户　　自主性交易　　调节性交易　　国际储备

(二) 单项选择题

1. IMF 所给出的国际收支概念包含全部国际经济交易,强调的是以(　　)为基础。
   A. 现金收付　　B. 国际交易　　C. 外贸差额　　D. 外汇收支

2. 国际收支平衡表是按照(　　)记录编制的。
   A. 单式记账　　B. 增减记账　　C. 收付记账　　D. 复式记账

3. 下列不属于经常项目的是(　　)。
   A. 旅游收支　　B. 侨民汇款　　C. 直接投资　　D. 通信运输

4. 一国国际收支失衡是指(　　)收支失衡。
   A. 自主性交易　　B. 补偿性交易　　C. 事前交易　　D. 事后交易

5. 一国外汇储备的最主要来源是(　　)。
   A. 经常账户顺差　　　　　　B. 资本账户顺差
   C. 金融账户顺差　　　　　　D. 资本金融账户顺差

(三) 多项选择题

1. 国际收支统计所指的"居民"是指在一国经济领土内具有经济利益,且居住期限在一年以上的法人和自然人,它包括(　　)。
   A. 该国各级政府机构　　　　B. 外国在该国企业
   C. 该国驻外外交人员　　　　D. 外国驻该国外交人员

2. 下列属于国际收支平衡表中一级账户的有(　　)。
   A. 经常账户　　B. 资本账户　　C. 金融账户　　D. 储备账户

3. 国际收支平衡表中的金融账户包括一国的(　　)。
   A. 投资收益　　B. 专利转让　　C. 直接投资　　D. 证券投资

4. 国际收支失衡的原因主要有(　　)。
   A. 经济周期变化　　　　　　B. 经济结构变化
   C. 国民收入变化　　　　　　D. 货币价值变动

5. 一国的国际储备主要包括（　　）。
A. 黄金储备　　　　B. 外汇储备　　　　C. SDR　　　　　　D. 储备头寸

（四）判断题
1. 国际收支是一个以期间为基础的流量指标。（　）
2. 根据 BPM6 规则，经常账户、资本账户和金融账户均按交易发生的全额记录。（　）
3. 各种不同类型的经常转移和资本转移记入经常账户。（　）
4. 居民是指在一个国家的经济领土内具有经济利益中心的经济单位。（　）
5. 国际收支失衡是指国际收支中的"收"小于"支"而形成的逆差。（　）

（五）简答题
1. 如何理解国际收支的含义？
2. 国际收支平衡表的编制原理是什么？
3. 国际收支平衡表的一级账户之间是什么关系？
4. 国际收支失衡的原因主要有哪些？
5. 国际收支与国际借贷的主要区别是什么？

二、能力题
1. 讨论题：如何判断一个国家国际收支是否失衡。
2. 案例题。

案例素材：2021 年上半年，我国经常账户顺差 7 912 亿元，其中，货物贸易顺差 14 926 亿元，服务贸易逆差 2 836 亿元，初次收入逆差 4 619 亿元，二次收入顺差 440 亿元。资本和金融账户中，直接投资顺差 8 007 亿元，储备资产增加 5 489 亿元。按美元计值，2021 年上半年，我国经常账户顺差 1 222 亿美元，其中，货物贸易顺差 2 306 亿美元，服务贸易逆差 438 亿美元，初次收入逆差 714 亿美元，二次收入顺差 68 亿美元。资本和金融账户中，直接投资顺差 1 237 亿美元，储备资产增加 849 亿美元。按 SDR 计值，2021 年上半年，我国经常账户顺差 851 亿 SDR，其中，货物贸易顺差 1 606 亿 SDR，服务贸易逆差 305 亿 SDR。资本和金融账户中，直接投资顺差 861 亿 SDR，储备资产增加 591 亿 SDR。

资料来源：国家外汇管理局．2021 年上半年中国经常账户顺差 7912 亿元［EB/OL］．[2021 – 08 – 06]．https：//www.chinanews.com/cj/2021/08 – 06/9537927.shtml.

案例思考：顺差是否属于国际收支失衡？顺差越多越好这种说法对吗？

第1章 参考答案

第 2 章 外汇与汇率

【知识结构与学习目标】

知识结构	知识目标	技能目标
外汇	掌握外汇的概念和特征，了解外汇的作用	学会从动态和静态、广义和狭义两个层面来深刻理解外汇的内涵，熟知外汇种类
汇率	掌握外汇汇率的含义和作用	掌握汇率标价方法及内容，熟知汇率种类
汇率的决定基础与影响因素	掌握金本位制度下和纸币制度下汇率决定因素及汇率变动影响因素	掌握不同标价法下货币升贬值幅度的计算，学会分析汇率变化对经济的影响
汇率制度	掌握固定汇率制和浮动汇率制的内涵，了解人民币汇率制度的历史演变	深刻理解固定汇率制和浮动汇率制下汇率调节措施；掌握我国现行人民币汇率制度
外汇管制	掌握外汇管制的内涵，了解外汇管制的演变、目的、类型和利弊	了解外汇管制机构和对象，掌握外汇管制的办法与措施

【导入案例】

索罗斯狙击泰铢

1973 年，代表全球固定汇率体系的布雷顿森林体系彻底瓦解。1976 年国际货币基金组织（IMF）签订达成的《牙买加协议》确定了浮动汇率制度的合法地位。在各国普遍采取浮动汇率制度和放松金融管制的背景下，全球汇率波动日益剧烈。

1996 年，外国短期资本大量流入泰国房地产、股票市场，导致其楼市、股市出现明显的泡沫，泰国资产被严重高估。国际金融大鳄们预测泰铢会贬值，开始在金融市场上寻找错误的汇率定价中的获利机会。1997 年 2 月初，以索罗斯为主的国际投资机构向泰国银行借入高达 150 亿美元的数月期限的远期泰铢合约，而后于现汇市场大规模抛售。当时泰铢实行与美元挂钩的固定汇率制，索罗斯的狙击导致泰铢迅速贬值，多次突破泰国央行规定的汇率浮动限制，引起市场恐慌。泰国央行为维护泰铢币值稳定，买入泰铢，但只有区区 300 亿美元外汇储备的泰国央行历经短暂的战斗，便宣告"弹尽粮绝"，最后只得放弃已坚持 14 年的泰铢盯住美元的汇率政策，实行有管理的浮动汇率制。泰铢大幅贬值后，国际投资机构再以美元低价购回泰铢,用来归还泰铢借款及利息。泰铢贬值引发了金融危机,沉重地打击了泰国经济发展,成为亚洲金融危机的导火索。

资料来源:毛磊,吴泱. 外汇市场经典案例回顾 [N]. 期货日报 . 2014 - 07 - 24.

案例思考: 什么是浮动汇率制度?影响汇率变动的主要因素有哪些?

2.1 外　　汇

2.1.1 外汇的概念和特征

1. 外汇的概念

外汇(foreign exchange)通常可从静态和动态两个方面进行考察。

(1) 动态的外汇概念。动态的外汇是指把一国货币兑换成另一国货币,借以清偿国际债权债务关系的行为。其强调的是清算国际债权债务而引发的货币的交易过程,即国际汇兑行为。在现代信用制度下,这种行为大都表现为非直接运送现金,而是采用委托支付或债权转让的方式来结清国际债权债务。例如,日本向美国出口汽车,结算时美国进口商将一张以纽约 A 银行为付款人的美元支票支付给日本出口商,而日本出口商又将这一笔外汇存入 A 银行。这样,美国进口商把他在 A 银行所拥有的存款转到日本出口商在 A 银行的账户上,日本出口商在美国 A 银行就拥有一笔外汇存款。可见,动态外汇是指国际清算行为。

外汇的产生是商品流通和商品经济发展的必然结果。由于各国货币制度不同,各国货币自身所具有的或代表的价值不同,所以一国货币只能在本国流通不能在另一国流通。当清偿国际债权债务时,需要通过本外币的兑换来清偿。货币兑换形成外汇,所以,我们说外汇就是指外币的兑换,而这种兑换活动是在国际上通过银行等金融机构在地域之间的移动进行的,因此,外汇是国际汇兑的简称,这也是外汇的最初含义。当某国将本国货币兑换成外国货币并用其清偿债权债务时,我们就说这个国家使用了外汇。所以,外汇实际上是站在某个国家的角度,对其他国家货币(能在国际上自由流通)的一种称谓。

(2) 静态的外汇概念。静态的外汇则是指国际上为清偿债权债务关系进行的汇兑活动所凭借的手段和工具,或者说用于国际汇兑活动的支付手段和工具。实际上,静态的外汇概念是从动态的汇兑行为中衍生出来并广泛运用的。例如,中国银行所持有的各种外国钞票及以外币表示的有价证券或其他支付凭证。这些支付工具在国内持有,并准备用于国际结算时就是静态的外汇概念,而当它们投入国际清算活动中,即实现其国际偿付能力时才是动态的外汇概念。我们在日常生活中所使用的外汇就是静态意义上的外汇。静态的外汇又可以从狭义和广义两个方面进行理解。

①狭义的外汇。狭义的外汇是指以外币表示的直接用于国际债权债务清算的

各种支付手段和工具。它与静态的外汇概念的内容是基本一致的,这里强调的是外汇作为金融资产的特性。

②广义的外汇。广义的外汇是指外汇是用于国际收支的一种债权。国际货币基金组织（IMF）对外汇的解释就是广义的外汇概念:"外汇是货币行政当局（中央银行、货币管理机构、外汇平准基金组织及财政部）以银行存款、财政部库券、长短期政府证券等形式所保有的在国际收支逆差时可以使用的债权。其中包括中央银行之间及政府之间协议而发行的在市场上不流通的债券,而不管它是以债务国货币还是债权国货币来表示。"广义的外汇强调的是以各种不同形式表示的能用于国际收支逆差偿付的国际债权,而不管它是外币还是本币。所以广义的外汇是用于国际收支的一种特殊债权或金融资产,它既可以用外币表示,也可以在一定条件下用本币表示。这是与狭义外汇的根本区别。以本币表示的债权形式主要是指协定（记账）外汇。

此外,作为一个帮助稳定外汇汇率及处理国际收支问题的国际金融机构,国际货币基金组织是从国家信用和银行信用的角度来给外汇下定义的,没有考虑风险较大的商业信用,并且将一国居民所持有的外币债权排斥于外汇概念之外。这一定义只适用于一国官方所持有的外汇储备,与我们平时所说的外汇具有不同的内涵。

各国外汇管理法令所称的外汇也是广义的外汇。例如,根据《中华人民共和国外汇管理条例》（2008年修订）第一章第三条规定,外汇是指以外币表示的可以用作国际清偿的支付手段和资产,具体包括:①外币现钞,包括纸币、铸币;②外币支付凭证或者支付工具,包括票据、银行存款凭证、银行卡等;③外币有价证券,包括债券、股票等;④特别提款权;⑤其他外汇资产。显而易见,这一定义将外汇等同于外币资产。

2. 外汇的特征

在日常经济生活中,人们所使用的外汇,一般是指静态和狭义层面上的外汇。根据狭义外汇的定义,外汇必须具备以下三个基本特征。

（1）外汇是以外币计值的金融资产。所谓资产,一般是指具有价值的财物或权利,或者说是可以用货币衡量和表现的经济资源,它可以是实物性的,如房地产、机器设备等,也可以是权利性的,如有价证券、专利权、商誉等。但作为金融资产的外汇只能是以外币表示的各类支付手段或资产。通常它主要包括外汇现钞（纸币、铸币）和外汇现汇（外国银行的各类存款凭证及票据）。任何以外币计价的实物资产和无形资产均不构成外汇。另外,还应该注意的是,用本国货币表示的信用工具和有价证券不能被视为外汇。如美元在美国以外的其他国家是外汇,但在美国则不是。

（2）外汇的偿付必须有可靠的物质保证,并且能为各国所普遍承认和接受。一国的货币能够普遍地被其他国家接受为外汇,意味着该国具有相当规模的生产能力和出口能力,或者该国拥有其他国家所缺乏的丰富资源。因此,该国货币在物质偿付上有充分保证。反之,一国的货币不能够普遍地被其他国家接受为外汇，意味着该国的经济规模较小而且是低效率的，其出口产品在国际市场上缺乏竞争力，或者该国的自然资源是贫乏的。因此，该国货币在物质偿付上没有充分保证。另外，在多边结算的制度下，在国外得不到偿付的债权是不能用来清偿该国对第三国的债务的。

（3）外汇必须具有充分的可兑换性。作为外汇的货币必须能够自由地兑换成其他国家的货币或购买其他信用工具以进行多边支付。由于各个国家（或地区）的货币制度不同，外汇管理制度各异，一般而言，一个国家的货币不能直接在另一个国家里自由流通。为了清偿由于对外经济交易而产生的国际债权、债务关系，为了在国与国之间进行某种形式的单方面转移（如经济援助、无偿捐赠和侨民汇款等），一种货币必须能够不受限制地按一定比例兑换成别的国家的货币及其他形式的支付手段，才能被其他国家普遍接受为外汇。如果某种外币资产在国际上的自由兑换受到限制，则它不被视为外汇。因此，不能把外汇简单地理解为外国货币，也不能把外国货币统统理解为外汇。只有那些在国际上可以自由兑换的外国货币，同时该货币能够不受限制地存入该国商业银行的普通账户上成为国外银行的存款以及索取这些存款的外币票据和外币凭证（如汇票、支票、本票和电汇凭证等）才可被称为外汇。常见的外币类别见表2.1。

表 2.1　　　　　　　　常用自由兑换货币名称及标准代码

货币名称		货币符号	
中文	英文	原有旧符号或缩写	标准符号
美元	US Dollar	$ 或 US $	USD
欧元	Euro	€	EUR
英镑	Pound Sterling	£ 或 £ Stg	GBP
日元	Japanese Yen	¥ 或 J¥	JPY
瑞士法郎	Swiss Franc	SF	CHF
瑞典克朗	Swedish Krona	SKr	SEK
丹麦克朗	Danish Krona	DKr	DKK
挪威克朗	Norwegian Krone	NKr	NOK
新西兰元	New Zealand Dollar	$ NZ.	NZD
加拿大元	Canadian Dollar	Can $	CAD
澳大利亚元	Australian Dollar	$ A	AUD
新加坡元	Singapore Dollar	S $	SGD
港元	Hong Kong Dollars	HK $	HKD
澳门元	Macao Pataca	P 或 PAT	MOP
马来西亚林吉特	Malaysian Dollar	M $	MYR
泰国铢	Thai Baht	B	THP
韩国元	Korea Won	W	KRW
菲律宾比索	Philippine Peso	Ph. Pes 或 Phil. P	PHP
特别提款权	Special Drawing Right	SDRs	SDR

根据外汇的定义,我们可以得知,可兑换的外国货币(包括纸币、铸币等)是一种外汇资产。但这只是外汇资产中最基本的一种形式,也是最为狭义的外汇形式。在现代国际经济活动中,用于支付的手段绝大多数已是非货币形态的信用工具,外汇或外钞只在很窄的范围内使用。因此,随着信用制度的发展,产生了许多其他形式的外汇资产,它们包括:外币有价证券,如政府债券、公司债券、股票等;外汇支付凭证,如外国汇票、本票、支票等;以及外币存款凭证,如银行存款凭证、邮政储蓄凭证;等等。

2.1.2 外汇的种类

在国际收支和外汇管理中,通常根据外汇的来源、用途、特性及受管制的程度等标准将外汇划分为若干种类。

1. 自由外汇和记账外汇(按可自由兑换程度划分)

自由外汇(free foreign exchange)是指不需经过货币发行国批准,在国际金融市场上可自由无限制地兑换成其他国家货币,并可随时向第三国办理支付的外国货币及其支付凭证,如前述的美元、英镑、欧元、日元等可自由兑换货币。自由外汇的特点是具有充分的可兑换性而不受任何限制。它在国际经济活动中被广泛使用,并作为一国的外汇储备而被积存起来,以备支付之用。从上述对外汇的定义来看,只有自由外汇才是真正的外汇。

记账外汇(foreign exchange of account)也称"协定外汇""双边外汇""清算外汇",是指未经货币发行国批准,不能自由兑换成其他货币或对第三国支付的外汇。它是双边协定的产物。为了节省自由外汇,贸易双方政府签订支付协定,互为对方国家开设清算账户,以互相抵销债权债务的方式进行国际结算。协定要规定记账货币和支付货币。记账货币即仅作为计价单位使用的货币,它可以是协定国任一方的货币,也可是第三国货币。对于年终债权债务相抵后的差额,有两种处理方法:①差额转入下一年度贸易项下平衡;②用自由外汇来结清。协定中规定用来结清差额的自由外汇即为支付货币。因此,严格地说,记账外汇并非真正的外汇。值得一提的是,这种在双方银行账户上记载的外汇,不能转给第三国使用,也不能兑换成自由外汇,故被称为记账外汇。

2. 贸易外汇和非贸易外汇(按外汇的来源和用途划分)

贸易外汇(foreign exchange of trade)是指由于商品输出输入发生的实际收入和支出的外汇,以及与进出口贸易有关的从属费用外汇。如与贸易相关的银行手续费、运费、保险费、仓储费、推销费等均属贸易从属外汇。

非贸易外汇(foreign exchange of invisible trade)是指进出口贸易以外所收支的各项外汇,如侨汇、旅游外汇、劳务外汇、捐赠和援助外汇,以及具有资本流动性质的外汇等。当然,在实际国际收支管理中,贸易外汇与非贸易外汇的划分是很难泾渭分明的，在一定情况下两者可相互转化。

3. 即期外汇和远期外汇（按外汇买卖交割期的不同划分）

即期外汇（spot foreign exchange），也称现汇，是指外汇买卖成交后，买卖双方必须立即或在两个营业日内办理交割的外汇。远期外汇（forward foreign exchange），也称期汇，是指外汇买卖成交后，买卖双方约定到一定日期再办理交割的外汇。期汇交割期在国际上一般有1个月、3个月、6个月等，最长也有1年的。买卖远期外汇的主要目的是避免汇率波动带来的风险。

2.1.3 外汇的作用

外汇是随着国际经济交往的发展而产生的，反过来，其媒介作用又进一步促进了国际经贸关系的发展。此外，外汇在国际科技文化交流及政治往来等其他领域中的纽带作用也在日益增强。具体说来，外汇的作用有以下几个方面。

1. 实现国际购买力的转移

当今世界，各国间相互依存的关系日益增加，然而，由于各国的货币制度不同，不同的货币不能在对方国内流通，一国货币对别国市场上的商品和劳务没有直接的购买力。而外汇是能被各国所普遍接受的国际支付手段，它使各国间的货币购买力的转移得以实现，从而促进各国在经济、政治、科技和文化等各个领域中的相互交流与合作。也就是说，通过外汇的自由兑换，实现国际购买力的转移，这不仅能扩大商品流通的范围，加速商品流通速度，而且还有利于促进各国政府和人民之间的友好往来与交流。因此，外汇不仅是国际银行业务中的一种信用工具，同时还是联结各种国际关系（尤其是国际经济关系）的一条重要纽带。

2. 促进国际贸易的发展

外汇是国际上清偿债权债务的重要清算工具，在国际经济关系的发展过程中，如果没有外汇，则商品的进出口、资本的输出入、技术的转让及侨汇等的收付，都要通过充当"世界货币"的黄金来结算，而这种现金结算方式不仅耗费大量的运费、保险费，而且还会耽误支付时间，风险大。用外汇清偿国际债权债务不仅节省了运送现金的费用，避免了风险，缩短了支付时间，加速了资金周转，更重要的是，运用以外币表示的信用工具，通过银行账户转账或冲抵的方法来办理收付，实现了国际上的非现金结算，扩大了资金融通范围，从而促进了国际贸易的发展。

3. 调节国际资金供求关系

由于世界各国经济发展的不平衡，导致了国际资本在各国的配置的不平衡，客观上有调节配置的必要。利用外汇这一工具，通过国际信贷和国际投资等方式，有利于国际资金余缺的调节，活跃资金市场，促进国际资本流动。

4. 反映一国对外的财富

一国财富由两部分组成,一部分是以本币表示的国内财富,另一部分是以外币表示的对外财富。这种对外财富在一定程度上反映了一国的经济地位和金融实力。随着一国出口产品对外价值的实现,外汇不断增加,一国对外财富也随之增加,其国际清偿能力就越来越强。

总之,外汇在一国对外交往中具有十分重要的媒介作用。一国经济越开放,外汇的国际媒介作用也就越突出。正因如此,当今世界各国,无论是政府、企业,还是个人,都对外汇予以高度重视。

2.2 汇 率

2.2.1 汇率的概念

1. 外汇汇率的含义

外汇汇率(foreign exchange rate)又称外汇汇价,是不同货币之间兑换的比率或比价,也可以说是以一种货币表示的另一种货币的价格。如果把外汇也看作是一种商品,那么汇率即是在外汇市场上用一种货币购买另一种货币的价格。如1美元兑换125日元,1美元兑换6.27元人民币。这如同我们到商店里买东西时会看到每种商品都有价格一样,外汇汇率就是"外国货币的价格"。所不同的是,一般商品的价格是用货币表示的,但人们不能反过来用商品表现货币的价格。而在国际汇兑中,不同的货币之间却可以相互表示对方的价格,因此,外汇汇率就具有双向表示的特点:既可用本币来表示外币价格,又可用外币来表示本币价格。这里,本币和外币都有同样的表现对方货币价格的功能。至于是用本币表示外币,还是用外币表示本币,则取决于一国所采用的标价方法。

在外汇买卖中,汇率同一般商品价格一样受到外汇供求关系的影响而不断变化。因此外汇市场上由外汇供给和需求形成的外汇价格就是外汇汇率,习惯上又称外汇行市或行情。一个国家政府制定和公布的汇率被称为法定汇率和外汇牌价,简称牌价。

2. 外汇汇率的作用

外汇汇率在国际经济活动中具有十分重要的作用。

首先,它是国际结算中将一国货币折算为另一国货币的标准。没有这个标准,外汇买卖和国际结算将不能进行。

其次,它是国际贸易核算的标准。由于国际贸易中的商品买卖价格是由两种货币表示的,进行一宗国际贸易是否有利,需要将外币价格折算为本币价格才能进行核算作出判断。所以,离开汇率便不能进行国际贸易核算,从而也无法进行正常的国际贸易。可见，汇率的意义不仅在于为两国货币兑换提供折算的标准，更重要的是通过货币的兑换与折算，为国际贸易和其他经济往来提供便利。

2.2.2 汇率的标价方法

由于不同的货币之间可以相互表示对方的价格，因此汇率作为外汇买卖的价格，就有一个标价问题。一般商品的价格是用价值量相当的货币数量来表示，商品价格十分清楚。但在外汇交易中，由于汇率是两种货币的价值对比，其表达式的两边都是货币，从而存在着用谁来表示谁的价格问题。换句话说，折算两国货币的相互比价，要先确定以哪一国的货币作为折算标准。由于选择的标准不同，这就形成了外汇汇率的两种标价方法：直接标价法和间接标价法。此外，除了这两种标价方法外，在现代国际金融市场上还有一种美元标价法，现分别介绍如下。

1. 直接标价法

（1）定义。直接标价法（direct quotation）是指以一定单位的外国货币为标准（1、100、10 000 等）来计算折合多少单位的本国货币。这种标价法相当于外国货币处在商品的地位，本国货币处在价格的地位。用等式表达就是 1 单位或 100 单位的外币等于若干单位的本币。例如，在瑞士，以 0.9310 的瑞士法郎来表示每 1 美元的价格，即 USD1 = CHF0.9310；2022 年 4 月 11 日，中国银行公布的美元牌价为 USD100 = CNY636.9300，这对于我国来讲，即直接标价法。上述情况是各国在其本国外汇市场上的报价方式。

（2）特点。外币数额固定不变，折合本币的数额根据外国货币与本国货币币值对比的变化而变化。如果一定数额的外币折合本币数额增加，即外币升值、本币贬值；反之，如果一定数额的外币折合本币数额减少，即外币贬值、本币升值。由此可见，直接标价法是以本币来表示外币的价格，外国货币的价格是直接可以看到的，所以叫直接标价法。

直接标价法又可表述为购买一定单位的外币，应该支付多少单位的本币，故又被称为应付标价法。目前世界上大多数国家采用直接标价法，我国人民币汇率也采用直接标价法，见表 2.2。

表 2.2　　　　人民币汇率牌价表（以 100 外币兑换人民币）
2022 年 4 月 11 日

币种	现汇买入价	现钞买入价	现汇卖出价	现钞卖出价	中行折算价
欧元	690.81	669.34	695.9	698.14	693.06
美元	635.65	630.48	638.35	638.35	636.45
英镑	827.67	801.95	833.76	837.45	829.81
日元	5.0567	4.8995	5.0938	5.1017	5.1173
澳大利亚元	471.18	456.54	474.64	476.75	474.57

资料来源：中国银行官方网站。

2. 间接标价法

（1）定义。间接标价法（indirect quotation）是指以一定单位的本国货币为标准（1、100、10 000等），来计算折合若干单位的外国货币。这种标价法相当于本国货币处在商品的地位，外国货币处在价格的地位。用等式表达就是1单位或100单位的本币等于若干单位的外币。例如，在英国，以1.3028美元来表示1英镑的价格，即：GBP1 = USD1.3028。2022年4月11日纽约外汇市场收盘时，美元对日元的汇价为USD1 = JPY125.5500，美元对加元的汇价为USD1 = CAD1.2626，这对于美国来讲，即是间接标价法。

（2）特点。间接标价法的特点与直接标价法正好相反，即本币数额固定不变，折合外币的数额根据本币与外币币值对比的变化而变化。如果一定数额的本币折合外币的数额增加，即本币升值、外币贬值；反之，如果一定数额的本币折合外币数额减少，则为本币贬值、外币升值。由此可见，间接标价法是以外币来表示本币的价格，外国货币的价格是被间接地表现出来的，所以叫间接标价法。

间接标价法又可表达为卖出一定单位的本币应收多少外币，故又被称为应收标价法。

能够采用间接标价法的国家一般都要求该国曾经或者目前在国际经济政治舞台上占据着统治地位，其货币曾经或当前是世界上最主要的货币之一。例如，英国是资本主义发展最早的国家，英镑曾经是世界贸易计价结算的中心货币。因此，长期以来伦敦外汇市场上的英镑采用间接标价法。第二次世界大战后，美国经济实力迅速扩大，美元逐渐成为国际结算、国际储备的主要货币。为了便于计价结算，从1978年9月1日开始，纽约外汇市场也改用间接标价法，以美元为标准公布美元与其他货币之间的汇价，但是对英镑和爱尔兰镑，仍沿用直接标价法。目前世界主要货币中使用间接标价法的还有欧元、澳大利亚元和新西兰元等。

另外，需要说明的是，直接标价法和间接标价法是相对而言的，两种汇率的标价法只是标价的形式相反，数值互为倒数而已，它们没有本质的区别。事实上，两种标价方法同时寓于一个兑换等式之中，可能在这个国家是间接标价法，而在另一个国家却是直接标价法。例如，USD100 = CNY636.9300，在美国看来是间接标价法，而在中国看来却是直接标价法。

由于直接标价法和间接标价法所表示的汇率涨跌的含义正好相反，所以在引用某种货币的汇率和说明其汇率高低涨跌时，必须明确指出是在哪一个外汇市场上或者指明采用的是哪种标价方法，以便人们理解汇率上涨和下跌的含义，避免混淆。

3. 美元标价法

美元标价法是指以一定单位的美元为标准，来计算折合多少单位的其他国家货币，即以美元为标准来表示各国货币的价格。直接标价法和间接标价法都是针对本国货币和外国货币之间的关系而言的。对于某个国家或某个外汇市场来说，本币以外其他各种货币之间的比价无法用直接或间接标价法来判断。实际上非本国货币之间的汇价往往是以一种国际上的主要货币或关键货币（key currency）为标准的。例如，第二次世界大战后由于美元是世界货币体系中的中心货币，各国外汇市场上公布的外汇牌价均以美元为标准，这种情况可称为美元标价法。20世纪五六十年代以来，西方各国的跨国银行普遍采用美元标价法。美元标价法与两种基本的标价方法并不矛盾。银行汇价挂牌时，标出美元与其他各种货币之间的比价，如果需要计算美元以外的两种货币之间的比价，必须通过各自货币与美元的比价进行套算。

无论是哪种标价法，数量固定不变的货币被称为"标准货币"或"基准货币"；数量不断变化的货币被称为"标价货币"或"报价货币"。直接标价法下的标准货币是外国货币，标价货币是本国货币，间接标价法正好与之相反。在美元标价法下，美元是标准货币，其他国家的货币是标价货币。三种标价法的共同点是：都是以标价货币的数量表示标准货币的价格。

2.2.3 汇率的种类

汇率是外汇理论与政策以及外汇业务的一个中心内容，它虽然被概括地定义为两种货币之间的价格之比，但在实际应用中汇率可以从不同角度划分为不同的种类，或者说，汇率在不同的场合具有不同的表现形式。

（1）按汇率制定的不同方法，可分为基础汇率和套算汇率。

①基础汇率（basic rate）是一国所制定的本国货币与基准货币（往往是关键货币）之间的汇率。一个国家之所以要确定基础汇率，是因为国际货币体系中存在多种货币，如果每个国家都直接确定本国货币与所有其他货币的汇价，这将是一项极其复杂且不切实际的工作。因此，为了简化这一过程并提高效率，国家通常会选择某一种主要货币即关键货币作为本国汇率的制定标准，由此确定的汇率是本币与其他各种货币之间汇率套算的基础，故被称为基础汇率。选择的关键货币往往是国际贸易、国际结算和国际储备中的主要货币，并且与本国的国际收支活动关系最为密切。第二次世界大战后美元在国际贸易与金融领域占据了主要地位，因此许多国家都将本币对美元的汇率定为基础汇率。

②套算汇率（cross-rate）是在基础汇率的基础上套算出的本币与非关键货币之间的汇率。如果本币与美元之间的汇率是基础汇率，那么本币与非美元货币之间的汇率即为套算汇率，它是通过它们各自与美元之间的基础汇率套算出来的。套算汇率又叫交叉汇率。

目前各国外汇市场上每天公布的汇率都是各种货币与美元之间的汇率，非美元货币之间的汇率均需通过美元汇率套算出来。

（2）从银行买卖外汇的角度出发，可分为买入价、卖出价、中间价和现钞价。

①买入价（buying rate），即买入汇率，是银行从同业或客户那里买入外汇时

使用的汇率。

②卖出价（selling rate），即卖出汇率，是银行向同业或客户卖出外汇时使用的汇率。

银行从事外汇的买卖活动分别以不同汇率进行，当其买入外汇时往往以较低的价格买入，卖出外汇时往往以较高的价格卖出，低价买进、高价卖出之间的差价即为银行的经营费用和利润，买入价和卖出价的差额一般为0.1%～0.5%。具体地要根据外汇市场行情、供求关系及银行自己的经营策略而定。

买入价、卖出价是从银行角度来划分的，在直接标价法下，较低的价格为买入价，较高的价格为卖出价。而在间接标价法下则相反，价格较低的是外汇卖出价，价格较高的是外汇买入价。

③中间价（middle rate），即买入价与卖出价之平均价。为了简捷方便，各种新闻媒体在报道外汇行情时都采用中间价，人们在了解和研究汇率变化时往往也参照其中间价。有些银行同业之间买卖外汇也使用中间价。中间价不适用于客户。

④现钞价（bank note rate），也称现钞买入价，它是银行从客户那里买入外币现钞时使用的汇率，现钞买入价低于现汇买入价，这是因为外币现钞一般不能在一国国内流通，银行买入现钞后都要运送至国外才能作为支付使用，而在运输过程中银行要花一系列的费用，如运费、保险费和垫付利息费等，因此，银行现钞买入价就要在现汇买入价基础上减去上述三项费用。它比牌价上的买入价低2%～5%，现钞卖出价与牌价上的卖出价相同。

买入价、卖出价、中间价和现钞价也可参见表2.2。

（3）按外汇交易中支付方式的不同，可分为电汇汇率、信汇汇率和票汇汇率。

①电汇汇率（telegraphic transfer rate，T/Rate），也称电汇价，是买卖外汇时以电汇方式支付外汇所使用的汇率。用电汇方式支付外汇，银行往往用电报、电传等通信方式通知国外分行支付款项，外汇付出迅速，银行占用利息减少，因而向对方收取的价格（汇率）也就较高。现代外汇市场上多用电汇方式付出外汇，因而电汇汇率成为一种具有代表性的汇率，也是相比其他汇率较高的一种。

②信汇汇率（mail transfer rate，M/Rate），也称信汇价，是银行用信函方式通知给付外汇的汇率。银行卖出的外汇需要用信函通知国外分行支付，所用时间较长，因此需将在途利息占用扣除，信汇汇率也就比电汇汇率低。

③票汇汇率（demand draft rate，D/D Rate），也称票汇价，是银行买卖即期汇票的汇率。买卖即期汇票所需时间也较长，因而票汇汇率较电汇汇率低。如果买卖的是远期汇票（如30天、60天期），其汇率水平决定于远期期限长短和该种外汇升贬值的可能性。

（4）按外汇买卖成交后交割时间的长短不同，可分为即期汇率和远期汇率。

①即期汇率（spot exchange rate），也称现汇汇率，是交易双方达成外汇买卖协议后，在两个工作日以内办理交割的汇率。这一汇率一般就是现时外汇市场的汇率水平。

②远期汇率（forward exchange rate），也称期汇汇率，是交易双方达成外汇买卖协议，约定在将来某一时间进行外汇实际交割所使用的汇率。这一汇率是双方以即期汇率为基础约定的，但往往与即期汇率有一定差价，其差价被称为升水或贴水。当远期汇率高于即期汇率时我们称其为外汇升水；当远期汇率低于即期汇率时我们称其为外汇贴水。升贴水主要受利率差异、供求关系、汇率预期等因素的影响。另外，远期汇率虽然是未来交割时所使用的汇率，但与未来交割时的市场现汇率是不同的，前者是事先约定的远期汇率，后者是将来的即期汇率。

（5）按外汇管制程度的不同，可分为官方汇率和市场汇率。

①官方汇率（official rate），也称法定汇率，是外汇管制较严格的国家授权其外汇管理当局制定并公布的本国货币与其他各种货币之间的外汇牌价。这些国家一般没有外汇市场，外汇交易必须按官方汇率进行。官方汇率一经制定往往不能频繁地变动，这虽然保证了汇率的稳定，但是汇率较缺乏弹性。

②市场汇率（market rate）是外汇管制较松的国家自由外汇市场上进行外汇交易的汇率。它一般存在于市场机制较发达的国家，在这些国家的外汇市场上，外汇交易不受官方限制，市场汇率受外汇供求关系的影响，自发地、经常地流动，官方不能规定市场汇率，而只能通过参与外汇市场活动来干预汇率变化，以避免汇率出现过度频繁或大幅度的波动。

除外汇管制严的国家实行官方汇率、外汇管制松的国家实行市场汇率外，在一些逐步放松外汇管制、建立外汇市场的国家中，可能会出现官方汇率与市场汇率并存的状况，在官方规定的一定范围内使用官方汇率，而在外汇市场上使用由供求关系决定的市场汇率。

（6）在实行复汇率的国家中，因外汇使用范围的不同可分为贸易汇率、金融汇率等。

①贸易汇率（commercial rate）是用于进出口贸易及其从属费用的计价结算的汇率。官方制定与其他汇率不同的贸易汇率主要是为了促进出口，限制进口，改善本国贸易状况。

②金融汇率（financial rate）是用于非贸易往来如劳务、资本移动等方面的汇率。官方制定金融汇率的目的往往是增加非贸易外汇收入以及限制资本的流动，保障本国的利益。

（7）按国际汇率制度的不同，可分为固定汇率、浮动汇率等。

①固定汇率（fixed exchange rate）是在金本位制度下和布雷顿森林体系下通行的汇率制度，这种制度规定本国货币与其他国家货币之间维持一个固定比率，汇率波动只能限制在一定范围内，由官方干预来保证汇率的稳定。目前许多发展中国家仍然实行固定汇率制度。

②浮动汇率（floating exchange rate）是本国货币与其他国家货币之间的汇率不由官方制定，而由外汇市场供求关系决定，可自由浮动，官方在汇率出现过度波动时才出面干预市场，这是布雷顿森林体系解体后西方国家普遍实行的汇率制度。由于各国具体情况不同，选择汇率浮动的方式也会有所不同，所以浮动汇率

制度又可以进一步分为自由浮动、管理浮动、联合浮动、盯住浮动等。

（8）根据纸币制度下汇率是否经过通货膨胀调整，可分为名义汇率和实际汇率。

①名义汇率（nominal exchange rate）是由官方公布的或在市场上通行的、没有剔除通货膨胀因素的汇率。由于纸币制度下各国都会发生不同程度的通货膨胀，货币在国内购买力因此也会有不同程度的下降，由此造成的货币对内贬值应该反映在货币的对外比价即汇率上，但现实中的汇率变化与国内通货膨胀的发生常常是相脱离的，名义汇率便是没有消除过去一段时期两种货币通货膨胀差异的汇率。

②实际汇率（real exchange rate）是在名义汇率的基础上剔除了通货膨胀因素后的汇率。从计算方法上来看，它是在现期名义汇率的基础上用过去一段时期两种货币各自的通货膨胀率（物价指数上涨幅度）来加以校正，从而得出实际的而不是名义的汇率水平及汇率变化程度。由于消除了货币之间存在的通货膨胀差异，它比名义汇率更能反映不同货币实际的购买力水平。由此看出，实际汇率与购买力平价有着相似的作用和特点。

2.3 汇率的决定基础与影响因素

2.3.1 汇率决定与变动

1. 金本位制度下的汇率决定与变动

各国货币之间的比价即汇率，从根本上讲是各种货币价值的体现。也就是说，货币本身具有或代表的价值是决定汇率水平的基础，汇率在这一基础上受其他各种因素的影响而变动，形成现实的汇率水平。而在不同的货币制度下，各国货币所具有的或者所代表的价值是不同的，即汇率具有不同的决定因素，并且影响汇率水平变动的因素也不相同，我们先来看金本位制下汇率的决定与变动因素。

（1）汇率决定因素——铸币平价。

金本位制度是从19世纪初到20世纪初资本主义国家实行的货币制度，1816年英国《金本位法》的颁布标志着金本位制最早在英国产生。此后，德国及其他欧洲国家和美国等也陆续实行金本位制度。金本位制度，具体包括金铸币本位制、金块本位制和金汇兑本位制三种形式，其中金铸币本位制是典型的金本位制度，后两种是削弱了的、变形的金本位制度。

典型的金本位制度的特点是：①各国货币均以黄金铸成，金铸币有一定重量和成色，有法定的含金量；②金币可以自由流通、自由铸造、自由输出入，具有无限清偿能力；③辅币和银行券可以按其票面价值自由兑换为金币。

在这种制度下，各国货币均以黄金作为统一的币材、统一的价值衡量标准，尽管它们在重量、成色等方面有不同的规定，但在国际结算和国际汇兑领域中都可以按各自的含金量多少加以对比，从而确定出货币之间的比价。因此，金本位制度下两种货币之间含金量之比，即铸币平价（mint par），就成为决定两种货币汇率的基础。

下面用英国和美国这两个典型例子来说明：在 1929 年经济危机以前金本位制下，英国规定 1 英镑重量为 123.27447 格令，成色为 22 开金，美国规定 1 美元重量为 25.80 格令，成色为 90%。其中，单位货币的含金量 = 铸币重量 × 成色。具体计算如下：

	重量	成色	含金量
1 英镑：	123.27447 格令	×22/24	=113.0016 格令 =7.32238 克
1 美元：	25.80 格令	×90/100	=23.22 格令 =1.50463 克

由此，英镑与美元的铸币平价即各自含金量之比等于 4.8665（即 113.0016/23.22，或 7.32238/1.50463），即 1 英镑金币的含金量等于 1 美元金币含金量的 4.8665 倍。这就是英镑与美元之间汇率的决定基础，它建立在两国法定的含金量基础上，而法定的含金量一经确定，一般是不会轻易改动的，因此，作为汇率基础的铸币平价是比较稳定的。

（2）汇率变动因素——供求关系及黄金输送点。

铸币平价决定汇率，如果仅考虑货币的价值对比而舍弃其他因素的话，两者是相等的。但实际上，外汇市场上的汇率水平及其变化还要取决于许多其他因素，最为直接的就是外汇供求关系的变化。正如商品价格取决于商品的价值，但供求关系会使价格围绕价值上下波动一样，在外汇市场上，汇率也是以铸币平价为中心，在外汇供求关系的作用下上下浮动的。当某种货币供不应求时，其汇价会上涨，超过铸币平价；当某种货币供大于求时，其汇价会下跌，低于铸币平价。

金本位制度下，外汇供求关系变化的主要原因在于国际债权债务关系的变化，尤其是由国际贸易引起的债权债务清偿。当一国在某个时期出口增加，有大量贸易顺差时，外国对该国货币的需求旺盛，同时本国的外汇供给增加，从而导致本币汇率上涨；反之，当一国在某个时期进口增加，出口减少，有大量贸易逆差时，该国对外汇需求增大，同时外国对该国货币需求减少，从而导致本币汇率下跌。但是，值得注意的是，金本位制度下由供求关系变化造成的外汇市场汇率变化并不是无限制地上涨或下跌，而是被限定在铸币平价上下一定界限内，这个界限就是黄金输送点（gold point）。

黄金输送点的存在并被作为汇率波动的界限，是由金本位制度的特点所决定的。金本位制度下黄金可以自由熔化、自由铸造和自由输出入的特点，使得黄金可以代替货币、外汇汇票等支付手段用于国际债务清偿。具体地讲，一方面，当外汇市场上的汇率上涨达到或超过某一界限时，本国债务人用本币购买外汇的成本会超过黄金直接输出国境用于支付的成本，从而造成黄金输出，引起黄金输出的这一汇率界限就是"黄金输出点"。另一方面,当外汇市场上汇率下跌,达到或低于某一界限时,本国拥有外汇的债权者用外汇兑换本币所得会少于用外汇在国外购买黄金再输回国内所得,从而造成黄金输入,引起黄金输入的这一汇率界限就是"黄金输入点"。黄金输出点和黄金输入点共同构成了金本位制下汇率以铸币平价为中心上下波动的上下限。

下面仍然以英国和美国的实例加以说明:假如在金本位制度下,英国向美国出口的商品多于美国向英国出口的商品,英国对美国有贸易顺差,那么外汇市场上对英镑的需求增加,英镑对美元汇率上涨,高出其铸币平价(4.8665)。当市场汇率进一步上涨,超过一定幅度时,便会使美国进口商直接采取向英国运送黄金的方法支付商品货款。当时,从美国向英国输出黄金的运输费、保险费、包装费以及检验费等占黄金价值的 0.5%~0.7%,如果按 0.6% 计算,支付 1 英镑债务需附加费用 0.0292 美元(4.8665×0.6%)。那么,当英镑对美元汇率超过 4.8957 美元(即铸币平价 4.8665 加黄金运费 0.0292)时,美国人输出黄金显然比在外汇市场上以高价购买英镑更便宜,外汇市场上就不再有对英镑的购买,而代之以直接用黄金支付。这样,1 英镑 = 4.8957 美元就成了英镑上涨的上限,这一上限即美国的"黄金输出点"(英国的"黄金输入点")。

相反的情况下,假如美国对英国有贸易顺差,英镑对美元汇率下跌,跌至 4.8373 美元(即铸币平价 4.8665 减黄金运送费用 0.0292)以下,持有英镑的美国债权人也就不会再用贬值的英镑在外汇市场上兑换美元,而是将英镑在英国换成黄金运回国内。这样,外汇市场上不再有以高价购买美元的交易,而代之以购买黄金,1 英镑 = 4.8373 美元就成了英镑下跌的下限,这一下限也就是美国的"黄金输入点"(英国的"黄金输出点")。

由此可见,金本位制度下,由于黄金输送点的制约,外汇市场上汇率波动总是被限制在一定范围内,最高不超过黄金输出点,最低不低于黄金输入点。因此,由供求关系导致的外汇市场汇率波动是有限度的,汇率制度也是相对稳定的。

2. 纸币制度下的汇率决定与变动

(1) 纸币制度下的汇率决定因素。

纸币制度是在金本位制度崩溃之后产生的一种货币制度,包括法定含金量时期和 1978 年 4 月 1 日以后的无法定含金量时期两个阶段。纸币作为价值符号,是金属货币的取代物,在金属货币退出流通之后,执行流通手段和支付手段的职能。这种职能是各国政府以法令形式赋予它并保证其实施的。从纸币制度产生之日起,各国政府就规定了本国货币所代表的(而不是具有的)含金量,即代表的一定价值。因此,在国际汇兑中,各国货币之间的汇率也就成了它们所代表的价值之比。

但是,纸币所代表的含金量之比决定汇率,与金本位制度下铸币所具有的含金量之比决定汇率,有着本质的差别。后者是一种实实在在的价值之比,而前者只是一种虚设的价值之比。作为汇率,应该是货币实际价值的对比。而在纸币制度下,货币的实际价值并不一定等于其法定的含金量,因为通货膨胀这种几乎不可避免的现象会使货币的实际价值与其代表的名义价值相偏离。一国通货膨胀程度越高,其货币的实际价值就越低;一国通货膨胀程度越低,其货币的实际价值就越高。

用通货膨胀程度所衡量的货币实际价值是货币的对内价值,对内价值是决定对外价值(即汇率)的基础。对内价值具体体现于货币在国内的购买力高低,货币购买力是用能表明通货膨胀程度的物价指数来计算的。一国物价指数上涨,通货膨胀水平提高,该国货币购买力就相应下降,它在国际市场的汇率也会相应下跌;反之,当一国物价指数上涨程度较其他国家慢,通货膨胀水平较低,意味着该国货币购买力提高,它在国际市场的汇率也会相应上升。

进一步说,货币的对内价值即购买力的变化取决于流通中的货币量。如果流通中的货币量与对货币的实际需要量相一致,则本国物价和货币购买力稳定,货币对内不发生贬值;如果流通中的货币量超过货币需要量,则会发生通货膨胀,物价上涨,货币购买力下降,本币对内贬值。

在纸币制度下,两国货币之间的汇率取决于它们各自在国内所代表的实际价值,也就是说货币对内价值决定货币对外价值;而货币的对内价值又是用其购买力来衡量的。因此,货币的购买力对比就成为纸币制度下汇率决定的基础。这样一种论点在第二次世界大战后的纸币制度下被广泛地接受和运用,它也是西方汇率理论中一个重要流派的思想。

(2)纸币制度下的汇率变动因素。

纸币制度下,国际汇率体系经历了布雷顿森林体系下的固定汇率和20世纪70年代以后的浮动汇率两个时期。与金本位制度下的汇率截然不同,一方面,纸币制度下的汇率无论是固定的还是浮动的,都已失去了保持稳定的基础,这是由纸币的特点造成的。另一方面,外汇市场上的汇率波动也不再具有黄金输送点的制约,波动就是无止境的,任何能够引起外汇供求关系变化的因素都会造成外汇行市的波动。纸币制度下,影响汇率变动的主要因素有以下几个方面。

①国际收支差额。一国国际收支差额既受汇率变化的影响,又会影响到外汇供求关系和汇率变化,其中,贸易收支差额又是影响汇率变化最重要的基本因素。当一个国家出现国际收支逆差,即其对外支付超过了收入,或者出现贸易逆差,即进口额超过了出口额,这通常意味着该国需要更多的外汇来支付这些差额。由于外汇需求增加导致供给相对不足,外汇汇率上升,本币对外贬值。反之,当一个国家出现国际收支顺差,即其对外收入超过了支付,或者出现贸易顺差,即出口额超过了进口额,这通常意味着该国的外汇收入增加。由于外汇供给增加导致需求相对不足,外汇汇率下降,本币对外升值。

国际收支或贸易收支逆差导致本币贬值,国际收支或贸易收支顺差导致本币升值可以在大多数现实的例子中得以证实。第二次世界大战后初期,美国巨额的贸易顺差促使美元供不应求,出现"美元荒",为美元成为中心货币奠定了基础；而20世纪60年代以后美国巨额的国际收支逆差又迫使美元在1971年和1973年两次大幅度贬值。20世纪80年代中期以后美国对日本持续大量的贸易逆差也是导致美元对日元不断贬值、日元对美元汇率步步攀升的主要原因。

②利率水平。利率也是货币资产的一种"特殊价格"，它是借贷资本的成本和利润。在开放经济和市场经济条件下，利率水平变化与汇率变化息息相关，主要表现在当一国提高利率水平或本国利率高于外国利率时，会引起资本流入该国，由此对本国货币需求增大，使本币升值、外汇贬值；反之，当一国降低利率水平或本国利率低于外国利率时，会引起资本从本国流出，由此对外汇需求增大，使外汇升值、本币贬值。一国提高利率水平多数情况下是为了紧缩国内银根，控制投资的扩大和经济过热，它对外汇市场的作用就是使本币在短期内升值；而一国降低利率水平则主要是为了放松银根，刺激投资的增加和经济增长，它对外汇市场的作用就是使本币在短期内贬值，这是货币政策手段之一的贴现率政策实施的结果，各国货币当局往往通过调整中央银行的贴现率来促使利率水平的变化。正是因为利率对汇率的这种作用，一国政府可以将调整贴现率作为干预资本流动和汇率变化的措施。当然，这种做法必然影响到国内经济状况，效果也是短期的。利率对于汇率的另外一个重要作用是导致远期汇率的变化，外汇市场远期汇率升水、贴水的主要原因在于货币之间的利率差异。高利率货币会造成市场上对该货币的需求，以期获得一定期限的高利息收入，但为了防止将来到期时该种货币汇率下跌带来的风险和损失，人们在购进这种货币现汇时往往会采取掉期交易，即卖出这种货币的远期，从而使其远期贴水；同样的道理，低利率的货币则有远期升水。利率与远期汇率之间的这种关系可以在西方利率平价理论中得到进一步证明。

③通货膨胀。正如前面所讲的，纸币制度下，货币所代表的实际价值（可以用货币购买力来体现）是汇率决定的基础。纸币制度的特点决定了货币的实际价值是不稳定的，通货膨胀以及由此造成的纸币实际价值与其名义价值的偏离几乎在任何国家都是不可避免的。而这就必然引起汇率水平的变化。具体地说，一国通货膨胀率提高，货币购买力下降，纸币对内贬值，其对外汇率下跌。进一步说，汇率是两国货币之比价，其变化受制于两国通货膨胀程度之比较。如果两国都发生通货膨胀，则高通货膨胀国家的货币会对低通货膨胀国家的货币贬值，而后者则对前者相对升值。

④财政、货币政策。一国政府的财政、货币政策对汇率变化的影响虽然是较为间接的，但也是非常重要的。一般来说，扩张性的财政、货币政策造成的巨额财政收支逆差和通货膨胀，会使本国货币对外贬值；紧缩性的财政、货币政策会减少财政支出，稳定通货，而使本国货币对外升值。但这种影响是相对短期的，财政、货币政策对汇率的长期影响则要看这些政策对经济实力和长期国际收支状况的影响如何，如果扩张性政策能最终增强本国经济实力，促使国际收支顺差，那么本币对外价值的长期走势必然会提高，即本币升值；如果紧缩性政策导致本国经济停滞不前，国际收支逆差扩大，那么本币对外价值必然逐渐削弱，即本币贬值。

⑤投机资本。随着浮动汇率制度的产生以及西方各国对外汇管制和国际资本流动管制的放松，外汇市场各种投机活动已十分普遍，因此，投机资本对市场供求关系和外汇行市的影响也就不容忽略，但是，投机资本对汇率的作用是复杂多样的和捉摸不定的。有时，投机风潮会使外汇汇率跌宕起伏，失去稳定；有时投机交易则会抑制外汇行市的剧烈波动。例如，当国际金融市场上出现利率、汇率等价格的地区差或时间差，或者利率预期、汇率预期等发生变化时，必然会吸引大批国际游资（hot money）涌入外汇市场，这时会增大外汇交易规模，加剧汇率波动。而当外汇市场汇率高涨或暴跌时，投机性的卖空、买空交易会抑制涨跌势头，起到平抑行市的作用。

⑥政府的市场干预。尽管第二次世界大战后西方各国政府纷纷放松了对本国的外汇管制，但政府的市场干预仍是影响市场供求关系和汇率水平的重要因素。当外汇市场汇率波动对一国经济、贸易产生不良影响或政府需要通过汇率调节来达到一定政策目标时，货币当局便可以参与外汇买卖，在市场上大量买进或抛出本币或外汇，以改变外汇供求关系，促使汇率发生变化，这就是作为货币政策之一的"公开市场业务"。

为进行外汇市场干预，一国需要有充足的外汇储备，或者建立专门的基金，如外汇平准基金、外汇稳定基金等，以便随时用于外汇市场的干预。政府干预汇率往往是在特殊情况下（如市场汇率剧烈波动、本币大幅度升值或贬值等），或者为了特定的目标（如促进出口、改善贸易状况等）而进行的，它对汇率变化的作用一般是短期的。

⑦一国的经济实力。一国经济实力的强弱是奠定其货币汇率高低的基础，而经济实力强弱通过许多指标表现出来。稳定的经济增长率、低通货膨胀水平、平衡的国际收支状况、充足的外汇储备以及合理的经济结构、贸易结构等都标志着一国较强的经济实力，这不仅形成本币币值稳定和坚挺的物质基础，也会使外汇市场上人们对该货币的信心增强。反之，经济增长缓慢甚至衰退、高通货膨胀水平、国际收支巨额逆差、外汇储备短缺以及经济结构、贸易结构失衡则标志着一国经济实力差，从而本币失去稳定的物质基础，人们对其信心下降，对外不断贬值。与其他因素相比较，一国经济实力强弱对汇率变化的影响是较长期的，即它影响汇率变化的长期趋势。

⑧其他因素。在现代外汇市场上，汇率变化常常是十分敏感的，一些非经济因素、非市场因素的变化往往也会波及外汇市场。一国政局不稳定、有关国家领导人的更替、战争爆发等，都会导致汇率的暂时性或长期性变动。其原因在于，无论是政治因素、战争因素或其他因素，一旦发生变化，都会不同程度地影响有关国家的经济政策、经济秩序和经济前景，从而造成外汇市场上人们的心理恐慌，人们或者寻求资金安全、保值，或者趁机进行投机、获利，都会进行迅速的外汇交易，引起市场行情的波动。

另外，如黄金市场、股票市场、石油市场等其他投资品市场价格发生变化也会引致外汇市场汇率联动。这是由于国际金融市场的一体化，资金在国际上自由流动，使得各个市场间的联系十分密切，价格的相互传递成为可能和必然。

【扩展阅读 2.1】

"9·11"事件和美元贬值

在"9·11"事件之前，人们普遍认为，美国有强大的经济和军事实力，其本土发生战争或遭遇袭击的可能性较小，所以一直被当作"国际资金避难所"。一旦世界上发生战争等重大政治事件，许多国家的资金都会流入美国金融市场避难，故而此类事件往往推动美元升值。如在 1999 年西方国家对南斯拉夫的战争中，美元就是借此而走强的。而"9·11"事件打破了美国作为"国际资金避难所"的神话，当天美元大幅贬值。"9·11"事件之后，许多投资者开始怀疑美国是否还是全球最安全的国家，即便麻烦不是发生在美国本土或与美国不直接相干，在世界各国发生战争等重大政治事件时，美国也难以在较长时期中成为万无一失的"国际资金避难所"。失去了"风水宝地"的光环，美元在国际重大政治事件背景下的表现还能如从前那般风光吗？2001 年 9 月 11 日这一天，英镑快速走强，美元猛烈贬值，从开盘的 1 英镑兑 1.4563 美元，贬值至 1 英镑兑 1.4764 美元，美元日跌幅达 201 点。此时，经济政策分析、技术面分析在这一突发事件面前，都显得苍白无力。汇率受政治因素影响而变动，变动幅度取决于事件的大小、持续的时间长短等。如果遇到世界性的、非常严重的、影响非常大的事件，汇率的变动幅度往往有数百点甚至上千点。

"9·11"事件打破了美国是资金避难所的神话，当天美元大幅贬值。尽管突发的政治事件不会长期影响汇率的基本走势，但在短期内可能会由于市场预期的支持而使汇率发生急剧波动。且在这种预期消除之前，汇率会维持短期趋势。2001 年 9 月 11 日，在美国世贸中心大厦被撞一小时后，美元/瑞士法郎的跌幅达 500 点，美元/日元的跌幅达 400 点。至 9 月 21 日仅 10 天的时间里，美元/瑞士法郎较"9·11"事件之前跌掉了 1300 多点。

资料来源：过文俊. 赢在汇市——外汇投资精要 [M]. 北京：机械工业出版社，2009.

2.3.2 汇率变化的经济影响

1. 货币升值与贬值

汇率的变化表现为货币的升值与贬值，作为两种货币之比价，汇率的上升或下降必然是一种货币的升值，同时也是另一种货币的贬值。货币的升贬值在不同的货币制度和汇率制度下有着不同的方式。在第二次世界大战以前的金本位制度下，由于汇率取决于货币的含金量之比，那么，汇率的升贬值也就取决于各国货币法定含金量的变化。如果一种货币法定含金量减少，则它对黄金和其他货币贬值，其他货币对其升值。在第二次世界大战后的布雷顿森林体系下，实行的是金汇兑本位制，各国货币之间保持固定汇率，汇率水平以各种货币法定代表的黄金价值（即金平价）为标准来确定，所以汇率的调整也就以官方确定的金平价的高低为准。尽管在金本位制度和金汇兑本位制下也存在外汇市场和市场汇率的波动，但货币的升贬值主要是指法定的升贬值，这实际上就是政府对货币的价值调整。在固定汇率制度崩溃后的浮动汇率制度下，西方国家货币汇率的变化主要是外汇市场上汇率的变化，它表现为汇率随市场上外汇供求关系的变化而随时地上下波动。因此，在这些国家中货币的升贬值已不再是法定的升贬值（revaluation，devaluation），而是指市场汇率的上浮、下浮（appreciation，depreciation）。当然，在浮动汇率制度下，也有不少国家尤其是发展中国家仍然实行比较固定的汇率制度，货币的升贬值主要取决于货币当局法定的汇率调整。不管在上述哪种制度下，货币升贬值都是指一种货币相对于另一种货币而言的，升贬值的幅度可以通过变化前后的两个汇率计算出来，具体方法如下。

（1）在直接标价法下：

本币汇率的变化(%) = (旧汇率/新汇率 - 1) × 100%

外币汇率的变化(%) = (新汇率/旧汇率 - 1) × 100%

（2）在间接标价法下：

本币汇率的变化(%) = (新汇率/旧汇率 - 1) × 100%

外币汇率的变化(%) = (旧汇率/新汇率 - 1) × 100%

上述公式计算出来的结果如果是正数即表示本币或外汇升值，如果是负数即表示本币或外汇贬值。举个例子来说明。1990年11月，人民币官方汇率进行了调整，从原来的 \$100 = ￥472.21 调至 \$100 = ￥522.21，根据这一调整，人民币对美元汇率的变化幅度为：

(472.21/522.21 - 1) × 100% = -9.57%

而美元对人民币汇率的变化幅度为：

(522.21/472.21 - 1) × 100% = 10.59%

即人民币对美元贬值9.75%，同时美元对人民币升值10.95%。

2. 汇率变化的经济影响

汇率这种特殊价格是一国宏观经济中的一个重要变量，它与多种经济因素有着密切的关系。这种关系不仅表现在许多经济因素的变化导致汇率水平的变化，而且表现在汇率的变化对其他经济因素具有不同程度、不同形式的作用或影响，使其发生相应的变化。尤其是浮动汇率制度下汇率变化频繁，对各国经济产生的冲击日益深刻。因此，汇率政策及汇率调整已成为各国经济政策的重要组成部分。汇率变化对经济各方面产生的作用和影响是不同的，其中最为主要的是汇率对于贸易收支、价格水平、资本移动、外汇储备、财政税收、收入分配以及国际经济关系的影响。

（1）汇率变化对贸易收支的影响。

①汇率变化对进出口的影响。汇率变化一个最为直接也是最为重要的影响就

是对贸易的影响,这种影响有着微观和宏观两个方面:从微观上来讲,汇率变动会改变进出口企业成本、利润的核算;从宏观上来讲,汇率变化因对商品进出口产生的影响而使贸易收支差额以至国际收支差额发生变化。

汇率变化对贸易产生的影响一般表现为:一国货币对外贬值后,有利于本国商品的出口,而一国货币对外升值后,则有利于外国商品的进口,不利于本国商品的出口,因而会减少贸易顺差或扩大贸易逆差。以本币贬值为例。本币贬值后,对出口会产生两种结果:一是等值本币的出口商品在国际市场上会折合比以前(贬值前)更少的外币,使国外销售价格下降,竞争力增强,出口扩大;二是出口商品在国际市场上的外币价格保持不变,则本币贬值会使等值外币兑换成比以前(贬值前)更多的本币,国内出口商品的出口利润增加,从而促使国内出口商积极性提高,出口数量增加。这就是说,本币贬值或者会使出口商品价格下降,或者会使出口商品利润提高,或者两者兼而有之,这都会使出口规模扩大。如果出口数量增加的幅度超过商品价格下降的程度,则本国出口外汇收入净增加。本币贬值对进口产生的作用与出口正相反,贬值后,以外币计价的进口商品在国内销售时折合的本币价格比贬值前提高,进口商成本增加,利润减少,进口数量相应减少。如果维持原有的国内销售价,则需要压低进口商品的外币价格,这又会招致外国商人的反对,因此,本币贬值会自动地抑制商品的进口。

如果本币贬值有效地促进了出口,限制了进口,则会改善一国的贸易条件,扭转贸易收支的不平衡。但是,本币贬值起到扩大出口、限制进口的作用不是在任何条件下都能实现的。因此,还需要进一步分析作为改善贸易状况手段的本币贬值及其有效条件。

②马歇尔—勒纳条件(Marshall-Lener condition)。这是西方汇率理论中的一项重要内容,它表明的是,如果一国处于贸易逆差中,会引起本币贬值。本币贬值会改善贸易逆差,但需要的具体条件是进出口需求弹性之和必须大于1,即$(dx+dm)>1$(dx、dm 分别代表出口和进口的需求弹性)。

③外汇倾销(exchange dumping)。如上所述,本币对外贬值在一定条件下有促进商品出口的功能,因而许多国家便以本币贬值作为促进出口、改善贸易状况的重要手段,这就是外汇倾销。具体地说,外汇倾销是指在有通货膨胀的国家中,货币当局通过促使本币对外贬值,并且使本币对外贬值的程度大于对内贬值的程度,借以用低于原来在国际市场上的销售价格倾销商品,从而达到提高商品的海外竞争力、扩大出口、增加外汇收入和最终改善贸易差额的目的。

本币对外贬值是外汇倾销的手段,但必须具备的条件是本币对外贬值程度大于对内贬值程度。也就是说,因国内通货膨胀引起货币购买力下降的纸币对内贬值程度不能超过汇率下降幅度,这样才能达到实际的贬值,否则倾销便无效。

④J形曲线效应(J-curve effect)。汇率变化导致进出口贸易的变化在理论上和实践中都可以得到证实。但在现实中,货币贬值造成贸易差额的最终改善有一个时滞,时滞长短取决于供求反应程度高低,并且在汇率变化的时滞内会出现短期的国际收支恶化现象。

(2) 汇率变化对资本流动的影响。

汇率变化不仅受到资本流动的影响,而且也是影响资本流动的直接因素。其作用表现在:本币对外贬值后,1 单位外币折合更多的本币,会促使外国资本流入增加,国内资本流出减少;但是,本币对外价值将贬未贬时,也就是外汇汇价将升未升时,会引起本国资本外逃。本币对外升值后,1 单位外币折合更少的本币,外国资本流入减少,资本流出增加;但是本币将升未升时,也就是外汇汇价将跌未跌时,会引起外国资本流入。

因汇率变化带来的资本流出入变化可以通过资本投资,也可以通过旅游、商品采购等方式进行。这些变化最终体现在国际收支的不同项目上,其中主要是资本项目差额的变化上。汇率变化对资本流动的影响一方面表现在货币升贬值后带来的资本流出或流入增加,另一方面也表现在汇率预期变化即汇率将升未升或将跌未跌对资本流动的影响。当一国外汇市场上出现本国货币贬值的预期时,会造成大量抛售本币、抢购外汇的现象,资本加速外流(或外逃),这与本币贬值后资本流入增加的结果正相反;当一国外汇市场上出现本国货币升值预期时,则会形成大量抛售外汇、抢购本币的现象,使资本流入增加,这与本币升值后资本流出增加的结果正相反。

汇率变化对于资本流动既有流向上又有流量上的影响,影响程度有多大,或者说资本流动对于汇率变化的敏感性如何还要受其他因素的制约,其中最主要的因素是一国政府的资本管制。资本管制严的国家,汇率变动对资本流动影响较小,资本管制松的国家,汇率变动对资本流动影响较大。除此之外,资本投资的安全性也是一个重要因素,如果一国货币贬值使资本流入有利可图,但同时该国投资安全性差,那么资本流入也不会成为现实。

(3) 汇率变化对外汇储备的影响。

外汇储备是一国国际储备的主要内容,由本国对外贸易及结算中的主要货币组成。在第二次世界大战后布雷顿森林体系下,美元是各国外汇储备的主要币种,20 世纪 70 年代以后,各国外汇储备逐渐走向多元化,由美元、日元、英镑、德国马克等西方主要货币组成,不论是以单一的币种为储备还是以多元化的币种为储备,储备货币汇率变化都会直接影响到一国外汇储备的价值。

在以美元为主要储备货币时期,外汇储备的稳定性和价值高低完全在于美元汇率的变化。美元升值,一国外汇储备相应升值;美元贬值,一国外汇储备也相应贬值。20 世纪 70 年代初期,美元在国际市场上的一再贬值曾给许多国家尤其是发展中国家的外汇储备造成了不同程度的损失。

在多元化外汇储备时期,汇率变化的影响较为复杂,需要从多方面进行分析。首先,构成一国外汇储备的各种货币的汇率变化对外汇储备的影响是不相同的;其次,要衡量一定时期内储备货币的汇率变化对一国国际储备的综合影响,需要根据各种储备货币在外汇储备中的不同权重,并结合各种储备货币升贬值的幅度加以分析。

由于储备货币的多元化,汇率变化对外汇储备的影响也多样化了。有时外汇市场汇率波动较大，但因储备货币中升贬值货币的力量均等，外汇储备的价值就不会受到影响；有时虽然多种货币汇率下跌，但占比重较大的储备货币汇率上升，外汇储备总价值也能保持稳定或略有上升。

国际储备多元化加之汇率变化的复杂化，使国际储备管理的难度加大，因而各国货币当局都随时注意外汇市场行情的变化，相应地进行储备货币的调整，以避免汇率波动给外汇储备造成损失。

(4) 汇率变化对价格水平的影响。

汇率变化对价格水平的影响体现在两方面：一是贸易品价格；二是非贸易品价格。前者包括出口商品和进口商品，后者是指那些由于成本等因素不能进入国际市场的商品。

一方面，汇率变化后直接影响贸易品价格的变化：本币贬值后，出口商品和进口商品的国内价格都会有所提高；出口商品本币价格的提高主要体现在出口利润的增加，对国内物价水平影响不大。相比而言，如果进口商品没有受到有效的控制，且进口商品在商品总额中占有较大比重，则进口商品价格提高会对物价上涨产生较大的压力。这种压力不仅表现在进口制成品价格水平的提高上，而且还表现在以进口商品为中间产品的商品的生产成本的增加。因此，货币贬值必须辅以限制进口的措施，保持国内价格的稳定。

本币对外升值产生的作用正相反，它会使出口商品和进口商品的国内价格下降，对出口起到限制作用，对进口起到扩大作用。扩大了的进口商品价格较低，尽管会对国内市场产生冲击，但对总体物价水平不会产生上涨的压力。

另一方面，汇率变化对价格的影响是对非贸易品价格的影响，与对贸易品价格影响相比，它是间接的。如果一国商品可以自由贸易，资源要素在部门转移不受限制，汇率变化带来的贸易品价格变化会传导到非贸易品价格上。我们把非贸易品划分为以下三种：第一类商品，即随价格变化随时转化为出口的国内商品；第二类商品，即随价格变化随时可以替代进口的国内商品；第三类商品，即完全不能进入国际市场或进行替代的国内商品。

仍以本币贬值为例，本币贬值后，贸易品价格提高，会使：

①第一类商品从国内市场转到国际市场，由非贸易品转为贸易品，从而国内非贸易品供应减少，需求相应增加，价格上升。

②进口商品中国内无法替代的商品或原材料价格提高后，引起国内相关的非贸易品和以进口产品为原料辅料的国内最终产品价格上涨。

③进口商品中属于国内可以生产加以替代的部分会因价格高涨而受到自动限制，由第二类商品的扩大来补充。这样，进口商品价格上涨就不会全部转化为现实，第二类商品的增加在一定程度上抵消了进口商品价格上升幅度，但一般来说也不会全部抵消，而且随着对第二类商品需求的增加，其价格也会有所上升。

④随着贸易品和部分相关产品价格上升，以及出口商利润的提高，第三类商品生产商也会要求相同的利润水平，或者转移生产，或者提高销售价格，其结果也是促使价格总水平上升。

汇率与价格之间的关系是十分密切的，如前面已论及的，纸币制度下，用物价指数来计算的货币购买力是决定汇率的基本因素，而汇率变化又反过来会影响物价水平。现实中，一国发生通货膨胀会导致本币对外贬值，本币贬值又会产生物价上涨的压力。如果政府部门不能有效地加以控制，则会陷入"贬值—通货膨胀—贬值……"的恶性循环中。因此，汇率与价格水平之间的关系是汇率理论与政策研究中一项重要内容。

（5）汇率变化对微观经济活动的影响。

汇率变化对微观经济活动的影响主要表现在浮动汇率下汇率频繁变动使企业进出口贸易的计价结算对外债权债务中的风险增加。具体来说，进口商品计价货币升值，或应偿还借款货币升值，都意味着债务方实际支付的增加；出口商品计价货币贬值，或应收贷款货币贬值，都意味着债权方实际收入的减少。因此，对进口商和外债债务方来说，货币升值不利，应力争使用软货币；对出口商和外债债权方来说，货币贬值不利，应力争使用硬货币。但是，软、硬货币只是相对而言的，而且市场汇率变化会使其不断地发生转变，这就要求企业和商人能够对汇率变化有一个较为准确的预测，否则，汇率变化的风险随时可能转化为现实的损失。

在过去的固定汇率制度下，汇率相对稳定，波动幅度不大，对微观经济的影响也不明显，但在浮动汇率制度下，汇率每时每刻都处于波动之中，几天或者几个星期的汇率波动幅度往往是较大的，而且无规律可循，这就使进出口贸易和国际借贷活动随时面临汇率变化风险。因此，外汇风险的预测及防范已成为微观经济管理中不可缺少的内容。

（6）汇率变化对于国际经济关系的影响。

浮动汇率产生后，外汇市场上各国货币频繁的、不规则的波动，不仅给各国对外贸易、国内经济等造成了深刻影响，而且也影响着各国之间的经济关系。

如果一国实行以促进出口、改善贸易逆差为主要目的的货币贬值，会使对方国家货币相对升值，出口竞争力下降，尤其是以外汇倾销为目的的本币贬值必然引起对方国家和其他利益相关国家的反抗甚至报复，这些国家会采取针锋相对的措施，直接地或隐蔽地抵制贬值国商品的侵入，"汇率战"由此而生。

货币竞相贬值促进各自国家的商品出口在国际上是很普遍的现象，由此造成的不同利益国家之间的分歧和矛盾也层出不穷，这加深了国际经济关系的复杂化。

【经典人物】

里昂·瓦尔拉斯

里昂·瓦尔拉斯（Léon Walras）1834年12月16日出生于法国，是边际主义经济学奠基人之一、一般均衡理论的创立者、数理经济学派的先驱和洛桑学派的创始人。其经济学的主要贡献有：提出边际效用价值论（一般均衡理论的价值论基础）；在经济学研究中成功使用数学工具（其认为数学方法是研究经济理论唯一合乎逻辑和科学的方法）；创立一般均衡理论（其认为各种商品和劳务市场的供求数量与价格是相互关联的），即一切市场（所有商品和劳务的市场）都处于供求相等状态的均衡。瓦尔拉斯还运用一般均衡分析方法分析了汇率决定问题，指出如果以输送硬币的成本为限度，汇率实质上是任何地区的一个货币单位或一定量货币在其他地区支付时的价格。同时，他进一步提出了一种多个地区汇率全面平衡模型。

资料来源：笔者根据相关资料整理得到。

2.4 汇率制度

汇率制度（exchange rate system），也称汇率安排（exchange rate arrangement），是指一国货币当局对本国货币的汇率变动的基本方式所作出的基本安排和规定。如规定本国货币对外价值、汇率的波动幅度、本国货币与其他货币的汇率关系、影响和干预汇率变动的方式等。

完整的汇率制度应包括四个方面的内容：汇率确定的依据；汇率波动的幅度；维持汇率应采取的措施；调整汇率的方式。国际汇率制度自19世纪中叶发展至今，先后出现了固定汇率制度和浮动汇率制度两种形式，由于汇率的特定水平及其调整对经济有着重大影响，并且不同的汇率制度本身也意味着政府在实现内外均衡目标的过程中需要遵循不同的规则，所以，选择合理的汇率制度是一国乃至国际货币制度面临的非常重要的问题。

2.4.1 固定汇率制度

1. 固定汇率制度概念

固定汇率制度（fixed rate system）是指以两国货币的含金量作为制定汇率的基础，两国货币的比价基本固定，或把两国货币汇率的波动界限规定在一定幅度之内的一种汇率制度。在这种汇率制度下，汇率基本固定，或在很小的幅度内波动，具有相对的稳定性，故称之为固定汇率制度。

自19世纪中期到20世纪初，金本位制度在各国相继确立起来，一直到1973年，绝大多数国家的汇率制度基本上属于固定汇率制度。固定汇率制度有两种形式：国际金本位制度下的固定汇率制度和黄金—美元本位制下的固定汇率制度。

2. 典型的国际金本位制度下的固定汇率制度

（1）典型的国际金本位制度下的固定汇率制度的特点。

典型的国际金本位制度是金币本位制（gold coin standard system）。在这种货币制度下,固定汇率制度具有两个基本特点:其一,黄金或金币作为世界货币,是国际结算的主要手段,可自由输出入。每一货币单位(铸币)都有法定的含金量,两国实行金本位制的货币单位的含金量之比,叫作铸币平价(mint par, specie par)。两种金币的含金量是决定它们汇率的物质基础,铸币平价则是它们汇率的标准。其二,外汇市场上的实际汇率同铸币平价并不总是保持一致的水平,而是随着外汇市场的供求关系发生波动,但其波动十分有限,波幅被限制在黄金输送点之内,即汇率以铸币平价为基础,围绕着铸币平价上下波动。汇率的波动以黄金输送点为限。因此,汇率基本稳定。

(2) 典型的国际金本位制度下黄金输送点对汇率的自动调节机制。

在典型的国际金本位制度下,汇率受黄金点的影响。其运行机制是:在某国外汇市场上,当外汇汇率出现上升趋势并超过黄金输出点时,黄金就开始流出该国;而当该汇率出现下跌趋势并跌至黄金输入点时,黄金则开始内流。黄金的流动方向正好同供求关系的变化方向相反,因而能抵消外汇市场供求力量的作用,使汇率变动不至于超出黄金输送点的界限。基于此汇率的自动调节机制,国际金本位体系在1880~1914年经历了35年的"黄金时代"。

3. 黄金—美元本位制下的固定汇率制度(布雷顿森林体系下的固定汇率制)

(1) 黄金—美元本位制下的固定汇率制度的特点。

由于特定的历史环境,第二次世界大战后直至1973年,国际货币制度是以美元为中心的固定汇率制度或称布雷顿森林体系下的固定汇率制度。1944年7月,美国、英国等44个国家在美国新罕布什尔州的布雷顿森林(Bretton Woods)召开了联合国货币金融会议(以下简称布雷顿森林会议),并通过了以美国财长助理怀特提出的"怀特计划"为基础的《国际货币基金协定》和《国际复兴开发银行协定》,将其总称为"布雷顿森林协定"。至此,以美元为中心的国际货币体系得到确立,同时建立了以美元为中心的固定汇率制度,即以黄金为基础,美元与黄金挂钩,其他货币与美元挂钩的汇率制度。其特点为:

①美元直接与黄金挂钩,确定1美元的金平价为0.888671纯金,即1盎司黄金的官价为35美元。

②各国货币要规定金平价,并以此确定对美元的比价(即黄金平价),这就是说,各国货币均应以黄金,也就是以美元来表示,使各国货币盯住美元、与美元直接挂钩,而与黄金间接挂钩的关系。

③规定各会员国市场汇率的波动上下限为货币平价的±1%(1971年12月以后放宽至±2.25%)。若货币汇率波动超过上下限,各国货币当局有义务进行干预,以维护汇率波动的界限。

④各国中央银行持有的美元可按每盎司35美元的官价向美国兑换黄金。

应该指出的是,在典型的金本位制度下,各国货币的金平价是不会变动的,因此各国之间的汇率能够保持正常的稳定;而在布雷顿森林体系下的纸币流通的条件下,各国货币的金平价则是可以调整的。当一国国际收支出现根本性失衡时,金平价可以经由国际货币基金组织的核准而予以变更。因此,金本位制度下的汇率制度是典型的固定汇率制度,而布雷顿森林体系下的固定汇率制度还不能算作真正的固定汇率制度,严格来说只能称之为可调整的盯住汇率制度。

(2) 黄金—美元本位制下汇率调节措施。

在黄金—美元本位制下,各国货币的官定上下限是人为控制的,其主要调节措施有以下几项。

①运用贴现政策。当外汇汇率上涨,有超过汇率波动上限的趋势时,中央银行提高再贴现率,市场利率也随之提高,由此可吸引外资的流入,增加外汇的供给,使外汇汇率下浮;相反,若外汇汇率下跌,有低于汇率波动下限的趋势时,则中央银行降低贴现率,使市场利率降低,以限制外资的流入或诱使资本外流,使外汇汇率上浮。

②调整外汇和黄金储备。由于一国的外汇和黄金储备是稳定一国货币对外汇率的重要后备力量,因此,调整外汇和黄金储备也是各国货币当局调节汇率所惯用的手段。若一国外汇汇率上浮超过规定的上限,则该国货币当局动用一部分外汇储备在外汇市场上抛售,同时收回本币,以平抑汇率的上浮势头;反之,若外汇汇率下浮超过其下限,则由中央银行在外汇市场上抛售本币,购买外币,以增强本国的外汇储备,结果促使外汇汇率上浮。

③向 IMF 借款。当一国因国际收支失衡而感到难以维持货币平价时,可向 IMF 借款,当然该借款数额是有限的。

④实行货币的法定贬值或升值。前三种措施均属主动措施,而且其调节均有限度。当一国货币跌势或涨势明显,汇率波动剧烈,靠前几种办法无法平抑汇率时,该国货币当局最后只得采取货币法定贬值或升值。即当一国的国际收支危机特别严重,本币对外汇率下跌过快,无法扭转时,则采取法定贬值;当一国货币的对外汇率上涨过高,无法平抑时,则宣布法定升值,由法律明文规定提高本币的金平价,降低以本币表示的外币的价格。如联邦德国政府在 1969 年 10 月,把马克的金平价由 0.22168 克黄金提高到 0.242806 克,马克与美元的汇率也相应地由 1 美元 = 4 马克改为 1 美元 = 3.66 马克。[1] 可见,货币法定贬值和法定升值后,要重新核定对其他各国货币的比价,继续维持法定上下限。另外,货币的法定贬值与升值是有限度的,尤其是关键货币,否则,汇率的稳定就失去了基础,最终会危及固定汇率制度。

不仅如此,当时 IMF 还规定,各国不得轻易变动其平价,只有在出现国际收支严重不平衡时,即调节国际收支不平衡所采取的措施与国内经济均衡发展发生矛盾时,才可以较大幅度地变更平价,而且其变动要接受 IMF 的安排与监督。

4. 两种固定汇率制的比较

金本位制度下的固定汇率制度与黄金—美元本位制下的固定汇率制度的共同

---

[1] 刘舒年. 国际金融(修订本)[M]. 北京:对外经济贸易大学出版社,1991:104.

点是两种汇率制度都是以各国货币的含金量为基础的，即各国对本国货币都规定有金平价，中心汇率是按照两国货币各自的金平价之比来确定的。外汇市场上的汇率水平相对稳定，围绕中心汇率在较小的范围内波动。但它们之间又有着以下明显的区别。

（1）与黄金的联系不同。金本位制度下的固定汇率是以两国货币的铸币平价为基础的；黄金—美元本位制下的固定汇率制度则是以黄金平价为基础，以等同于黄金的美元为中心。

（2）汇率的调节机制不同。金本位制度下的汇率是围绕着两国货币的铸币平价波动，其波动幅度不超过黄金输送点，如超过黄金输送点，通过黄金自由输出入的自动调节，使汇率稳定在黄金输送点内。黄金—美元本位制下的固定汇率，其波动幅度是人为规定的，也是人为维持的，即超过规定幅度时，各国政府或中央银行有义务直接干预，使汇率稳定在规定的幅度内。

（3）汇率变动的影响范围不同。金本位制度下，当汇率发生变动时，只涉及两国的货币及贸易收支状况。在黄金—美元本位制下，若关键货币美元由于国际收支恶化导致币值不稳时，对关键货币币值的调整就会涉及所有盯住它的货币，从而影响到关键货币发行国以外的其他国家的贸易收支及汇率的稳定。因此，关键货币发行国有充足的黄金储备及良好的国际收支状况是黄金—美元本位制下固定汇率制度得以稳定和维持的基础。

（4）单位货币含金量变动机制不同。金本位制度下的货币含金量一般不会变动，即使变动也无须他国同意。黄金—美元本位制下，任何一国货币含金量的调整必须是在发生国际收支基本不平衡时，并应经过 IMF 的同意。

5. 固定汇率制度的简要评价

（1）积极意义。在固定汇率制度下，汇率的波动幅度较小，金本位制度下的固定汇率波幅和黄金—美元本位制下汇率的波幅都还是较稳定的。稳定的汇率对国际经济交易的进行和发展有着重要意义。

①有利于国际贸易的发展。汇率的高低以及汇率波幅的大小与国际贸易关系密切。汇率波动幅度大而频繁，不利于出口贸易的成本核算，使进出口失去稳定地获取利润的保证。反之，稳定的汇率则便于进出口成本核算，匡算利润，有利于国际贸易的稳定发展。

②有利于国际资本流动。资本流动的目的是获取利润。汇率的剧烈变动所带来的汇率风险往往会使投资获利的希望化为乌有。而汇率的稳定是保证国际投资稳定地获取利润的重要条件。因此，固定汇率制度推动了国际资本的流动。

（2）消极影响。国际金本位制度下，尤其是金本位制度下汇率的稳定，是市场自发调节机制作用的结果。因此，这种典型的金本位制度下的固定汇率制度是一种较理想的制度。而黄金—美元本位制下的固定汇率制度本身就有重大的缺陷。在该制度下，外汇市场动荡时，易招致国际游资的冲击，引起国际金融秩序的动荡与混乱。当一国国际收支恶化，国际游资突然从该国转移，换取外国货币时,该国为了维持汇率的稳定,有义务动用黄金外汇储备干预市场,从而引起黄金外汇储备的大量流失。若此时仍不能平抑汇率,该国不得不采取法定贬值的措施。一国的法定贬值又会引起与其经济关系密切的国家同时采取相应的贬值措施,从而导致整个汇率制度的混乱与动荡。这对国际贸易和国际资本流动是十分不利的。

2.4.2 浮动汇率制度

1. 浮动汇率制度的概念

浮动汇率制度(floating exchange rate system)是在固定汇率制度破产以后主要西方国家从1973年开始普遍实行的一种汇率制度。所谓浮动汇率制度是指一国货币当局不再规定和公布本国货币的含金量,不再规定本币对外币汇率变化的波动幅度,同时各国政府也不再承担维持汇率波动限幅的义务,而是任凭汇率随着外汇市场供求状况而上下波动的一种汇率制度。在这种制度下,当外国货币供大于求时,外国货币的价格就下跌,即外币的汇率就下浮(floating downward);当外国货币供小于求时,外国货币价格就上涨,即外币的汇率就上浮(floating upward)。

2. 浮动汇率制度的类型

(1) 按照浮动汇率是否存在政府干预分类。

按照浮动汇率是否存在政府干预,可分为自由浮动和管理浮动。

①自由浮动(free float),也称清洁浮动(clean float),是指一国政府对汇率上下浮动不采取任何干预措施,完全听凭外汇市场供求变化自由涨落的一种汇率制度。这种汇率制度只是纯理论上的划分,事实上,世界各国并不存在绝对自由浮动的汇率制度,各国政府往往为了本国的经济利益,还是干预外汇市场的。

②管理浮动(managed float),也称肮脏浮动(dirty float),是指一国货币当局为了不使汇率的波动幅度过大和波动次数过于频繁,或使汇率向着有利于本国经济发展的方向变动,通过各种方式,或明或暗地对外汇市场进行干预。当今世界各国凡实行浮动汇率制度的国家均实行此种汇率制度。20世纪20年代和30年代以及第二次世界大战后,西方国家实行的浮动汇率制度都是肮脏浮动。即使某些国家宣称,它的货币汇率是由市场来决定的,也改变不了它实行管理浮动汇率制度的事实,充其量它只在一个有限的时间内实行汇率的自由浮动,一旦汇率的波动范围损伤了它的经济利益,它就会马上对外汇市场进行干预。这说明,在当今西方社会,不存在汇率的真正的自由浮动,而只能是管理浮动。

(2) 按照汇率浮动的方式分类。

按照汇率浮动的方式不同,可分为以下几种。

①单独浮动(single float)。即一国货币价值不与其他国家货币发生固定联

系，其汇率根据外汇市场的供求变化而自动调整。采用这种浮动方式的有如英国、美国、日本、加拿大、澳大利亚等近 50 个国家。

②盯住浮动（pegged float）。它是指两种情况：a. 盯住某一种货币，由于历史、地理等方面因素，有些国家对外贸易、金融往来主要集中于某一工业发达国家，或主要使用某一国货币。为使这种贸易及金融关系得以稳定，免受相互之间货币汇率频繁变动的不利影响，这些国家通常使本国货币盯住该工业发达国家的货币，随其波动。如一些美洲国家货币盯住美元，一些英联邦国家的货币盯住英镑，一些前法国殖民地国家的货币盯住法国法郎。b. 盯住一揽子货币（包括特别提款权和原欧洲货币单位），即选择若干种同本国经济贸易关系密切的国家的货币和对外支付使用最多的货币在国际市场上的汇率作为参考，来规定本国货币的汇率。

③联合浮动（joint float）。即某些国家出于发展经济关系的需要，组成某种形式的经济联合（如欧洲联盟），建立稳定的货币区，对参加国之间的货币汇率，定出有上下波动幅度的固定汇率，各有关国家共同维持彼此之间汇率的稳定，而对经济联合以外的国家的货币则采取联合浮动的方法。当前实行联合浮动的主要是欧洲联盟成员国的货币，如法国法郎、卢森堡法郎、丹麦克朗、荷兰盾、比利时法郎、爱尔兰镑、意大利里拉等。

总之，浮动汇率制度实行以来，纸币的法定含金量已不再是制定汇率的依据，汇率制度趋向复杂化。

3. 浮动汇率制度对国际金融的影响

实行浮动汇率制度是国际货币关系的重大变化，对国际经济有着广泛的影响。世界上大多数国家自 1973 年 3 月实行浮动汇率制度以来，由于汇率波动较为频繁，涨跌幅度较大，使国际金融市场更加动荡。这种制度对国际金融、贸易活动的影响有利也有弊。

浮动汇率制度的有利因素主要体现在以下三点。

（1）可以防止国际金融市场上大量游资对硬货币的冲击。由于各国国际收支状况不同，有些顺差国家的货币往往趋于坚挺，成为硬货币。在固定汇率制度下，国际金融市场上的游资为了保持币值或企图谋求汇率变动的收益，纷纷抢购硬货币、抛售软货币，这样便使软、硬货币都受到冲击。在浮动汇率制度下，汇率基本上由外汇市场供求关系决定，比固定汇率制度下由于政府干预所出现的汇率较为切合实际。因此，从这个意义上来看，它可以使某些硬货币受冲击的可能性减少。

（2）可以防止某些国家的外汇和黄金储备流失。在固定汇率制度下，当某一国货币在国际市场上被抛售时，因该国政府有维持固定汇率的义务，必须用其黄金和外汇储备干预汇率，购买本国货币，这样就造成该国黄金和外汇储备大量流失。浮动汇率制度下，各国并无义务在国际市场上维持其汇率，因而不会出现一国黄金和外汇储备大量流失的问题。

(3) 各国推行本国政策有较大的自由裁量权。例如，一国通货膨胀率高，导致国际收支逆差，它可以通过汇率来调节，而不一定非要采用紧缩性的政策措施，从而可使本国的政策独立性增加，有利于保持国内经济的相对稳定。

浮动汇率制度亦存在以下三方面弊端。

(1) 不利于国际贸易的发展，使进出口贸易不易准确核算成本或增加成本，因而人们不愿缔结长期贸易契约。浮动汇率制度下汇率容易暴涨暴跌，波动频繁，进出口商不仅要考虑进出口货价，而且要避免汇率风险。由于要考虑到汇率的变动趋势，往往报价也不稳定，这不仅削弱了进出口商在国际市场上的竞争能力，而且容易引起借故延期付款或要求减价，取消合同订货等，给进出口业务带来不利影响。

(2) 助长了国际金融市场上的投机活动，使国际金融局势更加动荡。由于汇率波动频繁、波幅较大，使投机者有机可乘，通过一系列外汇投机活动以谋取暴利。若预测失误，投机失败，还会引起银行倒闭的风险。

(3) 可能导致竞争性货币贬值，各国采取以邻为壑政策（the beggar-my-neighbour policy），实行贬值，在损害别国利益的基础上改善本国的国际收支逆差状况。这种做法不利于正常的贸易活动，也不利于国际经济合作。

浮动汇率制度的上述消极现象，是西方经济危机不断加深、国际收支极不平衡和经济不稳定的产物。但综合而论，自1973年浮动汇率制度形成以来，其运行情况比事前的反对者所预料的要好得多。有一点可以肯定，那就是浮动汇率在动荡不安的国际政治经济形势中，基本上满足了主要西方国家的需要。

4. 浮动汇率制度下的汇率政策

在浮动汇率制度下，由于汇率的变动对经济产生广泛的影响，所以西方国家历来十分重视汇率政策与管理，并把它视为经济政策的一个组成部分，根据其经济政策的需要来制定其汇率政策。经常采用的政策或措施有以下几个方面。

(1) 干预市场。干预市场是指中央银行直接参与外汇市场买卖。即中央银行通过在外汇市场上出售或购入某种货币来平抑该货币汇率。这种方法不仅适用于以前的固定汇率制度，也适用于当今的浮动汇率制度。例如，美元汇率在外汇市场上下跌，市场上出现抛售美元抢购日元时，则美国和日本的中央银行在外汇市场上出售日元购入美元；反之，作法则相反。

(2) 调整银行利率。利率是调节市场资金供求的杠杆。西方国家为了稳定国际金融市场上本国货币的汇率，往往采取调整本国利率的办法。利率调高，可吸引外国资金流入，改善国际收支，从而对稳定汇率有利。

(3) 运用黄金储备。国际收支逆差是本国货币汇率下跌的主要根源。通过出售储备黄金，回流货币，可以改善国际收支的不利地位，从而影响汇率。

(4) 控制或鼓励资本流动。为了改善国际收支，对国际资本流动可采取控制或鼓励措施。例如，美国为了鼓励资本回流，对联邦储备系统的会员银行从欧洲货币市场借入的欧洲美元，免收存款准备金，以利美元回流，缓和国际收支逆差，稳定美元汇率。又如，瑞士法郎有升值压力，瑞士政府曾对国外存入瑞士的资金采取倒收利息的办法，并禁止外国居民购买瑞士法郎有价证券。

(5) 联合浮动货币汇率进行内部调整。由于国际金融局势的动荡，再加上参加联合浮动的成员国之间经济、通货膨胀及国际收支的不平衡，使参加联合浮动的货币内部所规定的波动幅度难以长期维持。在经济干预无济于事时，成员国之间的货币汇率就不得不进行调整，一些软货币贬值，硬货币升值。调整后在新的基础上进行联合浮动。自1973年3月西欧货币实行联合浮动以来，其汇率已进行了多次调整。

5. 浮动汇率制度与固定汇率制度的比较

浮动汇率制度与固定汇率制度孰优孰劣的争论自实行浮动汇率制度以来一直存在。为了全面认识这两种汇率制度，现从以下几个方面进行分析比较。

(1) 内容不同。固定汇率制度下的汇率具有相对稳定性。各国货币基本上以铸币平价为基础，汇率的波动范围有限，它或是受黄金输送点的限制，或是在规定的幅度内波动，受各国政府或中央银行的干预限制。浮动汇率制度下的汇率是由外汇市场供求关系决定的，即使有政府干预，汇率也不具有稳定性，总是在不断地波动。由于两种汇率制度的内容不同，就使它们在金融和贸易领域中发挥不同的作用，产生不同的影响。

(2) 对国际贸易发展所起的作用不同。在相当长的一个时期内，各国货币之间比价的相对稳定对国际贸易的迅速发展起了积极的推动作用。这是因为固定汇率制度下的汇率保持相对的稳定性，使国际债务的清偿以及国际贸易的成本核算，均有比较可靠的依据，从而减少了进出口贸易及资本输出所面临的汇率大幅度变动的风险。在浮动汇率制度下，由于汇率是随着外汇供求变化发生大幅度的、频繁的波动，这既增加了国际贸易的风险，又使进出口贸易成本的核算及国际债权债务的清算困难重重，从而阻碍了国际贸易的正常发展。

(3) 对国际清偿能力及以外币表示的商品价格的影响不同。在固定汇率制度下，由于各国货币币值及汇率基本稳定，就使各国所拥有的国际清偿能力稳定，进出口商品价格也稳定。而浮动汇率制度下的汇率不稳定，就使各国的国际清偿能力和商品价格不稳定。一定时期所拥有的国际清偿能力或以外币表示的商品价格，在另一个时期会由于汇率的波动而有所提高或下降。

(4) 对通货膨胀的反应不同。在固定汇率制度下，若发生了通货膨胀，货币的含金量减少，或者由于物价上涨使货币的单位购买力下降；由于货币对内价值下降，必然促使本国货币对外价值相应地降低。但是，由于自发地或人为地维持汇率的稳定，汇率不发生相应的变化。物价上涨使出口商品的生产成本增加，导致出口减少，进口增加，国际收支出现逆差，结果动摇了本币币值。为稳定汇率，该国金融当局只能动用黄金与外汇储备，使大量的黄金与外汇流失。若黄金与外汇的外流仍不能阻止该国货币币值的下跌，就只能宣布货币贬值。而这项措施很容易导致外国的报复，扰乱国际经济秩序，给国际贸易与国际投资活动带来很大的不利影响。但浮动汇率在一定程度上可以防止国际资本对某些货币的冲击，阻止黄金与外汇资金的外流。因为汇率是随着外汇供求关系自由升降的。当一国发生通货膨胀时，随着本币币值下浮，就逐渐抵消通货膨胀对出口的不利影响。同时，汇率的不稳定是长期的、频繁的，也就在一定程度上缓解了保值性与投机性的国际资本的大规模移动。

（5）采取货币政策的自主性不同。一国通过实施某项货币政策降低利率，改变货币供应量，以便促进国内充分就业的实现。在黄金—美元本位制下的固定汇率制度，由于各国有维持汇率稳定的义务，就使某项货币政策的实施受到了限制，往往不得不随着资本的流出流入，特别是短期资本的流动而相应地改变利率或调整国内的货币供应量，从而削弱了国内货币政策的自主性。更重要的是一旦国外出现失业问题，国外对本国出口产品的需求就会减少，便会出现国际收支逆差，引起黄金与外汇外流。这时国内就会被迫采取通货紧缩政策，结果使本国也出现失业问题。在浮动汇率制度下，各国原则上没有维持汇率稳定的义务，因此，当一国出现国际收支逆差时，该国可以用本币汇率贬值的办法进行调整，而不必动用黄金与外汇储备，避免了货币政策的实施要服从汇率固定的要求这一弊端，各国都可根据本国的情况自主地采取有利于本国的货币政策。

（6）对投机活动的影响不同。在固定汇率制度下，汇率的稳定在一定程度上抑制了外汇市场的投机活动。但是，在浮动汇率制度下，汇率的自由涨落虽然可以阻止国际资本流动的冲击，但却因汇率随行就市的变化而助长了投机活动。外汇市场投机活动的猖獗又进一步加剧汇率的剧烈波动。

6. 汇率目标区方案

汇率目标区理论的提出要追溯到20世纪70年代为第二次世界大战后世界经济繁荣作出过巨大贡献的布雷顿森林体系彻底崩溃后世界进入以浮动汇率为主的混合体制时期。浮动汇率制度在实施过程中带来各主要货币之间汇率频繁而剧烈的动荡，给全世界的贸易、投资、国际经济政策协调带来了前所未有的困难。自此，世界上许多学者和政府官员为寻求一种更合理的汇率制度而提出了许多汇制改革举措，"汇率目标区"就是其中极具代表性的举措之一。

（1）汇率目标区的内涵。

最早提出"汇率目标区"这一汇制改革举措的是荷兰财政大臣杜森贝里（Duilsenbery），他在1976年提出建立欧洲共同体六国货币汇价变动的目标区计划；1985年，美国著名学者约翰·威廉姆森（John Williamson）和伯格斯坦（Bergsen）共同提出了详细的汇率目标区设想及行动计划；1991年克鲁格曼（Krugman）基于威廉姆森的汇率目标区方案，创立了汇率目标区的第一个规范理论模型——克鲁格曼汇率目标区理论。

汇率目标区（the exchange rate target zone）是指通过协商规定主要储备货币之间汇率波动的幅度，这个幅度便是汇率目标区。汇率变动超过这个幅度，有关国家就需采取相应的政策措施，对外汇市场进行干预，使汇率在目标区内浮动。

汇率目标区的基本指导思想是：用美国、英国、日本、德国、法国五个世界贸易中占比最大的工业国的货币来建立一个汇率目标区，形成能准确反映实际均衡汇率的中心汇率及可波动幅度；其他货币则"盯住"目标随着目标区浮动，形成一个平价网系统。汇率目标区的主要内容是：目标区汇率变动的幅度；目标区汇率变化的频率；目标区汇率对外公开的程度；目标区汇率的承诺或保证程度。根据上述内容可将汇率目标区分为"硬目标区"和"软目标区"。"硬目标区"汇率波动幅度小，较少调整，目标区内容对外公开，政府负有较大的通过货币政策维持汇率目标区的责任；而"软目标区"则波动幅度大，经常调整，目标区内容不对外公开，政府不是必须通过货币政策维持汇率目标区。

(2) 汇率目标区的利弊。

1) 汇率目标区的优点。

①汇率目标区的"蜜月效应"使汇率更稳定。实施汇率目标区的市场汇率运行轨迹上半部总是在未实施汇率目标区时的市场汇率运行轨迹之下而下半部总在其上的现象被克鲁格曼称为"蜜月效应"。其意味着即使没有汇率干预，同一基本变量所对应的目标区汇率的绝对值总是低于浮动汇率制度下的汇率水平。其原因在于实行汇率目标区，可以对市场预期发挥正向引导作用，削弱市场心理对汇率波动的影响，进而使目标区汇率较浮动汇率更稳定。

②汇率目标区内的外汇资源配置更有效率。实施汇率目标区制度，汇率目标区内的汇率是由外汇市场供求关系决定的，由供求关系决定的均衡汇率遵循边际成本等于边际收益原则，因此，由目标区内汇率引导的外汇资源配置更有效率。同时，一国中央银行无须对目标区内汇率进行干预，强化了目标区内汇率生成的市场化决定作用。

③一国货币当局调控汇率具有更大自主性。实施汇率目标区制度，一国中央银行不仅可以在汇率目标区边界干预，也可以在目标区内干预，使汇率运行轨迹有利于本国经济发展。同时，一国央行还可以通过调整目标区中心汇率与波动幅度，真实反映实际均衡汇率的变化，避免大规模的国际外汇投机行为。

2) 汇率目标区的缺点。

①汇率目标区的"离婚效应"易使汇率剧烈波动。"蜜月效应"发生作用的前提是目标区完全可信，即外汇交易者确信汇率水平永远在目标区内运行，当汇率运行到目标区上下限时政府进行必要干预。但现实经济活动中，由于经济基本面的变化，使目标区中心汇率不能准确反映均衡汇率，难以同两国间的通货膨胀差异及贸易收支差额相匹配。在此背景下，市场交易者普遍预期汇率目标区中心汇率将作较大调整，汇率目标区不再普遍可信（"离婚效应"）。由此带来投机大量发生，市场汇率严重偏离中心汇率，汇率波动超出浮动汇率制度下的正常汇率波动程度。

②汇率目标区体系的国际合作与政策协调难度大。汇率目标区的成功运行取决于参加目标区的各成员国之间的紧密合作与货币政策的协调，只有各国认为合作的利益大于限制货币政策的独立性所带来的损失时，各成员国之间才会进行合

作。但实施汇率目标区制度，各国货币政策就要维持目标区汇率，而要维持目标区汇率就可能会影响到货币政策对国内经济的效果，因而很难使各国通过协商达成一致协议。同时，为避免政策失误，汇率目标区一般均偏宽，而且需要根据客观经济形势加以调整，这就使目标区波动幅度大、变动频繁，汇率波动大，难以实现实施汇率目标区制度的目的。

2.4.3 人民币汇率制度[①]

1. 人民币汇率制度的历史演变

1948 年 12 月，第一套人民币印制发行，我国于 1949 年 1 月在天津确定并公布了人民币对美元的汇率，同时规定，全国各地的汇率以天津口岸的汇价为标准，根据当地的具体情况，公布各自的人民币汇率。1950 年全国财经工作会议以后，于同年 7 月 8 日开始实行全国统一的人民币汇率，由中国人民银行公布。1979 年 3 月 13 日，国务院批准设立国家外汇管理总局，统一管理国家外汇，公布人民币汇率。此后，随着经济体制改革的不断深化和国际经济环境的不断改变，人民币汇率的确定几经变化。

新中国成立以来，人民币汇率制度经历了一个由计划到市场的演变过程，主要分为六个阶段。

（1）单一浮动汇率制（1949～1952 年）。新中国成立初期的 1949～1952 年是国民经济恢复时期，我国人民币汇率实行单一浮动汇率制。在这一时期，人民币汇率的安排主要是盯住美元，制定人民币汇率的依据是以人民币对国内外"物价对比法"为基础，汇率的变动与国内外的物价波动密切相关。汇率变动呈现剧烈波动的特点。

这一时期具体又可分为两个阶段：1）1949～1950 年 3 月全国统一财经工作会议前。这一阶段由于受国民党统治时期遗留下的恶性通货膨胀的影响，国内物价飞涨，人民币大幅贬值，人民币汇率频繁下调。人民币对美元汇价由 1949 年 1 月 18 日的 1 美元 = 80 元旧人民币跌到 1950 年 3 月 13 日的 1 美元 = 42 000 元旧人民币，跌幅达 500 多倍，人民币汇价下调 49 次。[②]

因此，为了扶持出口，更多地积累外汇资金，实行了"奖出限入，照顾侨汇"的人民币汇率政策。2）1950 年 3 月～1952 年底。由于政府整顿物价工作卓有成效，国内物价下跌，国外物价上涨，人民币汇率持续上升，到 1952 年 12 月，人民币与美元的比价为 1 美元 = 26 170 元旧人民币。为了避免外币贬值造成的损失，同时也为了打破西方国家对我国"封锁禁运"，我国汇率制定的方针由原来的"奖出限入"转变为"兼顾进出口有利，照顾侨汇"。

[①] 陈雨露. 国际金融（第六版）[M]. 北京：中国人民大学出版社，2019：38 - 44；佘明龙. 国际金融（修订本）[M]. 北京：科学出版社，2009：55 - 60.
[②] 刘舒年. 国际金融（修订本）[M]. 北京：对外经济贸易大学出版社，1991：110.

(2) 单一固定汇率制 (1953~1972年)。自1953年起,我国进入全面社会主义建设时期,国民经济开始实行计划经济体制,物价由国家规定且基本稳定,对外贸易由国家指令性计划进行垄断经营,人民币汇率不再起调节进出口作用,这一时期人民币汇率实行单一固定汇率制,人民币汇率主要用于非贸易外汇兑换的结算,因此,1953~1972年人民币兑美元、英镑等主要货币的汇率基本未变,汇率保持在1美元兑换2.46元人民币的水平上。且在此阶段国际上普遍实行固定汇率制,人民币汇率稳定也符合世界潮流。

(3) 盯住"一篮子"货币 (1973~1980年)。1973年布雷顿森林体系崩溃后,世界各国普遍实行了浮动汇率制度,汇率开始频繁波动。为了避免汇率波动对我国对外经济活动带来的不利影响,人民币汇率的确定由过去按国内物价比改为盯住"一篮子"货币确定,即选择若干有代表性的可自由兑换货币作为货币"篮子",但货币"篮子"中选用的币种、数量和权数并不是一成不变的,而是根据我国的对外贸易国别对象适时调整,美元、日元、英镑、德国马克、瑞士法郎一直是当时货币"篮子"中重要的币种。对所选中的货币"篮子"中的货币,分别规定变动的幅度,当这些货币汇率变动达到一定限度时,人民币汇率就相应进行调整,但并不随这些货币浮动的幅度等比例调整,而是根据国内外经济状况和我国实际需要适当调整。

(4) 汇率双轨制 (1981~1993年)。汇率双轨制具体又可分为两个阶段。

1) 官方汇率与内部贸易结算价 (汇率) 并存时期 (1981~1984年)。1978年党的十一届三中全会后,我国开始进行经济体制改革。为了鼓励出口,限制进口,加强外贸的经济核算和适应外贸体制改革,我国于1981年1月开始对人民币实行双重官方汇率,即人民币公开牌价与内部贸易结算价 (汇率) 并存。在公开牌价下,人民币与美元的汇率被确定为1美元=1.50元人民币左右,该汇价主要适用于非贸易外汇的兑换和结算,其定值方法仍沿用以前的"一篮子"货币加权平均计算的方法;[①] 内部结算价 (汇率) 是根据1979年外贸部门出口平均换汇成本 (1美元=2.53元人民币),再加上外贸部门的出口利润,定为1美元=2.80元人民币[②],该汇价只用于我国外贸企业进出口贸易的外汇结算和外贸单位的经济效益核算。双重汇率制的实施,在一定程度上起到了鼓励出口和适当限制进口的积极作用,但此种汇率制度也暴露出不少弊端,主要表现在:①双重汇率的结算界限不清,给外汇管理和银行结算带来诸多不便。②双重汇率增加了我国创汇部门之间的矛盾,一些部门的外汇收入按照较高价格折算成人民币,而另一些部门外汇按较低的价格折算,本身就很不合理,从而影响了非贸易部门的创汇积极性;而且,双重官方汇率使非贸易项下的人民币币值高估,使得"以物代汇"和"以钞代汇"等侨汇改道现象增加,也影响了国家侨汇收入。③由于实行贸易内部结算价的实质是人民币贬值,这样使得进口成本上升,进口企业亏

---

① 刘舒年. 国际金融 (修订本) [M]. 北京: 对外经济贸易大学出版社, 1991: 122.
② 钱荣堃. 国际金融 (修订本) [M]. 成都: 四川人民出版社, 1994: 134.

损增加,即加重了财政负担,同时也加剧了国内的通货膨胀。

2) 官方汇率与外汇调剂价并存时期(1985~1993年)。随着经济体制改革的深入和对外贸易的迅速发展,双重官方汇率已不再适应经济形势发展的需要。1985年1月1日,我国正式取消了贸易外汇内部结算价,人民币对外公开牌价为1美元=2.8元人民币,人民币汇率由双重汇率变为单一汇率。此后,人民币汇率根据国内外经济情况的变动而相应调整。1985~1993年,人民币汇率呈大幅下滑趋势,如表2.3所示。

表2.3　　　　　　　　人民币的汇率变化（1美元折合人民币）

时间	汇率	时间	汇率
1985年1月1日	2.8097	1990年11月17日	5.2221
1985年10月30日	3.2015	1992年9月8日	5.4651
1986年7月5日	3.7036	1993年10月25日	5.7500
1986年7月15日	3.7221	1993年12月31日	5.8000
1989年12月16日	4.7221		

资料来源:钱荣堃.国际金融(修订本)[M].成都:四川人民出版社,1994:135.

需要指出的是,人民币虽然取消了贸易内部结算价,实行单一汇率,但这只是名义上的。实际上,由于外汇调剂市场和外汇调剂价的存在,人民币仍具有双重汇率的性质。

(5) 事实上的盯住美元制(1994年1月1日~2005年7月21日)。1994年是我国外汇管理体制和汇率形成机制改革重要的一年。从1994年1月1日起,人民币官方汇率与调剂市场汇率合并,实行以市场供求为基础的、单一的、有管理的浮动汇率制。在并轨前,1993年12月31日人民币兑美元的官方汇率为1美元=5.8元人民币,外汇调剂市场汇价为1美元=8.70元人民币。由于外汇调剂汇率是由市场供求关系决定的,比较真实地反映了人民币兑美元的实际价值,因此,从1994年1月1日起,两种汇率合并后的牌价为1美元=8.70元人民币。①人民币对西方主要国家货币并轨前后汇率,如表2.4所示。

表2.4　　　　　人民币对西方主要货币的汇率（100外币折合人民币）

币种	1993年12月31日	1994年1月1日
美元	580.00	870.00
日元	5.21	7.78
港元	75.09	112.66

① 陈雨露.国际金融[M].6版.北京:中国人民大学出版社,2019:40-41.

续表

币种	1993年12月31日	1994年1月1日
英镑	856.66	1 281.99
加拿大元	433.66	658.22
德国马克	335.75	500.520

资料来源：根据中国银行官网上外汇牌价整理得到。

通过汇率并轨，取消了外汇留成和上缴制；实行银行结售汇制；实行经常项目下有条件兑换。同时，建立全国联网的统一的银行间外汇市场，以银行间统一的外汇市场取代了外汇调剂市场，中央银行通过在市场上的外汇吞吐操作来稳定汇率。

1997年以前，人民币汇率稳中有升，国内外对人民币的信心不断增强。但此后由于亚洲金融危机爆发，市场出现较强的人民币贬值预期，为防止亚洲周边国家和地区货币轮番贬值使危机深化，中国作为一个负责任的大国，承诺人民币不贬值。为此，中国政府主动收窄了人民币汇率浮动区间。将人民币兑美元汇率基本稳定在1美元兑8.28元人民币左右的水平，为支持亚洲及至世界经济、金融稳定作出了重大贡献。同时，也导致了我国名义上单一的、有管理的浮动汇率制演变成事实上的盯住美元制。

（6）健全管理的浮动汇率制（2005年7月21日以后）。为建立和完善社会主义市场经济体制，充分发挥市场在资源配置中的基础性作用，建立健全以市场供求为基础的、有管理的浮动汇率制度，自2005年7月21日起，我国开始实行以市场供求为基础、参考"一篮子"货币进行调节、有管理的浮动汇率制度。人民币汇率形成机制改革后，人民币汇率不再盯住单一美元，而是按照我国对外经济发展的实际情况，选择若干种主要货币，赋予相应的权重，组成一个货币篮子。同时，中国人民银行将根据国内外经济金融形势，以市场供求为基础，参考"一篮子"货币计算人民币多边汇率指数的变化，对人民币汇率进行管理和调节，形成更富弹性的人民币汇率机制。人民币汇率波幅由3‰扩大至5‰[1]。当天美元兑人民币的官方汇率由8.27调整为8.11，人民币升值2%[2]。

在新人民币汇率形成机制下，中国人民银行在每个工作日闭市后公布当日银行间外汇市场美元等交易货币兑人民币的收盘价，作为下个工作日该货币兑人民币交易的中间价。自2006年1月4日起，中国人民银行授权中国外汇交易中心于每个工作日上午9：15对外公布当日人民币兑美元、欧元、日元和港元汇率的中间价，作为当日银行间即期外汇市场（含OTC方式和撮合方式）及银行柜台交易汇率的中间价。自2007年5月21日起，中国人民银行决定，银行间即期外汇市场人民币兑美元交易价浮动幅度由3‰扩大至5‰。自2012年4月16日起，

---

[1] 陈雨露. 国际金融［M］. 6版. 北京：中国人民大学出版社，2019：41.
[2] 粟书茵. 国际金融学［M］. 北京：机械工业出版社，2006：63.

中国人民银行决定，银行间即期外汇市场人民币兑美元交易价浮动幅度由5‰扩大至10‰。①

2015年8月11日，中国人民银行宣布完善人民币汇率中间价形成机制。规定做市商在每日银行间外汇市场开盘前，参考上日银行间外汇市场收盘汇率，综合考虑外汇供求情况及国际主要货币汇率变化向中国外汇交易中心提供中间价报价，并将当日中间价较上一交易日贬值约2%，以缩小在岸交易价与离岸交易价价差。此次人民币汇率中间价形成机制改革也被称为"8·11"汇改，其被认为是人民币市场化改革的重要一步。

2015年12月11日，中国外汇交易中心发布人民币汇率指数，加大了参考"一篮子"货币的力度，以更好地保持人民币兑"一篮子"货币汇率基本稳定，初步形成了"收盘价+'一篮子'货币汇率变化"的双目标中间价形成机制。

2017年5月26日，中国人民银行公告在人民币汇率形成机制中引入逆周期因子，修改中间价报价模型，将上述双目标定价模型调整为"收盘价+'一篮子'货币汇率变化+逆周期因子"的三目标定价模型。

2. 现行人民币汇率制度的特点

（1）人民币汇率以市场供求为基础。现行人民币汇率制度以市场汇率作为人民币兑换其他国家货币的唯一价值标准，即外汇市场上外汇供求状况成为决定人民币汇率的主要依据。根据这一基础确定的汇率水平与一国的进出口贸易、通货膨胀率、货币政策、资本的输出输入等经济状况密切相关。

（2）人民币汇率是有管理的汇率。我国外汇市场机制尚不完善，因此，中国人民银行需要利用政策工具对外汇市场进行监管、对外汇市场进行必要的干预、对人民币汇率进行管理和调节，以维护人民币汇率的正常浮动，保持人民币汇率在合理均衡水平上的基本稳定。

（3）人民币汇率是可浮动的汇率。可浮动的汇率制度就是一种具有适度弹性的汇率制度。目前每日银行间外汇市场美元对人民币的交易价在中国人民银行公布的中间价上下0.2‰的幅度内浮动，非美元货币对人民币的交易价在中国人民银行公布的该货币交易中间价0.3‰的幅度内浮动。

（4）人民币汇率形成参考"一篮子货币+逆周期因子"。人民币汇率不再盯住单一美元，而是根据国内外经济金融形势，以市场供求为基础，参考"一篮子"货币汇率变动，引入逆周期因子，初步形成了"收盘价+一篮子货币汇率变化"的双目标中间价定价机制。

3. 人民币的自由兑换问题

（1）人民币自由兑换的含义。人民币自由兑换是指企业或个人可以在一定范围内按市场汇率把他们持有的人民币兑换成其他可兑换货币的外汇管理制度。

---

① 自中国人民银行官网查询得到。

具体来说，人民币自由兑换的对象是外国可自由兑换货币。人们可以用人民币自由购买外国可自由兑换货币，包括承担兑回外国人持有人民币的义务。买卖外汇时所使用的汇率通常是指一定的市场汇率，即人们可在一定范围内按照国家外汇银行公布的牌价进行自由兑换，不受价格歧视和数量限制。

人民币的自由兑换过程是国家逐步放松外汇管制或逐步取消对外贸易、非贸易及资本流动等外汇收支管制的过程。

（2）人民币自由兑换的目标。人民币自由兑换的目标主要包括：通过人民币自由兑换，便利国内企业进入国际市场和消费者扩大选择范围，进而促进对外商品贸易活动；通过人民币自由兑换，使国内外市场商品价格差异透明化，进而促进企业合理配置资源，发展具有国际竞争优势产业；通过人民币自由兑换，便于外资输入输出，进而增加对外资的吸引力。

（3）人民币自由兑换的进程。人民币自由兑换问题在20世纪90年代后才逐步成为改革的热点问题。对人民币可兑换性的制度改革也是在20世纪90年代中期取得了一系列的进展。人民币可兑换性的改革大致可划分为五个阶段。

①高度集中控制时期（1979年以前）。在这一时期，对人民币自由兑换的控制是同当时高度集中的计划经济体制相一致的。一切外汇收支由国家统一管理、统收统支，一切外汇业务由中国银行经营。

②市场化过渡时期（1979~1993年）。随着经济体制改革的发展，这段时期内对人民币兑换的控制开始放松。1979年为配合下放外贸经营权，国务院决定实行外汇额度留成制度。所谓外汇额度留成，是指当一个企业通过商品和劳务的出口获得外汇收入后，可按规定的比例获得外汇留成归其支配。但是，留成外汇并不采用外币现金的办法，而是采用额度留成的办法。所谓额度其实就是一种外汇的所有权凭证。例如，一个企业出口所得外汇为100万美元，留成比例是20%，则当该企业将全部出口收汇100万美元结售给政府时，它便获得20万美元的留成额度。今后，当该企业需要用汇时，可凭此留成额度向政府以官方汇率买回等值的20万美元。实行外汇额度留成制度之后，创汇企业和用汇企业之间产生了调剂外汇余缺的需要，进而促成了我国外汇调剂市场的形成，在这一市场上汇率根据供求状况变动，逐步形成了调剂汇率（swap exchange rate）。

外汇留成制在推动人民币向可兑换货币方向发展的过程中起了重要作用，这体现在相当一部分用汇需求可以在外汇调剂市场上实现。但是，经常账户下的支付用汇仍有一部分需要计划审批，并且由外汇留成导致的多重汇率的出现也不符合经常账户下自由兑换的特征，因此，它与人民币经常账户下的自由兑换还有较大的差距。

③经常账户下有条件自由兑换时期（1994~1996年）。1994年1月1日，我国对外汇管理体制进行了一次影响深远的改革，主要内容包括：

第一，汇率并轨，取消人民币官方汇率，人民币汇率由银行间外汇市场的供求决定。

第二，实行结汇制，取消外汇留成制，企业出口所得外汇收入须于当日结售给指定的经营外汇业务的银行，同时建立银行间外汇买卖市场。

第三，实行银行售汇制，取消经常项目下正常对外支付用汇的计划审批，境内企事业、机关和社会团体在此项目下的对外支付，可持有效凭证用人民币到外汇指定银行办理购汇。

上述改革使我国实现了经常账户下有条件的可自由兑换，可自由兑换具体体现在取消了对经常账户收支的各类歧视性多重汇率制，对境内团体的经常账户下的用汇取消了计划审批等控制；而有条件性则主要体现在对外商投资企业及个人的经常账户下用汇仍存在一定限制。

④经常账户下完全自由兑换时期（1996年12月～2006年4月）。1996年11月27日，中国人民银行行长戴相龙正式致函国际货币基金组织，宣布中国自1996年12月1日起，接受国际货币基金协定第8条的全部义务，从此不再限制不以资本转移为目的的经常性国际交易支付和转移，不再实行歧视性货币安排和多重货币制度，这标志着中国实现了经常账户下人民币的完全可兑换。

⑤资本账户下可兑换持续推进阶段（2006年4月至今）。2006年4月13日，《国家外汇管理局关于调整经常项目外汇管理政策的通知》发布，放宽了我国经常项目下的多项外汇管理政策。同日中国人民银行发布《中国人民银行公告》[①]，对包括资本项目在内的外汇管理政策进行了调整，允许符合条件的银行集合境内机构和个人的人民币资金，在一定额度内购汇投资于境外固定收益类产品；允许符合条件的基金管理公司等证券经营机构在一定额度内集合境内机构和个人自有外汇，用于在境外进行的包含股票在内的组合证券投资；允许符合条件的保险机构购汇投资于境外固定收益类产品及货币市场工具，购汇额按保险机构总资产的一定比例控制。2009年7月中国人民银行在上海试点跨境人民币贸易结算业务，2012年6月后在全国范围内推行；2011年10月启动境外直接投资（ODI）和外商直接投资（FDI）人民币结算，将人民币使用从经常账户拓展到资本账户；为满足境内外机构投资者开展人民币证券投资的需求，2011年和2014年先后启动了人民币合格境外机构投资者（ROFⅡ）和人民币合格境内机构投资者（RQDⅡ）机制，随后又相继开通"沪港通""深港通"，扩大金融市场双向开放；2018年8月中国人民银行会同国家外汇管理局发布《关于人民币合格境外机构投资者境内证券投资管理有关问题的通知》，进一步放宽银行、证券、保险行业外资股比限制，放宽外资金融机构设立限制，扩大外资金融机构在华业务范围，拓宽中外金融市场合作领域，进一步便利跨境证券投资。

目前，人民币虽然已经实现了经常账户下可兑换，但尚未完全实现资本账户下可兑换，对资本与金融账户下外汇仍然实行较严格的管制。之所以对资本与金融账户实行管制，一方面，是因为我国实行资本与金融账户下可兑换应具备的稳定的宏观经济环境、健康的金融体系、有效的监管能力和较强的综合国力等条件尚未完全达到；另一方面，是因为从国际经验来看，实现资本账户下可兑换本身

---

① 即2006年第5号公告。

是一个漫长的发展历程。发达国家普遍开放资本与金融账户是20世纪80年代以后的事，绝大多数新兴工业国家也只是在进入20世纪90年代以后才开放资本与金融账户的。因此，放开对资本账户下的外汇管制不可能一蹴而就，尤其是在我国目前的金融市场还不够发达，整体经济实力、监管水平等方面还有待加强的情况下，应在对资本账户下外汇实行较严格管制的同时，积极创造条件，顺应历史潮流，早日实现资本账户下的可兑换，全方位融入世界经济。

【扩展阅读2.2】

人民币汇率指数

2015年12月11日晚间，中国外汇交易中心（China Foreign Exchange Trade System，CFETS）正式发布了参考CFETS货币篮子计算的人民币汇率指数、参考BIS（Bank for International Settlements）货币篮子计算的人民币汇率指数和参考SDR（Special Drawing Right）货币篮子计算的人民币汇率指数。中国外汇交易中心定期公布CFETS人民币汇率指数，目的是引导市场主体逐渐改变只重人民币兑美元双边汇率的习惯思维，逐步将参考"一篮子"货币计算的有效汇率作为人民币汇率水平的主要参照系，进而实现人民币汇率在合理均衡水平上的基本稳定。

CFETS人民币汇率指数参考CFETS货币篮子，具体包括中国外汇交易中心挂牌的各人民币对外汇交易币种，样本货币权重采用考虑转口贸易因素的贸易权重法计算而得。样本货币取价是当日人民币外汇汇率中间价和交易参考价。指数基期是2014年12月31日，基期指数是100点，指数采用几何平均法计算。自2017年起，交易中心按年评估CFETS人民币汇率指数的货币篮子，并根据情况适时调整篮子的构成或相关货币权重。货币篮子调整情况于当年年末公布，自次年1月1日起生效，首期调整于2017年1月1日起生效。经货币篮子调整后的新版指数以当年最后一个银行间外汇市场交易日为重新定基日，以该最后交易日的老版指数为重新定基基期指数，自次年1月1日起按照新版货币篮子和权重计算新版指数。2021年1月1日起CFETS货币篮子和权重如表2.5所示。中国外汇交易中心计算的2021年1月29日CFETS人民币汇率指数为96.50，中国外汇交易中心计算的2021年12月31日CFETS人民币汇率指数为102.47，全年升值6.19%。

表2.5　　　　　　　　　CFETS货币篮子和权重

币种	权重	币种	权重
美元（USD）	0.1879498246	泰铢（THB）	0.0318631438
欧元（EUR）	0.1815132146	南非兰特（ZAR）	0.0147300377
日元（JPY）	0.1093491844	韩元（KRW）	0.0987542439
港元（HKD）	0.0359331958	阿拉伯联合酋长国迪拉姆（AED）	0.0169100078

续表

币种	权重	币种	权重
英镑（GBP）	0.0299871721	沙特阿拉伯伯里亚尔（SAR）	0.0270991192
澳大利亚元（AUD）	0.0588716261	匈牙利福林（HUF）	0.0035473922
新西兰元（NZD）	0.0063472669	波兰兹罗提（PLN）	0.0096626749
新加坡元（SGD）	0.0312487594	丹麦克朗（DKK）	0.0040646888
瑞士法郎（CHF）	0.0110386456	瑞典克朗（SEK）	0.0061319979
加拿大元（CAD）	0.0225767187	挪威克朗（NOK）	0.0025551711
马来西亚林吉特（MYR）	0.0430638192	土耳其里拉（TRY）	0.0072293265
俄罗斯卢布（RUB）	0.0384848844	墨西哥比索（MXN）	0.0210878844

资料来源：相关信息自中国货币网查询得到。

2.5 外汇管制

2.5.1 外汇管制概述

1. 外汇管制概念及演变

（1）外汇管制的概念。根据国际货币基金组织的定义，外汇管制（foreign exchange control）有狭义和广义之分。狭义的外汇管制，又称外汇限制（foreign exchange restriction），是指一国政府对本国居民从国外购买经常账户下的商品或劳务所需的外汇进行限制；广义的外汇管制，又称外汇管理（foreign exchange management），是指一国政府授权本国的货币当局或其他机构通过法律、法规、制度等形式对外汇收支、买卖、借贷、转移、国际结算以及外汇汇率和外汇市场等进行的管控行为。通常所说的外汇管制一般是指广义的外汇管制。当今世界各国都无一例外地实行外汇管制，完全没有外汇管制的国家是不存在的，差别只是管制程度的不同。

（2）外汇管制的演变。外汇管制与外汇不是同时产生的，外汇管制是国际经济关系发展到一定阶段的产物。在金本位货币制度时期，各国间货币的汇率以各自货币的含金量为基础。黄金可以自由进出国境，国际贸易与汇兑畅通无阻，所以，汇率能自动调节平衡，无须进行强制性管理。

第一次世界大战爆发后，参战国发生巨额的国际收支逆差，本币对外汇价猛烈下跌，大量资金外流。为了集中外汇资金，减缓汇率的剧烈波动和防止资金的外流，所有参战国都取消了外汇的自由买卖，禁止黄金输出，外汇管制由此开始。第一次世界大战结束后，国际经济关系逐步恢复正常，世界经济和政治处于相对稳定时期，无论是战胜国还是战败国，都致力于发展生产，扩大国际贸易，便利国际资金融通，有些国家还不断寻求重返金本位制的可能性。因此，这些国家原来所实行的外汇管制都先后取消。1929～1933年，世界上发生了空前严重的经济危机，几乎所有西方国家都陷入国际收支危机的"泥潭"，各国纷纷放弃了自由贸易政策，采取保护贸易措施，更加剧了国际收支危机。不少国家发生金融恐慌，货币贬值，银行倒闭。为稳定汇率，维持国际收支平衡，抵御或削弱其他国家的经济危机对本国经济的影响，各国不得不重启外汇管制。第二次世界大战后，这些国家的经济被严重破坏，外汇储备濒临枯竭，为了恢复生产、发展经济、对付"美元荒"，不得不继续实行严格的外汇管制，采取限制外汇支出、鼓励资本流入等政策。

20世纪50年代后期，特别是20世纪60年代以后，日本及欧洲各主要工业化国家的经济实力有所增强，外汇储备逐渐增加，直到足以与美国抗衡时，这些国家才陆续放宽外汇管理，实行货币自由兑换。20世纪70年代，在美元危机的一再袭击下，日本、西欧各国加强外汇管制的重点是制止美元的涌入，减缓本国通货膨胀。20世纪80年代，西方国家走出滞胀阶段后，国际收支状况有所改善，从1985年开始，各国不同程度恢复了货币自由兑换，并解除了国际贸易外汇管制，但对其他项目仍维持外汇管制不变。20世纪90年代，随着世界经济的发展，特别是金融全球化的发展，发达国家和发展中国家在外汇管制方面呈现逐步放松趋势。但绝大多数国家仍在不同程度上实行外汇管制，即使名义上完全取消了外汇管制的国家，仍时常对居民的非贸易收支或非居民的资本项目收支实行间接的限制。

当前，西方国家已经基本取消了"明"的外汇管制，"暗"的外汇管制也日趋放松并规范化，亚洲新兴工业化国家和地区也相继放宽或放松外汇管制。但大多数发展中国家仍实行严格的或较严格的外汇管制。

由上可知，一个国家实行外汇管理与否，采取什么管理措施，与其当时所处的政治经济环境和条件有关。不论是战争时期还是和平时期，也不论是经济危机时期还是经济状况较好时期，但凡当一国利用一般经济手段不能使其国际收支与汇率维持在符合本国利益的水平上时，该国就动用外汇管理这种强制性手段，以达到平衡国际收支、更有效使用外汇、稳定金融秩序、以利本国经济发展的目的。当然，在不同的时期外汇管制的侧重点会有所改变。

2. 外汇管制的目的

从外汇管制演变的历史过程中可以看出，国际收支危机和货币信用危机是实行外汇管制的根本原因；国际收支逆差持续增加，外汇黄金储备大量流失，本国货币对外比价持续贬值，是实行外汇管制的直接原因。面对本国货币价值的贬损，政府不得不实行全面的外汇管制，以直接控制外汇买卖，减缓国际收支危机与货币信用制度危机所带来的后果，并试图达到下述各种具体目的。

（1）改善国际收支的目的。

①维持国际收支平衡。在战争时期，本国政局动荡，货币发行过多，通货急剧贬值，物价高涨，人民对本国货币失去信心，引起大量资本外逃。由于资本不

断外流，加剧本国的国际收支逆差与投资不足，使国内经济陷入长期停滞。为了防止资本外逃，实行外汇管制，不准资本从国内输出，再施以奖出限入等措施，在一定程度上可满足国内投资的资金需要，进而改善国际收支。这是第一次世界大战时期和20世纪30年代各国实行外汇管制的最主要目的之一。

②强化黄金外汇储备。在战争时期，购买战略物资，补充军事给养，必须以黄金支付。实行外汇管制，可以及时动用黄金外汇，以应国家急需，此即第一次世界大战、二次世界大战时期实行外汇管制的主要目的。

③增强本国货币信誉。实行外汇管制，可集中外汇资财，节约外汇支出，一定程度上可以提高货币的对外价值，增强本国货币的货币信誉，加强一国的国际经济地位。

（2）稳定汇率、促进出口的目的。

①维持汇率稳定。实行外汇管制，对汇率进行严格管制，当官方汇率确定后，在一定时期内保持不变，确保汇率基本稳定。同时汇率稳定也有利于发展对外贸易及对外贸易的成本核算。

②促进产品出口。实行外汇管制，在确定官方汇率的同时，还可以实行差别汇率，即规定不同类别商品的奖出限入汇率，以促进某些商品的出口，抑制某些商品的进口，进而扩大出口市场。

（3）促进国内经济发展的目的。

①保护产业发展。通过保护关税政策与进口外汇的核批，限制某些商品进口，鼓励某些新兴产业必需的原料和设备进口，促进国内相关产业发展。

②稳定国内物价。当主要消费物资和生活必需品价格上涨过剧时，通过外汇管制，对其进口所需外汇给予充分供应，或按优惠汇率结售，则可增加进口，扩大国内供给，进而抑制物价上涨，保持物价稳定。

③增加财政收入。外汇自由买卖，国家不进行干预和控制，买卖外汇利润归私人。实行外汇管制，国家垄断外汇业务的买卖，经营外汇的利润归国家所有。在外汇管制下，外汇税的课征、许可证的批准和预交存款制的规定等常使国家获得一定的额外财政收入，有助于缓解财政收支不平衡状况。

3. 外汇管制的类型

外汇管制的内容虽然涉及的范围相当广泛，但每个国家和地区并非对国际收支的每个项目都进行管制，抑或有些国家和地区管制的项目相同，其管制的程度也有差异。根据外汇管制的内容和程度不同，可把实行外汇管制的国家和地区分为三种类型。

（1）实行严格外汇管制的国家和地区。这类国家和地区对经常项目、资本与金融项目的收支（在数量和汇率上）都实行严格管制。实行这类外汇管制的国家和地区，一般都是经济比较落后、外汇资金短缺和国际收支有一定困难的国家和地区。发展中国家及苏联和东欧国家基本属于这一类。1994年1月1日前，中国也属于实行严格外汇管制的国家。

（2）实行部分外汇管制的国家和地区。这类国家和地区对非居民办理经常项目（包括贸易和非贸易）的外汇收付，原则上不加管制，但对资本与金融项目的外汇收付则仍加管制。目前，主要中等发达国家和一些经济、金融状况较好的发展中国家（包括1994年1月1日后的中国）属于实行部分外汇管制的国家和地区。

（3）名义上取消外汇管制的国家和地区。这类国家和地区对非居民往来的经常项目和资本与金融项目的收付原则上不进行直接管制，但事实上这些国家和地区对非居民也施行间接的或变相的限制措施（如瑞士对非居民存款倒收利息），对居民的非贸易外汇收支也有限制，不过限制的程度较以上两种类型的国家和地区大大减轻。属于这一种类型的国家和地区主要是较发达国家和部分富裕的石油输出国。

《国际货币基金协定》第八条规定，成员国对国际经常账户下交易的资金支付和转移不受任何限制，即不实施歧视性的货币政策或多重货币汇率，别国有权利随时要求将经常账户往来中的结存换回本币或是外币。《国际货币基金协定》第十四条规定，那些尚未达到接受第八条关于货币可兑换性规定的会员国，在过渡阶段仍然对经常项目收付和资本转移实行一定程度的管制。这些会员国必须每年向国际货币基金提出报告，并对取消外汇管制事宜进行磋商。自1996年12月1日起，我国已正式宣布接受《国际货币基金协定》第八条第2款、第3款和第4款规定的义务，实行人民币在经常项目下的可兑换。

4. 外汇管制的利弊

实行外汇管制短期内可以对一国的国际收支失衡和汇率动荡等产生一定的改善作用，但与此同时，也会产生一定的弊端，随着国际经济的融合与发展，外汇管制最终将会逐步取消。

（1）外汇管制的正面影响。

①防止资金外逃。国内资金外逃是国际收支不均衡的一种表现。在自由外汇市场下，当资金大量外逃时，由于无法阻止或调整，势必造成国家外汇储备锐减，引起汇率剧烈变动。因此，实行外汇管制，直接控制外汇供需，可制止一国国内资金外逃，避免国际收支危机。

②维持高估币值。实行外汇管制的国家，本国货币往往高估。如本国货币对外贬值，既加剧国内通货膨胀，又可能造成外汇市场混乱，进而冲击一国经济发展。因此，实行外汇管制，保证法定汇率在一定时期和范围内的稳定，可以维持高估币值。

③助推财政货币政策实施。一国在推行相应经济政策时，总希望外来因素的干扰越少越好。例如，实施扩张性财政货币政策时，因公共投资增大、货币流通增加等，往往引起国内价格上涨，若不对外国商品进口加以限制，则进口将大量增加，出口相对减少，势必造成国际收支逆差，从而影响本国经济政策的顺利推行。因此，实行外汇管制，可以隔绝外来因素影响，助推本国经济政策实施。

④助力差别贸易政策推进。一国实行外汇管理，对外而言，有利于实现其对

各国贸易的差别待遇或作为国际上政府谈判的手段,还可通过签订清算协定,发展双边贸易以克服外汇短缺的困难。对内而言,通过实行差别汇率或贴补政策,有利于鼓励出口,限制进口,增加外汇收入,减少外汇支出。

⑤支持保护民族工业发展。发展中国家工业基础薄弱,一般工艺技术有待发展完善,如果不实行外汇管制及其他贸易保护政策,货币完全自由兑换,则发达国家的廉价商品就会大量涌入,从而使其民族工业遭到破坏与扼杀。实行外汇管制,一方面可管制或禁止那些可能摧残本国民族工业的外国商品的输入,另一方面可鼓励进口必需的外国先进技术设备和原材料,支持保护民族工业发展。

⑥助力发展国计民生。凡涉及国计民生的必需品,在国内生产不足时,政府均鼓励进口,准其优先结汇,按较低汇率申请进口,以减轻其成本,保证在国内市场上廉价供应,而对非必需品或奢侈品则予以限制。

(2) 外汇管制的负面影响。

①难以实现长期汇率稳定。法定汇率虽可使汇率在一定时期和一定范围内保持稳定,但是影响汇率稳定的因素很多,单纯依靠外汇管制措施是不可能实现真正的、长期的汇率稳定。例如,一个国家经济状况不断恶化,财政赤字不断增加,势必增加货币发行,引起货币对内贬值,通过外汇管制,人为高估本国币值的法定汇率,必然削弱本国商品的对外竞争能力,从而影响外汇收入,最后本国货币仍不得不对外公开贬值,改变法定汇率。若财政状况没有根本好转,新的法定汇率就不易维持,外汇收支也难以平衡。

②阻碍本国对外贸易发展。采取外汇管制措施,虽有利于双边贸易的发展,但由于实施严格的管制后,多数国家的货币无法与其他国家的货币自由兑换,必然限制多边贸易的发展,又由于外汇管制使得进口外汇不易获得,致使进口减少,本国货币币值高估,进而影响出口的增长,阻碍本国对外贸易发展。

③影响本国经济发展。实行外汇管制,严格限制资本流入流出,导致国外对本国投资的减少,在一定情况下,不利于本国经济的发展与国际收支的改善。例如,外商在外汇管制国家投资,其投资的还本付息、红利收益等往往难以自由汇兑回国,势必影响其投资积极性,进而影响本国经济发展。

④引致本国物价上涨。在外汇管制国家,某些进口商品的成本增高,造成国内市场上该类商品稀少,价格提高,从而导致成本推动型的通货膨胀。

综上所述,外汇管制有利有弊,各国应根据本国的实际经济状况和世界经济形势,适时适度地实行外汇管制,尽可能避免或降低外汇管制给本国带来的负面影响。虽然从世界经济的长远发展来看,逐步放松和最终取消外汇管制是一种历史趋势,但这将是一个十分漫长的过程,盲目追求一体化,过早地取消外汇管制势必会造成本国经济与世界经济的混乱。

2.5.2 外汇管制的机构和对象

外汇管制的内容一般包括外汇管制机构、对象和措施。

1. 外汇管制的机构

外汇管制通常是由各国政府授权中央银行、财政部或专设的外汇管理机构来执行的。外汇管制机构是外汇管制的主体和执行者,行使外汇管制职能。目前世界各国的外汇管制机构主要有三种类型:一是由国家设立专门的外汇管理机构,如意大利专设的外汇管制局、我国设立的国家外汇管理局。① 二是由国家授权中央银行作为外汇管理机构,如英国的中央银行(英格兰银行)。三是由国家某个行政部门作为外汇管理机构,如日本的财政省(原大藏省)。实际上,许多国家专设的外汇管理机构(如我国的外汇管理局),主要负责外汇管理的日常事务、执行外汇管理的法令条文、提出外汇管理的政策建议。许多重大的外汇管理法令条文制定,是由更高层次的行政机构和立法机构作出的。

2. 外汇管制的对象

就对象而言,外汇管制可分为对人、对物、对地区、对行业和对国别五个层次。

(1) 对人的外汇管制,是将人划分为居民和非居民分别管理。居民(resident)是指长期定居在本国的任何普通人和法人,包括本国公民、外国侨民、在本国境内依法注册的中外机构和单位。非居民是指长期居住在本国境外的任何个人(包括外国人和本国侨民)以及依法设立在本国境外的机构和单位,依法注册在外国的国内外机构和单位以及外国外交使团。一般来讲,对居民的管理较严,对非居民的管理较松。

(2) 对物的外汇管制,是区别外汇的不同形式分别管理,具体包括对外币、现钞、外币有价证券如债券、股票、汇票、存折及外币支付凭证(如信用卡、支票等)的管理。对贵金属及本国货币的输出入的管理,也属于对物管理的范畴。

(3) 对地区的管理,是指对本国不同地区实行不同的管制政策。例如,各国对出口加工区、保税区、经济特区等,通常实行比较宽松的外汇管制政策。

(4) 对行业的管理,是拉美地区一些新兴工业化国家通常采取的一种管制政策。如对传统出口行业采取比较严格的管制,对高新技术和重工业出口则采取相对宽松和优惠的政策。对高新技术和人民生活必需品的进口采取较宽松和优惠的政策,而对生活奢侈品行业的进口则采取较严格的管制政策。

(5) 对国别的管理,是指针对不同国家、不同地区的情况采取不同的外汇管制政策。

3. 外汇管制的办法与措施

外汇管制的办法与措施就是如何进行外汇管制的问题,是实行外汇管制的国

---

① 外管局的地位经过一系列变迁。1979年为适应改革开放的需要,国务院批准设立国家外汇管理局,赋予其管理全国外汇的职能,与中国银行是一个机构,两块牌子。1982年根据政企分开的原则,与中国银行分离,划归中国人民银行领导。1988年成为直属国务院的总局级机构,由中国人民银行代管。

家和地区一般对贸易外汇收支,非贸易外汇收支,资本输出入、银行账户存款、汇率、黄金和现钞的输出输入等采取的管制办法。

(1) 对贸易外汇的管制办法与措施。贸易外汇收支是国际收支最大项目,实行外汇管制的国家和地区多对贸易外汇实行严格管制,以集中出口外汇收入,限制进口外汇支出,解决贸易逆差,追求国际收支平衡。

1) 对出口外汇收入的管制。管制出口外汇的主要措施,就是规定出口商必须把全部或一部分出口贸易所得的外汇收入,按官方汇率结售给指定银行,以保证国家集中外汇收入,统一使用。为了鼓励出口,刺激出口商的积极性,外汇管制当局还常规定下述出口结汇办法,并匹配其他措施:①规定不同类别出口商品的出口商可以按官定汇率结售一部分外汇收入,剩余部分既可用于自己进口,也可按自由市场的汇率转售他人。②对出口商发放优惠贷款。③出售传统商品的远期外汇收入可以提前结汇。④某些出口商品结汇时间可适当推迟。⑤一般采取颁发出口许可证的办法,以加强对出口外汇的控制。出口商在申请出口许可证时要填明出口商品的价格、金额、收汇方法等,并须交验信用证,以防止隐匿出口外汇收入与本国资金外逃。

国际货币基金组织要求会员国应创造条件,不得对国际收支中的经常项目进行管制,有些国家和地区为了在表面上不违反国际货币基金组织的规定,不直接对出口外汇收入进行管制,而采取变相的办法,隐蔽地提高出口外汇收入的结售价,达到在经常项目上奖出限入的目的。这些办法有:①政府出面对某些出口商品给予现款补助。②农产品出口的国内外差价损失,政府给予现金贴补。③对出口收入给予减免或迟付部分税款的办法。④以优惠利率贴现出口商的汇票。⑤对某些商品出口,另给外汇补助。⑥政府机构承保汇率波动风险等。⑦出口商的收入可换得支付凭证,出口商凭此可在官方市场购买外汇,或支付预交的出口存款。

2) 对进口外汇支出的管制。实行外汇管制的国家为了减少外汇支出,防止资本外逃,减缓国际收支逆差,一般都规定进口商所需的外汇,须向外汇管理当局申请,批准后方可供售。

有些国家和地区的进口外汇的批准手续与进口许可证的颁发会同办理,只要获得进口许可证,所需的外汇也即获得批准,有的国家和地区则须另办申请批汇手续。

实行外汇管制的国家和地区,除对进口外汇进行核批手续外,为了限制某些商品的进口,减少外汇支出,有时还同时实行下述措施:①进口存款预交制。②购买进口所需外汇时,征收一定的外汇税。③限制进口商对外支付使用的货币。④进口商品要获得外国提供的一定数额的出口信贷,否则不准进口。⑤提高或降低开出信用证的押金额(margin),以控制进口。⑥进口商在获得批准的进口外汇以前,必须完成向指定银行的交单工作,使进口商不能与有关银行做进口押汇,融通资金,从而增加成本,外汇管制机构借此控制进口。⑦根据情况,允许(或禁止)发行特定的债券,偿付进口货款,以调节资金需求,减少近期外汇支出，控制进口贸易。

（2）对于非贸易外汇管制的办法与措施。贸易与资本输出入以外的外汇收支均属非贸易外汇收支。其中包括：与贸易收支有关的运输费、保险费、佣金；与资本输出入有关的股利、利息，专利费，许可证费，特许权费以及技术劳务费等收支；与文化交流有关的版权、稿费、奖学金，留学生费用等收支；与外交有关的驻外机构的经费收支，以及旅游费用和赡家汇款外汇收支。

对上述项目的外汇收支管制，一般采取的措施有：许可证制；预付存款制；征收非贸易外汇购买税；规定非贸易外汇的间隔时间和数额限制。

（3）对于资本输出入管制的办法与措施。资本输出入对一国国际收支影响颇大，因此，不论是外汇短缺还是富余的国家，都很注意根据本国经济发展要求制定有关政策。根据资本在国际间流动的时间跨度来区分，有长期资本流动与短期资本流动两种；根据资本输出入的当事人来区分，又有官方资本流动与私人资本流动的区别。由于各国在不同时期经济发展和国际收支状况不同，对资本输出入管制的目的不同，措施也不相同。一般来说，外汇短缺的国家和地区对资本流入不加限制，并采取各种鼓励资本流入的政策，而外汇富余的国家和地区则反之。

第二次世界大战后初期，西方各国对资本输入一般不加限制。当时，英国、联邦德国、法国等为恢复遭受战争严重破坏的经济，不得不从美国输入资本，为美国跨国公司向西欧扩展开放绿灯。如英国不仅一度向美国借款，而且还曾设立"工业开发事务所"专门吸收美国资本。进入20世纪六七十年代，美国爆发了国际收支危机，而日本、西欧各国经济实力则逐步得到恢复与发展。随着西欧共同市场与欧洲货币市场的形成和发展，西欧各国对美国资本输入开始采取限制性的措施，如限制本国企业或跨国公司向国外借款，以防范美国通过资金转移将通货膨胀转嫁给它们。

20世纪80年代，日本、联邦德国国际收支持续巨额顺差，本国货币呈现上浮或升值，影响其出口竞争能力，因此资本输出势在必行。该阶段日本向海外输出资本达到空前水平，连美国都惊呼日本正在"购买"美国。发展中国家为了发展民族经济，除采取措施制止本国资金外流外，还积极引进外资。但引进外资要以不损害国家主权、发展民族经济为前提。目前，国际资本移动规模巨大，大量游资充斥国际金融市场，给各国经济与国际收支都带来巨大的冲击。所以，无论是发达国家还是发展中国家，都逐步将对资本与金融项目的管理放在外汇管制的首要位置。

（4）对汇率管制的办法与措施。汇率管制是通过以法定汇率代替自由汇率，即由外汇管理机构制定统一的汇率，企业与个人向指定银行买卖外汇时均按此汇率折算，从而达到稳定本国货币对外汇率的作用，并可利用本币贬值与升值以达到改善国际收支状况和控制调整进出口的目的。

在外汇管制实施过程中，一国政府对本国货币规定一种以上的对外汇率，一般有两种形式：一是双重汇率，即对本国货币与另一国货币（主要是作为国际储备的货币）的兑换，同时规定两种不同的汇率；二是复汇率，即一国货币规定有两种以上的汇率,每一种汇率适用于某种交易或某类商品。无论哪种形式,都可能造成外汇持有企业或个人,为获得更多的本国货币收入,尽可能不把外汇按法定汇率卖给国家,而在自由市场出售,从而形成了官方市场和自由市场、法定汇率和自由汇率并存的局面。

通常情况下,实行双重汇率制的国家,对国际贸易和政府间的外汇收付按法定汇率结算,对资本与金融项目及非贸易外汇收付按自由市场上的汇率进行买卖,前者称贸易汇率,后者称非贸易汇率或金融汇率,金融汇率一般高于贸易汇率。第二次世界大战后,西欧不少国家都曾实行过双重汇率制。实行复汇率制的国家多为发展中国家,一般根据进出口商品的不同类别和非贸易项目的不同性质,规定多种进口汇率、出口汇率和非贸易汇率,以鼓励和限制某种商品的出口和进口,限制非必需的外汇支付。

(5) 对黄金和本币出入国境管制的办法与措施。虽然黄金与货币的直接联系已割断,但它仍被作为良好的贮藏手段和最后的支付手段。因此,一般实行外汇管制的国家,均严格限制私人输出黄金;有的国家还限制私人输入黄金。规定黄金的输入输出只能由中央银行独家办理。

输出本国现钞,不仅可被用作资本输出的手段,而且还会导致在外国市场上本国货币对外汇率的下跌。所以,实行外汇管制的国家,对本国现钞的输出都规定一个最高限额,在限额内可以自由携带出国,超过限额须经外汇管理机构审批。对输入本国的现钞,有的国家不加限制,但规定必须用于指定用途;有的国家则与输出一样,采取数额管制。

(6) 对银行账户存款管制的办法与措施。在非现金结算下,银行账户存款在居民和非居民间以及非居民之间的调拨和外汇收支有直接关系,因此,实行外汇管制的国家和地区,根据银行账户存款属于居民或非居民,以及非居民所属的国别和存款来源,规定不同的管制办法。

对银行账户的存款加以管制,开始于 1931 年德国停止用外汇偿还外债以后所产生的形形色色的封锁账户,第二次世界大战后初期又被英国加以发展。英国将在英国银行的英镑存款账户,按照国别和存款来源分为美元区和加拿大账户、英镑区账户、转账账户、双边账户、其他账户、登记账户和封锁账户等多种账户。有的账户上的英镑存款可以向任何地区和各种类型账户上调拨,如美元区和加拿大账户上的英镑存款就是如此;有的账户上的英镑存款只限于在同一货币区内调拨,如英镑区账户存款;有的账户上的存款只限用于购买以英镑付款的英国有价证券,如封锁账户上的英镑存款。管制的办法相当复杂,但随着时间的推移逐渐简化,后来这类账户主要为境外账户或非居民账户。境外账户是英国、爱尔兰、直布罗陀以外的非居民在英国银行开立的英镑存款账户,有关资本项目的收付须经特别批准。随着 1979 年 10 月 24 日英国全部取消外汇管制,这类账户也就不复存在了。

其他西方国家,对非居民在本国银行的存款账户有关的资本与金融项目的收付,也进行一定的管制。

【本章小结】

1. 外汇含义通常可以从静态和动态两个方面进行考察。动态的外汇是指把一国货币兑换成另一国货币，借以清偿国际债权债务关系的行为。静态的外汇则是指国际上为清偿债权债务关系进行的汇兑活动所凭借的手段和工具。实际上，静态的外汇概念是从动态的汇兑行为中衍生出来并广泛运用的。静态的外汇又有狭义和广义之分。外汇必须具备以下三个基本特征：外汇必须是以外币表示的资产；外汇必须能在国际上得到偿付，并且能为各国普遍接受；外汇必须具有充分的自由可兑换性。外汇可分为多种类型，如自由外汇和记账外汇、贸易外汇和非贸易外汇、即期外汇和远期外汇等。外汇的作用有以下几个方面：实现国际购买力的转移；促进国际贸易的发展；调节国际资金供求关系；反映一国对外的财富。

2. 外汇汇率又称外汇汇价，是不同货币之间兑换的比率或比价，也可以说是以一种货币表示的另一种货币的价格。汇率有三种标价方法："外币固定本币变"为直接标价法，"本币固定外币变"为间接标价法，"美元固定其他货币变"为美元标价法。汇率可分为多种类型，如基础汇率和套算汇率、买入汇率和卖出汇率、即期汇率和远期汇率、名义汇率和实际汇率等。

3. 在金本位制度下，铸币平价是决定汇率的基础，汇率围绕铸币平价在黄金输送点内上下波动。在纸币制度下，两国货币之间的汇率取决于它们各自在国内所代表的实际价值，也就是说货币对内价值决定货币对外价值；而货币的对内价值又是用其购买力来衡量的。因此，货币的购买力对比就成为纸币制度下汇率决定的基础。外汇行市上任何能够引起外汇供求关系变化的因素都会造成外汇行市的波动。在纸币制度下，影响汇率变动的因素主要有国际收支差额、利率水平、通货膨胀、财政与货币政策、投机资本、政府的市场干预、一国经济实力和其他因素；反过来，汇率变动也会对一国的贸易收支、资本流动、外汇储备、价格水平、微观经济活动和国际经济关系等产生影响。

4. 汇率制度，也称汇率安排，是指一国货币当局对本国货币的汇率变动的基本方式所作出的基本安排和规定。汇率制度按其波动幅度通常划分为固定汇率制度和浮动汇率制度。固定汇率制度有两种形式：国际金本位制度下的固定汇率制和黄金—美元本位制下的固定汇率制度。浮动汇率制度按照浮动汇率是否存在政府干预，可分为自由浮动和管理浮动；按照汇率浮动的方式不同，可分为单独浮动、盯住浮动、联合浮动。

5. 我国人民币汇率制度经历了单一浮动汇率制、单一固定汇率制、盯住"一篮子"货币、汇率双轨制、事实上的盯住美元制和健全管理的浮动汇率制六个阶段，实现了一个由计划到市场的演变过程。目前我国人民币汇率实行的是以市场供求为基础的、参考"一篮子"货币进行调节、有管理的浮动汇率制度。

6. 根据国际货币基金组织的定义，外汇管制有狭义和广义之分。狭义的外汇管制又称外汇限制，是指一国政府对本国居民从国外购买经常账户下的商品或劳务所需的外汇进行限制；广义的外汇管制又称外汇管理，是指一国政府授权本国的货币当局或其他机构通过法律、法规、制度等形式对外汇收支、买卖、借贷、转移、国际结算以及外汇汇率和外汇市场等进行的管控行为。外汇管制的目的是平衡国际收支，维持本币汇率稳定，促进国内经济的发展。外汇管制的内容一般包括外汇管制机构、对象和措施。实行外汇管制短期内可以对一国的国际收支失衡和汇率动荡等产生一定的改善作用，但同时也会产生一定的弊端，随着国际经济的融合与发展，外汇管制最终将会逐步取消。

【复习思考题】

一、知识题

（一）名词解释

外汇　　　　外汇汇率　　　　直接标价法　　　　间接标价法
基础汇率　　套算汇率　　　　铸币平价　　　　　黄金输送点
汇率制度　　固定汇率制度　　浮动汇率制度　　　外汇管制

（二）单项选择题

1. 动态外汇是指（　　）。
   A. 外汇的产生　　　　　　　　B. 外汇的转移
   C. 国际清算行为　　　　　　　D. 外汇的储备
2. 下列不属于狭义外汇的是（　　）。
   A. 支票　　　B. 汇票　　　C. 本票　　　D. 有价证券
3. 在间接标价法下，汇率下跌表明（　　）。
   A. 外币升值，本币贬值　　　　B. 外币贬值，本币升值
   C. 外币升值，本币升值　　　　D. 外币贬值，本币贬值
4. 现钞买入价（　　）现汇买入价。
   A. 低于　　　B. 高于　　　C. 等于　　　D. 等于并高于
5. 实际汇率是在名义汇率的基础上剔除了（　　）因素后的汇率。
   A. 利率　　　B. 通货膨胀率　　　C. 贴现率　　　D. 税率
6. （　　）是世界上第一个实行金本位制的国家。
   A. 英国　　　B. 美国　　　C. 荷兰　　　D. 法国
7. 黄金输送点是（　　）
   A. 输送黄金的地点　　　　　　B. 汇率上下波动的界限
   C. 黄金市场　　　　　　　　　D. 黄金价格
8. 金币本位制度下，汇率是由（　　）决定的。
   A. 铸币平价　　B. 购买力平价　　C. 利率　　D. 黄金输送点
9. 一国利率水平升高，通常会导致（　　）。

A. 本币汇率上升，外币汇率上升　　B. 本币汇率上升，外币汇率下降
C. 本币汇率下降，外币汇率上升　　D. 本币汇率下降，外币汇率下降
10. 一国货币对外贬值，国内物价水平最终将（　　）。
　A. 上升　　　　B. 下跌　　　　C. 稳定　　　　D. 难定

（三）多项选择题
1. 外汇按自由兑换的程度可分为（　　）。
　A. 贸易外汇　　B. 金融外汇　　C. 自由外汇　　D. 记账外汇
2. 按外汇交割的时限分，汇率可分为（　　）。
　A. 基础汇率　　B. 交叉汇率　　C. 即期汇率　　D. 远期汇率
3. 外国货币作为外汇的前提是（　　）。
　A. 可偿性　　　　　　　　　　B. 普遍的可接受性
　C. 可转让性　　　　　　　　　D. 充分的可兑换性
4. 金本位制度是以黄金为本位货币的货币制度，它包括（　　）。
　A. 金元本位制　B. 金币本位制　C. 金块本位制　D. 汇兑本位制
5. 在其他条件不变的情况下，远期汇率与利率的关系是（　　）。
　A. 利率高的货币，远期汇率升水　　B. 利率高的货币，远期汇率贴水
　C. 利率低的货币，远期汇率升水　　D. 利率低的货币，远期汇率贴水
6. 下列因素中，（　　）会造成本币汇率的上升。
　A. 国际收支顺差
　B. 本国通货膨胀率上升且高于其他国家
　C. 本币利率上升
　D. 央行抛售外汇
7. 根据《中华人民共和国外汇管理条例》（2008年修订）规定，外汇具体包括（　　）。
　A. 外币现钞　　　　　　　　　B. 外币支付凭证或者支付工具
　C. 外币有价证券　　　　　　　D. 特别提款权和其他外汇资产
8. 我国现行人民币汇率制度是（　　）浮动汇率制度。
　A. 以市场供求为基础的　　　　B. 单一盯住美元
　C. 参考"一篮子"货币进行调节的　D. 有管理的

（四）判断题
1. 外币就是外汇。　　　　　　　　　　　　　　　　　　　　（　　）
2. 由美元套算出来的汇率就是基础汇率。　　　　　　　　　　（　　）
3. 狭义外汇的实体形式是本国在外国银行的外币存款。　　　　（　　）
4. 一般情况下，外币现钞卖出价与现汇卖出价相同。　　　　　（　　）
5. 在金币本位制下，市场上的汇率总是等同于铸币平价。　　　（　　）

（五）简答题
1. 外汇的动态概念与静态概念有什么区别？
2. 外汇有哪些基本特征？它对国际经济起到什么作用？

3. 简述汇率的不同标价法及主要内容。
4. 简述外汇汇率的种类。
5. 纸币制度下影响汇率变动的因素主要有哪些？
6. 汇率变动对经济有哪些影响？
7. 固定汇率制度和浮动汇率制度主要有什么区别？
8. 外汇管制的主要目的是什么？

二、能力题

1. 讨论题：美元现钞是外汇吗？人民币在国外算外汇吗？
2. 案例题。

理性辨析人民币汇率调整

窄幅升值近两年后，人民币对美元汇率忽然调转方向，走出一波宽幅贬值行情，引来市场瞩目。2022年人民币对美元汇率再度回到6.7时代。有人猜测，"破7"指日可待；有人担心，人民币资产会不会不"香"了？面对当前形势，该如何看待人民币汇率这波走势？

分析背后的原因不难发现，人民币此次调整主要在于：一方面，美联储货币政策调整，美元指数持续走高，创下近20年以来新高；另一方面，全球金融市场持续动荡，市场资金避险情绪升温。同时，叠加地缘政治冲突等因素影响，人民币汇率出现调整行情。

此次人民币汇率调整看似出乎意料，实则在市场可接受范围之中，是对此前人民币持续升值的自然修正。2021年，尽管以新兴市场为代表的非美货币几乎全线下跌，但人民币却上演了逆势走强，尤其是2020年9月以来，人民币汇率一度顶住美元升值的压力，走出一波独立行情，与美元表现同"强"。与此同时，近期的相关数据显示，在这一波人民币汇率调整过程中，外汇市场预期保持稳定，交易理性有序。市场并未产生较大恐慌，而是对汇率涨跌的适应性明显增强。

人民币汇率的调整纠偏，在一定程度上也有利于出口的稳定。原本由于贸易顺差、资本大量流入等因素，汇率升值对实体经济形成了一定的压力。如今经济承压，汇率适当回调符合市场态势，对出口和外贸部门也是利好。这是汇率自发地对宏观经济和国际收支发挥调节作用的表现，是"自动稳定器"的应有之义。

汇率在一定幅度内涨跌是正常的市场现象。事实上，尽管当前人民币相对美元汇率有所贬值，但从全球货币体系来看，人民币依旧处于较为强势的稳定水平。人民币资产"香不香"，取决于投资回报是否稳定，以及分散化的投资价值。我国宏观政策自主性较强，国内经济和政策周期与一些西方国家等主要发达经济体并不同步，有助于人民币资产成为具备独立行情的重要大类资产。汇率短期波动不会改变人民币资产的长期投资价值，随着短期风险因素释放，在国内经济基本面长期向好的背景下，人民币资产对海外资本仍然具备较强的吸引力。

需要强调的是，影响汇率的因素有很多，汇率可能在短期内偏离均衡水平。

但从中长期来看，市场因素和政策因素会对汇率偏离进行纠正。因此，不能简单地以"升值""贬值"来观察汇率变动，相较之下，汇率保持灵活性更为重要。有涨有跌、双向波动的态势，更有助于释放市场压力，避免出现预期积累。这样也有助于增强宏观政策的自主性，改善投资者的信心。

以市场供求为基础、参考"一篮子"货币进行调节、有管理的浮动汇率制度，是当前和未来一段时期符合我国国情的汇率制度安排。下一步，要继续坚持稳字当头、以我为主，让市场供求在汇率形成中发挥决定性作用，增强人民币汇率弹性，发挥汇率调节宏观经济和作为国际收支自动稳定器的功能。同时，加强跨境资金流动宏观审慎管理，强化预期管理，保持人民币汇率在合理均衡水平上基本稳定，积极稳妥应对发达经济体货币政策调整。

第2章 参考答案

资料来源：姚远. 理性辨析人民币汇率调整 [N]. 经济日报. 2022-05-17 (5).

案例思考：人民币升值与贬值会对我国出口带来什么影响？

第二编

国际金融理论

第3章 国际收支理论

【知识结构与学习目标】

知识结构	知识目标	技能目标
弹性论	掌握弹性论的基本原理	掌握马歇尔—勒纳条件和J曲线效应
乘数论	掌握乘数论的基本原理	掌握乘数论的理论分析和政策主张
吸收论	掌握吸收论的基本原理	掌握吸收论的理论分析和政策主张
货币论	掌握货币论的基本原理	掌握货币论的理论分析和政策主张
政策组合论	掌握米德冲突和丁伯根法则意涵	掌握斯旺模型和蒙代尔模型调节国际收支的政策搭配

【导入案例】

20世纪90年代泰国的国际收支调节

1985~1995年,泰国经济年均增长率为8.4%。到了1995年,泰国的经常项目逆差已占其国内生产总值的8.1%。泰国政府在汇率上采取盯住美元的政策,将泰铢稳定在1美元兑换25泰铢水平上,同时,采取一系列放宽资本账户管制的政策,吸引外资。

为吸引外资,泰国开放了资本账户,基本实现了资本项目下的可兑换,同时为扩大对外资的吸引力,泰国政府提高了利率水平,使国际游资得以进行套利活动。通过上述几项政策,使得泰国的金融项目顺差不断扩大,到亚洲金融危机爆发前夕的1995年就已经达到了219亿美元。因此,虽然其经常项目逆差不断扩大,但在表面上国际收支差额仍然维持在一个较为均衡的水平上。

然而,随着泰国国际竞争力的下降与经常项目赤字的持续,泰铢贬值的压力日益增大。进入20世纪90年代,由于美国经济持续增长,美元币值坚挺,为维持泰铢对美元的固定汇率,泰国中央银行被迫干预外汇市场,大量抛售外汇,使国内银行抽紧。为维持固定汇率制度,泰国付出了惨重的代价。

资料来源:王宇. 钉住制度:泰国金融危机之根源 [N]. 中国经济时报, 2007 – 04 – 17 (A01).

案例思考:20世纪90年代泰国为解决经常项目赤字问题,采取了怎样的国际收支调节政策?它对泰国的经济产生了怎样的影响呢?

3.1 弹 性 论

弹性论（elasticity approach）又称弹性分析法，1937 年，英国经济学家琼·罗宾逊（J. Robinson）在马歇尔（A. Marshall）微观经济学和局部均衡分析的基础上正式提出国际收支的"弹性理论"。1944 年美国经济学家勒纳（A. P. Lerner）在罗宾逊的理论基础上研究了进出口供求弹性下货币贬值的国际收支效应，提出了著名的马歇尔—勒纳条件。弹性论是研究收入不变条件下通过汇率变动调节国际收支的理论，其主要研究货币贬值达成贸易收支改善的假设条件及其对贸易收支的影响。由于其主要围绕着进出口商品的供求弹性而展开理论分析，所以被称为弹性论。

3.1.1 理论分析

1. 假设条件

弹性论的假设前提条件是：
（1）假定利率、国民收入、价格等其他条件不变，只考虑汇率变动对贸易收支的影响。
（2）假定没有国际资本流动，国际收支等于贸易收支。
（3）假定贸易商品的供给弹性无穷大。
（4）假定汇率贬值前贸易收支处于平衡状态。
（5）假定充分就业和收入不变。

2. 弹性概念

价格的变动会引起需求和供给数量的变动。需求量变动率和价格变动率之比被称为需求对价格的弹性，简称为需求弹性。供给量变动率和价格变动率之比被称为供给对价格的弹性，简称为供给弹性。在进出口方面，共有四个弹性。

（1）进口商品的需求弹性（E_M），其公式为：

$$E_M = \frac{进口商品的需求量变动率}{进口商品价格变动率} \tag{3.1}$$

（2）出口商品的需求弹性（E_X），其公式为：

$$E_X = \frac{出口商品的需求量变动率}{出口商品价格变动率} \tag{3.2}$$

（3）进口商品的供给弹性（S_M），其公式为：

$$S_M = \frac{进口商品的供给量变动率}{进口商品价格变动率} \tag{3.3}$$

(4) 出口商品的供给弹性（S_X），其公式为：

$$S_X = \frac{出口商品的供给量变动率}{出口商品价格变动率} \tag{3.4}$$

综上可见，弹性实质上就是一种比例关系，反映的是供求对价格变动的反应灵敏程度。

3. 基本观点

根据上述假设前提条件，弹性论认为，一国政府可以通过汇率变动（国内外产品间及本国生产的贸易品与非贸易品间的相对价格变动）来调节国际收支。基本逻辑是：贸易逆差—本币贬值—出口价格下降—出口上升—贸易收支改善。

3.1.2 马歇尔—勒纳条件

本币贬值会引起出口商品外币价格下降和进口商品本币价格上升，从而会引起出口商品和进口商品需求量的变动，最终引起贸易收支变动。贸易收支额的变化最终取决于两个因素：一是由贬值引起的进出口商品的单位价格变化；二是由进出口单价变动引起的进出口数量的变动。那么，在什么样的情况下，贬值才能改善贸易收支呢？基于弹性论的假设前提（尤其是贸易商品的供给弹性无穷大），马歇尔和勒纳指出，本币贬值后，只有出口商品的需求弹性的绝对值和进口商品的需求弹性的绝对值之和大于1，贸易收支才能改善，即贬值取得成功的必要条件是：

$$|E_X| + |E_M| > 1 \tag{3.5}$$

该条件被称为马歇尔—勒纳条件。

【扩展阅读3.1】

马歇尔—勒纳条件的公式推导

假定 e 代表外汇汇率（直接标价法），X 代表以本币表示的出口额，M 代表以外币表示的进口额，B 代表以本币表示的经常账户差额，则：

$$B = X - eM \tag{1}$$

等式两边分别对 e 求导，则：

$$\frac{dB}{de} = \frac{dX}{de} - \frac{dM}{de} \times e - M \tag{2}$$

出口产品需求对汇率的弹性记为 D_X，根据弹性的定义，则：

$$D_X = \frac{出口产品需求量的变动率}{汇率的变动率} = \frac{e}{X} \times \frac{dX}{de}, D_X > 0 \tag{3}$$

进口产品需求对汇率的弹性记为 D_M，根据弹性的定义，则：

$$D_M = \frac{\text{进口产品需求量的变动率}}{\text{汇率的变动率}} = \frac{e}{M} \times \frac{dM}{de}, D_M < 0 \qquad (4)$$

由于弹性论假定汇率贬值前贸易收支是平衡的,因而有:

$$X = eM \qquad (5)$$

将式(3)、式(4)、式(5)代入式(2),整理得:

$$\frac{dB}{de} = M[(D_X - D_M) - 1] \qquad (6)$$

由于 $D_M < 0$,因此本币贬值($de > 0$)能否改善一国贸易收支状况($dB > 0$)的条件如下:

当且仅当 $|D_X| + |D_M| > 1$ 时,有 $\frac{dB}{de} > 0$,即只有一国的进出口产品需求弹性的绝对值之和大于1,本币贬值才会改善贸易收支状况。

当 $|D_X| + |D_M| = 1$ 时,则有 $\frac{dB}{de} = 0$,表明本币贬值对一国的贸易收支未产生影响。

当 $|D_X| + |D_M| < 1$ 时,则有 $\frac{dB}{de} < 0$,表明本币贬值会使一国的贸易收支恶化。

资料来源:蒋先玲. 国际金融学 [M]. 北京:中国人民大学出版社,2018:89.

3.1.3 贬值的时滞反应——J曲线效应

在现实经济活动中,当汇率变化时,进出口的实际变动情况还取决于供给对价格的反应程度。即使在马歇尔—勒纳条件成立的情况下,贬值也不会马上改善贸易收支,相反,本币贬值后的初始阶段,贸易收支反而可能会恶化。其原因有以下方面。

(1)在贬值之前签订的贸易合同仍须按原来的数量和价格执行。贬值后,凡以外币定价的进口,折合为本币后的支付将增加;凡以本币定价的出口,折合为外币后的收入将减少。换言之,贬值前已签订但在贬值之后执行的贸易合同,出口数量增加的影响不足以冲抵出口外币价格下降的影响,进口数量减少的影响不足以冲抵进口价格上升的影响。

(2)即使在贬值后签订的贸易合同,出口增长仍然要受到政策、资源、生产周期等的影响。至于进口方面,在心理预期的作用下,进口商有可能会认为现在的贬值是将来进一步贬值的前奏,从而加速订货。

短期内,基于上述原因,本币贬值后,国际收支状况先是恶化,经过一段时间后,即等出口供给①(这是主要的)和进口需求作出相应调整后,贸易收入才会增加,国际收支状况逐渐改善。整个国际收支状况改善的过程形如字母"J"。

---

① 出口供给的调整时间通常为半年到一年。

故在马歇尔—勒纳条件成立的情况下,贬值对贸易收支的时滞效应被称为"J曲线效应"。具体如图3.1所示。

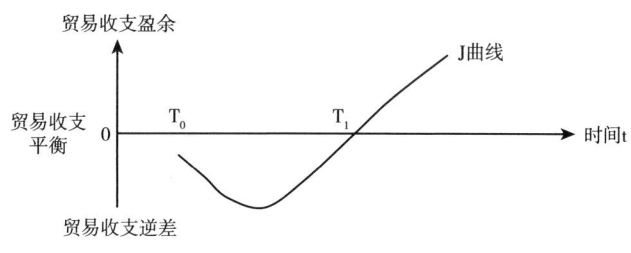

图 3.1　J 曲线效应

如图3.1所示,T_0时刻实施本币贬值后,贸易收支先恶化,经过一段时间的调整,到T_1时刻后才开始改善。

3.1.4　贬值对贸易条件的影响

贸易条件（T）又称交换比价,是指出口商品的单位价格指数（P_X）与进口商品的单位价格指数（P_M）之间的比例,用公式表示为:

$$T = \frac{P_X}{P_M} \tag{3.6}$$

在这里,进出口商品的价格应是用同种货币衡量的。当T上升时,表明该国出口相同数量的商品可以换回的进口商品增加,被称为一国贸易条件改善;当T下降时,表明该国出口相同数量的商品换回的进口商品减少,被称为一国贸易条件恶化。因此,贸易条件恶化,意味着一国实际资源将会流失。

贬值带来相对价格的变化,其究竟是改善还是恶化贸易条件,取决于进出口商品的供求弹性。如果$S_X S_M > E_X E_M$,贸易条件恶化;$S_X S_M < E_X E_M$,贸易条件改善;$S_X S_M = E_X E_M$,贸易条件不变。

实际上,贬值对贸易条件的影响在不同国家是不同的。通常贬值不能改善一国贸易条件,相反会使之恶化。

3.1.5　弹性论的理论缺陷

弹性论的理论分析是建立在一系列假设前提条件的基础上,这些假设难免与现实存在差距,从而使弹性论存在自身无法克服的缺陷,主要有:

（1）假设货币贬值前贸易收支处于平衡状态,不符合实际情况。这是因为货币贬值的目的不在于创造贸易收支顺差,而是消除已有的逆差,但是,既然贸易收支已经平衡,那么还有什么必要进行货币贬值呢? 这是弹性论无法回答的问题。

(2) 假定充分就业、收入不变而价格可变。与马歇尔—勒纳条件中供给弹性无穷大的假定相互矛盾。

(3) 它将国际收支等同于贸易收支,未考虑贬值对资本项目收支状况的影响。

(4) 建立在局部均衡分析法的基础之上,仅局限于分析汇率变化对进口市场的影响,而忽视了对社会总支出和总收入的影响,因而是不全面的。

【经典人物】

阿巴·勒纳

阿巴·勒纳(Abba Lerner)1903年出生于俄国的比萨拉比亚,成长于伦敦,并先后出任罗斯福大学、密执安州立大学和加利福尼亚大学教授。阿巴·勒纳经济学的主要贡献有:一是提出了计算垄断势力的方法,即价格减去边际成本再除以价格的加价率,该方法后被称为"勒纳的垄断势力度"。二是在琼·罗宾逊的理论基础上进一步提出,贸易收支状况是与出口值而不是与出口量相联系,贬值固然可以增加出口,抑制进口,但不等于改善贸易收支。因为当国外需求弹性小于1时,出口值反而会减少,不利于贸易收支,此时只有减少进口才能改善贸易收支;倘若这时进口需求弹性不足,进口值的减少不足以抵补出口值的减少,贸易收支仍然得不到改善。这就是著名的"马歇尔—勒纳条件"。

资料来源:笔者根据相关资料整理得到。

3.2 乘数论

乘数论(multiplier approach),又称收入论或收入分析法,是20世纪50年代凯恩斯主义在西方经济思潮中占统治地位时期的国际收支调整理论。其所分析的是在汇率和价格不变的条件下,收入变动在国际收支调节中的作用。基本思想是:假定没有国际资本流动(国际收支等于贸易收支),进口支出是国民收入的函数,自主性支出的变动通过乘数效应引起国民收入变动,从而影响进口支出。

3.2.1 理论分析

根据凯恩斯的乘数原理,我们知道一国国民收入会因自主性支出变动而发生多倍的变动。引入进出口贸易后,凯恩斯主义的国民收入决定模型就变为:

$$Y = \frac{1}{1-c+m}(C_0 + I + G + X - M_0) \qquad (3.7)$$

其中,Y、c、m、C_0、I、G、X和M_0分别代表国民收入、边际消费倾向、边际进口倾向、自主性消费、投资、政府支出、出口和自主性进口。等式的右边表示总需求，它是自主性支出和乘数之积。自主性支出部分（$C_0 + I + G + X - M_0$）的变动，通过乘数$\left(\dfrac{1}{1-c+m} > 1\right)$的作用，会带来国民收入的多倍变动。

由于进口随国民收入的增减而增减，贸易差额也就受国民收入的影响。不考虑国际资本流动，国际收支差额（B）就等于贸易收支差额。即：

$$B = X - (M_0 + mY) = X - M_0 - \dfrac{m}{1-c+m}(C_0 + I + G + X - M_0) \quad (3.8)$$

3.2.2 政策主张

根据上述理论分析可以看出，一国可以通过需求管理政策来调节国际收支。当一国国际收支出现逆差时，货币当局可以实施紧缩性财政货币政策，降低国民收入，以减少进口支出，改善国际收支；当一国国际收支出现顺差时，货币当局则可以实施扩张性财政货币政策，提高国民收入，以增加进口支出，减少国际收支顺差。这种通过收入变动来调整国际收支的效果，取决于本国边际进口倾向（m）的大小，也即取决于进口需求收入弹性和开放程度的高低，因为边际进口倾向（$\Delta M/\Delta Y$）为进口需求收入弹性（$\Delta M/M \cdot Y/\Delta Y$）与开放程度（$M/Y$）的乘积。这表明一国开放程度越大，进口需求收入弹性越大，一定规模的紧缩性政策所带来的国际收支改善程度就越大。

3.2.3 乘数论的理论缺陷

乘数论阐述了对外贸易与国民收入之间的关系，以及各国经济通过进出口途径相互影响的原理，这在一定程度上对我们理解现实经济状况有启发意义。但这一理论没有考虑货币量和价格的变动，也没有考虑国际资本流动。因此，它关于收入对国际收支的影响分析是不全面的。

3.3 吸 收 论

吸收论（absorption approach）又称支出分析法，它是1952年由詹姆斯·米德（James Meade）和西德尼·亚历山大（S. S. Alexander）提出的。它从凯恩斯的国民收入方程式入手，着重考察总收入与总支出对国际收支的影响，并在此基础上提出国际收支调节的相应政策主张。

3.3.1 理论分析

按照凯恩斯的宏观经济学理论，在开放经济条件下，国民收入的均衡方程式是：

$$Y = C + I + G + (X - M) \quad (3.9)$$

其中，Y 代表国民收入，C 代表消费支出，I 代表投资支出，G 代表政府支出，X 代表出口，M 代表进口。亚历山大将（X - M）即经常账户差额用 B 表示，将（C + I + G）用 A 表示，它反映的是本国居民的总支出，又称国内总吸收，即国民收入中被国内吸收的部分。由此，国际收支差额实际上就可由国民收入（Y）与国内总吸收（A）之间的差额来表示。设国际收支差额为 B = X - M，则有：

$$B = Y - A \quad (3.10)$$

该式表明，当国民收入大于总吸收时，国际收支顺差；当国民收入小于总吸收时，国际收支逆差；当国民收入等于总吸收时，国际收支平衡。

3.3.2 政策主张

根据上述理论公式，吸收论所主张的国际收支调节政策，无非就是改变总收入与总吸收（总支出）的政策，即支出增减政策和支出转换政策。国际收支逆差表明一国的总需求超过总供给，即总吸收超过总收入。这时，就应当运用紧缩性的财政货币政策来减少对进口商品的过度需求，以纠正国际收支逆差。但紧缩性的财政货币政策在减少进口需求的同时，也会减少对非贸易品的需求，从而降低总收入，因此，还必须采用支出转换政策（主要是货币贬值政策），将部分进口需求转向本国替代品，从而使国际收入增加。这样，使贸易品的供求相等，非贸易品的供求也相等，需求减少的同时收入增加，就整个经济而言，总吸收等于总收入，从而同时达到内部均衡和外部平衡。

吸收论特别重视从宏观经济的整体角度来考察贬值对国际收支的影响。它认为，贬值要起到改善国际收支的作用，必须有闲置资源的存在。只有当闲置资源存在时，贬值后，闲置资源流入出口商品生产部门，出口才能扩大。出口扩大会引起国民收入和国内吸收同时增加，只有当边际吸收倾向小于 1，即吸收的增长小于收入的增长，贬值才能最终改善国际收支。例如，出口扩大时，出口部门的投资和消费会增长，收入也会增长。通过"乘数"作用，又引起整个社会投资、消费和收入多倍地增长。所谓边际吸收倾向是指在每增加的单位收入中，吸收所占的百分比。只有当这个百分比小于 1 时，整个社会增加的总收入才会大于总吸收，国际收支才能改善。

吸收论是在西方经济学界关于弹性论的激烈争论中被系统提出的，因此，相较于弹性论具有以下差别。

（1）吸收论从总收入与总吸收（总支出或总需求）的相对关系中来考察国际收支失衡的原因并提出国际收支的调节政策。就理论基础和分析方法而言，吸收论采用的是建立在凯恩斯宏观经济学基础之上的一般均衡分析方法，从而克服了弹性论采用的建立在马歇尔微观经济学基础之上的局部均衡分析方法的局限性。

（2）吸收论从货币贬值对总收入和总吸收的相对影响中考察贬值对国际收支的影响，从而克服了弹性论只强调贬值的相对价格效应而忽略贬值收入效应的不足。

（3）吸收论具有强烈的政策搭配的意涵，从而较弹性论具有更强的实用性。

3.3.3 吸收论的理论缺陷

吸收论的理论缺陷表现在以下方面。

（1）假定货币贬值是出口增加的唯一原因，并以贸易收支代替国际收支，分析不够全面。

（2）没有对以收入和吸收为因、以贸易收支为果的观点提出令人信服的理论分析。

（3）没有考虑本币贬值后相对价格变动在国际收支调整中的作用。

（4）仍以贸易项目为研究对象，忽略了国际资本流动对国际收支的影响。

【扩展阅读3.2】

货币贬值的收入效应与吸收效应

货币贬值的收入间接效应是：

（1）闲置资源效应。若一国处于非充分就业状态，同时也满足马歇尔—勒纳条件，在本国货币贬值后，出口增加、进口减少，闲置资源充分利用并通过外贸乘数的作用，国民收入成倍增长，国际收支改善。但货币贬值后，国民收入的增加会导致国内消费和投资的增加，结果贸易收支不但不易改善，反而可能会恶化。

（2）贸易条件效应。本国货币贬值会导致一国的贸易条件恶化，实际国民收入遭受损失，总吸收水平随之下降，进而造成进口减少、出口增加，国际收支改善。但本币贬值对一国国民收入的影响有些含糊不清，因为它既可通过出口扩张造成收入增加，也可能通过贸易条件恶化而减少收入。

（3）资源再分配效应。虽然本币贬值使贸易条件恶化，但总吸收水平下降导致进口减少、出口增加，将引起资源重新配置，促进资源向进口替代或出口生产等效率更高的部门转移，提高资源配置效率，从而增加国民收入，实现国际收支改善。

货币贬值的吸收直接效应是：

（1）现金余额①效应。本币贬值引起物价总水平上涨，人们则会通过减少支

---

① 现金余额是指人们以货币形式持有的实际收入。

出来维持原有现金余额，贸易和劳务进口下降，国际贸易收支改善；本币贬值引起物价总水平上涨，当人们通过减少支出来维持原有现金余额时，也可能造成货币市场供求变化，利率上升，投资减少，居民出售外币资产，总吸收下降，国际收支改善。

（2）收入再分配效应。本币贬值引起物价总水平上涨，由于工资变化的滞后性，物价上涨带来收入再分配效应，即国民收入由工资收入者（固定收入者）向利润收入者（弹性收入者）转移。而由于各阶层的进口边际支出倾向不同，会造成贸易收支发生变化。一般认为，利润收入者（弹性收入者）具有较低的边际吸收倾向，国民收入转移至利润收入者（弹性收入者），吸收总量会减少，国际收支改善。但利润收入者由于收入转移带来的利润增加，也可能会刺激其增加投资，进而增加总吸收，导致国际收支恶化。

（3）货币幻觉①效应。本币贬值引起物价总水平上涨，如果物价水平与收入同时上升，由于货币幻觉的作用，人们只注意到物价上涨而忽略了收入的增加，因此，不会增加名义货币消费，进而造成直接吸收减少，国际收支改善。

资料来源：笔者根据相关资料整理得到。

3.4 货币论

货币论（monetary approach），又称货币分析法。20世纪60年代后期，蒙代尔（Robert A. Mundell）、约翰逊（H. Johnson）和弗兰克尔（J. Frenkel）等将封闭经济条件下的货币主义原理引申到开放经济环境，从而发展了国际收支的货币论。货币论是建立在货币主义学说基础之上，从货币的角度考察国际收支失衡的原因并提出相应政策主张的国际收支理论。它认为货币供求决定一国国际收支状况，强调国际收支失衡是一种货币现象，是一国货币市场供求失衡的反映。

3.4.1 理论分析

1. 基本假设

货币论的理论分析是建立在以下三个基本假设的基础上的。
（1）在充分就业均衡状态下，一国实际货币需求是收入、价格和利率等变量的稳定函数。
（2）从长期来看，货币需求是稳定的，货币供给不影响实物产量。
（3）贸易商品的价格和货币资金的价格——利率主要是外生的，是由世界市场决定的，从长期来看，一国的价格水平和利率水平接近世界市场水平。

---

① 货币幻觉是指人们较注重名义货币收入而不重视货币实际价值的心理现象。

2. 基本理论

基于上述各项假设,货币论的基本理论可用以下公式表达。

货币供求均衡可表示为式 (3.11):

$$MS = MD \tag{3.11}$$

其中,MS 代表名义货币的供应量,MD 代表名义货币的需求量。从长期来看,可以假定货币供应与货币需求相等。

货币需求模型可表示为式 (3.12):

$$MD = Pf(Y,i) \tag{3.12}$$

其中,P 代表本国价格水平,f 代表函数关系,Y 代表国民收入,i 代表利率。$Pf(Y,i)$ 代表对名义货币的需求,$f(Y,i)$ 代表对实际货币存量(余额)的需求。

货币供给模型可表示为式 (3.13):

$$MS = m(D + R) \tag{3.13}$$

其中,m 代表货币乘数,D 和 R 分别代表国内与国外的货币供应基数。若令 m = 1,则有:

$$MS = D + R \tag{3.14}$$
$$MD = D + R \tag{3.15}$$
$$R = MD - D \tag{3.16}$$

式 (3.16) 是货币论的基本方程式。该方程式表明:

(1) 国际收支逆差,实际上是一国国内的名义货币供应量(D)超过了名义货币需求量(MD)。由于货币供应量不影响实物产量,在价格不变的情况下,多余的货币就要寻求出路。对个人和企业而言,就会增加货币支付,以重新调整其实际余额;对整个国家而言,实际货币余额调整便表现为货币外流,即国际收支逆差。反之,当一国名义货币供应量小于名义货币需求量时,在价格不变的情况下,货币供应的缺口就要寻找来源。对个人和企业而言,就要减少货币支出,以使实际货币余额维持在所期望的水平上;对整个国家而言,减少支出维持实际货币余额的过程,便表现为货币内流,即国际收支顺差。

(2) 国际收支问题实际上反映的是由稳定的货币需求量对名义货币供应量的一个调整过程,当人们持有的货币量等于由实际经济变量决定的货币需求量时,国际收支就达到了平衡。

3.4.2 政策主张

货币论的政策主张归纳起来有以下几点:

（1）所有国际收支不平衡，在本质上都是货币的。因此，收支失衡问题均可由国内货币政策解决。

（2）所谓国内货币政策主要是指货币供应政策。因为货币需求是收入、利率的稳定函数，而货币供应则在很大程度上可由政府操纵，因此，扩张性货币政策（使 D 增加）可以减少国际收支顺差，而紧缩性货币政策（使 D 减少）可以减少国际收支逆差。

（3）对于为平衡国际收支而采取的贬值、进口限额、关税、外汇管制等贸易和金融干预措施，只有当它们的作用是提高货币需求尤其是提高国内价格水平时，才能改善国际收支，而且这种影响是暂时的。如果在施加干预措施的同时伴有国内信贷膨胀，则国际收支不一定能改善，甚至还可能恶化。

总之，货币论政策主张的核心是：在国际收支发生逆差时，应注重国内信贷的紧缩。

3.4.3 货币论的理论缺陷

货币论的理论缺陷主要表现在：
（1）它过分强调货币因素而忽视实际因素对国际收支失衡的影响。
（2）它没有考虑非货币金融资产的存在，因此货币市场不平衡反映的只是商品市场的不平衡。
（3）理论假设不完全符合实际情况。

3.5 政策组合论

在开放经济条件下，追求内外均衡是一国政府宏观经济调控的中心任务。国际收支调节的目的是要追求国际收支平衡，但是单一宏观调控政策往往难以同时实现内外均衡甚至会造成内外均衡互相冲突的现象，因此，要实现内外均衡必须进行政策组合。

3.5.1 内外均衡的矛盾——米德冲突

封闭经济条件下的充分就业、物价稳定和经济增长三大宏观经济目标是一国政府的内部均衡目标，其反映了国内总供给与总需求均衡的状态。而开放经济条件下的国际收支平衡是一国政府的外部均衡目标，它反映了特定时期内一国对外的交易支付状况。在开放经济条件下，追求内外均衡是一国政府宏观经济调控的主要目标。因此，国际收支调节的目的就是在追求充分就业、物价稳定和经济增长基础上的国际收支平衡，也就是同时实现内外部均衡。然而，在开放经济现实中，国内经济条件的变化、国际经济波动的传导和国际游资的投机性冲击等均会导致内外均衡目标的矛盾与冲突。

英国经济学家詹姆斯·米德（J. Meade）于1951年在其著作《国际收支》中最早提出了固定汇率制度下的内外均衡冲突问题。其核心意涵为：在固定汇率制度下，政府只能主要运用影响社会总需求的支出调整政策（财政政策和货币政策）来调节内外均衡，这就可能在开放经济运行的特定区间出现内外均衡难以兼顾的情形。这就是"米德冲突"。

根据内外非均衡的具体情况，可以将一国在不同时期面临的内外部经济问题划分为经济衰退或失业增长与经常账户逆差、经济衰退或失业增长与经常账户顺差、通货膨胀与经常账户逆差、通货膨胀与经常账户顺差四种组合。在米德的分析中，内外均衡冲突一般是指经济衰退或失业增长与经常账户逆差、通货膨胀与经常账户顺差这两种特定的内外经济状况组合。米德分析中与开放经济特定运行区间相联系的内外均衡间的冲突被称为"狭义的内外均衡冲突"。

3.5.2 解决内外均衡矛盾的方法——政策组合

为了实现开放经济条件下的内外双重均衡目标，需要进行政策组合。

1. 丁伯根法则

首届诺贝尔经济学奖得主荷兰经济学家丁伯根（J. Tinbergen）于1951年最早提出了将政策目标和工具联系在一起的正式模型。其核心意涵为：一国政府要实现一个经济目标，至少要使用一种有效的政策；要实现N个独立的经济目标，至少要使用N种相互独立（线性无关）且有效的政策工具。这就是丁伯根法则（Tinbergen's Rule）。

丁伯根法则可用简单的数学模型表述如下：

$$T_1 = a_1 I_1 + a_2 I_2 \tag{3.17}$$
$$T_2 = b_1 I_1 + b_2 I_2 \tag{3.18}$$

其中，T代表政策目标；I代表政策工具。从数学上来看，只要 $a_1/b_1 \neq a_2/b_2$（即两个政策工具线性无关），就可以求解出达到最佳目标水平 T_1 和 T_2 时所需要的 I_1 和 I_2 的水平，即：

$$I_1 = (b_2 T_1 - a_2 T_2)/(a_1 b_2 - b_1 a_2) \tag{3.19}$$
$$I_2 = (a_1 T_2 - b_1 T_1)/(a_1 b_2 - b_1 a_2) \tag{3.20}$$

因此，如果决策者有N个目标，就需要至少N个线性无关的政策工具来实现。

对于开放经济而言，这一结论具有鲜明的政策含义：只运用支出调整政策（假定财政政策、货币政策影响产出的效果一致，因此可视为一种政策工具），通过调节支出总量同时实现内外均衡双重目标是不够的，必须寻找新的政策工具并进行合理组合。

丁伯根法则提出的运用 N 种独立的工具进行组合来实现 N 个独立政策目标的结论对于经济政策理论具有深远意义。但丁伯根法则也存在一定的理论缺陷：一是假定各种政策工具可以供决策当局集中控制与实际并不完全吻合；二是没有明确指出每种工具有无必要在调控中侧重于某一目标的实现。

2. 斯旺模型

澳大利亚经济学家斯旺（T. Swan）于 1955 年提出了在假定没有国际资本流动的前提下，用支出调整政策和支出转换政策的组合来解决内外均衡冲突的模型。其核心意涵为：利用支出调整政策（财政政策与货币政策）谋求内部均衡，用支出转换政策（主要是汇率政策）谋求外部平衡，最终达到内外均衡。这就是斯旺模型（见图3.2）。

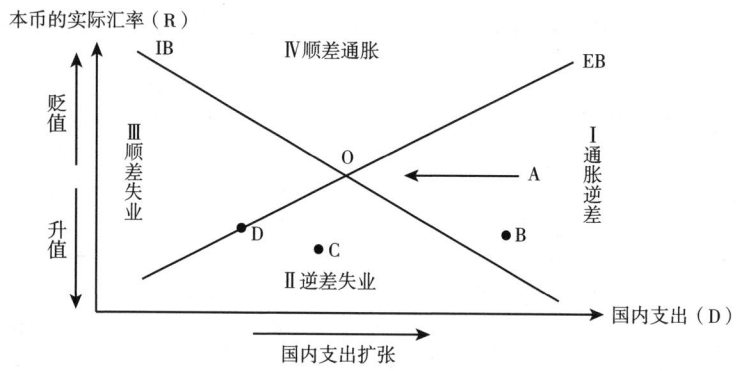

图 3.2　斯旺模型政策组合

在图 3.2 中，横轴表示国内支出（消费、投资与政府支出，用 D 表示），代表支出调整政策。D 向右表示国内支出扩张，向左表示国内支出紧缩。纵轴表示货币的实际汇率（直接标价法，用 R 表示），代表支出转换政策。R 向上代表本币贬值或外币升值，向下代表本币升值或外币贬值。

在图 3.2 中，内部均衡线（IB 线）反映内部均衡得以实现的汇率（R）与国内支出（D）的各种组合。IB 线右上方，表明一定汇率条件下国内支出大于维持内部均衡所需要的国内支出，有通货膨胀压力；IB 线左下方，表明一定汇率条件下国内支出小于维持内部均衡所需要的国内支出，有通货紧缩（失业）压力。IB 线是一条从左至右向下倾斜的线，因为直接标价法下的外汇汇率上升意味着本币贬值（外币升值），通常会引起出口增加（进口减少）。因此，为维持内部均衡，按照吸收论观点则必须增加国内吸收（国内支出）。

在图 3.2 中，外部均衡线（EB 线）反映外部均衡得以实现的汇率（R）与国内支出（D）的各种组合，EB 线右下方，表明国内支出大于维持外部（经常项目）均衡所需要的国内支出，经常项目收支逆差；EB 线左上方，表明国内支出小于维持外部（经常项目）均衡所需要的国内支出，经常项目收支顺差。EB 线是一条从左至右向上倾斜的线，因为直接标价法下的外汇汇率下浮意味着本币升值（外币贬值），通常会引起出口减少（进口增加），国际收支逆差。因此，为维持外部均衡，必须减少国内吸收（国内支出）。

在图3.2中，IB线与EB线交点O是内外均衡同时实现的点，也是支出调整政策和支出转换政策组合的目标点。IB线与EB线相交构成Ⅰ通胀逆差、Ⅱ逆差失业、Ⅲ顺差失业和Ⅳ顺差通胀四个区间。

当开放宏观经济处于内外失衡时，多数情况需要利用政策组合来调节。如图3.2中Ⅰ区间的B点和Ⅱ区间的C点。在B点上，为达到经常项目收支平衡，就要减少国内支出，使B点向D点移动；但如此操作却使内部经济进入衰退和失业（失衡）。因此必须同时实行外汇汇率上升（本币贬值）的支出转换政策，增加出口需求，使D点向O点趋近。同理，在C点上，为达到国内平衡，需要增加国内支出使C点向IB线趋近，但如此操作却使外部经济进入失衡（逆差）。因此必须同时实行外汇汇率下浮（本币升值）的支出转换政策，减少出口，使C点由IB线向O点趋近。

当开放宏观经济内外失衡处于经过内外均衡点O点的垂直和水平线上时，政府只要采用单一政策工具就可达到内外均衡调控目标。如图3.2中Ⅰ区间的A点，通过减少国内支出，压缩总需求，通货膨胀和国际收支逆差同时下降，A点向内外均衡点O点趋近。

斯旺模型提出了运用支出调整政策和支出转换政策进行组合以解决内外失衡的思想，但是这一模型也存在两个理论缺陷：一是该模型没有对支出调整政策进一步细分；二是该模型并没有分析国际资本流动对国际收支的影响。

3. 蒙代尔模型

20世纪60年代，美国经济学家罗伯特·蒙代尔（Robert A. Mundell）发现丁伯根法则假定各种政策工具可以供决策当局集中控制与实际不符。如货币政策由中央银行掌握，财政政策由财政部掌管。同属于需求管理的财政政策与货币政策工具不仅掌握在不同的决策者手中，而且其调控对象和作用机制也不尽相同。如果决策者不能紧密协调这些政策并独立进行决策的话，就不能达到最佳的政策目标。因此，蒙代尔提出了有效市场分配原则。其核心意涵为：每个目标都应该被指派对这个目标有最大影响力的工具。根据财政政策和货币政策在影响内外均衡上的不同效果，蒙代尔将支出调整政策细分为财政政策和货币政策两个独立的政策工具，进而提出了以货币政策实现外部均衡、以财政政策实现内部均衡的指派方案和通过两种政策组合搭配、交互使用最终实现内外均衡的调控模型（见图3.3）。

在图3.3中，横轴表示预算支出（D），代表财政政策。向右表示预算支出扩张，向左表示预算支出紧缩。纵轴表示利率（I），代表货币政策。向上表示利率上升，货币紧缩；向下表示利率下降，货币扩张。

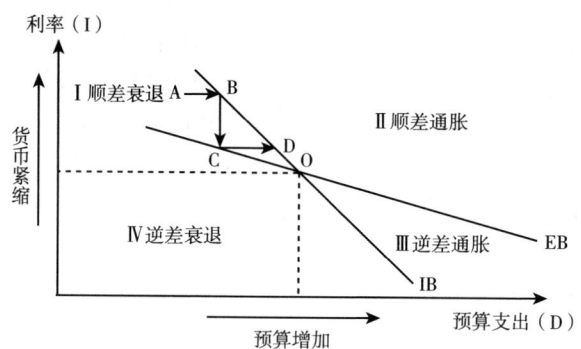

图 3.3 蒙代尔模型政策组合

在图 3.3 中，内部均衡线（IB 线）反映内部均衡得以实现的利率（I）与预算支出（D）的各种组合。IB 线左下方，表明实际预算支出小于维持内部均衡所需要的预算支出，国内经济有衰退和失业压力；IB 线右上方，表明实际预算支出大于维持内部均衡所需要的预算支出，国内经济有通货膨胀压力。外部均衡线（EB 线）反映外部均衡得以实现的利率（I）与预算支出（D）的各种组合。EB 线右下方，表明实际利率低于维持外部均衡所需要的利率水平，国际收支逆差；EB 线右上方，表明实际利率大于维持外部均衡所需要的利率，国际收支顺差。IB 线和 EB 线的斜率都为负，表示当一种政策扩张时，为达到内部均衡或外部平衡，另一种政策必须紧缩；或一种政策紧缩时，另一种政策必须扩张。IB 线比 EB 线更陡峭，这是因为蒙代尔假定，相对而言，预算对国民收入、就业等国内经济变量影响较大，而利率则对国际收支影响较大。

在上述假定条件下，当国内宏观经济和国际收支都处于失衡状态时，需要利用财政政策和货币政策组合来调节。如图 3.3 中 I 区间 A 点，就采用扩张性财政政策（增加预算支出）来解决经济衰退问题，使 A 点向 B 点移动。同时，应采用扩张性货币政策（降低利率）来解决国际收支顺差问题，使 B 点向 C 点移动。扩张性财政政策与扩张性货币政策反复交替搭配使用，最终会使 A 点切近 O 点。在 O 点上，表示国内经济和国际收支均达到平衡。

上述政策搭配的原理可同样推广到区间 II、区间 III 和区间 IV。由此得到如下几种政策搭配组合（见表 3.1）。

表 3.1　　　　　　　　财政政策与货币政策搭配组合

区间	经济状态		政策搭配组合	
	内部经济状态	外部经济状态	财政政策	货币政策
I	失业衰退	国际收支顺差	扩张	扩张
II	通货膨胀	国际收支顺差	紧缩	扩张
III	通货膨胀	国际收支逆差	紧缩	紧缩
IV	失业衰退	国际收支逆差	扩张	紧缩

蒙代尔模型为各国经济实践中，如何借助宏观经济政策解决内外部经济矛盾与冲突，提供了一种解决思路。但是这一模型也存在两个理论缺陷：一是将利率作为国际资本流动的唯一影响因素与实际不符；二是该模型并没有充分考虑财政与货币政策的效应减弱问题。

【本章小结】

1. 弹性论是研究收入不变条件下通过汇率变动调节国际收支的理论，其主要研究货币贬值达成贸易收支改善的假设条件及其对贸易收支的影响。由于其主要围绕着进出口商品的供求弹性而展开理论分析，所以被称为弹性论。

2. 乘数论分析的是在汇率和价格不变的条件下，收入变动在国际收支调节中的作用。基本思想是：假定没有国际资本流动（国际收支等于贸易收支），进口支出是国民收入的函数，自主性支出的变动通过乘数效应引起国民收入变动，从而影响进口支出。

3. 吸收论从凯恩斯的国民收入方程式入手，着重考察总收入与总支出对国际收支的影响，并在此基础上提出国际收支调节的相应政策主张。

4. 货币论是从货币的角度考察国际收支失衡的原因并提出相应政策主张的国际收支理论。它认为货币供求决定一国国际收支状况，强调国际收支失衡是一种货币现象，是一国货币市场供求失衡的反映。

5. 政策组合论强调对国际收支的各种调节政策必须加以正确区分并进行有效搭配，以解决国际收支调节时所引起的内外均衡相互冲突的矛盾（米德冲突）。丁伯根法则认为要实现 N 个独立的经济目标，至少要使用 N 种相互独立（线性无关）且有效的政策工具；斯旺建构了用支出调整政策和支出转换政策的组合来解决内外均衡冲突的模型；蒙代尔提出了以货币政策实现外部均衡、以财政政策实现内部均衡的指派方案和通过两种政策组合搭配、交互使用最终实现内外均衡的调控思路。

【复习思考题】

一、知识题

（一）名词解释

弹性论　马歇尔—勒纳条件　J 曲线效应　乘数论
吸收论　货币论　丁伯根法则　有效市场分配原则

（二）单项选择题

1. 弹性分析法采用的分析方法是（　　）。
A. 宏观经济学基础上的一般均衡分析方法
B. 微观经济学基础上的局部均衡分析方法
C. 宏观经济学基础上的局部均衡分析方法

D. 微观经济学基础上的一般均衡分析方法

2. 马歇尔—勒纳条件指的是（　　）。
   A. 一国进出口需求弹性的绝对值之和大于1
   B. 一国进出口需求弹性的绝对值之和等于1
   C. 一国进出口需求弹性的绝对值之和小于1
   D. 一国进出口需求弹性的绝对值之和小于或等于1

3. 货币论认为国际收支失衡是一国（　　）的反映。
   A. 货币市场供求失衡　　　　B. 商品市场供求失衡
   C. 投资市场供求失衡　　　　D. 土地市场供求失衡

4. 米德矛盾是指（　　）。
   A. 国际收支顺差与汇率稳定的矛盾
   B. 内部均衡与外部均衡的矛盾
   C. 货币政策与财政政策有效性的矛盾
   D. 充分就业与通货膨胀的矛盾

5. 斯旺模型提出在假定没有国际资本流动的前提下，用（　　）组合解决内外均衡冲突。
   A. 国内物价调整政策和利率转换政策
   B. 财政调整政策和关税转换政策
   C. 国际融资调整政策和汇率转换政策
   D. 支出调整政策和支出转换政策

（三）多项选择题

1. 下列属于弹性论假设前提条件的有（　　）。
   A. 假定充分就业和收入不变且贸易商品的供给弹性无穷大
   B. 假定利率等条件不变，只考虑汇率变动对贸易收支的影响
   C. 假定没有国际资本流动，国际收支等于贸易收支
   D. 假定汇率贬值前贸易收支处于平衡状态

2. 斯旺模型的核心意涵是：利用支出调整政策谋求内部均衡，利用支出转换政策谋求外部平衡，最终达到内外均衡。支出调整政策包括（　　）。
   A. 财政政策　　B. 汇率政策　　C. 直接管制　　D. 货币政策

3. 贬值带来相对价格的变化，其究竟是改善还是恶化贸易条件，取决于进出口商品的供求弹性。下列结论中正确的有（　　）
   A. $S_X S_M > E_X E_M$，贸易条件改善　　B. $S_X S_M < E_X E_M$，贸易条件恶化
   C. $S_X S_M = E_X E_M$，贸易条件不变　　D. 贬值一般都会导致贸易条件恶化

4. 吸收论所主张的国际收支调节政策包括（　　）。
   A. 支出增减政策　　　　　　B. 收入增减政策
   C. 支出转换政策　　　　　　D. 收入转换政策

5. 蒙代尔模型认为当经济状态处于失业衰退和国际收支逆差时，应采用（　　）搭配组合。

A. 扩张性财政政策　　　　　　B. 扩张性货币政策
C. 紧缩性财政政策　　　　　　D. 紧缩性货币政策

（四）判断题

1. 弹性论认为一国多数情况下国际收支处于失衡状态，因此其假设前提条件之一是假定汇率贬值前贸易收支处于非平衡状态。（　　）
2. 马歇尔—勒纳条件是指以贬值手段改善一国贸易收支逆差的条件，即一国进出口需求弹性的绝对值之和大于1。（　　）
3. 吸收论认为国际收支顺差意味着总收入大于总吸收（支出），逆差意味着总收入小于总吸收（支出）。（　　）
4. 货币论政策主张的核心是：在国际收支发生逆差时，应以汇率变动作为调节的主要工具。（　　）
5. 丁伯根法则认为要实现 N 个独立的经济目标，至少要使用 N 种相互独立（线性无关）且有效的政策工具。（　　）
6. 蒙代尔模型认为应当用财政政策调节外部不平衡、用货币政策调节内部不平衡。（　　）

（五）简答题

1. 简述 J 曲线效应产生的原因。
2. 简述吸收论货币贬值分析的主要内容。
3. 简述货币论的主要政策主张。
4. 根据斯旺模型，简述当国际收支顺差和国内经济失业衰退时应当采取怎样的政策搭配。
5. 根据蒙代尔最优指派原则填写表3.2。

表 3.2　　　　　　　　　　　财政政策与货币政策搭配组合

经济状态		政策搭配组合	
内部经济状态	外部经济状态	财政政策	货币政策
失业衰退	国际收支顺差		
通货膨胀	国际收支顺差		
通货膨胀	国际收支逆差		
失业衰退	国际收支逆差		

二、能力题

1. 讨论题：比较吸收分析法和货币分析法。
2. 案例题。

广场会议后的日元急速升值破坏了日本经济结构的顺利转轨

众所周知，1985 年美英法日德财长和央行行长在纽约广场饭店举行会议，达成促使日元、德国马克对美元升值的协议，从此之后，日元汇率开始迅速上升，进入了长达10年之久的升值周期。到1995年，日元曾一度升至80日元等于1美元的水平。

广场会议后日元汇率的急剧升值，既是日本政府试图以此缓和日美贸易摩擦、避免两国关系恶化的举措，也与日本政府想借此机会提高日元国际地位，进而提高日本在世界上的地位有关。日本有些人士认为，经过第二次世界大战后40年的发展，日本终于可以"扬眉吐气"了，日元升值意味着日本不但在制造业方面已经"打败"了当年的战胜国美国，而且在货币领域，日本也开始挺起了腰板。日元的急剧升值对日本经济最大的影响是促进了日本企业的对外投资。其实，早在20世纪60年代中期，日本企业就掀起了一轮对外投资的热潮。例如，1965年日本企业的对外投资金额仅为1.6亿美元，1970年达到9亿美元，到1973年增加到35亿美元。但此时的日本企业对外投资主要集中在资源开发等领域，是对日本国内经济结构的补充。

20世纪80年代中期以后的企业海外投资，主要是传统的制造业企业，在日元升值的背景下，为降低成本、占领海外市场，而被迫进行的海外投资。因此，可以说对日本企业来讲，广场会议之后的海外投资显得有点仓促和无奈。20世纪80年代以来，尽管日本已经成为世界第二大经济大国，但此时日本在国际上具有竞争力的行业仍然主要集中在汽车、钢铁、家电、造船等传统产业方面，在以信息产业、生化等为代表的高科技方面还没有发展到成规模的产业的地步。从这个意义上来说，日本传统行业的企业大量到海外投资，由于国内缺乏新兴的高科技产业接替出走的传统行业所造成的空白，形成了日本国内所谓的产业空洞化现象，破坏了日本经济结构的顺利转轨。

在正常情况下，假如接替传统产业的新兴行业已成气候，能够挑起日本经济的大梁，即使大量传统企业到海外投资，对日本国内就业和需求应该不会造成太大的影响，日本经济很可能不会陷入长达十几年之久的低迷状态而不能自拔。但实际情况是，不但日本的大企业纷纷出走到海外投资办厂，而且为这些大企业提供零部件的中小企业为了继续向大企业提供产品，为了自己的生存，也被迫跟随大企业一起到海外投资办厂。有的日本大企业甚至在自己到国外去投资办厂之前，要求为其提供配套零部件的中小企业先去投资，为其创造"良好"的投资环境（如丰田公司在中国的做法）。大企业和大批中小企业到国外投资，必然使得国内就业人数下降，导致内需不足。内需不足反过来又影响企业在日本国内的投资需求，最终形成恶性循环，这是致使日本经济长期陷入通货紧缩的重要原因之一。

资料来源：袁跃东. 日元汇率变化与日本经济发展 [J]. 中国外汇管理，2003（8）：15-16.

案例思考：请通过日元升值对日本经济发展产生的影响总结汇率调控的经验教训。

第4章 汇率决定理论

【知识结构与学习目标】

知识结构	知识目标	技能目标
购买力平价说	理解购买力平价说的主要观点	掌握购买力平价说的基本形式
利率平价说	理解利率平价说的主要观点	掌握利率平价说的理论分析
国际收支说	了解国际收支说的主要观点	掌握国际收支与汇率之间的关系
资产市场说	了解资产市场说的主要观点	掌握货币分析法与资产组合分析法

【导入案例】

人民币会继续走强吗?

2022年2月23日,离岸人民币兑美元汇率持续拉升逼近6.30,日内升值近150点,最高报6.3036,创2018年4月以来新高。

中国银行研究院高级研究员王有鑫认为,随着俄乌冲突加剧,国际外汇市场波动有所加大,人民币资产兼具流动性、安全性和盈利性,受到避险资金青睐。

人民币避险属性持续凸显。人民币汇率在美联储加息预期升温背景下逆势走高,从2月14日的6.36附近升至当前的6.33下方,延续强势表现。人民币资产的避险和投资属性日益凸显,特别是在地缘政治风险加大等特殊时点,表现较为明显。境外资本对人民币股权和债权等资产配置规模不断增加,瑞信、高盛、汇丰等国际机构不断唱多人民币资产,人民币在国际储备和跨境支付中的使用份额不断增加,国际资本对人民币认可度持续提升。这主要得益于中国拥有较为显著的制度优势和社会治理优势,经济社会稳定,产业链和供应链顺畅运转;货币政策稳健适度,流动性合理充裕;金融开放程度不断提升,沪深港通、跨境理财通等双向互联互通机制有序运转;外汇管理体制不断完善,金融投资产品和外汇风险对冲产品不断丰富,提振了市场需求。

另外,王有鑫分析,俄乌冲突不断升级,除了对全球经济复苏、地缘政治和大宗商品价格等产生明显影响,也对美联储货币政策制定提出更多挑战。一方面,美国通货膨胀压力持续上升,要求美联储尽快启动加息进程;另一方面,美国经济下行风险不断加大,美联储货币紧缩政策可能加剧经济波动,两难矛盾不断凸显。

美联储加息次数将低于市场预期。货币政策制定主要有三大目标:一是稳定物价;二是实现经济平稳增长;三是维护金融市场稳定。俄乌冲突对上述三方面目标均产生较大影响。一方面,俄罗斯和乌克兰是全球重要的大宗商品及粮食出口国,冲突升级背景下,全球能源、粮食、工业金属等大宗商品价格居高不下,美国通货膨胀压力持续上升,通货膨胀拐点到来时间延后。另一方面,政策不确定风险加大,投资者避险情绪上升,加大了美国金融市场下行压力。基于美国经济和金融稳定目标考虑,客观上要求美联储加息步伐不能过快、幅度不能过大。

从2022年看,虽然美国经济增速放缓,但陷入"滞胀"的概率不大。美国经济率先从疫情中恢复,体现了经济韧性和政策刺激效果。2022年初美国企业存货投资增长加速,劳动力薪资保持较快增长,居民持有较多的超额储蓄,消费逐渐回升,经济将保持正增长。不过,美联储加快收紧货币政策将提高企业融资成本,私人投资增速将逐渐放缓,国内金融市场波动将影响家庭可支配收入,限制消费对经济增长的刺激作用,经济增速将放缓。在美联储加息、经济增速回落和供应链瓶颈缓解等因素综合作用下,美国通货膨胀也将逐渐回落。

资料来源:国际机构唱多人民币资产[N]. 国际商报,2022-02-25.

案例思考:未来人民币汇率将如何变化,有哪些因素影响着人民币汇率的走势?如何保持人民币汇率在合理均衡水平上的基本稳定?

4.1 购买力平价说

购买力平价说(theory of purchasing power parity,PPP)是由瑞典经济学家卡塞尔(G. Cassel)于1922年在《1914年后的货币与外汇》一书中提出的。1914年第一次世界大战爆发后,金币本位制崩溃,汇率决定基础不再是铸币平价,汇率波动也不再受制于黄金输送点,汇率波动频繁而剧烈。卡塞尔针对纸币流通的情况创立了购买力平价理论。其基本思想是:货币的价值在于其具有购买力,因此不同货币之间的兑换比率取决于它们各自具有的购买力的对比,而购买力实际上是一般物价水平的倒数,因而汇率就取决于两国一般物价水平之比。

4.1.1 一价定律

假定存在这样的前提条件:市场完全竞争性、信息充分性和商品同质性[①]。在这些条件下,我们先考虑一国内部同质商品在不同地区的价格之间的关系。

---

① 市场完全竞争性是指商品市场上有众多的买主和众多的卖主,不存在操纵价格的垄断行为,商品的价格能灵活进行调整。信息充分性是指市场参加者能获得有关商品价格的信息,不存在阻碍信息流动的条件。商品同质性要求参加价格竞争的是质量相同的同种商品。

如果同质商品是可以运输移动的商品，且在不同地区的价格不同，则地区间的差价必然会带来地区间的商品套购活动，即在低价地区买入这种商品，然后再在高价地区卖出。差价减去商品在两地的交易成本（例如运输费用、为购买低价商品所占用资金的利息费用以及税收等其他的费用）就是商品的套购利润。为了赚取套购利润，交易者不断地在两地之间进行商品贸易，使两地的供需关系发生变化，最终使两地价格趋向一致。如果交易成本为零，则同质同类商品在各个地区的价格将完全一致。

但是，如果是像房地产这样的不可移动商品或是交易成本过大的商品，套购活动则不会发生，或是不能通过套购活动消除各地的价格差异。

所以，一国内部的商品可以分成两种类型。第一种是在区域间的价格差异可以通过套购活动消除的商品，我们称之为可贸易商品；第二种是不可移动的商品以及套购活动交易成本无限高的商品，主要包括不动产与个人劳务项目，其区域间的价格差异不能通过套购活动消除，我们称之为不可贸易商品。如果不考虑交易成本等因素，同种可贸易商品在各地的价格都是一致的，可贸易商品在不同地区的价格之间存在的这种关系被称为"一价定律"（one price rule）。

在开放经济条件下的不同国家之间，要将同种商品以不同货币衡量的价格按一定的汇率折算成同一货币进行比较，于是就将汇率与物价联系在一起，从而为购买力平价说奠定了理论前提。同样地，套购活动将使可贸易商品在不同国家之间的价格差异缩小。只是与一国内部情况相比，不同国家之间的套购活动涉及外汇交易、进出口的种种限制等，套购活动更加困难，套购的交易成本也更高昂。如果不考虑交易成本等因素，则同种可贸易商品的价格经汇率折算后在任何国家都相同，即：

$$P_i = e \cdot P_i^* \tag{4.1}$$

其中，e 代表直接标价的汇率；P_i 代表某种可贸易商品的本币价格；P_i^* 代表某种可贸易商品的外币价格。这就是不同国家间的一价定律。

4.1.2 购买力平价说的基本形式

购买力平价说有两种基本形式，即绝对购买力平价和相对购买力平价。前者说明某一时点上汇率决定的基础，后者解释某一时期上汇率变动的原因。

1. 绝对购买力平价

根据一价定律，有：

$$P_i = e \cdot P_i^* \tag{4.2}$$

若两国在物价指数的编制中，各种可贸易商品所占的权重相等，用 α_i 表示，则有：

$$\sum_{i=1}^{n} a_i p_i = e \cdot \sum_{i=1}^{n} a_i p_i^* \qquad (4.3)$$

其中，$\sum_{i=1}^{n} a_i p_i$ 与 $\sum_{i=1}^{n} a_i p_i^*$ 分别代表本国和外国可贸易商品的一般物价水平，用 P 和 P^* 表示，则

$$P = e \cdot P^* \qquad (4.4)$$

式（4.4）表示各国可贸易商品的一般物价水平以同一种货币计算时是相等的。将式（4.4）变形可得：

$$e = \frac{P}{P^*} \qquad (4.5)$$

这就是绝对购买力平价的一般表达式。由于物价总在变动，所以绝对购买力平价说明的是在某一时点上汇率的决定，它意味着汇率由两国可贸易商品的一般物价水平之比所决定。

在现代分析中，有些学者认为一国的不可贸易商品与可贸易商品之间、各国不可贸易商品之间存在着种种联系，这些联系使得一价定律对于不可贸易商品也成立。因此，上述结论可以扩展到一国经济中的所有商品。

2. 相对购买力平价

卡塞尔除了提出绝对购买力平价说之外，还提出了相对购买力平价说。他认为，由于各国经济状况的变化，各国货币的购买力也必然发生变化，两国货币购买力的相对变化导致了两国货币汇率的变化。

我们用下标 1 代表报告期，用下标 0 代表基期，则有：

$$\frac{e_1}{e_0} = \left(\frac{P_1}{P_1^*}\right) \bigg/ \left(\frac{P_0}{P_0^*}\right) \qquad (4.6)$$

可将式（4.6）变形为：

$$\frac{e_1}{e_0} = \left(\frac{P_1}{P_0}\right) \bigg/ \left(\frac{P_1^*}{P_0^*}\right) \qquad (4.7)$$

这就是相对购买力平价的一般表达式。P_1 和 P_0 分别代表本国报告期和基期的物价水平，P_1^* 和 P_0^* 分别代表外国报告期和基期的物价水平。由式（4.7）可以看出，汇率的变动是由两国的通货膨胀率的差异决定的。如果本国发生了通货膨胀，则本国货币购买力降低，而外国的国内物价水平保持不变或物价上涨的幅度没有本国大，那么本国的货币汇率将会下跌；反之，若外国的物价上涨幅度比本国大，那么本国的货币汇率将会上升；如果两国都发生通货膨胀且幅度相等，则两国货币汇率保持不变。

4.1.3 对购买力平价说的简要评价

（1）在所有的汇率理论中，购买力平价说是最有影响力的。首先，它是从货币基本功能（具有购买力）的角度分析货币的交换问题，这比较合乎逻辑，易于理解；其次，它对汇率决定这样一个复杂问题给出了最为简洁的描述。购买力平价说的这一特点使得它被广泛运用于对汇率水平的分析，成为许多经济学家和政府计算均衡汇率的常用方法。我国历史上曾使用的由换汇成本确定汇率的方法就是将购买力平价说与我国实际相结合的结果。另外，购买力平价说中所牵涉的一系列问题都是汇率决定中的基本问题，因此对购买力平价说的争论最为激烈，可以说其始终处于汇率理论中的核心位置，是全部汇率理论的基础。

（2）购买力平价说在理论上的意义还在于它开辟了从货币数量角度对汇率进行分析之先河。购买力平价说的理论基础是货币数量说，在它看来，货币数量决定货币购买力和物价水平，从而决定汇率，所以汇率完全是一种货币现象，名义汇率在剔除货币因素后所得的实际汇率是始终不变的。汇率决定的理论研究可以分为从货币层面、从实际经济因素角度或从两者结合的视角三个方向。购买力平价说是货币层面研究的代表，从货币数量角度分析汇率始终是汇率理论的主流。

（3）购买力平价说的缺陷主要表现为它一般不能得到实证检验的支持。一般只有在高通货膨胀时期才能较好成立，而绝大多数情况下，尤其在短期内难以得到实证的支持。究其原因，既有技术方面的，也有理论方面的。从技术上来讲，存在很多难题：首先，物价指数选择不同影响购买力平价的形成。例如，国内生产总值指数（GDP deflator）是覆盖面最广的物价指数；批发物价指数（wholesale price index）则是偏重覆盖内外贸易商品价格的指数；而消费物价指数（consumer price index）是仅仅覆盖消费品价格的一种物价指数。采用何种指数最为恰当至今仍是个悬而未决的问题。其次，商品分类上的主观性可能扭曲购买力平价。运用购买力平价来计算汇率，要求不同国家在商品的分类上做到一致且可操作，否则就缺乏可比性。但由于不同国家价格体系、经济体制及统计口径上的差异，商品分类的一致性很难做到。最后，基期选择是否合理影响相对购买力平价计算的正确性。因为相对购买力平价说实际上隐含了基期汇率 e_0 为均衡汇率的假定。因此，准确选择一个汇率达到均衡或基本均衡的基期，是保证以后一系列计算结果正确的必要前提。而种种主客观因素的影响使基期的正确选择显得十分不易。从理论方面来看，有许多与现实不符之处。首先，该学说的理论基础是货币数量说，即它假定货币数量是影响货币购买力和物价水平的唯一因素，把汇率的变动完全看成一种货币现象，认为实际汇率不会发生变动，名义汇率的调整完全是由通货膨胀引起的。但在现实生活中，不仅货币性因素对名义汇率有影响，生产率、消费偏好、自然因素、本国对外国资产的积累及外贸管制措施等实际因素的变动也会引起实际汇率与相应的名义汇率的调整。其次，该学说假定市场完全竞争，价格可以灵活调整，但如果存在价格粘性，汇率就会在短期内偏离购买力平价。最后，该学说只考虑了经常账户交易，在存在着资本与金融账户交易尤其是当资本与金融账户交易在短期内主导汇率的变动时，现实中汇率也就很难通过商品套购机制使之满足购买力平价。

【经典人物】

古斯塔夫·卡塞尔

古斯塔夫·卡塞尔（Gustav Cassel）1866年10月20日出生于瑞典，他是斯德哥尔摩大学的经济学教授，斯德哥尔摩学派的创立者之一。卡塞尔的学术研究关注经济现实，尤其是利息在经济活动中的角色，他的思想植根于英国新古典经济学派（又名剑桥学派）和斯德哥尔摩学派（又名瑞典学派）。1916年卡塞尔在总结前人学术理论的基础上，系统地提出：两国货币的汇率主要是由两国货币的购买力决定的，即购买力平价说（theory of purchasing power parity）；20世纪20~30年代他提出西方经济周期理论之一的卡塞尔经济周期论，并用"投资过多"来解释经济周期的波动。购买力平价说的影响力是巨大的，时至今日仍是各种外汇汇率决定理论的基础。卡塞尔晚年支持国际社会重新采纳第一次世界大战后已遭放弃的金本位制，其原因在于金本位制的维系就是采纳了购买力平价说的精粹。

资料来源：笔者根据相关资料整理得到。

4.2 利率平价说

随着生产和资本国际化的不断发展，国际资本移动的规模不断扩大，并日益成为影响汇率（尤其是短期汇率）的一个重要因素，利率平价说就应运而生。利率平价说（theory of interest-rate parity）由凯恩斯（J. M. Keynes）于1923年在《货币改革论》一书中率先提出，后经英国经济学家艾因齐格（Einzing）等发展而成。利率平价说的基本思想是：在没有交易成本的情况下，远期汇率相对于即期汇率的变动率等于两国货币的利率差异。

4.2.1 理论分析

假定资金在国际上流动不存在任何限制与交易成本，且金融市场上有足够的可以自由支配的资金。令 e 和 e_f 分别表示直接标价法下的即期汇率和远期汇率；i 和 i^* 分别表示本币的年利率和外币的年利率。

若以甲币作为本币，乙币作为外币。设有一个甲国投资者，手中握有一笔可自由支配的资金。如果投资于本国金融市场，则1单位本币投资1年后的本利和

为 (1+i) 单位本币。如果将 1 单位本币在外汇市场上兑换成乙币投资于乙国金融市场，期限也是 1 年，则本利和为 $\frac{1}{e}$ (1+i*) 单位乙币。若期满时的市场即期汇率为 e′，可兑换成本币数为 $\frac{e'}{e}$ (1+i*)。由于 1 年后的即期汇率 e′是不确定的，所以这种投资方式的收益也就难以确定，从而存在着汇率风险。为了消除这种不确定性，避免汇率风险，甲国投资者进行远期外汇交易，即在现汇市场上用 1 单位本币兑换成乙币进行投资的同时在期汇市场上卖出乙币投资的本利和为 $\frac{1}{e}$ (1+i*)，1 年期的远期汇率为 e_f，这样，到期交割可得 $\frac{e_f}{e}$ (1+i*) 单位本币，这也叫抵补套利（covered interest arbitrage），这种抵补套利交易一般不存在风险。

显然，投资者究竟选择何种投资方式取决于这两种方式收益率的高低。如果 (1+i) > $\frac{e_f}{e}$ (1+i*)，那么投资者将投资于本国金融市场。这将导致外汇市场上出现即期购入本币与远期卖出本币行为，使本币即期升值（e 减小）、远期贬值（e_f 增大），从而使本币投资收益相对下降。反之，如果 (1+i) < $\frac{e_f}{e}$ (1+i*)，那么投资者就会投资于外国金融市场。只有当两种投资方式的收益率完全相同时，套利活动才会停止，市场才处于平衡状态，这时有：

$$(1+i) = \frac{e_f}{e}(1+i^*) \tag{4.8}$$

将式（4.8）变形，可得：

$$\frac{e_f - e}{e} = \frac{i - i^*}{1 + i^*} \tag{4.9}$$

其中，i*很小，因此可将 1+i*≈1，于是有：

$$\frac{e_f - e}{e} = i - i^* \tag{4.10}$$

式（4.10）是在抵补套利的基础上得到的，也就是套补的利率平价表达式。此式的含义是：汇率的远期升（贴）水折年率等于两国货币利率差。如果本国利率高于外国利率，则本币远期将贬值（$e_f > e$）；如果本国利率低于外国利率，则本币远期将升值（$e_f < e$）。换句话说，利率高的货币远期将贴水；利率低的货币远期将升水。也即汇率的变动会抵消两国间的利率差异，使金融市场处于平衡状态。

4.2.2 对利率平价说的简要评价

（1）利率平价说是关于远期汇率的决定的理论。利率平价说的研究角度从商品流动转移到资金流动,指出了汇率与利率之间存在的密切关系,这对于正确认识外汇市场上,尤其是资金流动非常频繁的外汇市场上汇率的形成机制是非常重要的。利率平价说的实践价值有两点:一是套补的利率平价被作为指导公式广泛运用于外汇银行对远期汇率的确定;二是为中央银行对外汇市场进行灵活的调节指出了一条有效的途径,即培育一个发达的、有效率的货币市场,在货币市场上利用利率尤其是短期利率的变动来对汇率进行调节。

(2)与购买力平价说一样,利率平价说也不是一个独立的汇率决定理论。购买力平价说论述了汇率与物价水平之间的关系,但究竟是相对价格水平决定了汇率,还是汇率决定了价格水平,或是两者同时被其他变量所外生决定,购买力平价说中并未阐述清楚,至今还存在着很大争论。利率平价说也只是描述出了汇率与利率之间的关系,而汇率与利率之间是相互作用的,不仅利率的差异会影响到汇率的变动,汇率的变化也会通过资金流动而影响利率。更为重要的是,利率和汇率可能同时受更为基本的因素(例如货币供求等)的作用而发生变化。不过,这两种理论对汇率与物价水平、汇率与利率的关系作了较好的论述,而且有简洁的表达式,因此常常被用到其他汇率决定理论分析之中。

(3)这一理论没有考虑交易成本的影响,而且假定资本流动无障碍、资金规模无限制,因而显得不切实际。

【扩展阅读 4.1】

美联储加息 资本回流规模或将扩大

2022年3月17日,美国联邦储备委员会将联邦基金利率的目标区间上调25个基点,至0.25%~0.5%,正式开启新一轮加息周期。

美国作为全球最大的经济体和跨境资本流动的重要枢纽,其货币政策调整将对跨境资本流动产生的作用不可小觑。中国银行研究院研究员邹子昂分析,20世纪90年代至今,美国共经历了四轮加息周期,都对国际投资头寸结构演变产生了深刻影响。

通过数据研究发现,美联储加息将导致美国金融市场利率中枢整体抬升,四轮加息周期中,美国国际投资净头寸总量一般呈下降趋势,跨境资本回流美国。一方面,加息将抬升美债收益率,缩小美债与全球债券市场利差;另一方面,美国国债作为全球主要避险资产之一,是风险偏好下行期间投资者重点增持的资产标的。四轮加息周期中,跨境资本分别流入美国653.6亿美元、337亿美元、581.6亿美元和6 386.1亿美元,源于加息周期改变不同货币间的汇差和利差,吸引资本由其他货币向美元转移。

对于本轮加息周期美国国际投资头寸演变路径研判及政策建议,邹子昂认为,当前美联储通货膨胀与就业双重目标均远超政策目标水平以及历次加息启动条件。鉴于当前持续高企的通货膨胀水平亟须控制,当前经济金融环境又存在诸多变数，预计本轮加息周期将呈现短期加息压力较大，中长期将视经济形势变化进行多次小幅微调的特征。本轮加息周期中美国国际投资头寸与跨境资本流动演变路径或呈现以下特征。

第一，跨境资本有望回流美国，新兴市场资本外流压力上升。历次加息周期中，美国国际投资净头寸一般呈下降趋势，跨境资本回流效应显著。根据历史经验，美联储量化宽松政策时期流入新兴经济体的资金是回流资金的主要来源。美联储正式开启加息进程，势必导致新兴市场资本外流压力上升，甚至部分风险管理能力较弱的新兴经济体出现大规模资本外逃，造成其金融市场动荡，汇率贬值压力陡增。

第二，国际投资净头寸降幅较往次加息周期或将扩大。2008年全球金融危机后，经过数轮量化宽松，美联储资产负债表规模由8 000亿美元扩大至4.5万亿美元水平，流动性大幅扩张。研究发现，美国国际投资净头寸变化幅度随全球流动性扩张水涨船高，在全球金融危机后第四轮加息周期，国际投资净头寸变化幅度较前三轮显著上升。2020年，美联储资产负债表扩至8.9万亿美元水平，进一步释放流动性。由此推断，本轮加息开启后，国际投资净头寸降幅较往次加息周期将进一步扩大，跨境资本回流规模或将进一步扩大。

第三，证券投资与其他投资在对外负债中占比将显著提高。研究发现，历次加息周期中，美国对外负债中的证券投资和其他投资占比显著提升。由此推断，本轮美联储正式开启加息，跨境资本将大概率以增持美元债券和存款的方式回流美国，以充分获得无风险利率抬升所带来的收益。

基于上述研究结论，在美联储本轮加息周期开启之际，新兴经济体应未雨绸缪，准备政策应对，以防范美联储加息引发的美元升值、资本外逃及其他衍生风险，确保经济不偏离复苏轨道。

夯实经济基础。稳定的经济基本面是一国货币币值稳定的必要条件，在全球大宗商品价格飙升、通货膨胀持续高企的背景下，一方面，资源出口型新兴经济体应充分把握战略契机，通过出口贸易积累充足经常账户盈余，为跨境资本快速外流提供缓冲。另一方面，商品加工型新兴经济体应进行有效成本管理，以防范输入性通货膨胀。根据本国禀赋采取针对性措施，保障经济基本面持续向好。

加强宏观审慎监管。通过加强宏观审慎监管，新兴经济体进一步缓释系统性金融风险，提升金融体系安全调节跨境资本流动的能力，进而降低跨境资本大幅波动引发的系统性风险。

保持外汇储备合理充裕。新兴经济体货币抗风险能力较弱，容易受国际资本短期集中流出影响，汇率出现剧烈波动，甚至面临国际投机性资本针对性打击。新兴经济体央行可以考虑适时增持外汇储备，以增强抵御投机性冲击的能力，稳定投资者对本国货币的信心。

资料来源：美联储加息 资本回流规模或将扩大［N］. 国际商报，2022-03-22.

4.3 国际收支说

4.3.1 国际借贷说

国际借贷说（theory of international indebtedness）是国际收支说的早期形式。这一理论产生于金本位制时期，于1861年由英国学者G. L. 葛逊（G. L. Goschen）在其著作《外汇理论》（*The Theory of Foreign Exchange*）中提出。由于在金本位制度下，铸币平价是汇率决定的基础，故客观上需要说明的仅仅是汇率的变动。葛逊认为，一国汇率的变动是由外汇市场上外汇的供求变化所引起的，外汇供求又源于国际借贷，而国际借贷则可分为固定借贷和流动借贷。前者是指借贷关系已经形成，但尚未进入支付阶段的借贷；后者是指已进入支付阶段的借贷，只有流动借贷的变化才会影响外汇的供求。当一国的流动债权（外汇收入）多于流动债务（外汇支出）时，外汇的供给大于需求，因而外汇汇率下降；反之，一国的流动债权少于流动债务时，外汇的供给小于需求，外汇汇率上升。当一国的流动借贷平衡时，外汇收支相等，汇率便处于均衡状态。

葛逊所说的流动债权和流动债务实际上就是国际收支，所以该理论又被称作国际收支说。该理论实际上就是汇率的供求决定论。外汇供求的变化对汇率有着直接的影响，这一点是无可非议的。虽然葛逊提出了流动债务（或称国际收支）影响着外汇供求进而影响汇率，但他并不能进一步解释究竟哪些因素通过作用于国际收支而影响汇率变化。国际借贷说的这一缺陷在现代国际收支说中得到了弥补。

4.3.2 国际收支说

1973年布雷顿森林体系瓦解，浮动汇率制度时代产生，国际资本流动高度发达，在这样的历史背景下，学者们对汇率决定因素的研究又重新兴起。首先是一些学者在国际借贷说的基础上，利用凯恩斯模型来说明影响国际收支的主要因素，进而分析了这些因素如何通过国际收支作用于汇率，从而形成了现代的国际收支说（balance of payment theory of exchange rate）。其次是一些学者运用资产组合选择理论将商品市场、货币市场和证券市场结合起来进行汇率决定研究，即资产市场说（assets market approach to exchange rate）。资产市场说我们将在章节4.4进行分析。

根据国际收支均衡条件可知：

$$CA + KA = 0 \tag{4.11}$$

其中，CA代表经常账户差额；KA代表资本账户差额。

这里的经常账户被简单视为商品劳务进出口。其中,进口主要是由本国国民收入(Y)和相对价格$\left(\dfrac{P}{e \cdot p^*}\right)$决定的;出口主要是由外国国民收入($y^*$)和相对价格决定的。这样,影响经常账户收支的主要因素可表示为:

$$CA = f_1(Y, Y^*, P, P^*, e) \tag{4.12}$$

而资本账户收支则主要取决于本国利率(i)和外国利率(i^*)以及人们对未来利率变化的预期$\left(\dfrac{E_{e_f} - e}{e}\right)$,可表示为:

$$KA = f_2(i, i^*, e, E_{e_f}) \tag{4.13}$$

可见,影响国际收支的主要因素为:

$$BOP = f_3(Y, Y^*, P, P^*, i, i^*, e, E_{e_f}) \tag{4.14}$$

如果将除汇率外的其他变量均视为已给定的外生变量,则汇率将在这些变量的共同作用下变化至某一水平,以平衡国际收支。即:

$$e = f(Y, Y^*, P, P^*, i, i^*, E_{e_f}) \tag{4.15}$$

从上面分析可以看出,国际收支论正是利用凯恩斯主义国际收支均衡条件的分析,由影响国际收支均衡的因素衍推出影响均衡汇率变动的因素,这些因素主要有国内外国民收入、国内外价格水平、国内外利率及人们对未来汇率的预期,并且对这些因素如何影响汇率变化做了进一步分析,分析结论是:①本国国民收入的增加将带来进口的上升,从而增加对外汇的需求,本币贬值。外国国民收入的增加将带来外国进口增加也就是本国出口的增加,从而增加对外汇的供给,本币升值。②本国物价水平的上升将会使本国产品在国际市场上竞争力下降,出口减少,从而使本币贬值。外国物价水平的上升会使本国进口减少,本币升值。③本币利率的提高将吸引更多的资本流入,对本币的需求增加,本币升值。外国利率的提高则会使本国资本流出增加,对外汇的需求增加,本币贬值。④如果人们预期本币在未来将贬值就会将本币换成外汇外逃以避免汇率损失,这造成本币即期贬值。反之则升值。

需要指出的是,以上各变量对汇率影响的分析结论是在其他条件不变的情况下得出的。而实际上,这些因素之间也存在着复杂的关系,因此它们对汇率的确切影响很难简单确定。例如本国国民收入的增加会在增加进口的同时造成货币需求的上升,从而造成利率的提高,使资本流入增加,而且,国民收入的增加还可能造成对未来汇率预期的改变。

4.3.3 国际收支说的简要评价

(1) 国际收支说从汇率与国际收支密切关系的角度分析了影响汇率的诸多

客观经济变量,是一个新的分析视角,即从宏观经济角度而不是从货币数量角度研究汇率决定问题,形成了现代汇率理论的一个重要分支。

(2) 国际收支说是关于汇率决定的流量理论。这一流量特性体现在它认为是国际收支引起的外汇供求流量决定了汇率水平及其变动。而仅仅根据这一流量分析得出的结论常常与现实不符。例如,发生在外汇市场上交易流量变动很小的情况下汇率却发生了大幅变动,这是常见的事情。事实上,与其他普通商品市场相比,外汇市场上汇率变动得更为剧烈,更为频繁。可见,简单地运用普通商品市场上价格与供求之间的关系来对外汇市场进行分析并不合适。国际收支说的这一缺陷在资产市场说中得到了弥补。

(3) 与购买力平价说及利率平价说一样,国际收支说也不能被视为完整的汇率决定理论,其只是阐述了汇率与各经济变量之间的联系。

【扩展阅读 4.2】

土耳其里拉"跌跌不休"

作为新兴市场中表现最差的货币,土耳其里拉近来仍旧命途多舛。在接连遭遇了央行官员被炒、大幅降息之后,土耳其总统的一番话又让市场"瑟瑟发抖",里拉遭遇大规模抛售。无论最新诱因如何,从根本上来看,止不住的通货膨胀才是货币贬值的主因。

当地时间 2021 年 10 月 25 日亚市开盘后,土耳其里拉再次跌至创纪录的水平,早盘时一度下跌 1.6%,北京时间午后,土耳其里拉兑美元跌幅扩大至 2%,随后收窄。这已经是里拉兑美元的汇率连续第三天跌至历史新低。当地时间 24 日晚上 11 时 33 分,在伊斯坦布尔外汇市场,里拉兑美元的汇率比前一天下跌了 1.5%,以 9.7552 收盘,隔夜一度触及纪录高位 9.85。2021 年以来,土耳其里拉兑美元已经下跌了 23%,成为新兴市场中表现最差的货币,里拉的一个月期隐含波动率刚刚飙升至近 6 个月以来的高位。

这一次下跌的直接诱因或许在于前一天土耳其总统埃尔多安的表态。当地时间 10 月 23 日,埃尔多安称,已下令外交部部长宣布 10 国驻土耳其大使为"不受欢迎的人"。这 10 个国家是美国、法国、德国、加拿大、挪威、瑞典、丹麦、荷兰、芬兰和新西兰。此前 18 日,10 国大使发表联合声明,呼吁土耳其立即释放被土方指控参与 2016 年未遂政变的奥斯曼·卡瓦拉。

据路透社表示,由于其中 7 国大使代表着土耳其的北约盟国大使,倘若驱逐他们,会造成埃尔多安执政以来与西方国家最深刻的裂痕。彭博社则援引英塔吉资本市场(InTouch Capital Markets)的高级货币分析师彼得·马蒂斯(Piotr Matys)的观点称:"他的决定可能会增加对里拉的抛售压力,这将对通货膨胀产生负面影响。"

目前,土耳其外交部尚未正式宣布这一消息,投资者还在观望。

但在泰利梅尔研究(Tellimer Research)驻迪拜的研究主管哈斯南·马利克

(Hasnain Malik)看来,埃尔多安的最新言论不会像近期的利率变动那样让外国投资者感到不安,"接近20%的通货膨胀率和负实际利率才是真正的问题,而不是土耳其的外交政策",马利克表示。

目前,土耳其的通货膨胀率高于土耳其央行设定的政策利率。根据土耳其统计局公布的最新数据,2021年9月,土耳其通货膨胀率达到了19.58%,为两年半以来的最高值。摩根大通更是将土耳其年底通货膨胀预期上调至19.9%。

"最近三四年,土耳其的经济状态都不太好,通货膨胀的现象一直在持续",中国社科院西亚非洲研究所研究员余国庆指出,其中一个因素就是埃尔多安和央行的矛盾,两者立场相冲突。按道理来说,土耳其货币贬值应该是加息,但埃尔多安却反其道而行之,其实也是想改变市场的预期,让整个经济社会从原有的市场预期中摆脱出来,重塑外界对土耳其经济的信心。

埃尔多安曾多次施压土耳其央行降息,并三次撤换央行行长。就在10月中旬,埃尔多安下令罢免了土耳其央行货币政策委员会(MPC)的3位成员,其中,被罢免的一位副行长是此前9月土耳其央行突然宣布降息时,唯一投出反对票的MPC成员。

10月21日,土耳其央行大举降息,将一周回购利率下调200个基点至16%。在这次公布利率前,不少经济学家预测利率下调幅度在0.5个百分点左右,最多不超过1个百分点。但土耳其央行将基准利率下调了2个百分点,完全超乎市场预期,导致土耳其里拉再次大幅缩水。当然,土耳其里拉兑美元和欧元的汇率瞬间下跌近2.5%,1美元和1欧元分别创下兑9.4900里拉和11.0530里拉的历史新高。这是土耳其央行一个月以内连续第二次降息,9月23日,土耳其央行宣布将利率下调100个基点,从19%降至18%。同样,当天里拉兑美元汇率一度逼近8.8的历史高点。

在麦德利环球顾问公司的尼克·斯塔特米勒(Nick Stadtmiller)看来,土耳其里拉在2021年可能继续下跌至1美元兑超过10里拉,且贬值的速度会比以前慢,因为贬值主要来自土耳其国内资本流动。外国所持有的里拉资产已经很低,没有太多的空间让外国资本进一步从土耳其市场流出。

虽然货币持续承压,但新冠疫情期间,土耳其经济恢复较快。土耳其2020年国内生产总值(GDP)较2019年增长了1.8%,是二十国集团中少数实现经济正增长的国家。

余国庆表示,土耳其的经济总量一直在全球排名18~20位,由于新冠疫情影响,几乎所有经济规模比较大的国家都处于短暂的下降状态,而土耳其政府也是采取了很多措施,千方百计将经济规模继续维持在前20位的状态。

资料来源:土耳其里拉跌跌不休[N].北京商报,2021-10-26.

4.4 资产市场说

20世纪70年代以来,世界进入了浮动汇率时代,国际金融市场空前发达,国际资金流动越来越频繁，规模越来越巨大。而外汇市场上汇率的变动呈现出了与股票市场等资产市场上的交易相近的特点。例如，价格变动极为频繁而且波幅很大，价格受心理预期因素影响很大等。汇率波动的新特点启发人们将汇率看成一种资产价格（货币资产的价格）且其是由资产市场决定的。在这一思想指导下产生的汇率理论被统称为资产市场说。对普通商品而言，价格变动一般是供求变动导致的大规模交易发生的结果，是供求流量因素决定了普通商品的价格。而对于资产价格而言，它在市场上的供求反应是对这一资产持有的存量进行调整的需要。一种资产价格的变动，是由于整个市场改变了它对该资产价值的评价，因此在很少或没有交易发生的情况下，资产价格有可能变动，甚至是相当大的变动，交易者直接标高或标低价格。所以，资产市场说一般又被称为汇率决定的存量模型，20世纪70年代以来其逐渐取代了汇率的国际收支流量分析，成为汇率理论的主流。另外，在资产市场上，预期发挥着十分重要的作用。对于普通商品而言，现实条件预期的改变一般不能非常迅速地反映在即期价格之中。而在资产市场上，对未来经济条件的预期会非常迅速地反映在即期价格之中。因此，资产市场说在当期汇率决定的分析中，十分重视预期的作用。正是由于上述特点，使资产市场说对汇率的易变性问题作出了更好的解释。

资产市场说采用一般均衡分析，它将商品市场、货币市场和证券市场结合起来进行汇率决定分析。根据不同的假定，资产市场说又可分为几种不同的汇率决定理论。在假定国内外商品与资产具有充分流动性的大前提下（也即利率平价始终成立），国内外商品之间和资产之间有一个替代程度的问题。假定国内外资产之间具有完全的替代性，就有汇率的货币分析法。这时非套补利率平价成立，两国资产的收益率差异等于预期汇率变化率。并且货币分析法集中分析的是本国货币市场上货币供求变动对汇率变动的影响。

若假定国内外资产之间不具有完全的替代性，在这种情况下，投资者就要根据"收益—风险"分析法在国内外资产之间进行精心选择，于是就产生了汇率的资产组合分析法。

4.4.1 汇率的货币分析法

汇率的货币分析法（monetary approach）源于国际收支的货币分析法。最早的倡导者是美国芝加哥大学教授哈里·G. 约翰逊（Harry G. Johnson）。而后在雅各布·弗伦克尔（Jacob Frenkel）、麦克尔·穆萨（Michael Mussa）、卡洛斯·罗德里格斯（Carlos A. Rodriquez）、鲁迪格·多恩布什（Rudiger Dornbusch）等一大批芝加哥学派经济学家的全面分析和论证下，汇率的货币分析法成为当代汇率理论的一个极具影响力的分支。根据对商品市场价格调整速度的不同假设，这一理论又可分为弹性价格货币分析法和粘性价格货币分析法。前者假定商品市场的价格完全灵活可变，与债券市场一样能迅速、灵敏地加以调整；后者则假定债券市场的反应要比商品市场灵敏得多，商品市场上的价格具有粘性，故短期内货币市场的失衡立即引起债券市场价格—利率的变动,进而引起汇率变动,使货币市场恢复均衡,这一切不是因为商品价格变动及汇率变动。

1. 汇率的弹性价格货币分析法

汇率的弹性价格货币分析法（flexible-price monetary approach）可简称为汇率的货币模型。此模型建立在三个假定基础上：垂直的总供给曲线、稳定的货币需求、购买力平价持续成立。与国际收支货币分析法不同的是，此处货币供给是政府可以控制的外生变量，而且特别要指出的是，在弹性价格假定下，利率与实际国民收入都与货币供给无关。货币供给只能引起价格水平的迅速调整，并不能带来利率的变化而进一步影响到产出。

将货币需求函数表示为：

$$MD = kPY^{\alpha}i^{-\beta} \quad (4.16)$$

$$MD^* = k^*P^*Y^{*\alpha}i^{*-\beta} \quad (4.17)$$

其中，MD、MD*分别代表本国与外国的货币需求（加"*"号表示外国，下同）。k、α、β分别代表以货币形式持有收入的比例、货币需求的收入弹性和利率弹性，均为大于零的常数。为简便起见，假定国内外货币需求函数的形式、货币需求的收入弹性和利率弹性都相同。

我们用 MS 和 MS* 分别代表本国和外国的货币供给。货币市场平衡的条件是：

$$MS = MD = kPY^{\alpha}i^{-\beta} \quad (4.18)$$

$$MS^* = MD^* = k^*P^*Y^{*\alpha}i^{*-\beta} \quad (4.19)$$

这样，在价格完全灵活可变的情况下，货币市场的失衡立即反映到商品市场上，两国的价格水平决定于各自的货币供给和货币需求，可以表示为：

$$P = \frac{MS}{MD} \quad (4.20)$$

$$P^* = \frac{MS^*}{MD^*} \quad (4.21)$$

根据购买力平价说，有：

$$e = \frac{P}{P^*} = \left(\frac{MS}{MD}\right) \bigg/ \left(\frac{MS^*}{MD^*}\right) \quad (4.22)$$

将需求函数表达式即式（4.15）和式（4.16）代入后，就有：

$$e = \frac{MS}{MS^*} \cdot \frac{k^*}{k} \left(\frac{Y^*}{Y}\right)^{\alpha} \cdot \left(\frac{i}{i^*}\right)^{\beta} \quad (4.23)$$

这就是汇率的弹性价格货币分析法的基本模型。可见，弹性价格货币分析法将货币市场上一系列因素引进汇率水平的决定之中。这一模型表明：

（1）汇率变动与本国货币供给成正比，与外国货币供给成反比。当一国货币供给相对他国增加时，外汇汇率上升，本币贬值。

（2）本国国民收入的增加和利率的下降意味着货币需求的增加，由于货币供给不变，本国的价格水平相应下降，通过购买力平价使外汇汇率下降，本币升值。这与国际收支说的结论正好相反。

汇率的货币模型建立在购买力平价说的基础上，但它并不是购买力平价说的简单翻版，而是具有诸多创新的相对独立的汇率决定理论。首先，该模型将购买力平价这一主要形成于商品市场上的汇率决定理论引入资产市场上，将汇率视为一种资产价格，从而抓住了汇率这一变量的特殊性质。其次，在购买力平价说的基础上，采用现代货币学派的货币供给理论，形成了货币市场上的汇率决定模型，并体现了这一分析方法的基本特点，从而成为更复杂的汇率理论的基础，并在各种分析中被经常使用。最后，在这个简单的模型里，实际包含了商品市场、货币市场、债券市场及外汇市场的平衡，是一种一般均衡分析，与以往局部均衡分析相比是一个重大突破。

该模型不足之处在于，它以购买力平价为基础，而购买力平价说本身存在诸多缺陷：忽视了国际收支的结构性因素特别是经常项目对汇率的重要作用；假定货币需求是稳定的没有足够的任人信服的证据；尤其假定价格水平具有充分弹性这一点越来越被人们所批评。这也使得这一模型在实证检验中很难得到令人满意的结果。

2. 汇率的粘性价格货币分析法

汇率的粘性价格货币分析法（sticky-price monetary approach）简称汇率的超调模型（overshooting model），是美国麻省理工学院教授鲁迪格·多恩布什（Rudiger Dornbusch）于1976年提出的。该模型主要分析的是发生货币冲击以后汇率超调的过程。

与货币模型相同，超调模型也假定国内外资产可以完全替代，非套补的利率平价成立；货币需求是稳定的。但由于它认为商品市场与资产市场的调整速度不同，商品市场上的价格存在粘性，从而导致另外两个分析前提的不同。一是购买力平价在短期内不成立。因为资产市场调整速度快，作为资产价格的利率和汇率在受到冲击后会迅速调整，而商品市场上的价格调整慢，因此短期内不能使购买力平价成立。只有在长期内，当价格水平能充分调整后，购买力平价才能得以成立。二是总供给曲线在不同时期有不同的形状，开始时，因价格不变呈水平状，随后价格开始缓慢调整，总供给曲线呈现由左下方向右上方倾斜的曲线，总需求的上升在提高产出的同时引起价格的上涨。而在长期内，价格可以充分调整，总供给曲线才是垂直的。其变化过程如图4.1所示。

在以上的前提条件下，超调模型认为，货币市场失衡后，在短期内，总供给曲线是水平的，价格水平不发生变动，货币市场恢复均衡完全由债券市场来承受，利率在短期内必然出现超调，即调整幅度要超出其新的长期均衡水平。利率

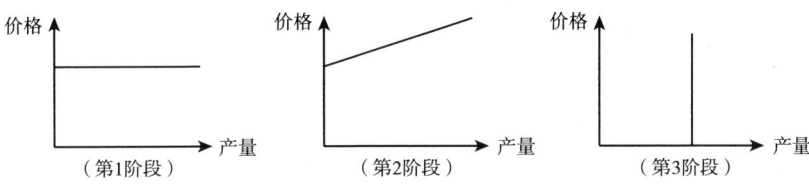

图 4.1 货币市场变化的过程

的超调通过利率平价带来汇率的超调,即汇率的变动幅度也将超过新的长期均衡水平。这时的汇率水平仅由债券市场的调整决定。随着时间的推移,商品市场的价格水平也开始调整,汇率水平就由商品市场和资产市场的相互作用所决定,汇率将逐步向长期均衡水平趋近。而这一长期均衡汇率正是汇率的货币模型所决定的汇率。可见,汇率的超调模型与汇率的货币模型都强调货币市场均衡在汇率决定中的作用,同属汇率的货币论。但后者是一种说明汇率长期变动的模型,前者则是一种说明汇率短期变动的模型,并且是一种动态模型,它说明了汇率如何由于货币市场失衡而发生超调,又如何从短期均衡水平达到长期均衡水平。

汇率从短期均衡水平到达长期均衡水平的具体调整过程是:在汇率处于超调状态时,市场并没有处于均衡状态,而是处于超额需求状态。这是因为:①利率下降会刺激总需求;②外汇汇率上升使世界商品市场偏离一价定律,产生商品套购机会,由此造成对本国商品的需求。在产量不变的情况下,商品市场的超额需求最终将带来商品价格的同比例上升。价格的上升又将刺激产量的增加,从而导致实际货币供应量相应地下降和利率逐渐地回升,结果将是资本的内流和外汇汇率的下浮,直到汇率回落至长期均衡水平上。

汇率的超调模型具有重要的理论与实际意义。首先,超调模型首次涉及了汇率的动态调整问题,从而开辟了汇率理论研究的新领域——汇率动态学。其次,假定商品价格具有粘性更切合实际,使之为广大研究者普遍接受,成为开放经济下进行宏观经济分析的基本模型之一。最后,它对于人们理解现实汇率的波动具有一定的指导意义,同时具有一定的政策指导意义。既然超调是在资金自由流动条件下汇率自由调整的必然现象,而汇率的过度波动会给经济、金融带来很大冲击甚至灾难,因此,完全放任资金自由流动、实行完全自由浮动汇率制度并不是最合理的,政府有必要对之加以干预和管理。

超调模型建立在货币模型基础之上,因而具有与货币模型相同的一些缺陷。

4.4.2 汇率的资产组合分析法

汇率的资产组合分析法(portfolio approach)出现于 20 世纪 70 年代中后期,是美国普林斯顿大学教授 W. 布朗森(W. Branson)等将詹姆斯·托宾(James Tobim)的"资产组合选择理论"运用于汇率分析而形成的汇率模式。

如前所述,该理论基于这样的假定:资金可以自由流动;本币资金与外币资金不能完全替代。根据托宾理论，理性投资者将其拥有的财富，按照收益与风险的权衡，配置于各种可供选择的资产上，而本、外币资产的不可替代使得对本币资产和外币资产的供求平衡分析必须在两个独立的市场上考察。可见与货币分析相比，这一理论不仅分析货币市场供求变动对汇率的影响，而且探讨国内外资产市场（包括货币市场与证券市场）失衡对汇率的影响。例如，采取"收益—风险"分析法取代货币分析法中套利和商品套购机制分析国内外资产市场失衡对汇率的影响。并且，该理论还接受了多恩布什关于短期内商品价格粘性的看法，认为在短期内资产市场的失衡是通过资产市场内部各种资产的迅速调整来加以消除的，汇率正是在这一调整过程中被决定的。短期均衡汇率就是国内外资产市场同时处于平衡状态时的汇率，但长期均衡汇率的决定还需要经常账户（也即商品市场）处于平衡状态。这就是资产组合分析法的基本思想。

1. 资产组合分析法的基本模型

除上述有关假定外，为了建立模型和便于分析，还要做以下假定：①以本国为分析对象，假定本国为高度开放的小国，本国无法影响到国际市场的利率。也即我们要介绍的是"小国模型"。②在各国资产具有完全流动性的情况下，一国居民所持有的金融资产不仅包括本国货币和本国债券，而且还包括外国债券。假定本国居民不持有外国货币（否则，就是较复杂的货币替代分析法），那么一国居民持有的资产总量（总财富）W 可以表示为：

$$W = M + B + e \cdot F \tag{4.24}$$

这就是资产组合模型的基本形式。其中 W、M、B、F 分别代表私人部门持有的财富净额、本国货币、本国债券、外国债券。e 是直接标价法下的汇率。

进一步而言，居民将以上净财富在本国资产与外国资产之间进行分配，分配比例依资产的预期收益率而定。本国货币的预期收益率是 0，本国债券的预期收益率是国内利率 i，外国债券的预期收益率为外国利率 i^* 与预期外汇率升值率 q^e 之和。各种资产选择的多少与其自身的预期收益率成正比，而与其他资产预期收益率成反比。

2. 资产组合失衡对汇率的影响

显然，当各种资产的供给存量发生变化，或其预期收益率变动，则居民实际持有的资产组合比例与其愿意持有的组合比例不一致，这就需要人们对持有的资产进行调整，以使资产组合符合意愿，使资产市场达到平衡。这种调整会引起本国资产与外国资产的替换，从而引起外汇供求发生变化，进而引起汇率变动。资产市场失衡及其调整对汇率的影响如下。

（1）当外国资产市场失衡引起国外利率上升时，其预期收益率提高，人们会增加对外国债券的需求，同时相应地减少对本国货币和本国债券的需求。这样会导致外汇汇率上升，本币汇率下跌，直至资产市场重新达到平衡，形成新的符合意愿的资产组合。反之，当外国利率下降时，则会引起外汇汇率下降。

（2）当一国国际收支经常项目出现顺差时，居民持有的净外国资产增加，实际持有外国资产的比例较大，超出了人们愿意持有的比例，人们会将多余的外国资产转换为本国资产，从而使外汇汇率下跌。反之，经常项目出现逆差，外汇汇率则上升。

（3）当一国政府增发国债时，本国证券供给量增加，引起资产组合失衡，居民对外国资产需求增加，从而引起外汇汇率上升。但与此同时，由于本国债券供给增加，而使债券价格下降，利率提高，又使人们将资产需求转向本国，从而使外汇汇率下跌。

（4）当一国中央银行通过收购政府债券增加货币供给量时，由于本币供过于求，人们愿意以多余的货币去购买本国债券，使利率下降，这又会引起对外国资产需求的增加，从而导致外汇汇率上升。

（5）当多种因素引发居民预期汇率发生变动（上升或下跌）时，他们会相应增加或减少外国资产。在资产重新组合过程中，人们会以本国资产去交换外国资产，或者相反，从而导致外汇汇率上升或下降。

在上述资产组合调整过程中，可以看出利率、预期等因素的重要影响，它们刺激资产持有人对各资产存量进行瞬间大幅度的调整，旨在迅速重建新的资产组合以符合自己的意愿，这种调整不可避免地引起了汇率在短期内产生较大幅度的波动，从而体现了这一模型的核心，就是通过资产组合的调整以重建资产组合的均衡乃是汇率短期大幅度且频繁波动的根本原因。资产组合分析法还认为，这种资产存量的瞬间大幅度调整与贸易流量缓慢而小幅度的变化形成了鲜明对照。因为贸易流量的调整涉及生产结构、资源配置等因素，这些因素不可能在短期内达到调整所需的目标。所以，在短期内，汇率的变动主要取决于金融资产存量的调整。但从长期来看，贸易流量或真实市场的变化在汇率变动中占主导地位，也即长期均衡汇率的达成还要求经常账户处于平衡状态。

与其他资产市场汇率模型相比，资产组合分析法这一模型的优点体现在它从一个新的角度——"收益—风险"分析法展开研究，并且将经常账户这一流量因素纳入了存量分析之中，同时又体现了本国资产与外国资产的不完全替代性这一现实特点，从而使这一模型更具一般性。同时，这一理论还具有特殊的政策分析价值，为许多政府决策提供了全新的依据。但这一分析法的不足之处在于它过于复杂，从而制约了它的实际运用和实证检验。同时，对流量因素的分析又过于简单。

3. 资产市场说的简要评价

就整个资产市场说而言，它对汇率研究的方法进行了重大变革，如运用一般均衡分析代替局部均衡分析，用存量分析代替流量分析，用动态分析代替比较静态分析，并将长短期分析结合起来，的确令人耳目一新。再者，对于使以往理论迷惑不解的汇率剧烈波动现象，资产市场说提出了独特的见解，尤其强调货币因素和预期因素在其中的作用,这对于我们理解现实汇率波动具有较好的指导意义。但这一理论也存在明显的缺陷,它是建立在各国资产具有完全的流动性这一根本假说之上的,而且要求国内、国际金融市场十分发达,这些与现实不符,尤其对于发展中国家而言难以成立。

【本章小结】

1. 购买力平价说是从国与国之间商品市场的联系角度分析汇率与商品价格之间的关系,在一价定律成立的前提下,得出汇率取决于两国一般物价水平之比的结论。

2. 利率平价说则是从金融市场的角度分析汇率与利率之间的关系,得出抵补的利率平价和非抵补的利率平价。

3. 国际收支说是以凯恩斯主义国际收支均衡条件分析为基础,从影响国际收支均衡的因素衍推出影响均衡汇率变动的因素,进而分析汇率决定的一种理论。国际收支作为一个重要的宏观经济变量,与其他宏观经济变量相互影响、相互制约。

4. 资产市场说最为复杂,首先根据对国内外资产替代程度的不同假设,可分为货币分析法(假设国内外资产完全替代)和资产市场分析法(假设国内外资产不完全替代)。其次又在货币分析法下根据对商品价格调整速度的不同假设分为弹性价格货币分析法(商品价格调整迅速)和粘性价格货币分析法(商品市场价格调整缓慢)。弹性价格货币分析法得出的均衡汇率实际上反映的是粘性价格货币分析法下达到长期均衡的汇率,它是一个静态的汇率决定模型。而粘性价格货币分析法是一个动态的汇率决定模型,它反映了汇率由超调的短期均衡向超调消失的长期均衡的过渡过程。

5. 资产组合分析法则是在国内外资产不完全替代的前提下展开分析的,运用风险—收益均衡分析法,投资者根据市场的变动来调整自己持有的资产组合,并在此过程中决定均衡的汇率,它也被分为短期均衡汇率(仅资产市场达到均衡的汇率)的决定和长期均衡汇率(资产市场和商品市场同时达到均衡的汇率)的决定两个过程。

【复习思考题】

一、知识题

(一) 名词解释

一价定律　　绝对购买力平价　　相对购买力平价　　套补的利率平价
国际借贷说　国际收支说　　　　汇率超调　　　　　资产组合分析法

(二) 单项选择题

1. 在某一时点上,A 国的可贸易商品物价指数为 100,B 国的可贸易商品物价指数为200，请问 A 国与 B 国之间的汇率是（　　）。

A. 1 单位 A 国货币等于 1 单位 B 国货币

B. 1 单位 A 国货币等于 2 单位 B 国货币

C. 1 单位 A 国货币等于 0.5 单位 B 国货币

D. 1 单位 A 国货币等于 0.2 单位 B 国货币

2. 假如本国的通货膨胀率为5%，外国的通货膨胀率为8%，则本国货币大约会（　　）。

A. 升值5%　　　B. 贬值5%　　　C. 升值3%　　　D. 贬值3%

3. 利率平价说关注（　　）。

A. 物价和利率的关系　　　　　B. 利率和汇率的关系

C. 实际利率和物价的关系　　　D. 名义利率和物价的关系

4. 当一国的流动债权（外汇收入）多于流动债务（外汇支出）时，会出现（　　）。

A. 外汇的供给大于需求，外汇汇率下降

B. 外汇的供给小于需求，外汇汇率上升

C. 外汇的供给小于需求，外汇汇率下降

D. 外汇的供给大于需求，外汇汇率上升

5. 下列（　　）不属于汇率的弹性价格货币分析法的不足之处。

A. 忽视了国际收支的结构性因素特别是经常项目对汇率的重要作用

B. 假定价格水平具有充分弹性

C. 假定货币需求是不稳定的

D. 它以购买力平价为基础，而购买力平价说本身存在诸多缺陷

（三）多项选择题

1. 一国利率水平相对于其他国家提高，就会导致该国货币（　　）。

A. 即期汇率升值　　　　　　B. 即期汇率贬值

C. 远期汇率升值　　　　　　D. 远期汇率贬值

2. 资产市场说的最大突破在于将（　　）结合起来进行汇率分析。

A. 购买力平价　　B. 商品市场　　C. 货币市场　　D. 证券市场

3. 抛补利率平价理论的缺陷在于（　　）。

A. 没有考虑交易成本　　　　B. 假定不存在资本流动障碍

C. 假定资金规模有限　　　　D. 假定资金规模无限

4. 影响汇率变动的因素包括（　　）。

A. 通货膨胀　　B. 国际收支　　C. 利率　　D. 经济增长

5. 国际收支说同时分析了（　　）对汇率决定的影响。

A. 贸易收支　　B. 资本流动　　C. 资本市场　　D. 货币市场

（四）判断题

1. 购买力平价说有两种基本形式，即绝对购买力平价和相对购买力平价。

（　　）

2. 依据汇率的弹性价格货币分析法的基本模型，汇率变动与本国货币供给成正比，与外国货币供给成反比。（　　）

3. 超调模型认为，货币市场失衡后，在短期内，总供给曲线是垂直的。（　　）

4. 购买力平价说也重视国际资本流动对汇率的影响。（　　）

5. 资产组合分析法认为，短期均衡汇率就是国内外资产市场同时处于平衡状态时的汇率，但长期均衡汇率的决定则还需要经常账户处于平衡状态。（　　）

（五）简答题

1. 简述购买力平价说的基本思想。
2. 简述利率平价说的基本思想。
3. 从国际收支说角度来看，影响汇率的因素有哪些？分别是如何影响汇率变动的？
4. 简述汇率的超调模型的理论与实际意义。
5. 简要评价资产市场说。

二、能力题

1. 讨论题：评述购买力平价说的理论意义和局限性。
2. 案例题。

案例素材：2014 年，对于俄罗斯来说注定是非同寻常的一年。始于 2013 年的乌克兰危机在 2014 年并没有得到缓解，反而进一步演化为更广泛的危机。受国际国内各种复杂因素的综合影响，2014 年卢布汇率出现持续下降，输入性通货膨胀压力也随之日渐增大。2014 年 12 月 16 日，卢布兑美元汇率一度跌至 1 美元兑换 80 卢布的水平；12 月 17 日，在俄罗斯央行动用 2 亿美元外汇储备干预、财政部承诺拿出 70 亿美元支持及其他一些配套措施的作用下，卢布兑美元汇率反弹超过 9% 回到 1 美元兑换 60.20 卢布的水平，但此汇率与年初 1 美元兑换 32.66 卢布的水平相比，已贬值超过 84.1%。

资料来源：卢布危机的"里里外外"[N]. 上海金融报，2014 - 12 - 30.

案例思考：2014 年卢布危机爆发的原因是什么？俄罗斯金融管理当局的反危机措施有哪些？卢布危机对我国有什么启示？

第三编

国际金融实务

第5章 外汇交易概述

【知识结构与学习目标】

知识结构	知识目标	技能目标
外汇市场	掌握外汇市场的含义、分类和现代国际外汇市场的特征	掌握外汇市场的参与主体、功能及外汇市场信息服务系统
外汇交易及种类	掌握外汇交易的含义及其种类	掌握商业性外汇交易、保值性外汇交易和投机性外汇交易的功能、目的
外汇交易的程序与规则	了解我国个人实盘外汇买卖规则	熟练掌握外汇交易程序和规则

【导入案例】

2021年的人民币外汇市场交易

2021年，人民币外汇市场累计成交36.9万亿美元，较2020年增长23%，其中银行对客户市场和银行间外汇市场分别成交5.5万亿美元和31.3万亿美元；即期和衍生产品分别成交14.2万亿美元和22.6万亿美元，衍生产品在外汇市场交易总量中的比重为61%。即期外汇交易稳步增长。2021年，即期市场累计成交14.2万亿美元，较2020年增长19%。在市场分布上，银行对客户即期结售汇（含银行自身，不含远期履约）累计成交4.2万亿美元，增长18%；银行间即期外汇市场累计成交10.0万亿美元，增长19%，其中美元交易份额为96%。远期外汇交易较快增长。2021年，远期市场累计成交9 309亿美元，较2020年增长65%。在市场分布上，银行对客户远期结售汇累计签约8 220亿美元，增长79%，其中结汇和售汇分别为4 688亿美元和3 532亿美元，增长54%和128%；6个月以内的短期交易占73%，上升4个百分点；银行间远期外汇市场累计成交1 089亿美元，增长4%。掉期交易稳步增长。2021年，外汇和货币掉期市场累计成交20.5万亿美元，较2020年增长23%。在市场分布上，银行对客户外汇和货币掉期累计签约1 357亿美元，下降43%，其中近端结汇/远端购汇和近端购汇/远端结汇的交易量分别为1 072亿美元和284亿美元，分别下降41%和51%；境内市场美元流动性充裕，推动银行使用掉期工具将美元资金转换成人民币资金使用,银行间外汇和货币掉期市场累计成交 20.3 万亿美元,增长 24%。外汇期权交易较快增长。2021 年,期权市场累计成交 1.2 万亿美元,较 2020 年增长 47%。在市场分布上,银行对客户期权市场累计成交 3 446 亿美元,增长 26%;银行间外汇期权市场累计成交 8 934 亿美元,增长 58%。

资料来源:2021 年中国国际收支报告.国家外汇管理局官网,https://www.safe.gov.cn/safe/2022/0325/20772.html.

案例思考:什么是外汇市场?外汇市场交易主要包括哪些内容?

5.1 外汇市场

5.1.1 外汇市场的含义及其分类

1. 外汇市场的含义

市场从其产生和发展的历程来看,最初表现为买卖某种商品的场所或地点。但是现代意义上的市场与其最初的形式相比已经发生了很大的变化,许多商品交易并没有一个固定的场所或地点,尤其是现代通信技术的发展,使得交易可能通过电话、电传或网络来完成。由此,市场的定义也相应有所变更。一般地,将市场定义为进行交易或买卖的组织管理系统。相应地,外汇市场可以定义为经济主体买卖外汇及其衍生产品的组织管理系统。这种解释并不否认一些外汇及其衍生产品的交易仍然在一个固定的场所进行,而是将这种有着固定场所的市场看作市场组织管理的一种特定方式而已。

目前,世界上有 30 多个外汇市场,其中最为重要的有伦敦外汇交易市场、纽约外汇交易市场、巴黎外汇交易市场、东京外汇交易市场、瑞士外汇交易市场、中国香港外汇交易市场和新加坡外汇交易市场等,它们各具特色,分别位于全球不同的地区并相互联系,形成了全球 24 小时不间断地进行交易的一个统一的外汇交易系统。交易量不断攀升,2019 年,全球外汇的日平均外汇交易量为 6.6 万亿美元,保持在第一位的是英国,日均交易额为 3.58 万亿美元;排在第二位的美国则为 1.37 万亿美元;新加坡外汇市场以 6 330 亿美元排名第三;中国香港以 10 亿之差的 6 320 亿美元位居第四;第五名为日本,日均交易量为 3 760 亿美元。值得关注的是,中国(上海)以 1 360 亿美元进入全球第八大外汇交易中心之列。[①]

中国外汇交易中心(CFFTS)是中国银行间进行外汇交易的市场,成立于 1994 年,至今已走过 30 年的历程。根据中国人民银行、国家外汇管理局发展市场的战略部署,交易中心贯彻"多种技术手段,多种交易方式,满足不同层次市

---

① Bank for international settlements Monetary and Economic Department. Triennial Central Bank Survey (Foreign exchange turnover in April 2019). 16 September 2019.

场需要"的业务工作方针，于 1994 年 4 月推出外汇交易系统；1996 年 1 月启用人民币信用拆借系统；1997 年 6 月开办银行间债券交易业务；1999 年 9 月推出交易信息系统；2000 年 6 月开通"中国货币"网站；2001 年 7 月试办本币声讯中介业务；2002 年 6 月开办外币拆借中介业务；2003 年 6 月开通"中国票据"网；2005 年 5 月上线银行间外币买卖业务，同年 6 月开通银行间债券远期交易；8 月推出人民币外汇远期交易；2006 年 1 月在引入做市商制度的同时推出询价交易，同年 4 月推出人民币外币掉期交易；2007 年 4 月 9 日，中国外汇交易中心成功推出新一代外汇交易系统，集人民币外汇即期、远期、掉期等外币等交易于一体，涵盖交易、交易后处理、信息、增值、监管等服务领域的 82 个系统；2014 年开始，中国陆续启动人民币对坚戈银行间市场区域交易、人民币对蒙古图格里克银行间市场区域交易和人民币对柬埔寨瑞尔银行间市场区域交易，并于 2018 年发布公告引入境外银行参与区域性外汇市场。为进一步推进外汇市场高水平开放，自 2023 年 12 月 18 日起，中国外汇交易中心将银行间外币对及外币货币市场交易时间延长至次日凌晨 3 点。

2. 外汇市场的分类

按某种标准对外汇市场进行分类，是我们进一步认识外汇市场的一种方法。

（1）按是否有固定的交易场所，外汇市场可分为有形市场和无形市场两种。有形市场是指有固定交易场所的外汇交易市场；而无形市场是指没有固定交易场所，主要通过通信工具完成交易的组织系统。

（2）按买卖双方属性，外汇市场可分为银行同业交易市场和银行与客户交易市场。前者是指由各类银行、外汇经纪公司及各国中央银行进行外汇交易的市场；后者是指各类银行与客户进行外汇交易的市场，主要表现为柜台市场。

（3）按单次交易量，外汇市场可分为批发市场与零售市场。批发市场对应于银行同业交易市场，一般地，银行同业间的交易规模较大，每笔交易至少在 100 万美元，故被称为批发市场；零售市场对应于银行与客户进行交易的市场，一般情况下，每笔交易量与前者相比较小，故被称为零售市场。

（4）按外汇市场所包含的范围，可分为狭义的外汇市场和广义的外汇市场。前者对应于银行同业市场（不包括商业银行与中央银行间进行交易的市场）；后者除银行同业市场外，还包括银行与客户进行交易的市场以及中央银行进行市场干预的场所。

（5）按市场管制的程度，外汇市场可分为自由外汇市场、平行市场和外汇黑市。自由外汇市场是指对参与者、交易货币、金额、汇率没有限制的市场，如美国、英国、瑞士、法国等国家的外汇市场；平行市场是实行复合汇率的国家，为缓和外汇供求矛盾，获得市场汇率信息，官方允许的一种外汇调剂市场，如中国的外汇调剂市场；外汇黑市是与严格的外汇管制相对抗，存在于民间或黑社会的交易场所，常与外汇出逃、洗钱、非法移民和走私联系在一起。

5.1.2 外汇市场参与主体

1. 商业银行

商业银行是外汇市场的核心主体,又是进行外汇交易的重要场所。不仅受客户的委托,办理进出口结汇业务,充当外汇买卖的中介人,还通过自行买卖外汇来获取利润。商业银行作为媒介进行外汇交易时,通常保持买卖平衡,即有进有出,从进出差价中获取利润,不冒积存的风险。如果它接受的进口商的委托多于出口商的委托时,或者说卖出的外汇多于买进的外汇时,将使用自身的外汇账户出售自己的外汇以弥补差额。它也可以和别的银行进行交易,以保持其原有外汇平衡。

2. 中央银行及政府主管外汇的机构

各国中央银行参与外汇市场活动的动机主要有两个:一是储备管理;二是汇率管理。一般来讲,中央银行或直接拥有、或代理财政经营本国的官方外汇储备。这时中央银行在外汇市场的角色与一般参与者相同。另外,在外汇市场汇率急剧波动时,中央银行为稳定汇率,控制本国货币的供应量,实现既定的货币政策,也经常通过参与市场交易进行干预,在市场外汇过多时买入或在市场外汇短缺时抛出。中央银行在外汇市场上起的这种监督市场运行、干预汇率走势的作用表明,中央银行不仅是一般的外汇市场参与者,在一定程度上可以说是外汇市场的实际操纵者。不过,中央银行并不直接参加外汇市场的活动,而是通过经纪人和商业银行进行交易。

3. 外汇经纪商

这是专门从事推介交易或代客买卖外汇,从中收取手续费的公司或汇兑商。外汇经纪商主要是依靠他们与外汇银行的密切联系、熟知外汇供求情况等优势,利用现代的通信工具,接洽外汇交易,促使多种多样的市场参与者找到合适的交易价格和合适的交易对手成交。当然,由于外汇经纪商大都从事数额较大的外汇买卖,故他们与商业银行的交易往来十分密切,商业银行一般通过外汇经纪商调整其外汇存量。相比之下,外汇经纪商与实际外汇需求者和供给者接触不多。

外汇经纪商分两种:一是用自己的资金参与外汇买卖,并自己承担外汇买卖风险者,即一般经纪人;二是仅以收取佣金为目的,代客买卖外汇者,被称为跑街或掮客。

4. 外汇交易商

这是指专门从事外汇交易、经营外国票据业务的公司或个人。外汇交易商大都从事数额较大的外汇买卖,利用时间与空间的差异获取外汇买卖价格上的差额利润。它与外汇经纪商不同，不从事经纪业务；也与外汇的实际需求者与供应者有着不同的交易目的。

5. 外汇的实际供应者和需求者

从事进出口贸易的工商企业、旅行者、投资者、投机者、留学生、移民等都是外汇的实际需求者或供应者。他们通过外汇市场进行买卖，以获得或兑换外汇。个人需求大多是通过外汇专业银行进行买卖。

【扩展阅读】

各具特色的全球五大外汇交易市场

外汇汇率的波动可以很快地波及其他市场，每个市场似乎都环环相扣但又有自身的独特之处。

悉尼外汇市场是大洋洲最重要的外汇交易市场。悉尼不仅是澳大利亚重要的经济文化中心，同时也是整个大洋洲最重要的金融中心。由于悉尼比较特殊的地理位置，使悉尼外汇市场成为全球主要外汇市场中最早开始交易的市场，交易时间为北京时间 6：00~14：00。由于澳大利亚经济同日本和美国比较密切，因此悉尼外汇市场的地方性比较明显。悉尼外汇市场以澳大利亚元兑美元、新西兰兑美元以及澳大利亚元兑新西兰元为主，汇率波动也相对平缓。

东京外汇市场是一个无形市场，交易者通过现代化通信设施联网进行交易。东京外汇市场的交易者是外汇银行、外汇经济商、非银行客户和日本银行。交易时间为北京时间 8：00~14：30。东京外汇市场进行交易的货币种类较为单一，市场上最大宗的交易仍是日元美元互换买卖和日元兑欧元，这是因为日本贸易多数以美元计价，日本海外资产以美元资产居多。

伦敦外汇市场是建立最早的世界性外汇市场，是全球最大的外汇市场之一。伦敦外汇市场是一个典型的无形市场，拥有先进的现代化电子通信网络。伦敦外汇市场的交易时间是北京时间 17：00~次日 1：00。由于伦敦时段承接东京和纽约两大交易时段，且由于伦敦是全球关键性的金融中心，因此伦敦外汇市场外汇交易量十分巨大。同时，伦敦外汇交易市场也是交易品种最多的外汇市场之一，交易规模较大的是英镑兑美元及英镑兑欧元、瑞郎和日元等。

纽约外汇市场是重要的国际外汇市场之一，其日交易量仅次于伦敦外汇市场。交易时间约为北京时间 21：00~次日 4：00。纽约外汇市场也是一个无形市场，外汇交易通过现代化通信网络与电子计算机进行。占全球 90% 以上的美元交易最后都通过纽约的银行间清算系统进行结算，因此纽约外汇市场成为美元的国际结算中心。纽约外汇市场相当部分外汇交易和金融期货市场密切相关。交易货币主要是美元、欧元、英镑、瑞郎、加元和日元等。

中国香港外汇市场是 20 世纪 70 年代后发展起来的国际性外汇市场，是一个无形市场，交易者通过各种现代化的通信设施和电脑网络进行外汇交易。交易时间为北京时间09:00~16:00。中国香港外汇市场上的交易可以划分为两大类：一类是港元和外币的兑换，以和美元兑换为主；另一类是美元兑换其他外币的交易。中国香港作为国际金融中心，国际资本流动频繁，因此中国香港交易市场的活跃度一直居于世界前列。

资料来源：笔者根据相关资料整理得到。

5.1.3 外汇市场信息服务系统

1. 信息终端

目前，世界上所有银行和金融机构的交易室几乎都使用路透社和美联社的金融资信服务系统以获取信息。

(1) 路透社的信息服务系统。1851年，保罗·朱利叶斯·路透在伦敦建立了路透社，其后随着电报、网络的拓展，路透社将金融服务的范围延伸到各大洲。首条欧亚电缆的开通打开了印度的大门并向东北延伸，到1972年，报道范围已发展到中国、日本、澳大利亚和新西兰。路透社于1956年在北京设立了分社。1973年，路透社的金融信息监收系统投入服务，创造了一个电子化的外汇市场。其后服务范围更扩展到证券、期货和石油市场。1982年在其中国安装了第一套设备。路透社拥有的信息收集网络联系着全球5 000家银行和金融机构、200多家交易所，24小时不停地由总部发出各种经济信息和金融信息，客户可以随时获得包括外汇、债券、期货、股票、能源在内的各金融市场的实时行情。路透系统的产品覆盖了从信息到分析、交易、风险管理的整个金融运作过程。

(2) 美联社的信息服务系统。美联社在金融资信上的服务系统又称德励财经系统。它结合了道·琼斯财经市场上的经验和德励在提供即时金融数据上的专长，通过个人电脑终端机或地区网络，提供有关买卖价格、投资组合、外汇数据、经济评论及指标、公司活动简报等信息。

两大系统在信息服务的内容方面大致相同，一般都分为以下几个方面：汇率服务、货币市场信息、期货服务、资本市场服务及股票服务。

2. 技术分析工具

路透社和德励财经系统均为各自的用户提供了一整套技术分析工具，其中最主要的是图表机。

以路透社的图表机为例，用户可以利用图表机绘出上百种货币、利率、债券、股票等近几年的走势图。可以用趋势线走势图描绘各种典型图形，如三角形、头肩型、双顶双底型等，帮助分析价格走势。另外可以运用移动平均线、相对强弱指数、买入卖出信号、偏离值等多种分析工具作图，以帮助进行技术分析。

3. 交易和结算系统

在交易和结算系统方面,路透社似乎更进一层。路透社电子交易系统于1981年投入服务,从此外汇商能够通过终端机进行交易。该系统是个快速通信系统,外汇商可即时与世界各主要金融中心的同行接触,在屏幕上商谈交易。一旦交易完成,打印机就会把交易记录自动打印出来,便于核对和存档。

交易室里还配置了专门的结算系统。由于交易频繁,开仓平仓不易记住,单纯手工工作量太大,且不易查询;而通过电脑结算系统可以随时掌握交易情况和保证金余额,可以提供机会将风险控制在能掌握的程度。

4. 其他设备

作为一个完整的交易室,除了上述设备以外,还必须配有国际自动电话(IDD)、电传机、传真机等,便于和国内外同行联络。

5.1.4 现代国际外汇市场的特征

1. 无形市场成为外汇交易市场的主体

西方工业国家的金融业基本上有两套系统,即集中交易的中央操作系统和没有统一场所的行商网络。股票买卖主要是通过交易所进行的,而外汇交易则是通过没有统一操作市场的行商网络进行的。但是外汇交易的网络却是全球性的,并且形成了没有组织的组织系统,交易商也不具有任何组织的会员资格,但必须获得同行的信任和认同。这种没有统一场地的外汇交易市场被称为"有市无场"。但它具备信息公开、传递迅速等特点。全球每天平均有数万亿美元便是在这样的外汇市场上流转的。

2. 外汇市场形成统一的全球连锁交易市场

由于各国取消了外汇管制,或放宽了外汇管制,使得分布于全球不同地区的外汇交易中心连成了一个24小时不间断进行交易的统一的外汇交易市场。早上8:30(以纽约时间为准,下同)旧金山外汇市场开市,18:30悉尼外汇市场开市,19:30东京外汇市场开市,20:30中国香港外汇市场、新加坡外汇市场开市场,凌晨2:30法兰克福外汇市场开市,3:30伦敦外汇市场开市。如此不间断地运行,外汇市场成为一个不分昼夜的市场,只有星期六、星期日以及各国的重大节假日,外汇市场才关闭。这种连续作业为投资者提供了没有时间和空间障碍的理想投资场所,投资者可以寻找最佳时机进行交易。

3. 外汇市场之间的汇率差别较小

2008年路透社与汤姆森集团合并后,新集团在技术的研发和运用方面持续进行了巨额投资。2009年，相关技术的支出将近10亿美元，约占全部总投资的88%。为了向全球商务人士和专业人员提供智能信息，汤姆森路透集团一方面致力于整合技术资源，另一方面利用最新技术继续发展在线传输平台。汤姆森路透公司一直依赖两大超级终端即路透Dealing3000和路透3000Xtra传输财经信息与数据。前者能让交易商进入最大的交易指令传送网络系统，享受更及时的信息服务。后者是汤姆森路透公司提供的市场资讯和报价系统，具有丰富的外汇市场方面的资讯和强大的报价功能，① 尤其是通过它的金融信息终端给银行的交易提供多方面的服务，如在电脑屏幕上提供即时信息，汇率行情，经济、金融、汇率趋势评论，汇率走势图表等。由于各个市场的汇兑即时传递，而且各个市场汇率每次细微的变动都在电脑屏幕上得到反映，引导各个市场及时调整，在同一时点上基本维持相同的汇率水平。

4. 汇率变动频繁且波动幅度较大

自1973年实施浮动汇率制度以来，中央银行不再承担维持汇率的责任，外汇的供求关系对汇率的变动起着决定性作用。由于国际金融市场上"热钱"很多，到处流荡，尤其是各国政治风暴频繁、社会动荡、经济起伏更加剧了"热钱"的流窜；各国经济发展的不平衡也导致了各个外汇市场各种货币供求关系瞬息万变，此消彼长，从而引起汇率的频繁变动，有时变动的幅度很大，这就为投机者进行外汇投机创造了条件。反过来，投机者在外汇市场上买空卖空又加剧了市场汇率的不稳定性。

5. 外汇市场与资本市场融为一体

由于国际资本流动规模的迅速扩大和国际支付手段的多元化，外汇的交易额迅速增长。由于汇率的激烈变动，外汇买卖成为投机和投资的一个重要手段，不管是熊市还是牛市都促使人们在瞬息万变的外汇市场上抛售或吸纳各种货币。

5.2 外汇交易及其种类

5.2.1 外汇交易的含义

外汇交易是指在外汇市场上进行的外汇及其衍生产品买卖活动，或将一种货币兑换成另一种货币的行为。因此，外汇交易与外汇买卖、外币兑换乃至外汇业务均是同义语。外汇交易主要是国际经济交往以及随之而发生的国际结算、国际投资、外汇融资和外汇保值等业务需要使用不同的货币引致的。外汇交易所体现的外币运动，实质上反映了国际有形贸易、无形贸易和资本投资中的商品运动及

---

① 万晓红，张楠. 国际新闻媒介 [M]. 北京：清华大学出版社，2016：23.

资本运动；而且在浮动汇率制度下，外汇交易还可以满足贸易商和投资者避免汇率波动的风险及投机者投机获利的需要。

5.2.2 外汇交易的种类

（1）按外汇交易的主体特征及交易量划分，外汇交易可分为批发交易与零售交易。批发交易是指各种银行之间进行的外汇交易活动。由于其成交量较大因而被称为批发交易。零售交易是指银行与客户之间进行的外汇交易活动，一般而言，数量相对较小。

（2）按交易的方式划分，外汇交易可分为即期外汇交易、远期外汇交易、择期交易、掉期交易、套期、套汇、期货与期权交易等。具体参见第6章。

（3）按交易的组织方式划分，外汇交易可分为交易所集中交易和柜台交易。

①交易所集中交易或称场内交易，是指外汇交易的参与者于每个营业日规定的营业时间集中在交易所进行的交易活动。由于欧洲大陆各国多采用这种方式，故又称大陆体制。

②柜台交易是指无固定的交易场所和一定的开盘、收盘时间，只靠电传、电报、电话等通信设备相互接触和联系，协商达成交易。

（4）按外汇交易的目的划分，外汇交易可分为商业性外汇交易、保值性外汇交易和投机性外汇交易。

①商业性外汇交易。商业性外汇交易均以商务性活动为基础，即该交易是主要服务于商品与劳务的进出口、涉外投资、国际债权债务的清偿等活动而进行的货币的兑换行为。例如，进口商为支付货款，通常将本币兑换成外汇再进行支付；出口商如收到的是外汇则需要将它兑换成本币以支付工资、采购材料等。对外进行投资时，投资者有时需要将所持货币兑换成东道国的货币再进行支付，获得的利润需要重新换成自己国家货币。清偿债务时，也需要将本币换成外币。

②保值性外汇交易。在浮动汇率制度下，受市场供求关系的影响，汇率时升时跌。货币升值当然会给货币的持有人带来收益；但货币贬值所带来的损失往往是巨大的。因此，持有外汇的企业或个人，为避免遭受汇率波动可能带来的损失，需要通过外汇的买卖来保值。如在美元升值时，增加美元储备，减少其他货币的持有量。在发达国家，凡是大的企业、公司集团都设有自己的外汇管理部门，其业务之一就是进行外汇交易，以达到保值的目的。并且，如果外汇交易做得好，其不仅可以使外汇保值，还可以实现增值。

③投机性外汇交易。投机性外汇交易一般没有真实的商品交易或资本流动做基础，仅仅希望利用汇价的变动低买高卖，从中获取利润。投机行为是外汇市场的润滑剂，没有投机，外汇市场将难以运作；但投机行为也会给市场带来动荡，使汇价的变动更加剧烈。目前，世界上外汇市场上的日交易量已达数万亿美元，其中投机性外汇交易占到很大比重。在金融业发达的国家和地区，不仅银行、金融财务公司、大企业财团在进行投机性外汇交易，一些小商人乃至普通百姓也加

入外汇投机活动中。

【经典人物】

尤金·F. 法玛

尤金·F. 法玛（Eugene F. Fama），1939年2月14日出生于美国马萨诸塞州波士顿，是美国芝加哥大学教授，芝加哥经济学派代表人物之一。2013年10月，因其在资产价格的实证分析方面的杰出成就，与拉尔斯·彼得·汉森（Lars Peter Hansen）及罗伯特·希勒（Robert Shiller）共同获得诺贝尔经济学奖。法玛在经济学科的若干领域，尤其是在使金融学独立成为一个学科以及成为经济学中一个独立领域的进程中作出了重大贡献。法玛的研究包括投资学理论与经验分析、资本市场中的价格形成、公司财务、组织形式生存的经济学等，其最主要的贡献是提出了著名的"有效市场假说"（efficient market hypothesis，EMH），并建构了一个完整的EMH理论框架。外汇市场有效性理论则是"有效市场"理论在外汇市场中的应用。

资料来源：笔者根据相关资料整理得到。

5.3 外汇交易程序与规则

5.3.1 外汇交易的程序

现代国际外汇交易已形成一个全球24小时连续进行的网络，在这一无形的外汇交易市场中，参与者都是通过路透社交易机及信息终端、电话、电传等现代化通信工具进行交易的。以电话为通信工具进行的交易过程大致如下。

（1）客户：自报姓名，单位名称。

（2）客户：询价，交易币种，即期或远期的买入和卖出价，交割金额，交割日。

（3）银行：报价，根据客户的询问立刻回答。

（4）双方：成交，客户表示买卖金额，银行表示承诺。

（5）银行：确认，"OK, Done."表示交易结束。然后证实买卖货币，金额，交割日，结算办法。

（6）双方：交割，交易当事人将卖出货币汇入对方指定的存款账户中。

下面是一段典型的交易对话。

询价方：What's your USD JPY, pls?

报价方：104.20/30（or 20/30）。

询价方：Yours USD 1（or sell USD 1）或 Mine USD 1（or buy USD 1）。

报价方：OK，done.

这是一个简单的交易对话。当然，还有一些双方证实这笔交易和告知对方交收路线，即买入货币付往何处代理银行、入什么账户等内容。下面是一段较为详细的交易对话。

A：Spot USD JPY pls?

B：MP, 50/60.

A：Buy USD 2.

B：OK，done. I sell USD 2 Mine JPY at 154.60 value 27/4/2004.
JPY pls to ABC BK Tokyo. A/C No. 123456.

A：USD to XYZ BK N.Y. A/C 654321, CHIPS UID 13754, Tks for the deal BIBI.

5.3.2 外汇交易的主要规则

1. 采用以美元为中心的报价方法

从理论上来说，外汇汇率的标价方法包括直接标价法和间接标价法。世界上绝大多数的国家（地区）采用直接标价法，采用间接标价法主要是英联邦、美国和欧盟。英国是资本主义发展最早的国家，英镑曾经是世界贸易计价结算的中心货币。因此，长期以来伦敦外汇市场上的英镑一直采用间接标价法。第二次世界大战后，美国经济的崛起使得美元在布雷顿森林体系建立后取代英镑成为国际结算、外汇储备和国际经济交往中最主要的货币，各国外汇市场上公布的外汇牌价均以美元为基准货币或单位货币，以其他国家的货币为标价货币表示美元的价格。为了便于计价结算，从1978年9月1日起，纽约外汇市场也采用间接标价法，以美元为标准公布美元与其他货币的比价，但是对英镑和爱尔兰镑仍沿用直接标价法，欧元对美元标价也采用直接标价法。

2. 外汇报价同时报出买入价和卖出价

（1）银行有义务报出买入价和卖出价，并履行其报价。外汇银行是外汇市场的核心成员，这是因为它们随时为前来询问汇价的银行、公司、个人和中央银行提供各类货币的汇价并承诺以此汇价与后者成交。市场把提供汇价的银行称为市场报价者，并把报价者向市场所有成员随时提供汇价的行为称为维持市场。与此相对应的是，市场反向报价行索取汇价并在报价行所提供的汇价上与报价行成交的机构与个人被称为取价者。银行不仅向上述取价者提供汇价，而且也与其他银行相互报价，从这个意义上来说，银行既是报价者，也是取价者。

银行是专门从事货币资金业务的机构，外汇交易是它们的一项重要业务。因此，银行先将报价并维持市场视为义不容辞的职责；同时，银行也将报价并维持市场视为增强银行市场影响力、提高市场占有率以达到扩大客户基础的重要手段之一；此外，银行在不断地接受询价、提供报价直至成交业务的过程中，可以掌握大量的第一手市场信息,这对专门从事货币资金业务的银行来讲是极其宝贵的。

(2) 外汇报价通常报汇率的最后几位数。下面是常见的报价:

USD/EUR	0.9200/10
USD/JPY	126.10/20
USD/CHF	1.5040/50
USD/FRF	6.1020/30
GBP/USD	1.7600/10
AUD/USD	0.8200/10

汇率的标价通常为5位有效数,斜线左边的是买入价,斜线右边的是银行卖出单位货币的价格,如 USD/JPY 126.10/20,银行以126.10日元购进1美元,以126.20日元的价格卖出1美元,20是126.20缩写。银行买入价与卖出价之间的差价是银行的收益。其他标价含义与此相同。通常在银行之间的报价只报后两位数字,如 USD/DEM 的比价,报价行只给出25/35,其他数字一概省略。这是由于交易双方对于当时的汇价都非常清楚,且双方一般都有路透社的信息终端,前面的大数是不会搞错的。对于没有安装路透社信息终端的客户,银行也可以把全价报出来。

在上述的汇率标价中,从右至左的数字分别被称为几个点、几十个点或几百个点。假如美元兑日元的汇率从126.10/20上升至126.30/40,则称美元兑日元上升了20个点。

在路透社的终端上,买卖差价通常为10个点,但有的货币,如美元兑法国法郎,通常为20~50个点,视外汇市场的供求关系而定。此外,银行同业间的买卖差价要比银行与客户间的买卖差价小,这是因为银行同业间的外汇交易量大。

由于外汇市场上外汇价格变动较快,因此,在银行报出价格后,询价者必须立刻作出回答,否则,报价行即刻可以改变原来的报价,询价者不能强行要求报价行按原报价成交。路透社信息终端提供的外汇牌价是进行外汇交易的参考价,不能要求银行按该价格成交。

3. 银行间以100万美元为交易单位

银行同业间的外汇交易一般数量都比较大,通常以百万美元为交易单位,即期交易的限额常在100万~500万美元,具体数量常为100万美元的整数倍,以便于结算。

4. 采用规范化的交易行话

行话是某个特定行业进行业务活动时使用的语言。银行在外汇交易过程中,经过较长时间的运作,形成了一些约定俗成、行之有效的语言,成了不成文的规定,如 One Dollar = 100万美元。

5. 交易双方必须恪守信用

外汇交易市场表现为一个无形的市场，绝大多数的交易是通过电传、电话等现代通信工具完成的，买卖的货币、成交金额与价格、交割的日期基本上没有一个书面的合同文本存在。尽管事后有一个邮件进行书面确认，交易系统中也必有录音设备。这些为减少交易可能产生的法律纠纷提供了一定的保障。但是，在外汇市场上，无论是银行还是客户，更多地奉行诚信原则，"一言为定""电话就是合同"成为行为的基本准则。

6. 交割日＝结算日＝起息日

交割日应是外汇交易所涉及的两个结算国的银行均营业的日子。但如果在美国是银行的节假日，而在另一国不是，这一天仍算作营业日；远期外汇交易的交割日的确定，通常按照即期交割日后的整月或整月的倍数进行推算，而不管各月的实际天数差异。

5.3.3 我国个人实盘外汇买卖规则简介

我国个人实盘外汇买卖俗称"外汇宝"，是指持有外币存款或外币现钞的个人客户，在银行公布的外币之间进行自由兑换，将一种外币兑换成另一种外币的行为。其是一种新兴的个人外汇投资理财方式。1993年，中国银行率先开办个人实盘外汇买卖业务。此后，中国工商银行、建设银行、农业银行、交通银行、招商银行等先后开办了该项业务。下面以中国银行股份有限公司外汇宝产品说明书（2021年版）为例简要说明外汇实盘业务的有关规则。

1. 办理流程

客户凭本人有效身份证件在中国银行开立个人外汇储蓄账户，并存入一定数量的外币现汇或现钞，可在中国银行开办外汇宝业务的网点进行交易，或通过中国银行手机银行等渠道进行自助交易。

2. 汇率标价

中国银行个人外汇买卖的牌价一般采用美元标价法（英镑、欧元、澳元除外），即1美元等于多少其他外币，牌价分买入价和卖出价（钞汇同价），在中国银行交易大厅内，以电子显示屏显示，浅显易懂。同时可通过交易大厅内自助交易终端和95566电话查询。

3. 交易渠道

网上银行、手机银行、E融汇及营业网点柜台等多种交易渠道。

4. 交易方式

交易方式灵活，既可进行即时交易，又可进行委托交易。一日可进行多次交易。

（1）即时交易是指按照交易指令生效时的最新交易报价成交的交易。客户只指定金额和买卖方向，不指定成交价格。客户最终成交价格以中国银行向客户展示的交易成交界面结果或营业网点柜台提供的交易凭证为准。即时交易项下存在客户容忍点差①机制。客户进行即时交易时，须在中国银行规定范围内选择容忍点差。确认交易时，系统比较价格差异是否超过了客户设置的容忍点差，如差异在客户容忍点差范围内，交易将基于确认时的中国银行交易报价成交，否则不予成交。

（2）委托交易是指客户提交委托指令，指定金额、买卖方向、价格或点数，等待成交的交易。委托交易类型包括获利委托、止损委托、二选一委托②和追击止损委托，客户具体可发起的委托交易类型以各渠道实际提供为准。在进行委托交易时，客户应指定委托有效时间，委托有效时间最长不超过 7 个自然日（精确到"时"，最长委托交易有效时间以各渠道实际提供为准），在委托有效时间过后所有的委托交易将自动失效。

5. 交易币种

目前中国银行"外汇宝"可交易的外币有美元、欧元、英镑、日元、瑞士法郎、澳大利亚元、加拿大元、新加坡元、港元、新西兰元、澳门元 11 种不同外币组成的 46 种货币对。客户可交易的货币对以中国银行实际提供为准。

6. 交易起点

客户单笔交易起点金额为 50 手，1 手等于 1 面值的货币对基础货币，交易最小递增单位为 0.01 手。

7. 交割原则

本产品为 T+0 实时交割，客户卖出一种外币，同时买入另一种外币。外汇宝现钞兑换后仍为现钞，现汇兑换后仍为现汇。

8. 交易时间

交易时间为北京时间每周一 7：00 至每周六 5：00（在纽约执行夏令时期间）、北京时间每周一 7：00 至每周六 6：00（在纽约执行冬令时期间）。中国银

---

① 客户容忍点差是指客户在中国银行规定范围内设定的允许其通过电子渠道提交的价格与中国银行最终将确认的成交价格之间存在的差异。
② 客户同时设定一对货币对相同、买卖方向相同、委托价格不同的获利委托和止损委托，在委托交易有效时间内，若其中一笔委托先行成交，则另一笔委托自动取消。

行可以根据国际市场假期、国家法定节假日等因素不时调整本产品交易时间，并通过在中国银行官方网站发布或以其他方式通知客户。

【本章小结】

1. 外汇市场通常是指各类经济主体买卖外汇及其衍生产品的组织管理系统。目前，世界上有30多个外汇市场，其中最为重要的有伦敦外汇市场、纽约外汇市场、苏黎世外汇市场、法兰克福外汇市场、巴黎外汇市场、东京外汇市场、中国香港外汇市场和新加坡外汇市场等。1994年成立的中国外汇交易中心是中国银行间进行外汇交易的市场。

2. 按不同的标准可以将外汇市场分成不同的种类，其中主要的分类是：按是否有固定的交易场所分，外汇市场可分为有形市场和无形市场两种；按买卖双方属性分，外汇市场可分为银行同业交易市场和银行与客户交易市场；按单次交易量分，外汇交易市场可分为批发市场与零售市场。

3. 外汇市场的参与主体主要有商业银行、中央银行及政府主管外汇的机构、外汇经纪商、外汇交易商以及外汇的实际供应者和需求者。

4. 外汇交易是指在外汇市场上进行的外汇及其衍生产品买卖活动。按外汇交易的主体特征划分，可分为批发交易与零售交易；按交易的方式划分，外汇交易可分为即期外汇交易、远期外汇交易、择期交易、掉期交易、套期、套汇、期货与期权交易等；按交易的组织方式划分，外汇交易可分为交易所集中交易和柜台交易两种；按外汇交易的目的划分，外汇交易可分为商业性外汇交易、保值性外汇交易和投机性外汇交易。

5. 外汇交易的程序是：客户自报姓名或单位名称、询价、银行报价、双方确认成交和办理交割等。外汇交易的主要规则是：采用以美元为中心的报价方法、外汇报价同时报出买入价和卖出价、银行间以100万美元为交易单位、采用规范化的交易行话、交易双方必须恪守信用以及交割日＝结算日＝起息日等。

【复习思考题】

一、知识题

（一）名词解释

外汇市场　　　外汇交易　　　无形外汇市场　　　外汇经纪商
外汇交易商

（二）单项选择题

1. 目前，分布于全球不同地区的外汇交易中心连成了一个（　　）小时不间断进行交易的统一的外汇交易市场。

  A. 12　　　　　B. 24　　　　　C. 6　　　　　D. 8

2. 中国外汇交易中心（CFFTS）成立于（　　）年，是中国银行间进行外汇交易的市场。

　　A. 1996　　　　B. 1997　　　　C. 1999　　　　D. 1994

　　3. （　　）是指专门从事推介交易或代客买卖外汇，从中收取手续费的公司或汇兑商。

　　A. 外汇交易商　　B. 外汇供应商　　C. 外汇需求商　　D. 外汇经纪商

　　4. 汇率的标价通常为5位有效数，如 USD/DEM 1.7825/35，斜线左边的是银行买入单位货币的价格，右边的为卖出价。通常银行间的报价只报最后（　　）位数字。

　　A. 4　　　　　　B. 3　　　　　　C. 2　　　　　　D. 1

　　5. 按外汇交易规范行话，"One Dollar"等于（　　）美元。

　　A. 100万　　　　B. 1　　　　　　C. 100　　　　　D. 10

（三）多项选择题

　　1. 按外汇买卖双方属性划分，外汇市场可分为（　　）。

　　A. 银行同业间市场　　　　　　B. 银行与客户市场
　　C. 外汇批发市场　　　　　　　D. 外汇零售市场

　　2. 下列属于外汇市场参与主体的有（　　）。

　　A. 商业银行　　　　　　　　　B. 中央银行
　　C. 外汇经纪商　　　　　　　　D. 外汇交易商

　　3. 按照外汇交易的目的划分，外汇交易可分为（　　）。

　　A. 贮藏性外汇交易　　　　　　B. 商业性外汇交易
　　C. 保值性外汇交易　　　　　　D. 投机性外汇交易

　　4. 各国中央银行参与外汇市场活动的主要动机有（　　）。

　　A. 储备管理　　　　　　　　　B. 参与主体管理
　　C. 汇率管理　　　　　　　　　D. 交易流程管理

　　5. 按外汇交易规则，通常银行需同时报出外汇（　　）。

　　A. 买入价　　　　B. 卖出价　　　　C. 中间价　　　　D. 平均价

（四）判断题

　　1. 中央银行通常并不直接参加外汇市场的活动，而是通过经纪人和商业银行进行交易。（　　）

　　2. 投机性外汇交易会给市场带来动荡，使汇价的变动更加剧烈，因此，外汇市场应禁止投机交易。（　　）

　　3. 远期外汇交易交割日的确定，通常按照即期交割日后的整月或整月的倍数进行推算。（　　）

　　4. 外汇市场中银行通常只是报价者，而不是取价者。（　　）

　　5. 从1978年9月1日起，纽约外汇市场也采用间接标价法，但对英镑、欧元采用直接标价法。（　　）

（五）简答题

　　1. 什么是外汇市场？外汇市场的参与主体主要有哪些？

2. 现代国际外汇市场的特征有哪些?
3. 即期外汇交易程序一般包括哪些环节? 交易成败的关键环节何在?
4. 银行作为报价者的功能与作用是什么?
5. 商业性外汇交易、保值性外汇交易和投机性外汇交易的主要差别有哪些?

二、能力题

1. 讨论题: 试分析实盘交易与虚盘交易的差别。
2. 案例题。

案例素材: 中国外汇管理局统计数据显示, 2021 年中国外汇市场累计成交 237.79 万亿元人民币 (等值 36.87 万亿美元), 党的十八大以来外汇市场交易量增长了 3 倍。其中: 银行对客户市场交易金额为 356 104.4 亿元, 同比增长 14%; 银行间外汇市场交易金额为 2 021 776.9 亿元, 同比增长 15.7%; 即期外汇交易金额为 917 456 亿元, 同比增长 11.8%; 远期外汇交易金额为 60 035 亿元, 同比增长 55.5%; 外汇和货币掉期交易金额为 1 320 551 亿元, 同比增长 15.5%; 期权外汇交易金额为 79 839 亿元, 同比增长 38%。

第5章
参考答案

资料来源: 2021 年中国外汇市场交易概况. 国家外汇管理局官网, https://www.safe.gov.cn/safe/2020/0306/15629.html.

案例思考: 我国外汇市场快速发展的原因是什么?

第6章 外汇交易业务

【知识结构与学习目标】

知识结构	知识目标	技能目标
即期与远期外汇交易	了解即期与远期外汇交易含义、功能作用	掌握即期外汇交易报价及交叉汇率的计算；掌握远期汇率标价方法和计算
套汇与套利	了解套汇、套利的含义	掌握地点套汇与时间套汇、非抛补套利与抛补套利的具体操作
择期与掉期	了解择期与掉期交易的内涵	掌握择期与掉期汇率的计算
外汇期货与期权交易	了解外汇期货与期权交易的含义	掌握外汇期货合同及交易程序；掌握外汇期权合同和外汇期权价格

【导入案例】

聪明的农民

美国和墨西哥的边境住着一位智慧的农民。别人都以种地维持生计，他却另辟蹊径，仅仅依靠自己的10美元积蓄便能过上悠哉快乐的生活。

早上起来，他在美国这边的酒店花1美元买一杯啤酒和一盘牛排，吃完后，他拿着剩下的9美元来到墨西哥。这时已经过了中午，他在当地银行按1∶3的汇率，将9美元兑换成27比索，然后拿出3比索，在当地饭店继续喝一杯啤酒，吃一盘牛排。晚上的时候，他拿着剩下的24比索回到美国这边，再按1∶2.4的汇率，兑换成10美元。这样一天他等于白白享用了"免费的早餐"和"免费的午餐"，日复一日，年复一年，这位精于算计的农民靠着10美元不断重复着这个行程。

这位农民能够在两国之间不断地享用免费的啤酒和牛排，是由于两国的汇率不同。聪明的农民正是通过两国汇率的差异进行套利而获得了"免费的早餐"和"免费的午餐"。农民在游走于两国的过程中实际上没有花钱，但酒店确实获得了收入，那么到底是谁付的钱呢？

资料来源：韩博印. 国际金融［M］. 北京：机械工业出版社，2013：33.

案例思考：到底是谁付的钱？

6.1 即期与远期外汇交易

6.1.1 即期外汇交易

1. 即期外汇交易的含义与功能

（1）即期外汇交易的含义。即期外汇交易（spot exchange transaction）又称现汇交易，是指外汇交易双方在完成交易后的两个工作日内办理交割的交易行为。所谓交割是指买卖双方办理实际收付的行为。交割日或称起息日就是外汇交易合同的到期日，在该日买卖双方互相交换货币。在这种交易中所买卖的外汇被称为即期外汇，或称现汇。例如，一美国商人到当地的银行用美元购买 15 万瑞士法郎，汇率为 1 美元 = 1.5 瑞士法郎，两个工作日内，该商人支付 10 万美元，银行就会把 15 万瑞士法郎转到该商人的账户上或应商人的要求汇往国外。

（2）即期外汇交易的功能。

即期外汇交易是外汇市场上最常用的一种交易方式。目前，在外汇交易额中有 50% 左右是即期外汇交易。即期外汇交易不但可以满足买方临时性的付款需要，也可以帮助买卖双方调整外汇头寸，以避免外汇汇率风险。具体来说，即期外汇交易具有以下功能。

①即期外汇交易可以满足客户临时性的支付需要。通过即期外汇买卖业务，客户可将手上的一种货币兑换成另一种货币，用以应付进出口贸易、投资、海外工程承包等的外汇结算或归还外汇贷款。例如，某公司需在星期三归还某外国银行美元贷款 100 万美元，而该公司持有日元，它可以在星期一按 1 美元 = 130.00 日元的即期汇率向银行购入 100 万美元，同时出售日元。星期三，该公司通过转账将 1.3 亿日元交付给银行；同时银行将 100 万美元交付给公司，该公司便可将美元汇出以归还贷款。

②即期外汇买卖可以帮助客户调整手中外币的币种结构。如某公司遵循"不要把所有的鸡蛋放在一个篮子里"的原则，通过即期外汇买卖，将其全部外汇的一定比例由美元调整为欧元或其他币种，通过这种货币结构的调整来分散外汇风险。

③即期外汇买卖还是外汇投机的重要工具，如进行套汇等投机业务。这种投机行为既有可能带来丰厚利润，也有可能造成巨额亏损。

2. 即期外汇交易的形式

（1）汇出汇款。需要对外支付外币的客户如有外币可向银行直接支付外币，如无外币则要将本币兑换成外币后，委托银行向国外的收款人汇出外汇。银行接收了汇款人的委托，便请求收款人的往来银行从本行的外币结算账户中借记相当金额,支付给收款人。

(2) 汇入汇款。汇入汇款是收款人从国外收到以外币支付的款项后,可以存入自己的外币账户,也可以将外汇收入结售给银行取得本币。通常办理汇款的外国银行事先就将外币资金转入接收汇款银行的结算账户中。

(3) 出口收汇。出口商将出口货物装船后,立即开立以双方商定的结算货币计价的汇票,并在汇票下面附上有关单证,请银行议付,以便收回出口货款。银行将汇票等单据寄往开证行,按照汇票即期支付的条件,接收以外币支付的款项,并让支付行将应付款项记入出口商的外币结算账户中。通常出口收汇是以外汇的交割和本币的收付时间为标准的,两者同时进行则都作为即期交易对待。

(4) 进口付汇。进口付汇为进口商开出信用证的银行按照出口商开出的附有全部单证的即期汇票条件,将外币计价的进口货款通过外币结算账户垫付。然后向进口商提示汇票,请其按照即期付款条件支付。进口商以本币(或外币)向银行支付了进口货币,进口结算就完成了。

3. 即期外汇交易的报价

报价是各项外汇买卖达成交易的基础,是报价行借以吸引客户和获得交易利润的前提条件之一,也是企业单位和个人选择交易银行或外汇经纪公司的主要依据。因此,对于经营外汇交易的银行来说,其外汇交易员必须熟练掌握国际外汇市场各项外汇交易的报价惯例和报价技巧,同时根据国际外汇市场汇率的变动情况和本银行的经营策略等报出对顾客有吸引力并对本银行有利的外汇买卖价格;而对于从事对外经济贸易的企业或持有外币的国内居民,在委托金融机构或外汇经纪公司办理各项外汇交易过程中,除了认真了解对方的信誉和资历外,还要根据国际外汇市场的最新行情选择有利的报价银行,争取得到较好的价格。

(1) 即期外汇市场的报价方法。在外汇市场上,从事外汇交易的报价行在报出外汇交易价格时一般采用双向报价法,即银行同时报出买入价(buying rate,或称 Bid)和卖出价(selling rate,或称 offer)。买入价或卖出价是针对银行而言的,银行买入即客户卖出;银行卖出即客户买入。在国际外汇市场上,惯用的标价方法为直接标价法,所以银行报出的即期汇率的排列总是前小后大,中间的差额是银行的收益。如银行报出美元兑日元的价格为:USD/JPY = 115.70/80,其中斜线左边的数字(115.70)表示银行买入 1 美元付出日元的金额,斜线右边的数字(80)表示银行卖出 1 美元收回日元的金额。

为提高工作效率,在银行同业间进行交易时,报价行通常采用点标方式报价,即只报出价格的最后几位(通常是两位)数,如上述 USD/JPY = 115.70/80 报成 70/80,其含义完全相同。

(2) 报价依据。报价行的外汇交易人员在开市报价或接到询价时,为了使本身的报价合理或比较合理,一般要考虑以下四个因素。

①市场行情。现时外汇市场的最新行情是交易员报价的决定性因素。外汇市场最新行情一般包括以下两个方面:一是现行的市场价格。一般情况下,现行的

市场价格是指市场截至此时的最后一笔常规交易的成交价格或者此时市场核心成员的买价或卖价。国际性的即期外汇市场是一个完全自由的市场，在这里，没有一个所谓公认的固定比价，更没有一个一成不变的所谓官方价格，其价格水平和价格波动完全由外汇市场本身的供求力量决定。二是市场情绪。即报价行对外报价时，市场是处于上升或处于下跌的压力之下的。通常情况下，我们将处于上升压力之下的外汇市场称为牛市，而将处于下跌压力之下的外汇市场称为熊市。

②报价行现时的头寸情况。报价行现时的外汇头寸情况及本币头寸的多寡决定了该行买进或卖出某种货币的数额及价格。当报价行接到询价者询价时，其交易要看本行是否持有对方希望交易的货币多头或空头、金额大小和成本价格水平。如果本行已持有询价者所询货币的多头且金额较大，那么，交易员在报价时可能会偏低开报该货币价格；反之，报价行的交易员则会提高价格，以吸引意欲抛售该货币的询价者。当然，有时报价行虽已持有某种货币的多头，但如果看好行情仍会增加已有头寸，这时，其交易员会继续报高该货币价格，以示购买之意。

③国际政治经济军事变化。国际外汇市场各项外汇交易最关键的是汇价，而在当今世界普遍实行浮动汇率制度的情况下，报价行所在国和世界主要国家经济的繁荣或萎缩、财政的盈余或赤字、国际收支的顺差或逆差、外汇储备的增加或减少、通货膨胀的加剧或缓和以及外汇市场供求的失衡、利率的差异、短期资本的流动、投机的刺激和政治/军事的动荡等，都会引起外汇行市的起落不定或暴涨暴跌。所以，报价行的外汇交易员必须时刻注意上述情况，及时制定和调整本行的报价。

④询价者的意图。这是外汇交易员报价前所要判断的一个纯技术性的问题。一般情况下，询价者在询价时不必透露其买卖意图，即不必讲出是卖出还是买进所问的货币，而报价行的交易人员则要同时报出买价和卖价。在这种情况下，为争取获利的机会，同时又要保持正常的差价，报价员就要尽可能试探或估计出对方的意图。假如对方欲买，则可以略微抬高价格；反之则应压低一点报价。但是，这种试探或估计是无章程可循的，完全凭借交易人员的日常经验及其在以往交易中所形成的交易习惯而定。

（3）报价技巧。

对于经营外汇交易的银行来说，其外汇交易员在进行即期交易的报价时，一般应掌握以下技巧。

①拉开买价与卖价的差幅。贱买贵卖是银行办理外汇买卖业务的原则。因为银行通过外汇买卖要获得一定的利润，如果没有买与卖之间的差价，即使交易额再大，银行也无利可图。

②应与外汇市场上一般买卖价拉开差距。报价行为达到买进或卖出外汇的目的，必须使本身所报出的买卖价格与当时外汇市场有一定的差距，即报出比外汇市场汇价更有吸引力的买价或卖价，以此吸引更多的顾客，同时达到调整本身外汇头寸的目的。

③银行在报出较有竞争性买价与卖价后,对报价行来说,可能会因成交额马上增加而导致外汇卖出额大大超过外汇买入额,或者出现外汇买入额超过卖出额的情况,甚至还会发生只有买主没有卖主或只有卖主没有买主的现象。出现这种现象,报价行的外汇交易员就要根据本行的外汇头寸的余额,灵活而及时地调整报价,以此来促使本行外汇头寸趋于平衡。

4. 即期外汇交易的汇率

(1) 即期汇率的种类。

(2) 即期汇率的计算。

①即期汇率的确定。即期汇率的计算最先面临的一个问题是确定交易所适用的汇率。在即期汇率中,确定哪一个是买入价,哪一个是卖出价。对此,可从以下三个角度考虑:一是不管买入价还是卖出价,都应该是对银行有利的价格;二是每个报价前面的价格是买入单位货币的价格,后面的价格是卖出单位货币的价格;三是在直接标价法下,小的数字是银行买入的价格,大的数字是银行卖出的价格。以上三种分析方法得出的结论是一致的。例如,外汇市场上几种主要的西方货币的即期汇率如下:

GBP/USD　　　　1.5800/10
USD/EUR　　　　0.9200/10
USD/JPY　　　　144.20/30

问:a. 客户买入美元的欧元价是多少?
b. 银行卖出美元的日元价为多少?
c. 客户要求将 100 万英镑兑换成美元,按即期汇率,能得到多少美元?

答:a. 0.9210

b. 144.30

c. $1\ 000\ 000 £ \times 1.5800 £ / \$ = 1\ 580\ 000 \$$

②交叉汇率的计算。在国际外汇市场上以美元为中心的汇率报价中,如果想要知道两种非美元货币之间的即期汇率,就要运用套算汇率或交叉汇率(cross rate),即从它们各自与美元的汇率中间接计算出来。交叉汇率的计算规则如表 6.1 所示。

表 6.1　　　　　　　　　　交叉汇率的计算规则

美元所处地位	美元作为单位货币	美元作为计价货币
美元作为单位货币	交叉相除	同边相乘
美元作为计价货币	同边相乘	交叉相除

【例 6.1】已知:USD/EUR　　0.9200/10
　　　　　　　USD/HKD　　7.7450/60

某公司以港元买进欧元支付货款,EUR/HKD 的汇价是多少?

两个即期汇率都是以美元作为单位货币,所以应交叉相除,即:EUR/HKD =

USD/HKD ÷ USD/EUR

则：欧元买入价 = 7.7450 ÷ 0.9210 = 8.4093

欧元卖出价 = 7.7460 ÷ 0.9210 = 8.4196

因此，EUR/HKD 为 8.4093/8.4196，公司买进欧元的港元价为 8.4196。

【例 6.2】 已知：GBP/USD   1.5825/34

　　　　　　　 USD/JPY   120.61/71

求：GBP/JPY = ?

因为两个即期汇率，一个以美元为计价货币，另一个以美元为单位货币，所以应同边相乘。即 GBP/JPY = GBP/USD × USD/JPY。

则：英镑买入价 = 1.5825 × 120.61 = 190.87

英镑卖出价 = 1.5834 × 120.71 = 191.13

所以 GBP/JPY 为 190.87/191.13

5. 即期外汇交易的结算

（1）交易地与结算地。买卖双方进行交易的地点为交易地（the dealing location），进行某种货币交易的双方就在该种货币的发行国，则这个地点就是结算地（the settlement location）。例如在伦敦的两家银行进行日元的买卖，伦敦是交易地，结算地是东京。区分交易地和结算地的目的是使进行交易的当事人能确定交易的时机。如果一笔交易在交易地发生了，但需在随后的一天结算，如果应结算的那一天结算地银行没有营业，就不能结算。这显然对买进某种货币的客户是不利的，因为不能实现这种货币的存款的转移，从而不能收取利息。

（2）即期外汇交易的交割时间。在国际外汇市场上，外汇交易双方一旦达成买卖协议，交易价格就固定下来，因而何时进行资金的实际收付及何时交割就直接关系到买卖双方的经济利益。特别是在即期外汇交易中，买卖的金额一般较大，交割时间对买卖双方的利益影响甚大。即期外汇交易的交割日（结算日）有以下三种类型。

①当日交割。即在交易达成的当日进行交割。例如中国香港外汇市场港元对美元的即期交易。

②次日交割。即在交易达成后的第一个营业日进行交割。例如中国香港外汇市场，港元对日元、新加坡元、马来西亚林吉特均是在成交后次日交割。

③标准日交割。即在交易达成后的第二个营业日进行交割。目前多数即期外汇交易市场都采用这种交割方式。

值得注意的是，即期国际外汇交易中所指的"日"是指营业日。如果从事交易的两家银行与结算地银行的节假日相同，则在交易后的两个营业日进行结算。如果从事交易的两家银行与结算地银行的节假日不同，则以结算地银行的工作日为结算日。

6.1.2 远期外汇交易

1. 远期外汇交易的含义与作用

(1) 远期外汇交易的含义。所谓远期外汇交易（forward exchange transaction）也称期汇交易，是指买卖双方先签订合同，规定外汇买卖的数量、汇率和将来交割的时间，成交后在将来的某个约定日办理交割的外汇交易。远期外汇交易的未来交割日、汇率和货币金额都在远期合同中事先进行规定。

(2) 远期外汇交易的作用。远期外汇交易1972年始于美国芝加哥，20世纪80年代以来才真正在世界各地的国际外汇市场兴起，并在外汇市场上和国际贸易结算中发挥巨大的作用。在当今浮动汇率制度成为主要汇率制度的情况下，远期外汇交易的经济功能主要体现在以下几点。

①远期外汇交易最直接的功能就是为外汇资产和负债的持有者提供了保值工具。进出口商和投资者是风险厌恶者。他们从事外汇买卖的主要目的是交易的需要，因此，他们所追求的是货币的保值，而不是从汇率的变动中获得利润。远期外汇交易为他们提供了保值的手段。

一般来说，国际贸易中合同的最初订立与最终履行之间有较长的一段时间，在这段时间里，外汇汇率可能发生变动，使企业不但不能作出正确的成本和利润估算，而且有时会遭受损失。为了避免这种风险，进出口商可以在订立进出口合同的同时，与外汇银行做一笔与货款支付日期相吻合的远期外汇交易，则可以按约定的汇价交割，不受交割日实际汇价变动的影响。

②远期外汇交易为外汇银行调整外汇持有额和资金结构提供了方便。进出口商与外汇银行进行远期外汇买卖后就把风险转嫁给了外汇银行。外汇银行在买卖某种远期外汇时，或者是买入大于卖出，或者是卖出大于买入，这时候外汇银行可通过远期外汇市场进行外汇持有额的调整。以多头为例，当形成某种远期外汇的多头，而银行又及时抛出时，那么，如果抛出时的远期汇率低于未抛出时的远期汇率，外汇银行就蒙受损失，然而，外汇银行形成的一种远期货币的多头，就是另一种远期货币的空头。因此，外汇银行为了减少这一损失，它可以较低的汇率买进一种远期货币的多头，同时以较高的汇率卖出另一种远期货币的空头。这样，外汇银行通过远期外汇交易，调整外汇额度和货币结构，避免了损失。

③远期外汇交易为外汇投机者提供了获得投机利润的机会。外汇投机者是风险爱好者。他们进行外汇交易的目的是从不同市场汇率差异、不同时期的汇率变动中赚取投机利润。在远期外汇市场上，当他们预测某种货币在未来会贬值时，就按约定的汇率卖出该种货币的远期，等到该种货币实际贬值后的汇率低于约定的汇率时再用低价买入同一数额的远期外汇。相反，当他们预测某种货币将升值时，就按约定的汇率买入该种货币远期，等到该种货币升值后再高价卖出，从中赚取差额利润。当然，如果他们预测失误，他们就会蒙受损失。

2. 远期汇率

（1）远期汇率的标价方法。远期外汇交易使用的汇率即远期汇率。远期汇率是一种预约性汇率，是以即期汇率为基础加减远期与即期差价求得的。远期汇率可以用两种方法表示。

①平白远期汇率，即直接标出具体的货币数量。如日元对美元的即期汇率和30天远期汇率可以表示如下：

	即期汇率	远期汇率
USD/JPY	120.90	121.30

②远期点数，即只标出远期与即期汇率的差额，这个差额被称为远期汇水（forward margin）。远期汇率比即期汇率低叫贴水（discount）；远期汇率高于即期汇率被称为升水（premium）；远期汇率等于即期汇率被称为平价（at par），这种情况比较少见。升水或贴水都是相对的概念，如果单位货币升水，计价货币则贴水；反之，单位货币贴水，计价货币则升水。

远期汇率中用"点"表示远期汇水，与即期汇率中的点相同。如即期美元兑日元的汇率为120.90，30天远期汇率为121.10，则远期美元升水20点。

由于平白远期汇率经常随着即期汇率的变动而变动，所以平白远期汇率要经常修改，在业务上非常不便，而远期点数则比较稳定，因此在外汇市场上通常用远期点数来表示远期汇率，即标出升水差额或贴水差额。远期汇率与即期汇率的关系是：

$$远期汇率 = 即期汇率 \pm 升(贴)水$$

在直接标价法下，远期点数小数在前，大数在后，表明标准货币远期升水，远期汇率等于即期汇率加上升水数字；如果大数在前，小数在后，则表明远期贴水，远期汇率等于即期汇率减去贴水数字。在间接标价法下，情况正好与之相反。

综上所述，即期汇率、远期汇率与汇水之间的关系可以归纳如下：

即期汇率　远期汇水　远期汇率

　　小/大 + 小/大 = 小/大

　　小/大 − 大/小 = 小/大

美元兑港元的汇率说明如表6.2所示。

表6.2　　　　　　　美元兑换港元的汇率说明

USD/HKD	Spot rate	1 month forward		3 months forward	
		points	Forward rate	points	Forward rate
	1.8000/30	70/85	7.8070/7.8115	245/215	7.7755/7.7815

（2）远期汇率的确定。在一般情况下，远期汇率取决于两种货币的利率差别。在其他条件不变的情况下，利率高的货币远期汇率贴水，利率低的货币远期

汇率升水,利率差和汇率差经常保持平衡。这就是利息平价原理。

假如港元年利率为7.25%,美元年利率为6%,即期汇率7.8000/30,当我国的香港银行卖出3个月美元远期后,必须向同业买进相同数量的即期美元,以备3个月后进行远期外汇的交割。该银行由于把利率高的港元换成了低利率的美元造成利息上的损失,即 $7.8030 \times (7.25\% - 6\%) \times 3/12$ 港元,为了将这个损失转嫁远期外汇的买主,远期汇率的卖价应比即期汇率高。在利率差和汇率差平衡的条件下,3个月远期汇率为:

$$7.8030 \times [1 + (7.25\% - 6\%) \times 3/12] = 7.8274$$

反过来,如果银行买进3个月远期美元,就须向同业卖出相同数量的即期美元才能平衡外汇头寸,3个月后进行远期外汇交割时即期和远期外汇交易正好相互冲销。但由于该行把利率低的美元换成了利率高的港元,造成利息增溢。出于竞争需要,必须把这个利息增溢部分转让给远期外汇卖主,因此远期外汇买价也升水。在利率差和汇率差平衡的条件下,3个月的美元远期汇率为:

$$7.8000 \times [1 + (7.25\% - 6\%) \times 3/12] = 7.8244$$

(3)远期汇率的计算。远期汇率是由两种货币的利率差决定的。远期汇率=即期汇率±远期汇水,远期汇水可以由利率推算出来,其计算公式为:

$$远期汇水 = 即期汇率 \times 两种货币利率差 \times 远期天数/360$$

或

$$远期汇水 = 即期汇率 \times 两种货币利率差 \times 远期月数/12$$

至于远期汇率是升水还是贴水,要看这两种货币的利率,利率高的货币表现为贴水,利率低的货币表现为升水。

例如,设美元对日元的即期汇率 USD/JPY = 153.30/40,美元年利率为8.3125%,日元年利率为7.25%,则可以计算出美元兑日元的3个月远期汇水为:

$$153.30 \times (8.3125\% - 7.25\%) \times 3/12 = 0.41$$
$$153.40 \times (8.3125\% - 7.25\%) \times 3/12 = 0.41$$

因为美元利率高于日元利率,所以美元贴水而日元升水,3个月美元兑日元的汇率为:

$$153.30 - 0.41 = 152.89$$
$$153.40 - 0.41 = 152.99$$

3个月远期汇率 USD/JPY = 152.89/99。

远期外汇交叉汇率的计算与即期交叉汇率的计算相同,不过在计算远期外汇交叉汇率时,先要分别计算远期汇率,然后才能按即期交叉汇率的计算方法进行计算。

3. 远期外汇交易的交割日

远期外汇交易的交割日是在即期外汇交易的基础上确定的。远期外汇交易的交割日就是即期外汇交割日再加上远期期限（以整月计算，不管该月有多少天）。但须注意的是，远期外汇交易的交割日若要顺延，不能延到下一个月进行交割。

例如，1月26日发生的一笔1个月远期交易，计算交割日为2月28日，但该日为星期日，因此应该顺延至3月1日，但3月1日又进入了下一个月份，因此应提前到结算日前的第一个工作日，即2月26日。

【扩展阅读6.1】

经济基本面决定2021年全球主要货币汇率走势

美联储开始缩减资产购买规模并宣布将开启货币政策紧缩周期，美元受预期影响震荡走强。2021年美联储货币政策先松后紧，预期渠道在政策溢出中愈加重要，美元指数在加息前明显超前变动。同时，美国经济稳步复苏，经济增速总体快于欧元区。在此背景下，全年美元指数（USDX）升值6.4%，下半年升值趋势尤为明显，最高达96.84（11月24日）；非美货币对美元普遍走弱，美联储公布数据显示，全年美元对发达国家货币升值5.3%，对新兴市场国家货币升值2.0%。亚洲货币表现分化，同时拥有全球最强货币和最弱货币。2021年全球主要货币中，仅4个货币对美元升值，亚洲占据前3席，分别是以色列新谢克尔、人民币和新台币。其中，以色列因疫苗接种率高、经济复苏快，外资流入规模较大，财政赤字不断降低，支持新谢克尔成为全球最坚挺货币；人民币则得益于我国贸易顺差保持一定规模，全年小幅升值。但是部分亚洲货币贬值幅度较大，泰铢和日元对美元贬值幅度均在10%以上；土耳其因国内高通货膨胀、逆势降息等非常规调控政策频繁调整，金融市场出现连续动荡，里拉走出"过山车"行情，全年大幅贬值超过40%，成为全球最弱货币。欧洲和北美洲货币中规中矩，在全球处于中下游水平。欧洲货币对美元全部贬值，其中欧元贬值7.7%，匈牙利福林、罗马尼亚列伊和瑞典克朗贬值均在9%以上。限于通货膨胀压力，欧央行保持"鸽派"态度，维持相对宽松的货币政策，继续实施紧急抗疫购债计划（PPEP），导致欧元及欧洲货币整体走弱。北美洲方面，加元是除亚洲三种货币外唯一对美元升值的货币，升值幅度不足1%。

受多重因素影响，南美洲、非洲和大洋洲货币相对较弱。南美洲货币整体较弱，巴西雷亚尔对美元贬值6.8%，已经是南美洲表现最好货币，主要受巴西央行连续加息提振；哥伦比亚比索、智利比索和阿根廷比索对美元双边汇率和多边有效汇率指数贬值幅度均在10%以上，全球看跌幅也比较靠前，主要受高通货膨胀、高债务等历史因素和疫情冲击等新因素的拖累。非洲和大洋洲货币对美元贬值幅度均在5%以上，其中非洲的南非兰特对美元贬值7.9%，主要是经济增长前景暗淡。大洋洲澳元贬值6.0%，主要受矿石类产品价格下降拖累。总体来看，尽管货币政策是汇率短期变动的重要影响变量，但货币强弱归根结底由经济基本面决定。2021年升值或表现相对稳定的货币，大多得益于所在国家（地区）经济较快复苏等基本面支撑；贬值幅度较大的货币，通常是由于经济运行存在拖累因素。经济稳则货币稳，依然是主要货币汇率走势的根本原则。

资料来源：2021年中国国际收支报告. 国家外汇管理局官网，https：//www.safe.gov.cn/safe/2022/0325/20772.html.

6.2 套汇与套利

6.2.1 套汇

1. 套汇的含义

套汇（arbitrage）是指套汇者利用不同市场某些货币的汇率差异进行低买高卖，赚取汇率差的一种外汇买卖业务，具有强烈的投机性。

一般来说，进行套汇必须具备三个方面的条件：一是存在不同的外汇市场和汇率差异；二是套汇者必须拥有一定数量的资金，并在主要外汇市场上有分支机构或代理银行；三是必须有一定的技术和经验，能够判断各个外汇市场的变动和趋势，并根据预测迅速采取行动。

在一般情况下，由于电子通信系统发达，世界主要外汇市场的汇率是非常接近的，但有时不同外汇市场的汇率在短时间内也会发生很大差异，从而可以引起套汇活动。市场上出现大量套汇活动后，会使贱的货币汇率上涨，贵的货币汇率下跌，从而使不同外汇市场的汇率很快接近。因此不同外汇市场间汇率的较大差异是很短暂的，所以套汇业务必须用电汇进行。

2. 地点套汇

地点套汇（space arbitrage）是指利用两个不同外汇市场的汇率差异，在汇价较低的市场上买进外汇的同时，在汇价较高的市场上卖出外汇，从而赚取差额利润的套汇方法。它包括直接套汇和间接套汇。

（1）直接套汇（direct arbitrage）也叫两地套汇，或两角套汇，是指利用两地之间的汇率差异，同时在两地进行低买高卖，赚取汇率差额。

例如，中国香港市场：USD/HKD = 7.7804/14

纽约市场：USD/HKD = 7.7824/34

中国香港市场的美元汇率明显低于纽约市场，香港的金融机构便可以用港元买入大量的美元，同时在纽约市场上抛出这笔美元。由于纽约市场的买价比香港市场的卖价高出10个点，因此利润是很可观的。

（2）间接套汇（indirect arbitrage）也叫三地套汇、三角套汇或多地套汇、多角套汇，是利用三地或三地以上的外汇市场上3种或多种货币之间交叉汇率的差异,同时进行低买高卖,赚取汇率差额的一种外汇业务。

例如,香港市场:USD/HKD = 7.7804/14

纽约市场:GBP/USD = 1.4205/15

伦敦市场:GBP/HKD = 11.0723/33

香港的金融机构可以在香港以港元 7.7814 的汇率买入美元,同时在纽约按 1.4215 的汇率将美元兑换成英镑,最后在伦敦市场按 11.0723 的汇率将英镑兑换成港元。

为了匡算间接套汇是否有利,可以把各地的标价换算为相同的标价,然后以卖价连乘。在直接标价法下,乘积小于 1 则套汇有利,大于 1 则套汇亏损,等于 1 则持平。如上例,把伦敦市场的标价变成直接标价:

HKD/GBP = (1/11.0733)/(1/11.0723)

将卖价连乘:$7.7814 \times 1.4215 \times 1/11.0723 = 0.9990$,因此可确定在这三个市场上套汇是有利可图的。

3. 时间套汇

时间套汇(time arbitrage)是指利用不同交割期限所造成的汇率差异,在买入或卖出即期外汇的同时卖出或买入远期外汇,赚取时间差额收益的一种套汇业务。

一般来说,当利率低的货币升水合年率大于两地利差,短期投资者便以利率高的货币购买利率低的货币,同时卖掉利率低的货币远期外汇,赚取升水差额,其条件是升水合年率大于两地利差。

如纽约市场的即期汇率是 1.5400/10,3 个月远期汇率是 1.5160/1.5210,瑞士法郎远期买价对即期卖价的升水合年率为 $[(1.5400 - 1.5210)/1.5210] \times 12/3 \times 100\% = 5\%$,若升水合年率大于两地利差,则套汇有利。

若瑞士法郎存款利率为 4%,美元存款利率为 7.5%,美国短期投资者以 100 万美元购买 154 万瑞士法郎,把美元存款变成瑞士法郎存款,预计 3 个月后将收回瑞士法郎本利和 $1\,540\,000 \times (1 + 0.04 \times 3/12) = 1\,555\,400$(瑞士法郎),同时卖出 3 个月远期 1 555 400 瑞士法郎。到期交割,按 1.5210 的汇率收回 1 022 616.70 美元,比直接美元存款的本利和 1 018 750 美元 $[1\,000\,000 \times (1 + 0.075 \times 3/12)]$ 多 3 866.70 美元。

6.2.2 套利

1. 套利的含义

套利也称利息套汇(interest arbitrage),是指利用不同国家和地区的利率差异,将资金由利率较低的国家或地区转移到利率较高的国家或地区投放,以赚取利率差额的外汇交易。在国际金融市场上,大的银行和金融机构经常进行套利活动。套利有两种形式,即非抛补套利和抛补套利。

2. 非抛补套利

非抛补套利即套利单纯根据利率的差异进行投资,这种套利的结果是不确定的。

例如,在苏黎世市场上,瑞士法郎一年定期存款利率为5%,在纽约市场上美元一年定期存款利率为8%,苏黎世市场的即期汇率为 USD/CHF = 1.5400/10,瑞士的短期投资者有100 000 瑞士法郎准备投资3个月。他可以有两种选择:一是在瑞士的银行存一年定期,到期连本带息收回105 000瑞士法郎;二是用瑞士法郎购买美元,把瑞士法郎存款转为美元存款,在一年内赚取3%的利差。100 000 瑞士法郎合 64 892.93 美元（100 000 ÷ 1.5410），一年后本利和为 70 084.36 美元（64 892 × 1.08），如果到期时,美元对瑞士法郎的汇率不变,他连本带息可以换回 107 929.91 瑞士法郎（70 084.36 × 1.5400），比在瑞士投资多 2 929.91 瑞士法郎（107 929.91 − 105 000）的收益。

但在浮动汇率制度下,汇率的波动是很频繁的。如果一年后美元兑瑞士法郎的汇率下跌为 1.4260/70，则该投资者收回的美元本利和为 70 084.36 美元,兑换为瑞士法郎为 99 940.30,结果投资者不但赚不到利润,反而亏损。

如果一年后美元兑瑞士法郎的汇率上升到 1.5450/60，则该投资者在美国投资的本利和 70 084.36 美元兑换为瑞士法郎为 108 280.34,不但赚到了 2 929.91 瑞士法郎的利差收益,而且还赚回了 350.43 瑞士法郎的外汇收益。

如果一年后美元对瑞士法郎的汇率为 1.4269/79，则该投资者收回的本利和 70 084.36 美元大约可以兑换 100 000 瑞士法郎[1],该投资者既没有收益,也没有损失。

3. 抛补套利

抛补套利就是将低利率货币兑换成高利率货币进行投资,同时在远期外汇市场上卖出预期于投资结束时收回的本金和利息购回原来的货币,以抵补投资期间可能发生的汇率变动的风险。因此,抛补套利所赚取的利差是没有风险的。

如上例中,为避免美元下跌造成的损失,该投资者可以卖出1年期远期的美元本利和。由于美元利率高于瑞士法郎,美元远期会贴水,因此需要考虑美元贴水合年率的大小。如果美元贴水合年率小于两地利差,套汇成功,反之则无利可图。

如3个月远期汇率为 1.5333/60，则美元远期买价对即期卖价的贴水合年率为 $[(1.5410 - 1.5333)/1.5410] \times 12/3 \times 100\% = 2\%$，小于利差3%，可知套汇有利。

该投资者若用 154.1 万瑞士法郎买入 100 万美元,预计 3 个月后将收回本利和 1 020 000 美元 $[1\,000\,000 \times (1 + 0.08 \times 3/12)]$，则同时卖出3个月远期 1 020 000 美元。到期按 1.5333 汇率交割,收到瑞士法郎 1 563 966 瑞士法郎（1 020 000 ×

---

[1] 严格意义上说还应加上 100 000 瑞士法郎一年的利息 5 000 瑞士法郎。

1.5333），比瑞士法郎存款的本利和 1 560 262.5 瑞士法郎 ［1 541 000 ×（1 + 0.05 × 3/12）］多 3 703.5 瑞士法郎。同时避免了汇率跌破盈亏平衡点（1.4269/79）而遭受损失。

【经典人物】

欧文·费雪

欧文·费雪（Irving Fisher）1867 年 2 月 27 日生于纽约州的少格拉斯，耶鲁大学教授，他被公认为美国第一位数理经济学家。费雪对经济学的主要贡献如下：一是创造性地利用时间逆转测验法和因子逆转测验法编制物价指数，对当今物价指数的编制影响深远；二是提出了被称为费雪效应的"通货膨胀率加实际利率等于名义利率"观点，至今仍是每一本宏观经济学教科的基本内容；三是阐明了利率如何决定和物价为何由货币数量来决定，尤以贸易方程式（费雪方程式）为当代货币主义所推崇。20 世纪初，费雪以李嘉图的比较利益论为理论基础，提出利率的差异是国际资本流动的基本动因，而国际资本流动的结果消除了各国之间的利率差异等国际资本流动理论。

资料来源：笔者根据相关资料整理得到。

6.3 择期与掉期

6.3.1 择期交易

1. 择期交易的含义

在远期外汇交易中，汇率、金额和交割日都是在交易合同中固定的。但这种交易有一定的局限性，就是利用这种交易的进出口商，必须确切地知道他在什么日期收到外汇或需要支付外汇。而事实上很多人尤其是进出口商往往既不可能事先知道货物运出的确切日期，也不可能知道收款或付款的具体日期。在这种情况下，客户希望不要固定交割日期，但要固定汇率，这就产生了择期交易。

择期交易就是客户可从交易后第二个工作日起在约定期限内的任何一天，按约定的汇率进行外汇交割，即客户在约定的期限内对交割日有选择权。例如某进口商签订一项进口合同但还不能确定付款的确切日期，只能大致定在 5 月份，这时进口商就可以与银行进行一笔择期交易，把交割日期定在 5 月份，这样该进口商可以按约定的远期汇率，在 5 月 1 日到 5 月 31 日之间的任何一个营业日，要求银行履行交割。

2. 择期交易的汇率

择期交易在交割日上对客户有利，反之则是对银行不利。因此银行在择期交易中使用的汇率是对客户相对不利的汇率。总之，银行将选择从择期开始到结束期间最不利于客户的汇率作为择期交易的汇率。

当银行卖出的择期外汇升水时，择期交易使用的汇率是择期最后一天的汇率；当卖出的择期外汇贴水时，则使用择期开始第一天的汇率。当银行买入的择期外汇升水时，择期使用的汇率是第一天的汇率；当买入的择期外汇贴水时，则使用择期最后一天的汇率。

3. 择期交易的汇率的计算

银行对择期汇率计算的步骤是：

（1）先列出选择行使期的首天及尾天日期。

（2）计算这两天的远期汇率（如果首天是即期，则采用即期汇率）。

（3）比较第一天和最后一天的远期汇率，选择一个对银行最有利的汇率作为该期限内的择期汇率。

例如：USD/CHF　　　即期汇率　　　3个月远期　　　6个月远期
　　　　　　　　　1.2600/10　　　300/290　　　　590/580

某客户要求买入瑞士法郎，择期从即期到6个月。

银行在报价时，先计算即期汇率，USD/CHF = 1.2600/10，然后计算6个月远期汇率为：

1.8100/10 − 590/580 = 1.2010/30

银行卖出瑞士法郎，买入美元，即期汇率为1.2600，6个月远期汇率为1.2010，显然远期汇率对银行最有利，因此银行报价为1.2010。

6.3.2　掉期交易

1. 掉期交易的含义

掉期交易又称调期外汇交易（swap），就是同时买进和卖出不同交割日的同种货币、相同金额的组合交易。一笔掉期外汇买卖可以看成由两手币种相同、交易金额相同、起息日不同、交易方向相反的外汇买卖组成的。因此一笔掉期外汇买卖具有一前一后两个起息日及两项约定的汇率水平。在掉期外汇买卖中，客户和银行按约定的汇率水平将一种货币转换成另一种货币，在第一个起息日进行资金的交割，并按另一约定的汇率将上述两种货币进行反方向的转换，在第二个起息日进行资金的交割。

例如某客户卖出即期英镑100万英镑，买入即期美元200万美元，即期汇率GBP/USD = 2.0000；同时买入3个月远期英镑100万英镑，卖出3个月远期美元

190万美元，3个月远期汇率 GBP/USD = 1.900。

为了与掉期交易中的远期外汇交易相区别，习惯上将单纯做一笔远期买卖称为单边远期（outright forward）。

2. 掉期交易的种类

（1）即期对远期掉期。客户在买进或卖出一种即期外汇的同时，卖出或买进该种货币的远期，货币的持有在即期与远期之间对调。这种交易是掉期交易最基本的形式，其他期限的掉期交易都是在这个基础上发展起来的。

（2）远期对远期掉期。客户在买进或卖出某种较短的远期的同时，卖出或买进该种货币的较长的远期。例如，买入1个月的远期英镑，同时卖出3个月的远期英镑，就是远期对远期的掉期交易。

3. 掉期交易的作用

（1）用于货币转换。掉期可以用于从甲种货币换成乙种货币，然后从套期保值的角度出发，再从乙种货币换成甲种货币，可以满足客户对不同货币资金的需求。例如，某银行对澳元有某种需要，但由于各种因素，市场上很难找到澳元，这时，银行就可以用掉期的反复法，借美元，然后即期卖出美元，买入澳元。这样，通过掉期用美元"制造"出澳元。

（2）用于套期保值。掉期可以用于套期保值，避免外汇风险。例如，某客户在6个月以后将有一笔100万英镑收入，为了避免外汇风险，客户卖出6个月远期给银行。银行如果没有相反方向的交易，到6个月时，就会有英镑多头风险。对于这种情况，银行可以用掉期方法。即期卖出100万英镑，然后即期买入100万英镑，同时远期卖出100万英镑。这样，银行就及时地把从客户买入英镑的风险转移了。

（3）调整起息日。客户在做远期外汇买卖后，因故需要提前交割，或者由于资金不到位或其他因素，不能按期交割，需要展期时，都可以通过做外汇掉期买卖对原交易的交割时间进行调整。

例如，一家美国贸易公司在1月预计4月1日将收到一笔日元贷款，为防范汇率风险，公司按远期汇率水平同银行做一笔3个月远期外汇交易，买入美元卖出日元，起息日为4月1日。但到了3月底，公司得知对方将推迟付款，在5月1日才能收到这笔货款。于是公司可以通过一笔1个月的掉期外汇买卖，将4月1日的头寸转换至5月1日。

4. 掉期汇率的计算

在掉期交易中，经常使用的一个重要概念是"掉期率"，其表示方式与远期汇水相同，如银行即期买入与远期卖出的某种货币掉期率为30/40。掉期率是一个差价概念，其前面一个价格相当于即期卖出单位货币与远期买入单位货币的两个汇率的差额；其后面一个价格相当于即期买入单位货币与远期卖出单位货币的两个汇率的差额。至于远期买入价比即期卖出价、远期卖出价比即期买入价是高抑或低相应的差价,视掉期率点标中两个差价的大小关系而定,若前小后大,即远期升水,则远期买入价比即期卖出价、远期卖出价比即期买入价高相应差价,反之则低相应的差价。

【例6.3】 GBP/USD　即期汇率　　　　　1.6020/30
　　　　　　　　　　3个月远期汇水　　40/60（远期升水）
　　　　　　　　　　3个月远期汇率　　1.6060/90
　　　　　　　　　　即期买入英镑/3个月远期卖出英镑掉期汇率（全标价）
　　　　　　　　　　　　　　　　　　1.6020/1.6080(1.6020+0.0060)
　　　　　　　　　　即期卖出英镑/3个月远期买入英镑掉期汇率（全标价）
　　　　　　　　　　　　　　　　　　1.6030/1.6070(1.6030+0.0040)

【例6.4】 USD/CHF　即期汇率　　　　　1.2600/10
　　　　　　　　　　3个月远期汇水　　50/30（远期贴水）
　　　　　　　　　　3个月远期汇率　　1.2550/80
　　　　　　　　　　即期买入美元/3个月远期卖出美元掉期率(全标价)
　　　　　　　　　　　　　　　　　　1.2600/1.2570(1.2600-0.0030)
　　　　　　　　　　即期卖出美元/3个月远期买入美元掉期率（全标价）
　　　　　　　　　　　　　　　　　　1.2610/1.2560(1.2610-0.0050)

6.4　外汇期货与期权交易

6.4.1　外汇期货

1. 外汇期货交易的含义

外汇期货交易是指外汇买卖双方于将来时间,以在有组织的交易所内公开叫价确定的价格,买入或卖出某一标准数量特定货币的交易活动。

浮动汇率制度的实行使各行各业在对外商业活动中很难估算成本,面临着巨大的外汇风险,为了回避风险,外汇期货交易应运而生。1972年5月26日,芝加哥商品交易所开辟了国际货币市场分部,进行包括英镑、加拿大元、德国马克、意大利里拉、日元、瑞士法郎和墨西哥比索在内的外汇期货交易。1982年英国又成立了"伦敦金融期货交易所",此后,澳大利亚等一些国家和地区也仿效建立了外汇期货交易市场,金融期货业务在全世界范围内得到了很大的发展。目前,世界上许多国家和地区都开办了金融期货业务。

2. 外汇期货合同

外汇期货交易的基本单位就是期货合同,它是一个具有法律效力的外汇买卖的高度标准化的书面协议,规定了外汇期货交易双方在未来将要交割的某种货币的特定数量,以及交割的地点、日期等,见表6.3和表6.4。①

表6.3　　　　　　　　　　芝加哥国际货币市场（IMM – CME）

货币名称	马克	瑞士法郎	日元	英镑
合同金额（万）	12.5	12.5	12.5	6.25
价格单位	0.0001	0.0001	0.000001	0.0005
日价波动最大限	0.01	0.015	0.0001	0.05
货币名称	墨西哥比索	加拿大元	荷兰盾	法国法郎
合同金额（万）	100	10	12.5	25
价格单位	0.00001	0.0001	0.0001	0.00005
日价波动最大限	0.0015	0.075	0.01	0.005

注：合同月份为1月、3月、4月、6月、7月、9月、10月、12月及次年上述各月。

表6.4　　　　　　　　　　伦敦国际金融期货市场（LIFFE）

货币名称	英镑	瑞士法郎	马克	日元
合同金额（万）	2.5	12.5	12.5	12.5
价格单位	0.0001	0.0001	0.0001	0.000001
日价波动最大限	0.05	0.01	0.01	0.01

注：合同月份为3月、6月、9月、12月及次年上述各月。

如果外汇交易双方中任一交易方在合同有效期内,以规定的外汇量进行交割或接受交割,则该合同即告履行完毕。在一般情况下,一个买入或卖出头寸的外汇期货合同,可以在合同到期前用另一份等量合同的冲抵买入或卖出中进行平仓。

所有的外汇期货合同都是高度标准化的,买卖双方清楚地知道他们的交易品种,所以人们可以在指定的交易所内自由地交易。此外,外汇期货交易的每一笔交易与其他交易方式不同,都有其买方和卖方,但成交后,买卖双方都不相互承担义务,而是各自分别向指定的清算所直接承担义务。也就是说,外汇期货交易一旦在交易所成交,清算所就成为所有交易方的交易对手,即成为所有期货交易合同买方的卖方或卖方的买方。这样做是为了确保在期货交易所内成交的合同最终能得到履行。

3. 外汇期货交易的程序

（1）选择经纪公司及经纪人。客户的外汇期货交易能否顺利进行以及权益能否得到保证与经纪公司及经纪人有直接关系。因此客户在交易前应慎重选择经纪公司与经纪人。

---

① 表6.3、表6.4是根据吕随启等编著的《国际金融教程》第133页内容及佘明龙主编的《国际金融》（修订版）142页内容整理得到的。其中马克于2002年不再流通,但鉴于其曾为主要货币,故举例时予以列举。

客户在选择经纪公司时，应先选择那些经外汇管理部门批准，并已领取营业执照的专业金融期货公司。此外，还要考虑所选择的经纪公司是否信誉良好，内部机构及其各项制度是否健全和完善，与国际市场的联系是否及时，以及利用路透社和美联社终端的能力如何。同时还要考虑与本人接触或指定的经纪人素质是否良好及处理外汇风险的能力和实际经验如何。

（2）开设保证金账户。客户选择经纪公司及经纪人后，如果决定马上或近期内要委托经纪公司进行外汇期货交易，即可按经纪公司的要求在经纪公司开立保证金账户。开户时，经纪公司应对客户的资格进行审查，同时要对客户用于期货交易的资金进行落实与审查。对于具体的保证金数额，由各经纪公司参照国际外汇市场交易和行情，酌情而定，在一般情况下，经纪公司对客户的保证金为期货合同金额的2%~7%。

客户以现金形式交付的保证金，经双方核准后由经纪公司开出收据，交客户作为办理委托买卖手续；客户以转账方式交付的保证金，一般要在收款银行收受并转入经纪公司账户后，客户方可进行交易。一般情况下，客户开户后通常要在经纪公司预留印鉴，同时要与经纪公司签订委托协议和风险声明书，明确双方的权利与义务，规定有关交易的结算与初始保证金和追市保证金的提交、支用等内容，协议书和声明由经纪公司、经纪人和客户三方签字。

（3）下达指令（订单）。下达指令（订单）是客户决定在期货市场进行对冲时下达给经纪公司买进或卖出期货合同的指示。这种通过特定方式给予经纪人的指令应具有职业效力和法律效力，只要期货市场符合客户指令的条件，那么经纪人必须执行指令，同时客户必须承认其向经纪人发出的有关指令。一个期货交易指令一般应包括七个方面的内容：期货交易的方向，即购买或出售；期货合同的数量；期货合同的交割期；期货合同的货币种类；期货合同的交割地点；指令的价格种类和指令的有效期限。

（4）期货合同的清算与交割。在外汇期货交易中，当经纪公司代客入市后，对未平仓头寸需按当日市场收盘价逐日结算，核算账面盈亏，记入客户保证金账户，如果客户是盈利的，他可以选择提取盈利部分，也可以继续留作保证金；如果客户是亏损的，则必须在规定的期限内补交保证金，将其追加到初始保证金的水平，否则经纪公司就会在市场上将其敞口头寸轧平，即斩仓。

期货合同的清算都是通过清算所来进行的，每个交易所都有一个独立的清算公司来负责期货合同的清算与交割事宜。清算公司可以是独立的，也可以是交易所的附属公司，或者是由交易所的全部或部分会员所拥有。非清算公司会员的交易所会员必须通过清算公司会员进行清算。清算公司会员除清算自己的合同外，还有权代理清算其他交易所成员的交易。

清算公司是所有交易者的第三方，一旦合同成交，并在清算公司登记后，交易双方都不再为对方承担交割义务，而由各清算公司承担责任，清算公司成为每一笔交易的对销者。所以，每一笔交易成交后，买方或卖方都要向清算公司提交有关交易资料。当一天结束时，清算公司会给清算会员提供交易状况报表，以及全部可接受合同的细节。

外汇期货交易的清算方式有两种：一种是现金轧差；另一种是实物交割。在实际交易中，绝大部分是在合同交割日以前的有利时机，各自在期货市场作反向的交易，以对冲买卖结清头寸结束交易，很少发生实物交割的情况。

经纪公司对客户平仓或已交割的期货买卖，应在次日向客户发出买卖平仓报告表，客户再次核对所有买卖后签名认可。与此同时，经纪公司对客户已核对平仓的各项期货交易，要逐笔与客户进行结算，并由客户在其结算账户清单上再签字。在一般情况下，经纪公司对每手已平仓的期货交易在平仓后向客户收取一定比例的手续费。

当客户需要从其保证金账户中提取款项时，一般应在两个工作日前以书面形式通知经纪公司，表明其提款意图，经纪公司将在两个工作日内付款给客户。客户提取的限额是以该账户结存减去所需保证金，再减去当天客户未平仓合约的浮动亏损额计算的。

6.4.2 外汇期权

1. 外汇期权的含义

外汇期权交易是一种金融创新工具，它始于1982年美国费城股票市场的第一批英镑和马克期权。随后在外汇市场得到迅速发展，成为减少外汇风险的有效工具。

外汇期权（foreign exchange option）是一种选择契约，期权合同的买方享有在契约到期日或之前以规定的价格买进或卖出约定数量的某种外汇的权利。

外汇期权给予合同持有者的是权利而不是义务，合同持有者可以决定是否执行合同，如果行情有利，他可以按合同规定买进或卖出相应的外汇，如果行情不利，他可以放弃这种权利，不履行合同；而期权的卖方则完全没有权利决定是否进行交割。

外汇期权交易是原有几种外汇保值方式的发展和补充。它既为客户提供外汇保值的方法，又为客户提供从汇率变动中获利的机会，具有较大的灵活性。

2. 外汇期权合同

为了使买卖双方能在交易所内以公开竞价的方式进行交易，并有助于外汇期权市场的活跃，外汇期权已有标准化契约。

（1）交易数量。外汇期权交易的标准化合同都规定了固定的交易数量，如每一个合同单位为12 500英镑，62 500瑞士法郎，625万日元，等等。并且为了方便交易，所有汇率都是以美元表示的，如1英镑等于多少美元等。

（2）履约价格。履约价格又称协定价格，是合同中规定交易双方将来行使期权时的交割价格，履约价格可能完全不同于即期汇率或远期汇率。

(3) 到期日。外汇期权合同有一个最后到期日,期权的持有者如果希望履行合同,必须在合同到期前通知对方。到期日一般表示为某年某月某日的某个时间。如果买方没有在到期日前向卖方表示履约的意愿,则卖方在法律上没有接受履约的义务;然而,如果买方显然会履行期权,市场按成规通常给予一段通融的时间。但买方不应依赖卖方的通融,而必须确定及时发出履约通知。另外,在合同到期前,卖方必须让买方发出履约通知。

(4) 保证金。当买方要求履行合同时,卖方有义务按履约价格进行交割。为了确保合同义务的履行,须在定约时缴纳保证金。卖方所缴纳保证金通过清算所会员缴存于清算所的保证金账户内,随市价的涨跌,并于必要时追加。

(5) 权利金。权利金又称保险费,是外汇期权的价格,在订约地由买方支付给卖方,作为取得履约选择权的费用。买方在签订期权合同并支付权利金后,就有权在他认为最佳的时机或特定日期买进或卖出一定的外汇,因此可以获取利润。而如果外汇行情走势对自己不利,买方可以放弃使用期权,其损失仅是支付的权利金。因此,外汇期权与期货交易一样,可以用少量资金来控制大量的外汇。

3. 外汇期权的种类

(1) 从期权购买者的角度划分,可分为看涨期权和看跌期权。看涨期权,即外汇期权合同给予买者按合同规定的汇率购买外汇的权利,因此又称买进期权。购买者担心外汇价格上涨而给自己造成损失,购买了期权合同后,当市场价格高于期权规定的价格时,就可以按合同规定的汇率买进一定外汇,反之可以不履行合同。从期权合同的卖方来说,当购买者要求执行合同时,他有义务按合同的规定出售外汇给买方,他没有不履行合同的权利。换句话说,看涨期权合同的买方享有权利而不承担义务,而卖方则只承担义务,不享有权利。看跌期权则与之相对应。

(2) 按期权合同的交割日划分,可分为美式期权和欧式期权。美式期权是指在到期日前的任何时候或在到期日都可以执行合同,结算日则是在履约日之后的一天或两天。欧式期权则要求合同持有人只能在到期日履行合同,结算日是履约后的一天或两天。

(3) 按汇率划分,可分为即期外汇期权、外汇期货期权和期货式期权。即期外汇期权相当于一种有价证券,只要其购买者向出售者支付一定金额后,就可在这种有价证券到期之前或到期日按合同规定的价格买进或卖出一定数量的即期外汇,也可以放弃这种权利。在外汇期货期权中,期权买方有权在到期日或之前,以协定的汇率买进或卖出一定数量的某种外汇期货。期货式期权又可以被称为期权期货,即外汇期权以期货的形式进行交易。期货式看涨期权合同的购买方希望合同的价格上涨,那么他可以按上涨的价格卖出合同,从而盈利;而合同的出售者则会亏损。同样地,期货式看跌期权合同的购买者也希望合同的价格上涨,他可以出售合同而获利,合同的出售者则会亏损。

(4) 按交易方式划分,可分为挂牌交易和柜台市场交易。挂牌交易即在交易所内正式挂牌交易,也称场内交易。这种交易规格固定划一,在交易所内集中买卖,并可以在市场上转让出售。柜台市场交易即在交易所以外进行交易,又称场外交易。这种交易的金额、期限的规格及履约价格均由买卖双方根据需要斟酌商定,而且流动性更强。

4. 外汇期权的价格

(1) 外汇期权的报价。外汇期权的价格即权利金,可以表示为百分数或点数。根据市场惯例,如果权利金以计价货币表示,而另一种货币是基准单位,则以点数报价。例如,权利金以 CHF 计价,表示每一 USD 为多少 CHF,则权利金是以点数来报价,如每一 USD 为 250 点。如果权利金的计价货币与基准单位相同,假设两者都是 CHF,则权利金是以百分数报价的,如每 CHF 为 2.5%。

(2) 期权价格的构成。权利金由内在价值和时间价值两部分构成,即期权价格等于内在价值加上时间价值。期权的内在价值就是期权本身所具有的价值,即期权的协定价格与市场价格的差额。期权协定价格通常由买方选择。因此,期权的协定价格与市场价格之间有三种关系:

①平价。如果期权合同的履约价格等于当时的市场价格,则该期权处于平价,其内在价值为零。

②折价。如果看涨期权的履约价格低于其市场价格,或者看跌期权的履约价格高于其市场价格,则该期权折价,即买方处于有利地位,该期权合同具有内在价值。

③溢价。如果看涨期权的履约价格高于其市场价格,或者看跌期权的履约价格低于其市场价格,则该期权溢价,即买方处于不利地位,这种情况下期权的内在价值为零。

期权合约在签订时,无论是看涨期权还是看跌期权,其内在价值都不可能为负数,只可能大于零或等于零。

期权的时间价值是期权的权利金减去内在价值。对于内在价值,不论是否知道期权的总价值都可以计算,它只是期权的折价部分。但如果不知道期权的总价值,其时间价值的评估就很困难。期权的时间价值一方面反映了期权交易期间内的时间风险,另一方面也反映了市场价格波动的风险,它实际上就是期权有效期内市场价格变化使期权履约时所获得的额外收益。

期权有一特性,即持有者是否履行合同,取决于到期日市场汇率。正是由于到期日市场汇价的不确定性,期权的定价也就比较复杂。

期权的时间价值的变化是一个从大到小、从有到无的过程。相对而言,期权的时间价值与交易期内剩余的时间成正比,到了到期日就没有时间价值了。这被称为时间衰竭。

5. 外汇期权合同的清算与交割

期权买卖双方是通过经纪人在交易所内成交的。所有成交的期权合同都必须通过期权清算公司进行清算与交割。期权交易市场都设有或独立或附属的清算公司，它对每一笔符合规范的期权交易担保。期权合同成交后，买卖双方都只同清算公司发生关系。买方只向清算公司提出行使权利的要求，而卖方则只向清算公司承担相关的责任。有清算公司为买卖双方担保，交易时双方均无须对对方的信用状况做任何调查，从而使得期权交易变得既简单又可靠。不过，为确保期权卖方到期承担履约责任，清算公司一般要求期权卖方缴纳保证金。这些保证金通过清算公司存于清算公司的保证金账户上，当市场波动激烈时，清算公司还有权要求追加保证金金额。

对于美式期权而言，其买方有权在合同有效期内的任何时候要求行使权利，提早进行结算交割；而欧式期权的买方则没有这种权利，只有在到期日才能进行清算与交割。不论是美式期权还是欧式期权，其卖方均可在到期日以前做回购交易，从而结束自己所承担的义务；其买方也可以在到期日前做再售交易，从而转让自己的权利。

当期权持有人要求行使权利、执行合同时，他只需通知其经纪人，再由经纪人通知清算公司。清算公司收到期权交割通知后，便采用一种对所有清算成员都公正、公平的准则，一般都会选择"先进先出"的原则，指定一位与要求交割的人完全匹配的期权出售者的清算公司成员，由该成员来完成与期权持有者之间的交割事宜。

【扩展阅读6.2】

2015~2021年人民币外汇掉期市场运行特征

对于2015年初至2021年初人民币外汇掉期市场行情变化与相关影响因素，总结出以下四点特征：一是中美利差是最重要的影响因素。1年期掉期点与1年期中美利差走势高度一致，利差是掉期的锚。二是短期限与境内货币市场关联性强。由于境内外货币市场分隔，本外币流动性要重点关注境内货币市场。掉期与境内外币拆借同为调节外币流动性的重要工具，联动境内本外币市场。三是中长期限受到汇率避险实需带动。客户管理汇率风险使用最多的衍生品工具是外汇远期，然后是外汇掉期和货币掉期，客户避险实需对中长期限掉期有带动作用，应给予关注。四是外汇掉期曲线通常呈现凸型形态。这给市场参与者提供了掉期曲线形态的交易机会，当掉期曲线出现凹型或直线型，大概率会回到凸型。

对于2021年人民币外汇掉期市场，中长期限掉期点在年初企稳后，在上半年可能表现强势，在下半年有所回落；短期限掉期点波动较大，带动中长期限掉期点波动。

首先是中美货币政策上半年延续，下半年或出现分化。2020年下半年我国货币政策逐步回归常态，年底中央经济工作会议定调2021年宏观政策，要保持连续性、稳定性、可持续性，要继续实施积极的财政政策和稳健的货币政策。稳健的货币政策要灵活精准、合理适度，保持货币供应量和社会融资规模增速同名义经济增速基本匹配，保持宏观杠杆率基本稳定。2021年，在前期政策的滞后影响及外需支撑下，上半年经济走强带动货币利率上行仍将持续；下半年经济运行或进入"筑顶回稳阶段"，社融持续收敛，货币利率随经济而回落。

其次是客户避险需求持续，远期净购汇量全年保持平稳。汇率预期方面，因中国基本面向好，深化利率汇率市场化改革，美国需与中国维持稳定的经贸关系以便巩固经济复苏，故人民币汇率保持在合理均衡水平上的基本稳定，客户不会形成高度一致的汇率预期，将按实需管理汇率风险敞口。全年对中长期限掉期点形成支撑。

最后是货币市场本币利率波动较大，美元利率波动平稳。2020年货币市场在宽松和偏紧之间几次切换，2020年12月至2021年1月上旬经历了新一轮的宽松后又回归到中性的状态。稳健的货币政策要灵活精准、合理适度，即面对复杂的外部环境和经济形势，央行将通过引导短端基准利率来实现多重目标，货币市场利率将在一个较宽的区间内波动。另外美元货币市场发生美元荒的概率较低，全球流动性较为充裕，境内美元货币市场料将维持平稳。因此，2021年主要受到人民币货币市场利率波动的影响，短期限掉期点波动较大，带动中长期限掉期点波动。

资料来源：温兆鹏. 人民币外汇掉期市场运行特征及2021年展望［J］. 中国货币市场，2021（2）：56-59.

【本章小结】

1. 即期外汇交易是指外汇交易双方在完成交易后的两个工作日内办理交割的交易行为。其主要功能是满足客户临时性的支付需要、帮助客户调整手中外币的币种结构、外汇投机的重要工具。

2. 即期外汇市场的报价一般采用双向报价法，即银行同时报出买入价和卖出价。对客户报价一般采用全标方式，银行同业间进行交易时通常采用点标方式报价。报价行的外汇交易人员在开市报价或接到询价时，一般要考虑以下四个因素：市场行情、报价行现时的头寸情况、国际政治经济军事变化及询价者的意图。即期外汇交易的汇率可分为电汇汇率、信汇汇率和票汇汇率。即期汇率的套算规则是同边相乘、交叉相除。即期外汇交易的结算日有当日交割、次日交割和标准交割三种情况。

3. 远期外汇交易也称期汇交易，是指买卖双方先签订合同，规定外汇买卖的数量、汇率和将来交割的时间，成交后在将来的某个约定日办理交割的外汇交易。其作用是为外汇资产和负债的持有者提供了保值工具、为外汇银行调整外汇持有额和资金结构提供了方便、为外汇投机者提供了获得投机利润的机会。远期外汇交易使用的是远期汇率,可以用全标也可以用点数表示。远期汇率是一种预约性汇率,是以即期汇率为基础加减远期差额求得的,即远期汇率＝即期汇率±升(贴)水。远期汇水＝即期汇率×两种货币利率差×远期天数/360 或远期汇水＝即期汇率×两种货币利率差×远期月数/12。远期外汇交易的交割日是在即期外汇交易的基础上确定的,远期外汇交割日就是即期外汇交割日再加上远期期限(以整月计算,不管该月有多少天)。但须注意的是远期外汇交易的交割日若要顺延,不能延到下一个月进行交割。

4. 套汇是指套汇者利用不同市场或不同时点某些货币的汇率差异进行低买高卖,赚取汇率差的一种外汇买卖业务。地点套汇是指利用两个不同外汇市场的汇率差异,在汇价较低的市场上买进外汇的同时,在汇价较高的市场上卖出外汇,从而赚取差额利润的套汇方法,其具体又包括直接套汇和间接套汇。时间套汇是指利用不同交割期限所造成的汇率差异,在买入或卖出即期外汇的同时卖出或买入远期外汇,赚取时间差额收益的一种套汇业务。套利也称利息套汇,是指利用不同国家和地区的利率差异,将资金由利率较低的国家或地区转移到利率较高的国家或地区投放,以赚取利率差额的外汇交易。套利有非抛补套利和抛补套利两种形式。

5. 择期外汇交易就是客户可从交易后第二个工作日起在约定期限内的任何一天,按约定的汇率进行外汇交割,即客户在约定的期限内对交割日有选择权。掉期交易又称调期外汇交易,就是同时买进和卖出不同交割日的同一种货币,其包括即期对远期掉期和远期对远期掉期两种形式。掉期外汇交易的主要作用是用于货币转换、用于套期保值和调整起息日。掉期率是一个差价概念,其前面一个价格相当于即期卖出单位货币与远期买入单位货币的两个汇率的差额;其后面一个价格相当于即期买入单位货币与远期卖出单位货币的两个汇率的差额;至于远期买入价比即期卖出价和远期卖出价比即期买入价是大或小的差价,要根据掉期率点标中两个差价的大小而定。

6. 外汇期货交易是指外汇买卖双方于将来时间,以在有组织的交易所内公开叫价确定的价格,买入或卖出某一标准数量特定货币的交易活动。外汇期货交易的基本单位就是期货合同,它是一个具有法律效力的外汇买卖的书面协议,规定了外汇期货交易双方在未来将要交割的某种货币的特定数量,以及交割的地点、日期等。外汇期货交易的程序是选择经纪公司及经纪人、开设保证金账户、下达指令(订单)、期货合同的清算与交割。外汇期权是一种选择契约,期权合同的买方享有在契约到期日或之前以规定的价格买进或卖出约定数量的某种外汇的权利。外汇期权已有标准化契约。外汇期权的价格即权利金,权利金由内在价值和时间价值两部分构成。期权买卖双方是通过经纪人在交易所内成交的。所有成交的期权合同都必须通过期权清算公司进行清算与交割。

【复习思考题】

一、知识题

（一）名词解释

即期外汇交易　　远期外汇交易　　套汇交易　　套利

择期交易　　掉期交易　　外汇期货交易　　外汇期权

（二）单项选择题

1. 按惯例，即期交易是指外汇交易双方在完成交易后的（　　）内办理交割的交易行为。
   - A. 一个营业日
   - B. 两个营业日
   - C. 三个营业日
   - D. 一周营业日

2. 在直接标价法下，升水时的远期汇率等于（　　）。
   - A. 即期汇率＋升水
   - B. 即期汇率－升水
   - C. 中间汇率＋升水
   - D. 中间汇率－升水

3. 抛（抵）补套利是将套利交易和（　　）进行了结合。
   - A. 远期外汇交易
   - B. 择期交易
   - C. 掉期交易
   - D. 外汇期货交易

4. 套汇赚取利润依据的是不同市场的（　　）。
   - A. 汇率与利率差异
   - B. 利率差异
   - C. 通货膨胀率差异
   - D. 汇率差异

5. 当银行卖出的择期外汇贴水时，则使用（　　）的汇率。
   - A. 择期开始任意一天
   - B. 择期开始最后一天
   - C. 择期结束后一天
   - D. 择期开始第一天

（三）多项选择题

1. 即期外汇交易的形式主要有（　　）。
   - A. 汇出汇款
   - B. 汇入汇款
   - C. 出口收汇
   - D. 进口付款

2. 即期外汇交易交割日的形式通常有（　　）。
   - A. 当日交割
   - B. 隔日交割
   - C. 标准日交割
   - D. 任意日交割

3. 按期权合同的交割日划分，外汇期权可分为（　　）。
   - A. 美式期权
   - B. 看涨期权
   - C. 欧式期权
   - D. 看跌期权

4. 以外汇买卖后资金交割的时间划分，汇率可分为（　　）。
   - A. 固定汇率
   - B. 远期汇率
   - C. 即期汇率
   - D. 浮动汇率

5. 掉期交易实际上是（　　）的交易。

A. 交割期限不同　　　　　　　B. 币种相同

C. 金额相等　　　　　　　　　D. 买卖方向相反

（四）判断题

1. 在外汇市场上，报价行报出外汇交易价格时一般采用双向报价法。

（　　）

2. 在即期外汇交易中的电汇汇率、信汇汇率和票汇汇率，信汇汇率最高。

（　　）

3. 一般情况下远期汇率取决于两种货币的汇率差。（　　）

4. 外汇期货交易是在期货交易所内由买卖双方采取议价方式来定价的。

（　　）

5. 外汇期货交易实行保证金制度和每日结算制度。（　　）

（五）简答题

1. 什么是即期外汇交易，其功能有哪些？

2. 试用利率平价理论说明远期汇水的决定。

3. 如何判断直接套汇及间接套汇是否有利可图？

4. 外汇期货交易与远期外汇交易有何不同？

5. 中国香港外汇市场银行报价：

USD/EUR　　0.7314/24

USD/HKD　　7.7520/30

请问：（1）欧元兑港元买入价和卖出价是多少？

（2）如果客户询问欧元兑港元的套汇价，银行报：10.584/10.620，银行的报价倾向于买入还是卖出欧元呢？

6. 纽约外汇市场银行报价：

USD/JPY = 102.71/90

GBP/USD = 1.6419/30

某客户要将500万日元兑换成英镑，按即期汇率能兑换多少英镑呢？

7. 纽约外汇市场银行报价：即期汇率 GBP/USD = 1.6383/1.6393，3个月远期汇水为 80/70；美元同业拆借年利率为 8.3125%，英镑同业拆借年利率为 7.25%。

请问：（1）某贸易公司要购买3个月远期英镑，远期英镑买入价应是多少？

（2）试以利率差的原理，计算以美元购买3个月远期英镑汇率（银行卖出价）。

8. 已知 LD：GBP/USD 2.1100/10

NY：GBP/USD 2.1120/30

请问：（1）是否存在套汇机会？若有，则每买卖一英镑能赚多少？

（2）如何操作？若投资者投资 1 000 000USD 进行套汇，盈利多少（不计手续费）？

二、能力题

1. 讨论题：如何判断直接套汇及间接套汇是否有利可图。
2. 案例题。

设美元兑日元即期汇率为 135.00/10，美元同业年拆息率为 8.4%，日元同业年拆息率为 7.8%。投资者持有 1 亿日元准备进行套利，为时 6 个月（不计手续费）。

请问：（1）若 6 个月后，美元兑日元汇率不变，盈利额为多少？

（2）套利盈亏平衡点是多少？

（3）若美元兑日元有可能跌破盈亏临界点，投资者该如何操作？

第6章
参考答案

第7章 外汇风险及其防范

【知识结构与学习目标】

知识结构	知识目标	技能目标
外汇风险的概念与分类	了解外汇风险概念与种类	深刻理解外汇风险的内涵以及各种外汇风险的具体内容和表现形式
外汇风险的防范	了解外汇风险防范的主要方法	掌握外汇风险防范主要方法的内容、适用条件及使用

【导入案例】

FY集团面临的外汇风险日益升高

FY集团是我国著名的大型跨国集团,也是我国在汽车玻璃领域的领头企业,更是位居全球第二位的汽车玻璃制造企业。目前,FY集团已经成为认可度很高的跨国经营集团,集团的业务已经涉及70多个国家和地区,国内则涉及16个省市,在国内外都建立了生产基地和相关业务机构,总资产也是逐年增加,已超300亿元。2019年海外营业收入占比达到48.48%。因此可以说FY集团是一个典型的外向型企业。

近年来,国际市场环境日趋复杂,相关货币汇率变动对FY集团的影响日益增加,这必然会影响FY集团海外生产基地或相关机构的收入和利润等相关财务指标,集团面临的外汇风险不断增大,因此,FY集团需要提高自身的外汇风险管控意识和管控能力,以保持集团的稳健发展。

FY集团外汇风险管控的职能部门是总部财务部,由总部财务部负责对FY集团外汇风险进行管控。在外汇风险管控方面,FY集团总部财务部需要对涉外活动的交易做到及时追踪,并选择合适的交易货币种类,同时还要及时了解海外相关子公司的需求,根据其需求对集团相关的外币资产负债结构进行调整,对集团的资产规模进行有效控制,以及利用不同的金融性衍生品工具来预防外汇风险等。

2019年FY集团国外营业收入首破百亿元,集团进行向国外销售货物或购买相应的原材料等相关活动时,都会面临着汇率波动带来的交易风险。同时,FY

集团的海外生产基地或相关机构较多，占比也较高，所以在相关财务报表合并时也会产生折算风险。

我国外汇市场在不断地发展，人民币的汇率波动也会越发频繁，涉外企业应该紧跟外汇市场变动，对外汇风险管控的思路进行灵活变换，由此提高企业外汇风险管控的能力。

资料来源：唐月海．FY集团外汇风险管控优化研究［D］．西安：西安石油大学，2021.

案例思考： 什么是外汇风险？企业应如何防范外汇风险？

7.1 外汇风险的概念与分类

7.1.1 外汇风险的概念

外汇风险（foreign exchange risk）也称汇率风险，是指有关经济主体在外汇兑换或折算过程中，由于汇率的变动而遭受经济损失的可能性或收益的不确定性。

上述外汇风险的定义向我们揭示了以下三个方面的内涵。

1. 外汇风险因素

外汇风险因素是外汇风险产生的前提条件。外汇风险是在某一经济主体于一定时期内进行外汇兑换或折算过程中发生的。由此可见，外汇风险涉及两大基本因素：一是货币或货币兑换；二是时间。因此，外汇风险相应地分化为货币风险和时间风险。

从货币因素来看，如果某经济主体在经济交易过程中未使用外币而使用本币计价收付，这笔交易就不存在外汇风险，因为它不涉及外币与本币的兑换和折算，汇率的变动对经济交易的盈亏不产生影响。如果涉及的两种货币价值较为稳定，汇率没有波动或波动不大，则外汇风险就不存在或非常小。由此，我们得到这样一个结论，外汇风险可以通过计价、支付的币种选择来规避或减缓。

从时间因素来看，时间的长短与外汇风险的大小呈正相关关系。时间越长，汇率波动的可能性就越大，外汇风险也就越大；反之则相反。因此，外汇风险可以通过调整债权债务清偿的时间结构来减缓。

2. 外汇风险事故

外汇风险事故是指在既定的前提条件下产生外汇风险的直接原因。从上述外汇风险的定义中我们可以看出，外汇风险的产生是由于在一定的时期内，汇率发生了变动，而这里的变动又主要是指与预期相反的变动。如果在一定时期内，汇率不发生变动或变动的方向与预期一致，货币的兑换与折算同样不可能产生外汇风险。在1973年以前的布雷顿森林体系下，各国实行的是固定汇率制度，汇率变动局限在一个较小的范围，幅度不大，基本上不存在外汇风险。对于汇率制度，交易主体无法选择或更改，只能被动地接受。

3. 外汇风险结果

外汇风险结果是由于汇率的变动给经济主体带来的后果。这可以从两个方面考察：一是从收益角度考察，表现为现实的收益与预期的收益发生偏离，更直接地说是没有实现预期收益；二是从损失角度考察，表现为成本费用的增加以至出现亏损。但必须注意到这一点，即无论是收益的减少或是损失发生仅表现为可能性，从本质来看，风险是一种预期，是事前对事后的一种估测；如果表现为确定的收益或损失，就不能定义为风险。所以外汇风险是收益的不确定性或损失的可能性。

7.1.2 外汇风险的种类

外汇风险一般可分为交易风险、折算风险和经济风险三种。

1. 交易风险

交易风险是指经济主体在以外国货币作为媒介或载体的经济交易所引致的本币与外币的兑换中，由于汇率变动而蒙受现实的经济损失的可能性。

不言而喻，交易风险首先是由经济主体对外进行经济交易而引致的。对外经济交易一般可分为以下四种情形：对外商品与劳务贸易、对外货币资本的借贷、涉外直接投资、外汇及其他金融资产的交易。其次这些经济交易必须以外币作为媒介或载体。其中，对外商品与劳务交易须以外国货币计价结算；对外借贷须以外币计值清偿；涉外直接投资须以外币计算投资资本和利润；外汇及其他金融资产的买卖则须以可自由兑换的外币计价收付。否则，即使这些经济交易是涉外交易，仍然无须进行不同货币间的兑换，也就无所谓交易风险。再次直接导致交易风险的因素在于债权债务清偿期限内汇率的上浮或下跌；造成的后果是存在蒙受损失的可能性。最后必须说明的一点是，由于具体交易的形式不同、主体地位不同——债权人抑或债务人、汇率变动的方向不同，交易风险的内容与形式均有一定程度的差异。下面以对外商品贸易款项的收付为例说明交易风险。

对外商品贸易条件下，交易风险的表现形式与具体内容如下。

(1) 风险因素是由对外商品贸易以外国货币计价所引致的。货币风险在于进口商要以本国货币或其他外国货币购买计价结算的外国货币，以用于进口支付；出口商要将所收入的计价结算的外国货币兑换为本国货币或其他外国货币，以用于国内支付或应对其他需要。承受风险的时间是对外商品贸易的签约日至结算日。

(2) 风险事故有两种情形：一是对进口商而言，计价结算的外国货币对本国货币或其他外国货币的汇率在承受风险的时间内上涨；二是对出口商而言，计价结算的外国货币对本国货币或其他外国货币的汇率在承受风险的时间内下跌。

（3）风险结果相应地亦有两种情形：一是进口商在结算日购买计价结算的外国货币时所实际支付的本国货币或其他外国货币的数额，多于签约时所预期付出的本国货币或其他外国货币的数额，从而蒙受多付本国货币或其他外国货币的经济损失；二是出口商在结算日兑出计价结算的外国货币时所实际收入的本国货币或其他外国货币的数额，少于在签约时所预期收入的本国货币或其他外国货币的数额，从而蒙受少收本国货币或其他外国货币的经济损失。

2. 折算风险

折算风险也称会计风险，是指在由跨国公司的母公司与海外子公司合并财务报告所引致的不同货币的折算中，因汇率变动使跨国公司遭受账面经济损失的可能性。

按照公认的财务会计准则，如果母公司对海外子公司的所有权超过50%，或海外子公司的财务贡献超过母公司，或母公司希望将以其为核心的整个跨国公司的总体财务状况和经营业绩提供给外界，则要在每个给定的会计期间（年度、季度或月份）将母公司的财务报告与子公司的财务报告进行合并。然而，由于海外子公司是按东道国的财务会计准则和货币记账并编制财务报告，因此，在将母公司的财务报告与海外子公司的财务报告进行合并时，需要将海外子公司的财务报告中以当地货币计值的会计要素折算为以母公司所在国货币计值的会计要素。这种折算必须依据一定的汇率，而在所依据的汇率发生变动时，便会产生所谓的折算风险。

需要合并的会计报表主要有资产负债表与损益表。下面以资产负债表为例简要说明折算风险的具体形式与内容。

在外汇折算风险中，货币因素表现为将海外子公司以东道国货币计价的资产负债表中记载的资产负债数额折算为以母公司所在国货币计价的资产负债数额，即货币折算；时间因素为会计事项发生日至会计决算日。涉及的子公司所在国货币与母公司所在国货币的折算汇率有两种：一是会计事项发生时的汇率，我们称之为历史汇率；二是结算日两种货币的兑换比价，我们称之为现行汇率。风险事故便是会计事项发生日至折算日间汇率发生了变动。风险结果是：若现行汇率低于历史汇率，资产负债表上的资产数量将会减少；若现行汇率高于历史汇率，资产负债中的负债数量将随之增加。

但折算风险与交易风险不同的是，折算风险仅是增加或减少财务报告上资产或负债的账面数量，并不造成现实资产价值的增减，因此对母公司或子公司而言并未产生实质性的影响。但由于公司的财务会计报告是公司的一个形象，账面资产与负债的多少关系到公司的声誉，因此，各跨国公司也不能不关注折算风险。

3. 经济风险

经济风险也称经营风险，是指汇率的变动对涉外企业的经营活动带来的负面影响以及给经营效果带来的不确定性。其主要表现为：一方面，作为出口商，由于出口商品的外币价格因本币贬值而下降，有可能刺激出口数量的增加而获益；另一方面，如果该出口商在生产中所使用的主要原材料是进口品，以本币表示的进口原材料的价格因本币贬值而上升，出口产品的生产成本相应提高，最终结果是企业的纯收入可能增加，也可能减少。这种风险即属于经济风险。与交易风险、折算风险不同的是，经济风险是一种潜在的、更深层次的外汇风险。依此推论，汇率的变动不仅对微观经济主体的经营活动产生不利影响，且对宏观经济同样会产生不利影响，如对国际收支、物价、利率等产生的影响。与之相对应的外汇风险就不一而足了。

【扩展阅读】

汇率稳定助力中国—东盟经济一体化

自建立对话关系30多年来，中国与东盟之间的经贸往来日趋紧密，经贸合作日益加深。随着《区域全面经济伙伴关系协定》（RCEP）的正式生效，中国与东盟国家在贸易、投资、货币合作等领域的经济合作将进一步加深，这对保持区域货币汇率稳定、建立区域汇率协调机制提出更高要求。

当前，中国与东盟已互为第一大贸易伙伴。双方贸易额从1991年的不到80亿美元一路增长到2020年的6 846.0亿美元。自2009年起，中国连续12年保持东盟第一大贸易伙伴地位。中美贸易摩擦使全球贸易受到巨大冲击，然而，区域内经贸合作却逆势上扬，东盟先后超越美国和欧盟，在2020年历史性地成为中国第一大贸易伙伴。

目前，美元仍然是中国—东盟区域内重要的货币锚，中国与东盟国家间日益紧密的经济合作越来越受到美元币值不稳定带来的挑战。一方面，人民币及东盟国家货币兑美元汇率的波动，会影响贸易双方企业的实际收益与利润。风险厌恶型企业的部分均衡模型表明，当对冲汇率风险的代价较为昂贵时，汇率波动与贸易之间存在负相关关系。对于大多数金融市场相对不发达的发展中国家，汇率是决定贸易相关企业利润水平的主要因素。当前，中国—东盟区域内除新加坡外均为发展中国家。为了预期利润效用最大化，汇率的高波动性将减少风险厌恶型企业的出口量。另一方面，第三方币值所导致的区域内汇率波动，会放大货币错配的不利影响，改变生产要素的相对价格，进而阻碍区域内企业的跨国投资。目前，中国—东盟区域内跨境资本流动以第三方货币作为计价结算单位，受人民币及东盟国家货币兑美元汇率波动冲击以及美联储货币政策调整的影响较大。这不仅会产生投融资活动中的货币错配问题，还会影响中国与东盟国家的投融资收益，最终抑制区域内企业跨国投资活动的开展。

为了减少美元币值波动带来的不利影响，促进双边贸易与投资、货币合作的进一步开展，维护区域金融稳定，需要建立和完善中国—东盟区域汇率协调机制。第一,维持区域内汇率协调稳定有助于减少美元汇率波动冲击。2020年8月美联储调整了货币政策框架,采取平均通货膨胀目标,其货币政策存在较大的不确定性。因此,通过加强汇率相关政策的协调,维持中国与东盟区域内汇率稳定,有助于应对美联储货币政策不确定性带来的外部冲击,减少美元对跨境贸易结算与资本流动的影响,从而降低货币错配风险,改善贸易和投资的实际收益与利润。第二,建立和完善区域汇率协调机制是区域内货币合作的焦点。区域内汇率的相对稳定,意味着存在自发性的汇率协调。汇率的联动性较强,是形成最优货币区的前提。只有在区域内双边货币汇率总体保持同向波动、相对稳定时,本币结算才可以最大限度地为双方企业降低汇率风险。第三,建立区域或次区域盯住共同货币篮子的汇率制度,能够在一定程度上摆脱对美元的依赖,从根本上维护中国—东盟区域内金融稳定。加强东亚区域汇率合作,能够使区域内的价格环境相对稳定,减少对外汇储备的依赖,减小金融危机发生的可能。在危机发生时也能够借助区域内货币互换等合作方式,在一定程度上消化区域外货币汇率大幅波动带来的不利影响,缓解危机带来的冲击。因此,维持金融稳定需要中国与东盟各国不断完善区域性的汇率合作制度和汇率监管机制,加快建立中国—东盟区域汇率协调机制。

资料来源:王皓,李佳林. 汇率稳定助力中国—东盟经济一体化 [N]. 中国社会科学报,2022-02-16(003).

7.2 外汇风险防范

除了部分外汇投机者为风险偏好者以外,一般的经济交易主体通常表现为风险厌恶者,总是在经济交易过程中尽可能地采取各种手段回避风险,以获得收益的最大化。实际上,即便是风险偏好者,同样会在投资决策时进行风险规避。因此,对于任何经济主体而言,风险的防范均是其在进行涉外面经济交往中必须考虑的一个事项。

经济交易主体是多元的,随着一个国家外汇管理程度的放松,参与外汇交易的主体将进一步地增加。而不同的经济交易主体参与外汇交易的目的、方式是不同的。因此,外汇风险防范所采取的方式与方法也各不相同。涉外企业在外汇风险的防范中所采取的方式与方法最为灵活、多样。因此本节以涉外企业为例,说明外汇风险防范的一般措施。

7.2.1 贸易条款法

贸易条款法是指企业在国际贸易中,利用合同中有关条款的订立来规避或减缓外汇风险。其中经常利用的条款主要有以下几个。

1. 货币保值条款

货币保值条款是指买卖双方在交易谈判时，经协商，在交易合同中订立适当的保值条款，以防止汇率变化的风险。常用的货币保值条款有以下几种。

(1) 黄金保值条款是指订立贸易合同时，按当时的黄金市场价格将应支付的货币的金额折合成若干黄金，到实际支付日，如果黄金价格变动，则支付的货币金额也相应增加或减少。

(2) 硬货币保值条款是指在交易合同中标明以硬货币计价、以软货币支付并载明两种货币当时的汇率。在合同执行过程中，如果支付的货币汇率下降，则合同金额要等比例地进行调整，按照支付的汇率计算，使实收的计价货币价值与签订交易合同时相同。

(3) "一篮子"货币保值条款是指交易双方在合同中将支付货币与多种货币组成的货币篮的综合价值挂钩，即订立合同时确定支付货币与"一篮子"货币中各种货币的汇率，并规定汇率变化的调整幅度，如到期支付时汇率变动超过规定的幅度，则按支付当时的汇率调整，以达到保值的目的。

2. 选择有利的计价货币

在国际金融市场上，货币有软、硬货币之分。硬货币是指货币汇率比较稳定，并且有上浮趋势的货币；软货币是指汇率不稳定，且有下浮趋势的货币。企业在交易过程中，选择合适的计价货币也是防范外汇风险的重要方法。

(1) 选择计价货币的原则：选择可自由兑换的货币；付汇用软货币，收汇用硬货币；协议公正原则。

(2) 货币选择与贸易策略。企业在进口贸易时，货币选择要与商品购销意图相结合，全面考虑国际市场的价格条件，权衡利弊得失。既要防止选择货币不当遭受到汇率风险损失，又要防止单纯考虑货币风险而影响进出口计划。

企业如不能做到"出口用硬货币，进口用软货币"，为避免汇率风险，则可以采取其他保值工具，如远期外汇买卖、货币保值条款等。总之，企业应该做到既有原则，又不失灵活性。

3. 提前或延期结汇法

提前或延期结汇法是指在国际收支中，企业通过预测支付货币汇率的变动趋势，提前或延迟收付外汇款项，来达到抵补外汇风险的目的。

如果企业预测计价货币汇率下浮，在进口方面，则要推迟对外订货，或者允许出口商延期付款或推迟交货；在出口方面，则要尽早签订合同，答应进口商提前交货或要求进口商提前付款，这样就可以避免外汇风险。如果企业预测计价货币汇率将上浮，则与上述做法相反。不过，在使用这种方法时，往往会遇到一定的困难，不一定能够取得对方的配合。

4. 调整贸易价格法

调整贸易价格法就是在国际贸易中出口用软货币、进口用硬货币计价时，以加价保值或压价保值的方法来弥补外汇风险。加价保值用于出口贸易，出口商在接受软货币计价时，将汇价损失摊入出口商品价格中，以转嫁外汇风险。压价保值用于进口交易，进口商在接受硬货币计价时，将汇价损失从进口商品价格中剔除，以转嫁外汇风险。

5. 多种货币法

多种货币法是指在进出口贸易中，以多种货币作为计价结算的货币，使各种货币汇率变动的风险互相抵消。常用的方法有：

（1）软硬货币结合法。即贸易额一半用软货币计价，一半用硬货币计价。

（2）特别提款权法。特别提款权只是一种记账符号，其价值是以多种货币的价值加权平均计算的，所以价值较为稳定，进出口贸易时可以以特别提款权作为计价货币来达到保值的目的。

7.2.2 进出口贸易结合法

进出口贸易结合法包括对销贸易法和进出口自动抛补法两种。

1. 对销贸易法

对销贸易法是指把进口贸易与出口贸易联系起来进行货物交换的贸易方法，具体有以下三种方式。

（1）清算协定贸易。这是指双方约定在一段时间内，双方的贸易往来和非贸易往来都用同一种货币计价，每笔交易的数额只在账面上划拨，到规定期限才清算。使用这种贸易方式，交易额的大部分可以相互轧抵，只有差额部分需用现汇支付，外汇风险很小。

（2）易货贸易。这是指贸易双方直接或同步进行等值货物的交换。这种交易无须支付外汇，外汇风险可以得到完全抵消。

（3）转手贸易。它是在清算协定基础上发展起来的，用多边货物交换，用双边账户进行清算的贸易方式。这种交易不涉及实际货币的支付，商品价格为各方事前规定好，各方都不用承受汇价波动的风险。

2. 进出口自动抛补法

进出口自动抛补法就是某经济主体从事出口贸易，同时又进行进口贸易时，要尽量用同种货币计价结算，并设法调整收、付时间，使进口外汇头寸轧抵出口外汇头寸，实现外汇风险的自动抛补。

7.2.3 国际信贷法

国际信贷法是指在中长期收付中,企业利用国际信贷形式,一方面获得资金融通;另一方面转嫁外汇风险。其主要有四种方式。

1. 出口信贷

出口信贷是国际贸易中最常用的资金融通形式,由出口方银行直接或间接地向进口商或出口商提供贷款,以促进本国商品的出口,前者为买方信贷,后者为卖方信贷。买方信贷使出口商即时收到货款,直接避免了可能产生的外汇风险;卖方信贷使出口商对银行的负债与出口商对进口商的债权轧平,从而将风险转嫁给银行或抵消。

2. 借款法

与出口信贷不同的是,借款法是出口商在与银行没有任何有关进出口贸易协议的情况下,如果存在一笔远期外汇收入或债权,可以向银行借进一笔与远期收入相同金额、相同期限、相同货币的贷款,以达到融通资金、防止外汇风险和改变外汇风险时间结构的一种方法。

3. "福费廷"

所谓"福费廷"是指在延期付款的大型设备交易中,出口商开列以进口商为付款人的中长期汇票,经银行担保和进口商承兑后,出售给出口地银行或贴现公司,取得扣除贴息和其他费用后的金额。

由于"福费廷"对出票人无追索权,出口商在办理此项业务后,就把外汇风险和进口商拒付的风险转嫁给了银行或贴现公司。

4. 国际保理

国际保理是指在国际贸易中,出口商既争取不到进口商银行开立信用证收取货款,又对收款无把握,即以贴现的方式把进口商应付的货款的单证转卖给保付代理商,得到应收货款的80%~90%,保付代理商到期收进应收货款,由于出口商提前拿到大部分货款,可以减轻外汇风险。

7.2.4 外汇交易抵补法

外汇交易抵补法是指利用外汇市场上的金融产品或工具进行操作,以此抵补外汇收付中存在的风险。这里仅作最基本的说明,具体方法见外汇交易实务。

1. 即期合同法

所谓即期合同法就是具有外汇债权或债务的公司，与外汇银行签订购买或出售外汇的即期合同，以消除外汇风险。

2. 远期合同法

远期合同法就是具有远期外汇债权或债务的公司与银行签订购买或出售远期外汇的合同，以消除外汇风险。

3. 货币期货合同法

在金融期货市场，根据标准化原则与清算公司或经纪人签订货币期货合同，也是防范外汇风险的一种有效方法。

4. 期权合同法

根据协定并缴纳一定保险费，签订拥有履行或不履行选择权的远期外汇合约，将风险控制在一个可以接受的范围内。

5. 掉期合同法

签订在买进（卖出）即期（远期）外汇的同时，再卖出（买进）远期（即期）外汇的合同。合同标的币种相同，金额相同，但期限不一，方向相反，以丰补歉，消除外汇交易风险。

7.2.5 金融资产投资法

金融资产投资法是指企业将一笔资金（一般为闲置资金）投放于某一市场，一定时期后连同利息或利润收回这笔资金的经济过程。资金投放的典型市场为短期货币市场，投资的对象为规定到期日的银行定期存款、存单、银行承兑票据以及国库券和商业票据等。对企业来说，投资意味着现时有一笔资金流出，而未来有一笔方向相反的该笔资金外加利息的流进，在存在外汇风险的情况下，投资的作用像借款一样，主要是为改变外汇风险的时间结构。但不同的是，投资法是将未来的支付转移到现在，而借款法是将未来的收入转移到现在。

7.2.6 外汇风险防范多重组合法

外汇风险防范多重组合法又称综合法，是将上述防范措施中的多种方法进行组合运用。单一的防范措施往往只能消除外汇风险中的时间风险或货币风险，基本上不能做到同时消除时间风险和货币风险，为此，将多种防范措施有机地结合起来，以达到消除全部风险的目的。多种组合方法主要有 BSI 法和 LSI 法。

1. BSI 法

BSI 法是将借款（borrow）、即期合同（spot）和投资（investment）三种方法进行组合。

这种方法主要运用在企业有应收外汇账款的情况下，为防止应收外币的汇率波动，先借入与应收外汇相同的外币，将外汇风险的时间结构转移到现在，以此消除时间风险；同时，通过即期合同法（即期交易）把外币兑换成本币，以此消除价值风险；然后，将本币存入银行或进行投资，以投资收益来贴补借款利息和其他费用。等到应收外汇账款到期，就以此外汇归还银行贷款。

2. LSI 法

LSI 法是对提前收付（leads）、即期合同（spot）和投资（investment）三种方法的组合运用。这种方法适用于具有应收账款的企业，在征得债务方的同意后，给其一定折扣请其提前支付货款，以消除时间风险；然后再通过即期合同，换成本币从而消除货币风险，为取得一定的利益，将换回的本币再进行投资。LSI 法与 BSI 法的全过程基本相似，只不过将第一步从银行借款对其支付利息，改变为请债务方提前支付，给其一定的折扣而已。

【经典人物】

哈里·马科维茨

哈里·马科维茨（Harry Markowitz）1927 年 8 月 24 日出生于美国伊利诺伊州，曾任美国金融学会主席和美国文理科学院院士。1989 年被美国运筹学学会和管理科学协会授予冯·诺依曼奖，1990 年由于其投资组合选择方面的杰出贡献被授予诺贝尔经济学奖。马科维茨主要学术贡献有：建构了一个概念明确的可操作的在不确定条件下选择投资组合的理论并演变为现代金融投资理论的基础。该理论将一个投资者的投资组合选择简化为投资组合的期望回报及方差两个因素的平衡，风险可以用方差来衡量，通过分散化可以降低风险。这一理论在 20 世纪 60 年代后被运用到国际资金流动分析，形成了解释国际资金流动的主要理论——存量理论，其将风险因素引入资金流动之中。

资料来源：笔者根据相关资料整理得到。

【本章小结】

1. 外汇风险也称汇率风险，是指有关经济主体在外汇兑换或折算过程中，由于汇率的变动而遭受经济损失的可能性或收益的不确定性。外汇风险一般可分为交易风险、折算风险两种。交易风险是指经济主体在以外国货币作为媒介或载体的经济交易所引致的本币与外币的兑换中，由于汇率变动而蒙受现实的经济损失的可能性。折算风险也称会计风险，是指在由跨国公司的母公司与海外子公司合并财务报告所引致的不同货币的折算中，因汇率的变动使跨国公司遭受账面经济损失的可能性。

2. 涉外企业在外汇风险的防范中，所采取的方式与方法主要有：贸易条款法，包括货币保值条款、选择有利的计价货币、提前或延期结汇法、调整贸易价格法和多种货币法等；进出口贸易结合法，包括对销贸易法和进出口自动抛补法；国际信贷法，包括出口信贷、借款法、"福费廷"业务和国际保理业务等；外汇交易抵补法，包括即期合同法、远期合同法、货币期货合同法、期权合同法、掉期合同法和金融资产投资法等；外汇风险防范多重组合法，主要有 BSI 法和 LSI 法。

【复习思考题】

一、知识题

（一）名词解释

外汇风险　　　交易风险　　　折算风险　　　贸易条款法
货币保值条款　　"福费廷"

（二）单项选择题

1. 时间期限越长，外汇风险（　　）。
   A. 越大　　B. 时大时小　　C. 无关　　D. 越小
2. 若国际企业以本币收付，则一定（　　）外汇风险。
   A. 有双重　　B. 无　　C. 不确定　　D. 有
3. 外汇折算风险是一种（　　）。
   A. 现实风险　　B. 潜在风险　　C. 账面风险　　D. 经济风险
4. 运用硬货币保值条款防范外汇风险时，企业进口一般应选择（　　）支付。
   A. 硬货币　　B. 软货币　　C. 关键货币　　D. 第三国货币
5. 某企业出口一批商品，30 天后收到以外币计价的货款收入，则这笔业务存在（　　）。
   A. 时间风险　　　　　　　B. 价值风险
   C. 无风险　　　　　　　　D. 时间和价值双重风险

（三）多项选择题

1. 外汇风险的基本要素有（　　）。
   A. 货币或货币兑换　　　　B. 时间
   C. 空间　　　　　　　　　D. 风险意识
2. 外汇风险主要包括（　　）。
   A. 违约风险　　　　　　　B. 折算风险
   C. 经济风险　　　　　　　D. 交易风险

3. 以下无外汇风险的业务有（　　）。
   A. 以本币收付
   B. 流入流出时间、外币币种和金额相同
   C. 流入流出时间、外币币种相同
   D. 流入流出外币币种、金额相同

4. 对销贸易法是指把进口贸易与出口贸易联系起来进行货物交换的贸易方法，其具体包括（　　）三种方式。
   A. 清算协定贸易　　　　　　　B. 易货贸易
   C. 出口贸易　　　　　　　　　D. 转手贸易

5. BSI 法是将（　　）三种方法进行组合防范外汇风险的方法。
   A. 借款　　　B. 即期合同　　　C. 投资　　　D. 提前收付

（四）判断题

1. 外汇风险是指有关经济主体在外汇兑换或折算过程中，由于汇率的变动而遭受经济损失的可能性或收益的不确定性。（　　）
2. 外汇风险的高低与时间的长短成反比，时间越长外汇风险越低。（　　）
3. 外汇流入流出时间、币种相同不存在外汇风险。（　　）
4. LSI 法是将提前收付（leads）、即期合同（spot）和投资（investment）三种方法组合运用防范外汇风险的方法。（　　）
5. 外汇折算风险是一种现实风险。（　　）

（五）简答题

1. 如何理解外汇风险的含义。
2. 外汇风险有哪些种类，各种外汇风险的特征是怎样的？
3. 企业防范外汇风险的方法主要有哪些？
4. 举例说明常用的保值条款。
5. 简述"福费廷"业务特点。

二、能力题

1. 讨论题：如果你是一个外汇投资者，该如何利用外汇市场上的金融工具进行风险防范。

2. 案例题。

案例素材： 在 2015 年 811 汇率改革的考验下，人民币汇率的剧烈波动在上市公司的年报上留下深刻烙印，2016 年上市公司因汇兑产生的净损失缩小至 35.34 亿元，2017 年又扩大至 59.7 亿元，虽然金额仍然巨大，但相较于 2015 年的汇兑损失已大幅减少 80% 以上。这显示上市公司避险的意愿在增强，同时在外汇风险管理上也有了一定的经验和应对方案。自 2017 年以来，上市公司外汇套期保值业务开始逐渐增多，逐步改变外汇风险的粗放式管理，开始主动咨询银行或专业机构，采取风险应对措施，运用避险手段管理其外汇风险。万得（Wind）数据库显示，2018 年有上百家上市公司在审计报告或公告中披露，已利用相关外汇金融衍生品业务进行套期保值，而在 2017 年仅有 50 多家。据上证报统计,2019年上半年,上市公司整体汇兑损失与上一年同期相比减少了62.59%。

资料来源:谢梦煜. 浅谈涉外企业外汇风险管理 [J]. 冶金财会,2021,40(6):50-54.

案例思考:从以上案例中的数据可以发现哪些外汇风险?对涉外企业外汇风险管理有哪些建议?

第7章
参考答案

第四编

国际金融体系

第8章 国际货币体系

第8章
国际货币体系

【知识结构与学习目标】

知识结构	知识目标	技能目标
国际货币体系概述	了解国际货币体系的概念和作用	掌握国际货币体系的主要内容和类型
国际金本位体系	了解国际金本位体系的概念、特征和发展沿革	掌握国际金本位体系的作用和缺陷
布雷顿森林体系	了解布雷顿森林体系建立的背景,掌握布雷顿森林体系的主要内容	理解布雷顿森林体系运转的基本条件、主要贡献及崩溃原因
牙买加体系	了解牙买加体系创立的背景和主要内容	理解牙买加体系运作的特点、积极作用及制度缺陷
欧洲货币体系	了解欧洲货币体系建立的背景、主要内容和欧元产生的历程	理解欧元启动对世界政治经济的影响

【导入案例】

世界各国纷纷去"美元化"

目前去美元化的新进展是,印度正在设计一种机制来结算与俄罗斯的贸易,包括探索以卢比作为参考货币进行结算以绕开美元,白俄罗斯和土耳其也都表示与俄罗斯的能源交易可以使用非美元货币,甚至用黄金来结算,另外,俄罗斯和伊朗正在开发国际资金清算系统(SWIFT)替代方案,将俄罗斯Mir支付系统和伊朗央行的金融信息传输系统Sepam连接起来,紧接着,两国还签约了本币互换合作协议,以支持结算。据BWC中文网团队多年以来持续报道统计,目前,俄罗斯、意大利、印度尼西亚、马来西亚、泰国、罗马尼亚、西班牙、爱尔兰、荷兰、亚美尼亚、葡萄牙、吉尔吉斯斯坦、伊朗、印度、以色列、立陶宛、科威特、尼日利亚、巴基斯坦、古巴、匈牙利、巴西、南非、哈萨克斯坦、白俄罗斯、土耳其、卡塔尔、阿联酋、安哥拉、委内瑞拉、伊拉克、文莱、瑞士、瑞典、柬埔寨、萨尔瓦多、巴拉圭和厄瓜多尔等至少有38国分别用自己的方式公开了去美元中心化的进程,自美国2008年发生金融危机以来,新兴经济体一直在努力建立一个不依赖于美元的新金融体系。俄罗斯早在2015年就提出与白俄罗斯、哈萨克斯坦建立货币联盟。2022年，俄乌冲突爆发，俄罗斯与欧美国家的关系跌入历史冰点。3月23日，俄罗斯推出"卢布结算令"，宣布对于"不友好国家和地区"改以卢布支付天然气交易。3月25日，俄罗斯宣布在3月28日至6月30日期间以1:5 000的比例将卢布挂钩黄金，以开启卢布金本位体系来助力本币稳定汇率。3月29日以来，俄罗斯继续释放信号，考虑将卢布结算进一步扩大至包括粮食在内的其他大宗商品及美元计价债券的可能性。以货币和外汇为突破口的反制裁措施急剧升级，也引发市场聚焦俄乌冲突在金融领域的延伸路径和特殊影响，特别是国际货币体系因之受到的冲击和影响相对凸显。

资料来源：(1) 李云舒. 深度关注 | "去美元化"持续加速 [EB/OL]. [2023-05-11]. https://www.ccdi.gov.cn/toutiaon/202305/t20230511_263413.html. (2) 张健华，许林. 俄罗斯应对美西方金融制裁的路径与启示 [J]. 清华金融评论，2024 (4)：101-106.

案例思考：什么是国际货币体系？世界政治经济格局变化如何影响国际货币体系？

8.1 国际货币体系概述

1. 国际货币体系的概念

国际货币体系（international monetary system）是指在世界范围内确定的、调节各国货币关系的一整套国际性的规则和机构，以及国际上进行各种交易支付所采用的一系列安排和惯例。它旨在提供一种货币秩序或结构，以利于国际贸易和资本流动。

国际货币体系是以主导货币为中心的国际汇率、国际结算和国际储备的体系。所谓体系，是指某种有规则有秩序的整合体。纵观国际金融史，国际货币体系就是这样一个整合体，它既包括传统的约定俗成的国际货币惯例和做法（非正式约束）；也包括有法律约束力的关于货币国际关系的规章和制度（正式约束）；还包括在国际货币关系中起协调、监督作用的国际金融机构——国际货币基金组织和其他一些全球或地区性的多边官方金融机构。其中规章、制度和安排是国际社会自觉建立的，而惯例则是在历史发展过程中由人们约定俗成的。因此国际货币体系的形成具有两种途径，它可以是以国际惯例为主的，这种体系是在一个长期的缓慢的过程中自发形成的，当越来越多的参与者共同遵守已经形成的某种程序或惯例时，国际货币体系就发展起来了，如国际金本位体系；也可以是以国际规则、安排为主的，这种体系通过国际协商可在一个很短的时间内人为建立，并签署具有约束力的法律条文或协定，如布雷顿森林体系、牙买加体系等。

一般而言，传统的约定俗成的国际货币惯例和做法是基础，具有法律约束力的国际货币规章制度是传统的约定俗成的惯例与做法的法律反映，而国际金融机构是在国际货币关系中起协调、监督作用的。在这种"三位一体"的架构下，国际货币体系几乎囊括了整个国际金融领域，具有基础性作用，对国际汇率制度、国际收支协调、国际储备及国际结算、国际资本流动都产生重大影响。

国际货币体系是历史的产物。它与以货币为媒介的国际经贸往来是同时产生的。只不过，早期的货币体系主要不是依靠法律的强制力，而是依靠约定俗成的做法形成的。随着国际经贸往来的不断增长，货币的国际往来越来越频繁，参与的国家及货币种类也越来越多，国际货币体系的法律和行政色彩也相应增加，内容覆盖面日益广阔。因此，一种体系可以是习惯缓慢发展的结果，可以是某些法律文件和行政合作的结果，也可以是以上两个因素联合的成果。

2. 国际货币体系的内容

国际货币体系主要包括以下内容。

(1) 汇率制度的确定。即各国货币间汇率的规定与调整机制。国际货币体系的核心是国际汇率制度的确定。各国政府为了本国的经济发展，维护共同的利益，往往就货币汇率的安排达成共识，从而形成一种为各国共同遵守的汇率体系，以防止不必要的竞争性贬值。为此，各国之间的货币必须确定一个比价，并围绕汇率的确定规定汇率确定的依据、汇率波动的界限、汇率调整的原则、维持汇率采取的措施及对同一货币是否采取多元化比价等。

(2) 国际储备资产的确定。国际储备资产是国际货币体系的基础。为了应对国际支付以及平衡国际收支的需要，一国必须持有一定数量的为世界各国普遍接受的国际储备资产，所以一国政府应持有何种储备资产来满足国际支付和维持国际收支，是国际货币体系的一项重要内容。国际储备资产的确定，即使用什么货币作为国际上的支付货币，需要各国认同。不同的国际上的支付货币，确定了不同的国际储备资产，也就确定了不同的国际货币体系。

(3) 国际收支的调节方式。只要存在国际货币往来，就会产生国际收支，国际收支不平衡必然会导致汇率的波动，进而影响国际货币体系。因此，当一国出现国际收支逆差时，各国政府采用什么方式弥补这一缺口，各国之间的政府措施又如何互相协调，国际货币体系必须作出相应的安排。

(4) 国际支付与国际结算原则的确定。在国际支付方面，是完全不加以限制，还是部分或全部限制；国际债权债务的结算采取什么方式，是自由的多边结算，还是有条件的双边结算；等等。

(5) 国际货币事务的协调与管理。各国实行的金融货币政策会对相互交往的国家乃至整个世界经济产生影响，因此如何协调各国的货币金融政策，通过国际金融机构制定若干为各国所认同与遵守的规则、制度，就构成了国际货币体系的重要内容。

3. 国际货币体系的作用

作为国际货币关系的集中反映，国际货币体系构成了国际金融活动的基本框架。在这一框架下，各国之间的货币金融往来都要受到相应的国际货币体系的制约。国际货币体系在促进各国之间的经济与金融联系、协调各国之间的经济活动及促进世界贸易与世界投资的发展等诸多方面都具有重要作用。

（1）确定国际清算和支付手段、形式与数量，为世界经济发展提供必要的国际货币，并规定国际货币及其同各国货币的相互关系的准则。例如，当确定黄金或特别提款权为世界清算和支付手段的来源时，国际货币体系还必须就黄金或特别提款权与其他国际货币及各国货币的比价关系和兑换方式作出规定。此外，对于黄金或特别提款权本身的定价方式、流动范围和方式等，也均要作出具体的规定。

（2）确定国际收支的调节机制，确保世界经济的稳定和各国经济的平衡发展。调节机制涉及三个方面的内容：一是汇率机制；二是对逆差国的资金融通机制；三是对国际货币（储备货币）发行国的国际收支纪律约束机制。

在固定汇率下，一国将不得不经常性地采用财政政策、货币政策和管制政策来维持国际收支的平衡。因为国际收支的逆差，尤其是大幅度的逆差，将造成本国货币汇率的贬值；而国际收支的顺差，尤其是大幅度的顺差，将造成本国货币的升值。但是，固定汇率已经失去了理论上的调节国际收支的功能，为了维持汇率的固定，政府还不得不采取其他措施来维持国际收支的平衡。而在浮动汇率下，汇率波动本身就具有调节国际收支的功能。汇率的波动既反映了国际收支的状况，又能调节国际收支。国际货币体系的任务之一便是根据世界经济形势和各国经济状况，确定世界范围的汇率制度。

确定资金融通机制，是指确定当某国发生国际收支逆差时，能在什么样的条件下从何处获得何种（币种）资金及数量，以弥补其国际收支逆差，避免采取不必要的调节措施或有损别国的政策。资金融通可在一定程度上替代国际收支调节，或缓和调节的程度。资金融通的数量大、条件松，国际收支政策调节的必要性则下降；反之，可供融通的资金数量小、条件严，国际收支政策调节的必要性就增加。国际货币体系的任务就是要确定恰当的资金融通机制，使融资数量和融资条件相宜，以避免不必要的国际收支政策调节或拖延必要的国际收支政策调节。

当一个国家的主权货币能充当国际货币（或储备货币）时，它就能用输出货币（纸币）的方式来弥补其国际收支逆差。如果对国际货币发行国没有适当的约束机制，那它就可能为达到某种本国的目的而持续性地保持国际收支逆差、输出纸币。国际货币供应的持续增长，可能会引起别国甚至世界性的通货膨胀，破坏国际货币金融领域的稳定。因此，确定一项机制来约束国际货币发行国的国际收支行为，也是国际货币体系的任务之一。

（3）确立有关国际货币金融事务的协商机制或建立有关的协调与监督机构。在早期，有关国际货币金融的事务多半通过双边协商进行解决。随着第二次世界大战后各国间经济联系的加强，参与国际货币金融业务的国家日益增多，形式日益复杂，程度日益加深，范围日益扩大，双边磋商已不能解决所有的问题。因此，有必要建立多边的带有一定权威性的国际货币金融机构，以监督各国的行为、提供磋商的场所、制定各国必须共同遵守的基本行为准则，并在必要时提供帮助。

4. 国际货币体系的类型

国际货币体系三个基本的分类依据是货币本位、汇率制度和历史阶段划分。

(1) 货币本位是决定国际货币体系的基础，它涉及储备资产的性质和保有形式。根据储备资产，可以将国际货币体系划分为金本位体系、金汇兑本位体系和信用本位体系。金本位是以黄金作为国际储备资产或国际本位货币；金汇兑本位是同时以黄金和可以直接自由兑换的货币作为国际储备资产；信用本位只以外汇作为国际储备资产而与黄金无任何联系。

(2) 汇率制度是国际货币体系的核心。根据汇率体系的形态，可以将国际货币体系划分为固定汇率体系、浮动汇率体系以及介于这两者之间的可调整的管理汇率体系等。在实际中，上述两种划分往往是结合在一起的，形成金本位条件下的固定汇率体系、以美元为本位的固定汇率体系、以黄金和外汇作为储备的可调整的固定汇率体系或管理浮动汇率体系以及完全不需要保有国际储备资产的纯粹自由浮动汇率体系等。

(3) 历史阶段划分。上述任何一种划分方法均不能反映一种国际货币体系的全貌，通常的做法是同时以上述两个依据作为分类的标准，并按时间的先后，可将国际货币体系划分为国际金本位体系、布雷顿森林体系和牙买加体系。

8.2 国际金本位体系

8.2.1 国际金本位体系的概念与特征

1. 金本位制

(1) 金本位制的概念。这是一种以一定成色及重量的黄金为本位货币的货币制度。在金本位制下，流通中的货币除金币外，常常还存在着可兑换为黄金的银行券及少量其他金属辅币，但只有金币才能完全执行货币的全部职能。

(2) 金本位制的形式。金本位制按其与黄金的联系程度又可以分为三种形式：金币本位制、金块本位制与金汇兑本位制。广义的金本位制包括上述三种形式，狭义的金本位制仅指金币本位制。金币本位制是最典型的金本位制，通常情况下，国际金本位制即指金币本位制。

(3) 金本位制的特点。金币本位制下流通中使用的是具有一定成色和重量的金币，金币可以自由铸造、自由兑换和自由输出输入。金块本位制和金汇兑本位制下流通中使用的是可以兑换为黄金的纸币——黄金符号，纸币与黄金的兑换要受数量或币种的限制，与金币本位制相比，金块本位制和金汇兑本位制是较弱的金本位制。

2. 国际金本位体系

（1）国际金本位体系的概念。在某一区域内的国家普遍采用金本位制构成的有机整体。金本位制是国际金本位体系的基础。只有当某一区域内的国家采用金本位制后，国际金本位体系才算建立。

（2）国际金本位体系的特征。①黄金作为最终清偿手段，是"价值的最后标准"，充当国际货币。所以中央银行以黄金形式持有较大部分的国际储备，英格兰银行持有的资产几乎都是黄金；其他国家中央银行资产的较大部分也是黄金。②汇率体系呈现为严格的固定汇率制度。由于汇率水平由铸币平价决定，所以价格水平保持长期稳定，汇率体系呈现为严格的固定汇率制度。在国际金本位体系盛行的35年间，英国、美国、法国和联邦德国等主要资本主义国家间汇率十分稳定，从未发生过升值、贬值波动。③这是一个松散、无组织的体系。国际金本位体系没有一个常设机构来规范和协调各国的行为，也没有各国货币会议宣告成立金本位体系，但是各国通行金本位制，遵守金本位的原则和惯例，因而构成一个体系。

从当时的历史发展来看，要使金本位体系的运行充分发挥作用，一般要求各国必须做到以下几点：一是以黄金作为货币或者货币的发行基础，即货币发行必须有充足的黄金储备；二是各国货币当局应维持本国货币的法定含金量，因此各国货币当局必须以固定的比价无限制地买卖黄金；三是货币自由兑换黄金，任何个人或机构都可以将其持有的纸币按照固定的比价购买黄金，或者以黄金兑换货币；四是各国发行的银行券应受黄金储备量的限制，并可以随时兑换黄金；五是任何个人或机构都能自由地将黄金输出和输入，对黄金和外汇的买卖没有任何限制。

8.2.2 国际金本位体系的沿革

（1）1880年为国际金本位体系的起始年。金本位制是19世纪初到20世纪初大多数资本主义国家实行的货币制度，1816年英国颁布铸币条例标志着金本位制在英国诞生。但金本位制并非是国际金本位体系，前者是后者的基础，只有当西方国家普遍采用金本位制后，国际金本位体系才算建立。因此，尽管1816年英国就颁布了铸币条例，实行金本位制，但通常认为1880年为国际金本位体系的起始年，因为这一年欧美主要国家都已实行了金本位制。这表明黄金的国际地位自动确立，也标志着国际金本位体系的形成。

（2）1925年国际金汇兑本位制正式建立。国际贸易的发展、国际资本流动的加剧，使资本主义国家发展不平衡和经济实力存在悬殊差异，较发达的国家通过贸易顺差的持续积累和其他特权，不断地积累黄金。另外，世界经济的发展要求世界货币的数量也应相应增长，然而，世界黄金的产量跟不上世界经济的增长，使国际金本位制的物质基础不断被削弱。在第一次世界大战爆发前的几年里国际金本位制出现了以下不稳定因素。

①绝大部分黄金为少数强国所占有，削弱了其他国家货币制度的基础。到1913年末，英国、美国、法国、联邦德国、俄国5国占有世界黄金存量的2/3。

②大量发行银行券（为了准备战争，政府支出急剧增长），银行券兑换黄金越来越困难，破坏了自由兑换的原则。

③各国纷纷限制黄金流动，黄金不能在国际上自由转移。在经济危机时期，商品输出减少，资金外逃严重，引起黄金大量外流，各国纷纷限制黄金流动。

由于这些不稳定的因素已使维持金本位制的一些必要条件逐渐遭到破坏，国际货币体系的稳定性也就失去了保证。因此，第一次世界大战爆发后，各参战国先后停止本币兑换黄金，禁止黄金跨国流动，国际金本位遂宣告瓦解。第一次世界大战结束后，那些没有黄金储备的纸币大幅贬值，汇率波动剧烈，严重损害了国际贸易，国际货币体系已经不可能恢复到第一次世界大战前的国际金本位体系。在这一背景下，1922年，在意大利的热那亚召开了经济与金融会议，会上讨论了重建有生命力的国际货币体系问题。会议建议采取金汇兑本位制或虚金本位制以节约黄金的使用。热那亚会议之后，除了美国仍实行金币本位制、英国和法国实行金块本位制外，其他欧洲国家的货币均通过间接挂钩的形式实行了金汇兑本位制。至1925年国际金汇兑本位制正式建立。

金汇兑本位制或虚金本位制的主要内容是：①货币单位仍规定含金量。②国内不流通金币，以国家发行的银行券当作本位币流通。③银行券只能购买外汇，这些外汇可在外国兑换黄金。④本国货币同另一金本位国家的货币保持固定的比价，并在该国存放大量外汇或黄金作为平准基金，以便随时出售外汇来稳定外汇行市。

金汇兑本位制是一种间接使货币与黄金联系的本位制度。联邦德国于1924年率先实行，奥地利、意大利、丹麦、挪威等30个国家（地区）随后也相继实行。以美元、英镑和法郎等储备货币占主要地位的国际金汇兑本位制开始出现，形成一种不受单一货币统治的货币体系。从节约黄金的观点来看，这个制度在一定时期内是成功的。但由于货币用黄金越来越不能满足世界各国对国际清偿能力的需要，许多国家不得不在它们的储备中让某些与黄金有密切联系的主要货币占有一定的比例。在发生国际收支逆差时，一般先动用外汇储备，如果仍然不能平衡，就要使用黄金作为国际结算的最后手段。与第一次世界大战前相比，无论是金汇兑本位制还是金块本位制，都是削弱了的金本位制度。这是因为：第一，国内没有金币流通，黄金不再起自发地调节货币流通的作用。第二，在金块本位制下，银行券兑换黄金有一定限制，这种限制削弱了货币制度的基础。例如，英国在1925年规定，兑换黄金的最低数量为400盎司，约合1 700镑；法国在1928年规定至少需要215 000法郎才能兑换黄金。第三，实行金汇兑本位制的国家使本国货币依附于英镑和美元，一旦英美两国的经济动荡不安，依附国家的货币也将发生动摇。所以这两种货币制度都没有稳固的基础。不过，从国际金本位制到国际金汇兑本位制的过渡，仍然是一种合乎规律的发展。在黄金生产不足的条件下，资本主义各国只能实行这种新型的金本位制，用英镑、美元和法郎等储备货币作为黄金的补充和世界货币的象征，否则就会限制国际贸易和世界经济的发展。但在国际金汇兑本位制下，货币实体和货币形式仍然是统一的，因为各种货币仍然同黄金保持着固定的联系，只是联系的方式不同。

(3) 20世纪30年代金本位制的崩溃。第一次世界大战后建立起来的脆弱的金汇兑本位制，经过1929~1933年世界经济危机的冲击，最终土崩瓦解。

①1929年10月盛产初级产品的巴西、阿根廷、澳大利亚放弃金本位制。美国证券市场发生危机，拉开了世界经济危机的序幕。由于股票价格暴跌，物价下降，特别是原料价格暴跌，盛产初级产品的巴西、阿根廷、澳大利亚等国遭受严重打击，出口剧减，国际收支迅速恶化，黄金大量外流，致使这些国家不得不放弃金本位制。

②1931年5月德国放弃金汇兑本位制。1931年5月13日，奥地利因经济危机引发金融危机，维也纳信贷银行倒闭。德国因受奥地利的影响也发生金融危机，达纳特银行破产倒闭，后又引发大批银行倒闭。德国政府最终宣布禁止黄金输出，并实行外汇管制，实际上宣告放弃金汇兑本位制。

③1931年9月英国放弃金本位制。1931年5月，德国、奥地利两国的金融危机波及英国，中欧两大银行倒闭，各国纷纷向英国兑换黄金，掀起抢购黄金浪潮。伦敦市场受到很大压力。由于黄金大量外流，英国政府被迫于同年9月放弃金本位制，同英镑有联系的一些国家和地区也相继放弃金汇兑本位制。

④1933年3月美国放弃金本位制。随着经济危机的发展，1933年3月美国再次掀起货币信用危机的高潮，大批银行倒闭，大量黄金外流。美国政府不得不宣布银行暂时停业，停止银行券兑现，禁止黄金输出，最后也不得不放弃金本位制，把黄金集中于国库，以美元纸币进行流通。

⑤1936年黄金集团放弃了金本位制。面对金块本位制和金汇兑本位制的困境，法国、比利时、瑞士、意大利和波兰等国组成黄金集团，仍想维持金块本位制和金汇兑本位制，但由于法国币值偏高，影响出口，致使国际收支恶化，而其他国家又受到经济危机与英镑、美元贬值的压力，黄金集团难以维持，至1936年它们也都放弃金本位制，全球金汇兑本位制最终瓦解。20世纪30年代金本位制的崩溃，是资本主义世界货币体系的第一次危机。

8.2.3 国际金本位体系的评价

1. 国际金本位体系的作用

1880~1914年是国际金本位体系的"黄金时代"，也是资本主义自由竞争的全盛时期。国际金本位体系作为迄今为止一种比较完善的国际货币体系，对于推动当时资本主义经济的高度繁荣和发展功不可没，因此被人们看作是一种理想的国际货币体系。国际金本位体系对世界经济发展的作用主要表现在以下几个方面。

（1）有助于促进国际贸易发展，商品生产与流通的发展。严格的固定汇率制度便于生产成本、价格和利润计算及国际支付，而且国际投资风险很小，因而有利于国际贸易的发展。

（2）有助于促进国际资本流动。在金本位制下，决定两国货币汇率的基础是铸币平价，汇率波动受到黄金输送点的制约，其波动的幅度较小。相对稳定的汇率为国际贸易和资本流动创造了有利条件。

（3）有助于自动调节国际收支。国际金本位体系能够对国际收支不平衡进行自动调节，其调节机制如下：国际收支逆差（顺差）→黄金输出（输入）→物价水平下降（上升）→出口增加、进口减少（出口减少、进口增加）→国际收支顺差（逆差）→黄金输入（输出）。

任何国家都不会因国际收支失衡、黄金枯竭而放弃金本位制。基于此，国际金本位体系于 1880～1914 年经历了 35 年的"黄金时代"。

（4）有助于各国经济政策的协调。实行金本位制的国家一般情况下国内平衡服从于对外平衡，这样就从客观上创造了一个较为宽松的外部环境，使各主要资本主义国家更有可能协调其经济政策。

诚然，国际金本位体系在当时是一种最佳选择，对世界经济发展起了积极作用。但是在评价金本位体系时不应忘记以下几个因素：在这个时期，世界政治经济局势稳定，没有战争和重大经济危机；黄金生产因金矿的不断发现，每 20 年增长 1 倍，黄金供应比较充足；英国有能力为各国提供商品和信贷，既满足生产发展的需要，又解决国际收支困难。正是这些因素的综合作用才造就了国际金本位体系的"黄金时代"。当这些因素随着时间推移而消失时，国际金本位体系的缺陷就暴露无遗了。

2. 国际金本位体系的缺陷

（1）国际金本位体系的黄金清偿能力严重不足。由于受黄金资源储量和开采技术制约，黄金增长速度远远落后于各国经济贸易增长的速度，由此造成黄金清偿手段严重不足，进而制约了各国经济的发展。同时由于资本主义经济发展的不平衡，使得世界黄金存量的大部分越来越集中于少数强国手中，这不但影响了黄金的国际结算职能，也削弱了其他国家金本位货币制度的基础，同时造成了资本主义货币信用制度和国际金融领域的危机。所以，黄金供求的矛盾和分配的不平衡是金本位制崩溃的根本原因。

（2）国际金本位体系的自动调节机制严重受限。各国政府不可能忽视本国经济发展对货币的需求而保持充分的黄金准备，或听任国际金本位体系的自动调节，而对经济采取完全自由放任的政策。从客观情况来看，一国经济情况错综复杂，内外经济政策相互牵制，它们通常利用国际信贷、利率及公开市场业务等手段来解决国际收支困难，而不愿黄金频繁流动。

8.3 布雷顿森林体系

8.3.1 布雷顿森林体系的建立

1. 布雷顿森林体系建立的背景

第二次世界大战彻底改变了世界政治经济格局，东西对峙，两种社会制度在政治、经济、文化、军事领域展开全面争斗，冷战促进了西方国家的团结合作。西方国家内部，联邦德国、意大利、日本遭到毁灭性打击，英国、法国等老牌强国受到严重削弱，而美国却凭借第二次世界大战中的"租借法案"为盟国提供军火而一跃成为世界第一大国。1945 年战争结束时，美国的工业制成品占世界总额的一半，海外贸易占世界总额的 1/3，黄金储备从 1938 年的 145.1 亿美元增加到 1945 年的 200.8 亿美元，约占资本主义世界黄金总储备的 59%，其海外投资超过了英国，成为世界上最大的债权国。美国依仗其雄厚的经济实力试图取代英国充当金融霸主，而英国不会轻易地拱手相送。第二次世界大战虽然极大地削弱了英国的经济实力，使英国的民用消费品生产不到 1939 年的一半，出口额不到第二次世界大战前的 1/3，海外资产流失超过 40 亿美元，外债高达 120 亿美元，黄金储备下降到 100 万美元，但是，英国在世界经济中的实力仍然不可低估，英镑区和帝国特惠制依然如故，国际贸易的 40% 还用英镑结算，英镑仍然是主要的国际储备货币，伦敦依旧是最大的国际金融中心。因此，重建第二次世界大战后国际金融新秩序的重任必然由英美两国共同承担。①

2. 怀特计划和凯恩斯计划

早在 1940 年第二次世界大战爆发之初，美国就提出了以财政部长助理哈里·D. 怀特命名的"怀特计划"，1941 年英国财政大臣首席顾问约翰·M. 凯恩斯提出了"凯恩斯计划"，这两个计划充分反映了两国各自的利益以及建立国际金融新秩序的深刻分歧。

（1）怀特计划的主要内容是：

①以基金制为基础。建议成立稳定基金，金额不低于 50 亿美元。

②成员国在基金中的份额由黄金和本币构成，其多少取决于各国的外汇储备、国民收入和国际收支等因素，并决定该国在基金的投票权。成员国可以在自己交纳的份额范围内向基金购买其他国家的货币。

③基金组织的货币单位——"尤尼塔"（Unita）的含金量为 137.142 格令，相当于 10 美元。Unita 可兑换黄金，也可在成员国之间相互转让。

---

① 韩博印. 国际金融[M]. 北京：机械工业出版社，2013：9.

④各国要规定本币与 Unita 的法定平价,仅在必须纠正"国际收支基本不平衡"时,经基金组织同意才可调整平价,基金组织向成员国提供短期贷款来解决国际收支问题。

⑤基金组织由执行董事会管理。

怀特计划明白无疑地昭示了美国的意图——凭借拥有的黄金和经济实力,操纵和控制基金组织,为谋求金融霸主地位铺平道路。

(2) 凯恩斯计划的主要内容是:

①建立"国际清算联盟",相当于世界银行。

②会员国中央银行在"联盟"开立往来账户,各国官方对外债权债务通过该账户用转账办法进行清算。

③顺差国将盈余存入账户,逆差国可按规定的份额向"联盟"申请透支或提存。

④"联盟"账户的记账单位为"班科"(Bancor),以黄金计值。会员国可用黄金换取"班科",但不可以用"班科"换取黄金。

⑤各国货币以"班科"标价,非经"联盟"理事会批准不得变更。

⑥会员国在国际清算联盟中的份额以第二次世界大战前三年进出口贸易平均额的 75% 来计算。

⑦"同盟"总部设在伦敦、纽约两地,理事会在两国轮流举行。

凯恩斯计划意在创造新的国际清偿手段,降低黄金的作用,受到多数国家赞同。

怀特计划和凯恩斯计划数易其稿,到 1943 年 4 月 7 日,美国先抛出怀特计划,英国于同日公布了凯恩斯计划,引起了经济学界的巨大反响。1943 年 9 月 25 日~10 月 9 日,由怀特和凯恩斯分别率领的两国小组在华盛顿召开了九次专题会议,经过双方的激烈争论与相互妥协,于 1944 年 4 月正式发表了《关于建立国际货币基金组织的专家联合声明》,为建立新的国际金融体系奠定了理论基础。1944 年 7 月 1~22 日,第二次世界大战中的 44 个同盟国在美国新罕布什尔州的布雷顿森林华盛顿山大旅社召开了"联合和联盟国家国际货币金融会议",通过了以怀特计划为基础的《国际货币基金协定》和《国际复兴开发银行协定》,总称布雷顿森林协定。布雷顿森林协定确立了第二次世界大战后以美元为中心的固定汇率体系的原则和运行机制,因此把第二次世界大战后以固定汇率制度为基本特征的国际金融体系称作布雷顿森林体系 (Bretton Woods System)。

8.3.2 布雷顿森林体系的主要内容

(1) 建立了一个永久性国际金融机构。对各国的货币金融事务进行监督、管理和协调,以促进国际金融合作。因此,1946 年 3 月,国际货币基金组织 (IMF) 宣告成立,次年 3 月开始运行。该组织的主要职能是监督会员国货币的汇率、审批货币平价的变更、为国际收支逆差成员国提供融通资金、协调各国重大金融问题。

(2) 建构了以美元为中心的固定汇率制。美元与黄金挂钩，其他货币与美元挂钩，构成了布雷顿森林体系的两大支柱。由于特定的历史环境，第二次世界大战后直至 1973 年，国际货币制度是以美元为中心的固定汇率制度。当时的《国际货币基金协定》（以下简称《协定》）规定，国际货币基金组织会员国货币的金平价，应以黄金或 1944 年 7 月 1 日含黄金重量与成色的美元（当时金平价为 1 美元 = 0.888671 克纯金，即 1 盎司黄金的官价为 35 美元）表示，即各国货币均应以黄金，也就是以美元来表示，使各国货币盯住（peg）美元，与美元直接挂钩。该《协定》又人为地规定，各国货币汇率波动的官定上下限为黄金平价 ±1%。当货币汇率接近官定上下限时，有关国家有义务在外汇市场进行干预，把货币的汇率控制在官定上下限以内。例如，1946 年英镑的金平价为 3.58134 克纯金，美元的金平价为 0.888671 克纯金，根据纸币汇率确定的原理，两国货币的汇率是：3.58134/0.888671 = 4.03，即：1 英镑 = 4.03 美元。

根据 IMF 的规定，两国货币汇率波动的官定上下限为其金平价 ±1%，则在美国市场上英镑汇率上下波动的界限应为 4.03 ±1%，即在 4.0703 美元（4.03 + 0.0403）和 3.9897 美元（4.03 − 0.0403）之内进行波动。这就是说，在美国市场上，英镑汇率上涨不得高于 4.0703 美元，下浮不得低于 3.9897 美元，如果超过这一界限，美国货币当局就要出面干预，以维持汇率波动的界限。实际上，黄金—美元本位制下汇率波动的界限常常超过国际金本位制下的黄金输送点，但由于人为地规定了汇率波动的官定上下限不能超过货币平价的 ±1%（1971 年底扩大为 ±2.25%），所以汇率波动的幅度不大，可以说是相对固定的。

(3) 建构了提供短期信贷助成员国解决国际收支困难的机制。IMF 向国际收支逆差成员国提供短期资金融通，以协助其解决国际收支困难。IMF 资金的主要来源是成员国认缴的基金份额，份额的 25% 以黄金或可兑换黄金的货币（1976 年牙买加会议后改用特别提款权 SDRs 或外汇）认缴，其余 75% 的份额以本国货币认缴。当成员国发生逆差时，可用本国货币向 IMF 按规定程序购买一定数额的外汇，将来在规定的期限内以黄金或外汇购回偿还借用的外汇资金。

(4) 废除外汇管制。IMF 的宗旨之一就是努力消除阻碍多边清算的外汇管制，它要求成员国履行货币兑换的义务。IMF 协定的第 8 条规定成员国不得限制经常项目的支付，不得采取歧视性的货币措施，要在兑换性的基础上实行多边支付。但是下列三种情况可以例外：①IMF 不允许成员国政府在经常项目交易中限制外汇的买卖，但容许对资本项目实行外汇管制。②成员国处于第二次世界大战后过渡时期时，可以延迟履行货币可兑换性的义务。IMF 当初希望废除经常项目外汇管制的过渡期不超过 5 年，但实际上直到 1958 年末主要工业化国家才取消了经常项目的外汇管制，恢复货币自由兑换，即使在今天，IMF 所有成员国中，也只有部分国家遵守此项条款，外汇管制在发展中国家仍然相当普遍。③成员国有权对被宣布为是"稀缺货币"的货币采取歧视性货币措施。

(5) 设立稀缺货币条款。当一国的国际收支持续出现大量顺差时，逆差国对该国货币的需求将明显、持续增长,并会向 IMF 借取该种货币。这就会使这种货币在 IMF 的库存急剧下降。当库存下降到该成员国份额的 75% 以下时,IMF 可以将该成员国货币宣布为"稀缺货币",并按逆差国的需要进行限额分配,逆差国也有权对"稀缺货币"采取临时的兑换限制措施。这样,"稀缺货币"的发行国的出口贸易就可能受到影响,从而迫使其采取调节国际收支的措施。"稀缺货币条款"的目的是使国际收支顺差与逆差国一样,肩负起调节国际收支的责任。

与第二次世界大战前相比,布雷顿森林体系具有以下三个特点:①统一性。这是第二次世界大战后建立的以美元为中心的国际货币体系,几乎囊括了所有的资本主义国家。②严肃性。它不是一个松散的国际货币体系,而是通过全面的规定来维持国际货币体系的正常运转。③约束性,布雷顿森林体系的建立和推行主要依靠《国际货币基金协定》的有关条款及 IMF 的业务来保障和维持。

8.3.3 布雷顿森林体系运转的基本条件

布雷顿森林体系是建立在第二次世界大战后美国雄厚的经济实力的基础上的,要维持该体系的正常运转,必须具备三个条件。

(1) 美国国际收支保持顺差,美元对外价值稳定。这是以美元为中心的国际货币体系的基础。如果不是这样,美国国际收支逆差严重,美元对外价值长期不稳,美元的中心地位就会从根本上丧失,从而危及国际货币体系的基础。

(2) 美国应具有充足的黄金储备。因为在布雷顿森林体系下,美国政府承担外国政府按官价用美元兑换黄金的义务。因此,只有美国具备充足的黄金储备,才能维护美元的信誉,平抑黄金价格;反之,则不能保证以官价用美元兑换黄金,会引起美元的信用危机,从而动摇国际货币体系的基础。

(3) 黄金价格维持在官价水平上。这一条是前两条的落实和具体体现。

毫无疑问,这三个条件取决于美国的经济实力,从而直接影响着该体系的运转和美元的信用及地位。

8.3.4 布雷顿森林体系的瓦解过程及补救措施[①]

布雷顿森林体系是以美国国际收支顺差和黄金储备充足为基本条件而建立起来的,其运转与美国的信用、地位密切相关。第二次世界大战后至 20 世纪 50 年代末,美国黄金储备充足,人们对美元充满信心,很少有人用美元兑换黄金,因此布雷顿森林体系能够顺利运转。但到了 20 世纪 50 年代末由于西欧经济的恢复和日本经济的起飞,美国对外贸易面临严峻挑战,加之美国忙于军备竞赛,财政开支过大,美国的国际收支已由顺差转为逆差。到 1960 年,美国对外流动债务

---

① 余明龙. 国际金融(修订本)[M]. 北京:科学出版社,2009:174-183.

（210亿美元）首次超过了其黄金储备额（178亿美元），已无法实现无限制兑换义务的承诺，致使美元的国际信誉发生动摇。终于在1960年10月爆发了第一次美元危机①，从而使布雷顿森林体系岌岌可危。布雷顿森林体系的瓦解过程就是美元危机不断爆发—拯救—再爆发直至崩溃的过程。

从1960年到1973年的13年间，先后爆发了11次美元危机，其中有4次严重危机，每次严重危机均采取了一系列补救措施，但布雷顿森林体系最终还是崩溃了。

1. 第一次美元危机及补救措施

1960年10月爆发第一次较大规模的美元危机。危机爆发前，美国的国际收支连年逆差，黄金储备大量外流，对外短期债务激增，黄金储备持续下降，无限制兑换黄金的承诺无法兑现，美元国际信誉严重下挫，终于在1960年10月爆发了第一次美元危机。为减缓美元危机，不至削弱布雷顿森林体系运转的基础，美国及IMF先后采取了以下补救措施。

（1）签订稳定黄金价格协定。危机爆发后，伦敦黄金市场金价猛涨，高出官价20%。为保持官价水平，在美国的策划下，欧洲主要国家的中央银行于1960年10月签订一项"君子协定"：规定彼此以不超过35.20美元（包括手续费和运费）的价格买卖每盎司黄金，以稳定黄金价格和美元汇率。

（2）签订《巴塞尔协定》。1961年3月德国马克和荷兰盾的公开升值，给美元和其他西方货币带来巨大冲击。为减缓国际游资对外汇市场的冲击，维持美元汇率的稳定，参加国际清算银行理事会的八国中央银行在瑞士巴塞尔签订《巴塞尔协定》。该协定规定：各国中央银行应在外汇市场上合作，以维持彼此汇率的稳定；若一国出现货币危机，其他国家要在一定时期保持该国货币的头寸，并提供黄金和外汇信贷，以维持各国外汇市场的稳定。这个协定的作用是企图通过相互支持来稳定主要货币之间的汇率，维持固定汇率制度。

（3）建立黄金总库。1961年10月美国为稳定金价，保卫美元，联合英国、意大利、法国、德国、荷兰、比利时、瑞士7国，建立黄金总库来平抑市价。八国中央银行按约定的比例共拿出2.7亿美元的黄金，其中美国占50%；联邦德国占11%；英国、意大利、法国各占9.3%；荷兰、比利时、瑞士各占3.7%。英格兰银行为黄金总库的代理机构，负责维持伦敦黄金市场金价的稳定。

（4）建构"借款总安排"。"借款总安排"是IMF与10工业国家（美国、英国、法国、联邦德国、意大利、比利时、荷兰、瑞典、日本和加拿大）于1961年11月在巴黎开会时签订的，并于1962年10月生效的60亿美元的"借款总安排"。建议IMF如遇有货币危机时可以向上述10国借入金额为60亿美元的资金，贷给发生货币危机的国家。实际上主要是支持美国，缓和美元危机，维持国际货币

---

① 美元危机是指由美国国际收支危机所引起的美国黄金外汇储备额急剧减少，美元汇率猛跌和美元信誉跌落，大量资本从美国逃走，国际金融市场出现抛售美元，抢购黄金与硬货币的风潮。

体系的运转。参加"借款总安排"的10国也叫"十国集团"或"巴黎俱乐部"。

（5）签订货币互换协定。为加强对外汇市场的干预，美国与14个西方主要国家的中央银行签订了"货币互换协定"。通过短期货币互换，增强干预市场的能力。

2. 第二次美元危机及补救措施

20世纪60年代中期，美国的财政金融状况持续恶化，国内通货膨胀加剧，美元购买力与其代表的金价日益脱钩，加之日本、德国等国的快速发展，其对外贸易不时出现逆差，使本来已存在的国际收支逆差更加严重，黄金储备下降到121亿美元，而外债上升到331亿美元，以致1968年爆发了第二次较大规模的美元危机。为应对此次危机美国及IMF先后采取了以下补救措施。

（1）解散黄金总库，实行黄金双价制。由于这次危机使美国的黄金大量流失，6个月内损失黄金34.6亿美元，凭"黄金总库"和美国的黄金储备，已无力维持美元与黄金的固定比价。为此美国被迫采取应急措施，要求英国自1968年3月15日起关闭伦敦黄金市场，同时邀请黄金总库的成员国在华盛顿举行紧急会议，并发布公告解散黄金总库，实行黄金双价制。[①] 黄金双价制实际上意味着以黄金—美元为中心的布雷顿森林体系的局部崩溃。

（2）创立特别提款权。第一次美元危机爆发后，各国认识到布雷顿森林体系的缺陷和危机的性质。为了摆脱这一困境，经过长期的讨论，IMF于1969年创立了特别提款权（又被称为"纸黄金"）作为各国储备资产之一。创立特别提款权既是对黄金的一种节约又是对美元的一种补充。由于特别提款权等同于黄金，减少了美国黄金储备的外流，而且特别提款权只能用于政府之间的结算，非政府的大量国际经济交往所发生的债权债务结算与支付，仍主要使用美元，因此特别提款权的创立不会伤害美元的地位。总之，特别提款权的创立在一定程度上缓解了美元危机，维持了布雷顿森林体系的运行。

3. 第三次美元危机及补救措施

第三次美元危机是于1971年爆发的，此次危机比以往任何时候都激烈，外汇市场上抛售美元、抢购黄金和硬通货的风潮在5月和6月两度迭起。为应对此次危机美国及IMF先后采取了以下补救措施。

（1）实行"新经济政策"。面对猛烈的危机，尼克松政府不得不于1971年8月15日宣布实行"新经济政策"。其主要内容是：①停止外国中央银行按官价向美国兑换黄金，防止有限的黄金储备继续流失。②征收10%的进口附加税，以限制美国进口，改善美国的国际收支和美元地位。"新经济政策"的推行意味着美元与黄金公开脱钩，布雷顿森林体系两大支柱中的一根已经倒塌。

[①] 黄金双价制就是指两种黄金市场实行不同价格的制度。在官方黄金市场上，各国中央银行仍可以按每盎司35美元的官价向美国兑换黄金；而私人黄金市场上美国不再按35美元官价供应黄金，任由市场金价自由波动。

(2) 签订《史密森协议》。美元兑换黄金终止,导致国际金融市场处于极度混乱状态。为了挽救布雷顿森林体系,10国集团经过4个月的讨价还价和磋商,于1977年12月在华盛顿会议上达成了《史密森协议》。其主要内容是:①美元对黄金贬值7.89%,每盎司黄金官价由35美元提高到38美元。②美国取消10%的进口附加税。③各国货币对美元汇率波动的幅度从过去按平价的1%扩大到2.25%,继续维持固定汇率制度。④调整一些国家的货币与美元的汇率平价,即根据其定值变化和美元贬值幅度,分别调整其对美元的汇率。其中,日元升值16.9%,德国马克升值13.6%,瑞士法郎升值13.9%,荷兰盾和比利时法郎各升值11.6%,英镑和法国法郎各升值8.6%,意大利里拉和瑞典克朗各升值7.5%。这次汇率调整是第二次世界大战后国际货币体系走向牙买加体系的一个转折点,也是储备货币多样化的开始。

4. 布雷顿森林体系的彻底崩溃

《史密森协议》虽然勉强维持了布雷顿森林体系,但美元兑换黄金终止。从这个意义上来讲,布雷顿森林体系的核心部分已经瓦解,国际货币体系已经不再是以黄金—美元为基础了。另外,《史密森协议》完全是国际货币体系危机的仓促产物,没有涉及国际货币制度的根本变革。加之协议之后,美国继续采取扩张性货币政策,美国的国际收支逆差继续扩大,通货膨胀进一步加剧。到1972年底,美国对外短期债务已升至810亿美元,黄金储备只能抵偿其1/8。于是1973年1月再一次爆发美元危机,出现大量抛售美元,抢购德国马克、日元、瑞士法郎和黄金的风潮,许多国家关闭外汇市场。1973年美国政府宣布再次贬值10%,每盎司黄金官价由38美元提高到42.22美元。

美元的再次贬值并未能制止美元的危机,因此,1973年3月西欧各国取消了本国货币与美元的固定比价,实行浮动汇率,欧洲共同体实行联合浮动。这次危机促成了《史密森协议》的寿终正寝,布雷顿森林体系也随之彻底崩溃。

8.3.5 布雷顿森林体系崩溃的原因

(1) 布雷顿森林体系内在不可调和的矛盾是其崩溃的根本原因。在以美元为中心的布雷顿森林体系下,美元既是一种国家货币,又是世界货币。作为一国的货币,美元的发行量受制于美国的货币政策和黄金储备的数量;作为世界货币,美元的供应量又必须适应世界经济和国际贸易增长的需要。同时,作为世界货币的美元币值需要保持稳定,而这要求美国必须有足够的黄金储备并保持国际收支顺差。因此,在该体系下美国与其他国家的外部均衡目标是完全不同的。美国的外部均衡目标是保证美元与黄金之间的固定比价和可兑换,这就要求美国控制美元输出境外;而其他国家的外部均衡目标是尽可能积累美元储备以增加国际清偿能力,这就要求美国向境外输出美元。显然,这两者之间是完全矛盾的,这种矛盾使得美元作为主要储备资产处于一种进退两难的状况中。为满足世界经济和贸易对国际储备资产的日益增长的需要，美元的供应量必须不断增长，而美元供应量的不断增长使人们对维持美元与黄金间的可兑换性产生怀疑，即对美元的国际清偿能力丧失信心；反之，要维持各国对美元的信心，美国必须纠正其逆差（即减少美元供应量），则其他国家就会因美元储备不足造成国际清偿能力不足。这种两难就是所谓的"特里芬难题"，即当美国国际收支处于长期顺差时，人们会愿意持有美元，但却很难得到它；而当美国国际收支出现持续逆差时，人们对美元的需求就会很容易得到满足，但此时却因对美元丧失信心而不愿再持有它了。第二次世界大战后，从美国国际收支持续顺差所形成的"美元荒"，到美国国际收支持续逆差所形成的"美元灾"，进而发展为布雷顿森林体系危机和崩溃，这就是其内在不可调和矛盾发展的必然结果。

（2）美元危机是布雷顿森林体系崩溃的直接原因。第二次世界大战后初期，美国的经济、政治、军事力量跃居西方国家之首，美国利用经济实力的强大和其他西方国家被战争削弱的时机，大肆向西欧国家、日本等地输出商品，成为当时世界上最大的出口国，国际收支连年顺差，从而使美国黄金储备增加，美元币值稳定，因此这一时期布雷顿森林体系能正常运转。但随着时间的推移，一方面由于西欧经济的恢复、发展和联合，以及日本经济的起飞，美国的对外贸易受到严峻挑战；另一方面由于美国实行对外扩张战略，导致美国巨额的海外军事开支和巨额的资本输出。因此，美国的国际收支从 20 世纪 50 年代后由顺差转为巨额逆差。与此同时，美国的黄金储备大量流失（出现抛售美元抢购黄金的风潮），使美国丧失承担美元对外兑换黄金的能力，由此引发 1960 年第一次美元危机和 1968 年第二次美元危机，最终于 1971 年 8 月 15 日不得不宣布停止美元兑换黄金。

（3）西方各国通货膨胀程度悬殊是布雷顿森林体系崩溃的重要原因。由于西方各国通货膨胀率差距悬殊，导致它们的实际利率各不相等，从而加剧了资本在国际上的流动。由于资本的趋利性，在国际外汇市场上，实际利率较高的国家货币需求增长，其汇率上涨；而实际利率较低的国家货币需求则会减少，其汇率下跌。这样固定汇率制度势必难以维持。因而西方各国在 1973 年春纷纷实行浮动汇率制度。

8.3.6 布雷顿森林体系的评价

第二次世界大战前，国际货币关系极其混乱，各国为了增加出口不惜大打"货币战"和"汇率战"。布雷顿森林体系的建立结束了各个货币集团之间相互对立、相互进行外汇倾销和贸易保护的局面，稳定了国际金融的局势，促进了世界贸易和经济的发展，具体表现在如下几个方面。

（1）重新建立了国际货币秩序。实行以美元为中心的可调整固定汇率制度，消除了国际贸易和国际投资的汇率风险，为国际贸易和国际投资营造了有利的外部环境，极大地推动了国际贸易的发展和国际资本的流动，使第二次世界大战后的国际贸易和国际投资不仅比战前有较大提高，而且其增长率还超过了同期世界工业生产增长的速度。

（2）缓解了各国国际收支困难。美国利用美元的特殊地位，通过国际贸易、国际信贷和投资等渠道，向世界输出了大量美元，增强了国际清偿能力，维持了各国经济稳定、高速发展态势，从而促进了世界经济的快速增长。

（3）推进了国际货币多边合作。IMF要求成员国取消外汇管制，在一定程度上为第二次世界大战后国际贸易和国际投资发展消除了部分障碍。同时，IMF不仅为各国提供应急贷款，而且还指导、协助各国进行国内经济政策调整，减少了国际收支不平衡对世界经济发展的不利影响。

可以说，布雷顿森林体系支撑了20世纪60年代资本主义世界的高速增长，因此，有人把这段时期称为资本主义世界的第二个"黄金时代"。但正如上述分析指出的那样，布雷顿森林体系也存在重大内在缺陷，并最终导致该体系的崩溃。

【扩展阅读 8.1】

美元的储备地位

根据IMF的统计，从1999年首次公布外汇储备币组合（COFER）季度数据至2021年第二季度，成员国官方外汇储备中美元的比重平均为64.83%。从变动趋势来看，美元占比有缓慢下降的迹象。2021年第一季度美元占比为61.99%，比2001年的73%左右有所降低。从历史数据来看，国际储备货币的构成始终处于调整当中。但在长周期中，美元在过去70多年中比重下降速度十分缓慢。为什么美元会长期保持主导地位呢？

首先，储备货币地位的形成取决于相对经济实力。从历史来看，在第一次和第二次世界大战期间，英国经济实力大幅度下降并成为贸易逆差国；而美国迅速崛起，成为顺差国和贷款人，并因欧洲战争还款输入了大量的黄金。美联储也于1913年正式成立。纽约的国际金融中心开始形成，并与伦敦并驾齐驱。第二次世界大战爆发进一步稳固了美国世界第一强国的地位。第二次世界大战后的布雷顿森林体系从制度设计上确立了美元的核心地位：美元作为唯一的法币与黄金挂钩，其他成员国的货币与美元保持可调整的固定汇率关系。与此同时，美国作为当时重要的顺差国，为IMF提供最大份额的资金，相应地也获得了一票否决权。在后布雷顿森林时代，世界经济格局因新兴市场力量的兴起发生了变化。然而由于多重因素影响，美元仍是世界各顺差国持有的主要储备资产。这其中对美元地位的识别缘于一系列既定的条件。

其次，美元缺乏替代性或存在"别无选择"（TINA）效应。美元TINA效应是指，在国际货币的选择中，由于缺乏其他可替代货币，美元作为主导货币是别无选择的结果。从第二次世界大战后储备货币的发展历史来看，行使部分储备货币职能的特别提款权尽管存在多年，但自身的局限性极大地影响了其功能的发挥；其他包括欧元和日元等在内的主权货币尽管扮演一定的角色，但在历次金融动荡和危机发生时期，美元的避险功能仍显示其具有"别无选择"的优势。

最后，美元地位维持具有网络外部性。这一网络外部性会通过转换成本和最低有效规模这两个渠道提高退出现有体系的成本，从而增加体系可延续的惯性。具体而言，美元计价能力存在自我强化机制。这表现为在企业、居民和银行部门之间为冲销汇率波动风险有足够的动机彼此相互使用美元。例如，企业使用美元计价，为冲销美元汇率风险，需要进行美元对冲交易；而银行为满足企业的需求也愿意提供美元贷款；同时，银行为了防止货币错配需要吸收美元存款。这在企业和银行之间形成美元使用和持有的强化机制。从储备货币发行者的角度来看，当全球对储备资产需求的增长快于发行者的偿债能力时，发行国事实上享有发行储备资产的安全溢价，这也构成了对储备货币持续过度发行的一种激励。

资料来源：高海红. 美元储备地位的深层次矛盾 [J]. 中国金融, 2022（4）：83-84.

8.4 牙买加体系

8.4.1 牙买加体系的创立

1973 年布雷顿森林体系崩溃之后，国际货币金融关系动荡不安，美元国际地位不断下降，出现国际储备多元化现象（如德国马克、日元开始成为各国的储备货币），许多国家实行浮动汇率制度，汇率波动加剧，全球性国际收支失衡日益严重，建立新的国际货币体系刻不容缓。为此 IMF 着手研究国际货币制度的改革问题。

1976 年 1 月，IMF "国际货币制度临时委员会"在牙买加首都金斯敦召开第五次会议，并就汇率制度、黄金处理、扩大信贷额度等达成协议，即《牙买加协议》（Jamaica Agreement）。同年 4 月，IMF 理事会通过了《国际货币基金协定第二次修正案》，1978 年 4 月 1 日，修正案正式生效，从此国际货币体系进入一个新的阶段——牙买加体系阶段。

牙买加体系实际上是以美元为中心的多元化国际储备和浮动汇率体系。其是对布雷顿森林体系的扬弃。一方面，它继承了布雷顿森林体系下的 IMF，并强化了基金组织的作用；另一方面，它放弃了布雷顿森林体系下的双挂钩制度。《牙买加协议》的主要内容包括以下几点。

（1）浮动汇率合法化。成员国可以自由选择汇率方面的安排，IMF 同意固定汇率制度与浮动汇率制度并存；但成员国的汇率政策应接受 IMF 的监督，以防止成员国采取损人利己的货币贬值政策。协定还规定实行浮动汇率制度的成员国根据经济条件，应逐步恢复固定汇率体系。当世界经济具备稳定条件时，经 IMF 总投票权的 85% 多数投票通过，可以恢复稳定的可调整的汇率制度。这部分条款是将已实施多年的有管理的浮动汇率体系予以法律上的认可，但同时又强调了 IMF 在稳定汇率方面的监督和协调作用。

（2）黄金非货币化。其主要体现在：废除黄金官价，各成员国中央银行可按市价自由进行黄金交易；取消成员国之间，以及成员国与 IMF 之间需用黄金清偿债权债务的义务；IMF 所持有的黄金应逐步加以处理，或在国际市场上出售或由各成员国购回；黄金不再作为各国货币定值标准，即成员国货币不能与黄金挂钩，从而削弱黄金在国际货币体系中的作用。

（3）提高特别提款权的国际地位。修订特别提款权（SDRs）的国际储备地位，以便 SDRs 逐步取代黄金和美元而成为国际货币体系的主要储备资产。协定规定成员国不仅可用 SDRs 来履行对 IMF 的义务和接受 IMF 的贷款，各成员国也可以用 SDRs 来进行借贷，从而扩大了 SDRs 的使用范围。

（4）增加 IMF 会员国的基金份额。会员国对 IMF 所缴纳的基金份额，由原来的 292 亿 SDRs 增加到 390 亿 SDRs，增加 33.6%。主要增加石油输出国组织份额所占比重，由 5% 提高到 10%，以提高 IMF 的清偿能力，使 SDRs 成为主要的国际储备，降低美元的国际储备作用。

（5）扩大发展中国家的资金融通。主要措施有：IMF 以出售黄金所得收益设立"信托基金"，以优惠条件向最贫穷的发展中国家提供贷款或援助，以解决它们的国际收支困难；扩大信用贷款额度，由占成员国份额的 100% 提高到 145%；提高 IMF"出口波动补偿贷款"，由占成员国份额的 50% 提高到 75%。这些措施都用以满足发展中国家的特殊需要。

8.4.2 牙买加体系的运作特点

1. 国际储备多元化

由于特别提款权本位难以建立，美元本位又难以维持，国际储备呈现多元化局面。美元仍是最主要的储备货币，但美元的地位逐步削弱。日元、IMF 创设的特别提款权和欧洲货币单位（ECU）作为储备资产的地位不断上升。

虽然美元的国际货币作用已有所下降，但至今还没有一种货币能取代美元，美元仍是主要的国际计价单位、国际支付手段和国际价值储藏手段。从国际计价单位来看，美元仍是诸多发展中国家货币盯住的关键货币。1974 年有 61 个国家（地区）的货币盯住美元，到 1990 年仍有 25 个国家（地区）的货币盯住美元。世界贸易的一些重要商品如石油、铁矿石等，甚至黄金均是以美元计价的。各国在计算国民生产总值、进出口总额、外汇储备和人均收入时，通常都折合成美元来计算。从国际支付手段来看，国际贸易的 2/3 仍然用美元计价和结算。从国际价值储藏手段来看，美元在各国官方外汇储备中所占比重仍在 60% 左右，美元仍然是最重要的国际储备货币。

黄金自从被《牙买加协议》宣布"非货币化"后，其货币作用逐渐消失，在国际储备资产中的地位开始下降。但黄金仍是重要的国际储备资产，在国际储备资产中仍占25%左右的份额。同时，黄金至今仍是最终的清偿手段和最稳定的国际价值保值手段。

2. 汇率安排多元化——浮动汇率制度与固定汇率制度并存

整个汇率体系呈现两大趋势：一是区域集团内实行稳定的汇率制（对外实行联合浮动），包括欧洲共同体及实行盯住汇率制的国家；二是主要货币之间汇率的大幅波动。在布雷顿森林体系下，由于汇率制度过分僵化，各国都把稳定汇率放在对外经济政策的首位，国内经济政策目标均要服从稳定汇率的需要。结果是在经济发展存在重大国别差异的情况下，处于劣势的国家在改善国内经济状况方面难有充分的回旋余地，经济总是在无法容忍的通货膨胀与衰退、失业之间摆动，汇率调节国内外资源配置的功能受到严重削弱，各国都希望汇率体系更为灵活。因此，《牙买加协议》认可各国可以自由作出汇率方面的安排，同意固定汇率制度与浮动汇率制度暂时并存。

随着世界各国经济联系的日益紧密、开放程度的不断提高和资本管制的逐步放松，国际短期资本流动的规模和速度已大大提升，各国之间外汇市场的外汇供求波动联系也变得日趋紧密和剧烈。在此背景下，实行固定汇率制度的国家越来越少，而实行灵活汇率制度的国家则不断增多。其具体表现在：一是美元、日元和德国马克世界三大主要货币之间实行有管理的浮动汇率制度。二是澳大利亚、加拿大、新西兰和瑞士等一些规模较小的工业国家也实行了浮动汇率制度，1992~1993年，芬兰、意大利、挪威、瑞典和美国也相继采取了浮动汇率制度。三是进入20世纪90年代后，放弃固定汇率制度，转而采用灵活汇率制度的发展中国家所占的比重迅猛上升。

总之，汇率制度实践形式的多样性及向浮动汇率制度转变的国际趋势是当今国际汇率体系的主要特点。

3. 多种国际收支调节机制相互补充

从1973年石油输出国组织（OPEC）国家大幅提高石油价格引致的国际金融领域动荡不定开始，到20世纪70年代后期西方国家的经济滞胀以及20世纪80年代初发展中国家的债务危机，贸易保护主义、南北差距扩大及全球性国际收支不平衡，这些均严重影响世界经济和贸易的发展。从全球化趋势来看，解决国际收支不平衡问题更加复杂与艰巨。牙买加体系主要依赖国际政策和国际金融市场来解决各国的国际收支不平衡问题，其具体途径包括以下方面。

（1）利用供求政策平衡国际收支。消除国际收支逆差，在政策上有两种选择：一是需求政策，即着眼于控制需求，实行紧缩性政策，其主要手段有减少货币发行、提高利率、削减公共支出、增加税收，进而减少进口，达到国际收支改善；二是供给政策，即通过增加供给（而不是控制需求），替代进口，进而实现国际收支改善。

(2) 利用汇率机制平衡国际收支。通过汇率的适度调整平衡国际收支。逆差→外汇汇率上升、本币贬值→出口增加、进口减少→国际收支改善；反之则相反。如果世界各国听任汇率自由浮动，不采取任何干预措施，则各国货币的汇率由各自的供求关系决定。但是，各国政府并不允许本国货币的汇率完全自由浮动，故各国的国际收支不平衡也并非纯粹依靠汇率变动来调节的，国内经济政策依旧起着很重要的作用。

(3) 利用 IMF 融资平衡国际收支。在牙买加体系下以 IMF 为中心，通过各国政府和商业银行，给逆差国提供贷款，成为平衡国际收支的一条重要途径。

(4) 利用 IMF 协调机制平衡国际收支。在牙买加体系下，IMF 每年召集一次成员国中央银行行长会议，磋商国际金融稳定、国际收支平衡、国际债务及国际银行业务等重大问题，交流各国的货币金融政策，并制定一些共同遵守的准则。根据 IMF 协定，IMF 不仅向赤字国提供贷款，帮助赤字国克服国际收支困难，还应指导与监督赤字国和盈余国双方进行国际收支调整，以便双方对称地承担国际收支调整的义务。

8.4.3 牙买加体系的评价

1. 牙买加体系的积极作用

牙买加体系是世界经济发展变化的产物，创立至今经历了一系列重大变化，其在克服各种危机、推动国际贸易与世界经济的稳定发展方面起到了积极作用。

(1) 摆脱了布雷顿森林体系的汇率僵化（汇率政策——灵活性）。牙买加体系实行浮动汇率制度，增加了各国对外政策的灵活性，在受到国外冲击时，可以通过汇率的变化来进行自动调节，不必实行紧缩或扩张性政策维持汇率，能够保持国内经济政策的连续性和独立性，能够更有效地保证国内经济政策目标的顺利实现。

(2) 解决了布雷顿森林体系的"特里芬难题"（国际储备多元化）。实行国际储备多元化，在一定程度上缓解了国际清偿能力的不足，一定程度上解决了"特里芬难题"。当美国国际收支逆差时，美国可以自由地安排汇率，其他国家的货币就会充当国际储备货币，补充国际清偿能力的不足，以维持国际货币体系的正常运转。

(3) 拓展了调节国际收支的路径（多种机制共同调节国际收支）。用多种机制相互补充共同调节国际收支，使国际收支的调节更迅速、更有效，也更加符合市场的运作规律，对世界经济的正常运转和发展起到了一定作用。

2. 牙买加体系的制度缺陷

随着国际经济关系的发展变化，牙买加体系的弊端也日渐暴露出来，其表现在以下几个方面。

(1) 汇率体系极不稳定。由于实行浮动汇率制度，汇率大起大落，变化不定，汇率体系极不稳定。其结果是增大了外汇风险，从而在一定程度上抑制了国际贸易与国际投资活动，对发展中国家而言，这种负面影响尤为突出。

(2) 缺乏统一的货币标准。在多元化国际储备格局下，储备货币发行国仍享有"铸币税"等多种好处。同时，在多元化国际储备下，缺乏统一的稳定的货币标准，这本身就可能造成国际金融的不稳定。如主要储备货币发行国往往根据自身经济利益的需要而独立或联合调整汇率，由于大多数发展中国家的汇率采用盯住制，这就使得采用盯住制的发展中国家无论国内经济状况好坏都不得不随之重新安排汇率，承受额外的外汇风险。同时，当发展中国家遇到重大国际收支困难时，往往成为各种外部冲击的对象，被迫接受外部强加的调整方案，进而影响国内经济发展。

(3) 国际收支调节机制不健全。前述的国际收支四大调节机制都有自身的局限性和副作用，如汇率机制运行不稳、利率机制的副作用等，因此都不是根本解决问题的方法。亚洲金融危机和1999年美国贸易收支逆差持续扩大表明，牙买加体系自1973年创建以来，全球范围内的长期国际收支不平衡并未得到根除。

20世纪90年代以来，正当全球经济一体化加快步伐时，世界范围内的金融危机此起彼伏，层出不穷。1994年的墨西哥金融危机，1997年的东南亚金融危机以及此后的俄罗斯、巴西、阿根廷金融危机，其深度、广度及影响令国际社会十分震惊，也充分暴露出牙买加体系的弊端。进一步改革现行国际货币体系，建立合理稳定的国际货币新秩序日益迫切。

【扩展阅读8.2】

难以实现的特别提款权（SDR）本位制

SDR从1970年开始创设和分配，至今历经50多年。第一次创设时，SDR占官方国际储备资产的比例为10%，此后逐步下降，到2021年占比仅为2.34%，从规模上讲实在微不足道。1976年的《牙买加协议》中，曾经表达了在黄金非货币化条件下，把SDR培育成主要的国际清偿手段、国际储备货币，以及用SDR本位替代美元本位的愿景。然而，40多年过去了，这一愿景并未达成。其间，并不缺乏SDR的推动者，也有发行SDR计价债券、把SDR作为官方报告货币、和美元并立使用等积极的行为，但这些并没有改变SDR在国际储备资产中比例下降的基本趋势。SDR没有能够替代美元、发展成为本位货币的直接原因有如下三点。

首先，大多数成员国对SDR的分配方法并不满意。SDR是以国际货币基金组织成员国持有的基金份额为基数按照一定比例进行创设和分配的，一个国家持有的基金份额越多，分得的SDR也越多，毫无疑问，美国等发达国家分到的SDR的数量远高于其他国家。截至2015年5月，美国持有421亿单位、德国持有266亿单位、英国持有207亿单位、日本持有156亿单位、中国仅持有95亿单位，排名第五位。这样的分配方法非常有利于美国等发达国家，从而引起大多数成员国的不满，但对此也找不到各方都能接受的合理分配方法。SDR的创设和分配方法客观上阻碍了其发展。

其次，美国不支持。IMF的决策类似于股份有限公司，持有的基金份额越多，拥有的投票权越多。美国拥有最多的IMF基金份额，虽然其他国家也拥有投票权，IMF还存在协商机制，但是，讲IMF是由美国主导也基本符合事实。当黄金与美元短缺时，创设SDR，解决国际市场流动性短缺的困境，并不危害美国的利益，而且美国能够分到最多的SDR，因此，创设SDR也符合美国的利益。如果用SDR本位制替代美元本位制，根本不符合美国的利益，美国主导下的IMF是不会允许出现这样的改变的。所以，半个世纪过去了，SDR不但没有替代美元，而且在国际储备资产中的重要性反而下降了。

最后，SDR货币职能缺失。作为国际货币，必须具有计价、清算、储备、借贷和干预等功能。显然，SDR主要是在官方之间清偿债务、交纳基金份额时发挥有限的作用，而在国际清算、国际外汇市场交易、干预外汇市场等主要的国际货币使用领域并未发挥作用。SDR货币职能缺失的直接原因是没有通货的发行，根本原因是虚拟资产，至今没有任何一个国家愿意向SDR开放国内市场，允许其汇兑、购物、借贷和投资。主权信用货币的国际化使用是国内货币职能向境外延伸的结果，SDR缺乏主权信用的基础，未能发展成为世界本位货币也是正常的。SDR可被视为超主权货币的试点，其不成功是显而易见的。截至目前，也没有出现一种比SDR更好的超主权货币的方案，用超主权货币替代美元本位的想法还停留在想象之中。

资料来源：黄泽民，牙买加货币体系演变的前景［J］. 华东师范大学学报（哲学社会科学版），2021（5）：197-211.

8.5 欧洲货币体系

欧洲货币体系是欧洲各国形成统一大市场后，建立在经济和货币联盟基础上的一种货币制度，是区域经济高度一体化的象征。它的代表性符号就是欧元。欧元的启动对现行的国际货币体系产生了重大的影响。

8.5.1 欧洲货币体系的建立

欧洲货币体系（EMS）不仅是国际货币体系的重要内容之一，也是第二次世界大战后国际货币制度发展史中的一个重要组成部分。作为欧洲货币一体化的开端，欧洲货币体系源于1950年成立的欧洲支付同盟及1958年取代该同盟的《欧洲货币协定》。进入20世纪60年代，成立于1957年的欧洲经济共同体在关税同盟和共同农业政策等经济一体化方面取得了很大进展，于是开始推动货币一体化。1969年12月，欧洲共同体（以下简称欧共体）六国首脑在荷兰海牙举行会议，提出了建立欧洲货币联盟的建议。1971年2月9日，经欧共体6国部长会议通过，宣告成立"欧洲经济和货币同盟"。根据该会议精神，以卢森堡首相兼财政大臣魏尔纳为首的一个委员会于第二年提出了"魏尔纳计划"。该计划决定花10年（1971~1980年）时间，分3个阶段实现欧洲货币一体化：1971~1973年，缩小成员国之间汇率的波动幅度，协调各国的货币经济政策；1974~1976年，集中成员国部分外汇，建立欧洲货币储备基金；1977~1980年，欧共体内部商品、资本、劳务流动不再受限，汇率完全稳定，向统一货币过渡，欧洲货币储备基金向中央银行发展。

但欧洲经济和货币同盟计划刚开始实施不久，国际金融市场就发生急剧动荡，布雷顿森林体系瓦解。成员国在认识上开始出现严重分歧，欧共体内部尚未完全形成商品、人员、劳务与资本的自由流动，以及该计划在政治联盟还不稳固的情况下过度要求成员国让渡主权，最终导致计划不得不暂时搁置。

1977年美元危机再次爆发，欧共体各国的汇率受到猛烈冲击，威胁到关税同盟、统一对外贸易政策和农业政策的巩固和发展。为抗衡美元，保证汇率的相对稳定和继续货币一体化进程，1978年7月，由联邦德国总理施密特和法国总统密特朗联合在共同体不来梅会议上提出建立"欧洲货币体系"的建议，并就此发表"不来梅宣言"。1978年11月欧共体首脑在布鲁塞尔达成协议，决定1979年1月1日建立欧洲货币体系。后由于法国和联邦德国在农产品贸易补偿制度上发生争执，该协议直至1979年3月31日正式生效，欧洲货币体系宣告正式成立，成员国包括法国、联邦德国、意大利、荷兰、比利时、卢森堡、丹麦、爱尔兰等。英国未参加欧洲货币体系，但英格兰银行按规定认缴了黄金和外汇储备，参加了欧洲共同基金。1984年9月希腊加入欧洲货币体系，1989年9月又增加了西班牙和葡萄牙两位成员，1990年10月英国也正式加入了欧洲货币体系。瑞典、芬兰、奥地利三国在1995年加入欧洲共同体后也加入了欧洲货币体系。这样欧共体的成员国全部都被纳入了欧洲货币体系的机制之内。欧洲货币体系的建立，标志着欧洲货币一体化进入了一个稳定发展的新阶段。

8.5.2 欧洲货币体系的主要内容

建立欧洲货币体系的目标是：在国际金融市场动荡不定的情况下，欧洲建立一个稳定的货币区，以完善的组织，统一规则，强化货币合作，促进统一货币的诞生，最终达到经济完全一体化。欧洲货币体系的内容主要有以下三个方面。

1. 创立欧洲货币单位

创立欧洲货币单位（European Currency Unit，ECU）。ECU是欧元的前身，是欧洲货币体系的核心。它是由欧共体各成员国的货币按一定比重构成的"一篮子"复合货币。其定值方法是根据成员国的国民生产总值和在欧共体内部贸易中所占比重大小,来确定各国货币在欧洲货币单位中所占的比重,并用加权平均法逐日计算欧洲货币单位的内在价值。

由欧共体成员国货币组成的欧洲货币单位,最初由 9 国货币组成,后来随着希腊、西班牙、葡萄牙的加入,变成了由 12 国货币组成。它是欧洲货币体系中心汇率的确定标准,也是欧共体官方信贷的尺度标准和欧共体同其他国家间经济往来的核算指标,并逐步发展成国际结算和国际储备货币。

2. 实行稳定汇率机制

欧洲货币体系在汇率方面,对内实行可调整的中心汇率,对外实行联合浮动。汇率运行机制是欧洲货币体系的核心,建立一个稳定的货币区,是该体系最主要的目标。为达到此目的,欧洲货币体系实行稳定的汇率体系,主要通过以下两种机制来稳定成员国之间的货币汇率。

(1) 平价网体系。这是欧洲货币体系内部通过确定或调整成员国货币形成对 ECU 的一个中心汇率,然后确定成员国之间的双边中心汇率及其波动幅度的一套稳定汇率机制。在这一机制中,各成员国货币对 EUC 的中心汇率,是以"篮子"的方法计算出的,故而称其为篮子体系。成员国之间的双边中心汇率(也称格子体系),是根据中心汇率套算得出的。例如,假定欧洲货币单位的中心汇率为 1ECU = 2.5106 马克,1ECU = 5.7983 法郎,则马克与法郎的中心汇率为 1 马克 = 2.3095 法郎。成员国货币的波动可以围绕双边中心汇率在一定幅度内上下波动,如果一国货币对 ECU 波动界限的偏离幅度过大,或者汇率波动偏离双边中心汇率过大,该国的货币当局都有义务在外汇市场上进行干预。汇率机制参加国的汇率可以围绕两国的双边中心汇率上下波动 ±2.25%,意大利里拉较弱,波动幅度可达 ±6%(1990 年 1 月 8 日波动幅度从 ±6% 缩小到 ±2.25%)。

(2) 干预办法。为维持汇率,保证平价网机制的稳定,除了维持原来规定的 ±2.25% 的干预机制外,欧洲货币体系另外又规定了一种带有预防性的措施,即规定了各国必须进行干预的"警戒线",又称"临界干预点"。

警戒线 = 3/4 × 允许的汇率波幅 × (1 - 该国货币在 ECU 中的比重)

一旦货币波动超过警戒线,虽然未达汇率机制规定的最大波幅界限,有关各国也要进行联合干预。这实际上就是在规定的幅度内再加一条警戒线,用以约束双边汇率不超过规定的波动幅度。欧洲人把这一现象形象地称为"响尾蛇"。

当一种货币的汇率波动超过警戒线时,有关政府部门应积极采取干预措施。各国进行干预通常有三种办法:一是各国中央银行相互支持或向欧洲货币基金申请贷款,抛出强币购入弱币,支持弱币。二是在国内实行相应的紧缩或扩张性政策,弱币国紧缩银根,提高利率,强币国则放松信贷,降低利率。三是调整中心汇率。在上述两种干预措施不奏效时,允许成员国调整中心汇率,下浮货币贬值,上浮货币升值,进而达到新的稳定。中心汇率的调整是控制汇率波动的直接和最后手段。

3. 建立欧洲货币基金

1973年创立的欧洲货币基金为欧共体的共同储备，向成员国提供信贷，以提供干预市场、稳定汇率以及平衡国际收支的资金。国际清算银行为其代理人。1979年4月，基金根据各成员国交纳的20%的黄金和20%的美元外汇储备来发行ECU。这些储备可用作各成员国中央银行为干预市场进行相互借贷的结算手段。到1981年，欧洲货币基金的总额达到730亿美元，合540亿ECU，为扩大欧洲货币合作基金的贷款能力、加强对货币市场的干预，发挥了很大的作用。欧洲货币体系成立后，保持和加强了三种信贷：一是极短期资金融通信贷，期限是45天，可延长到3个月；二是短期货币支持信贷，期限3个月，可延长到9个月；三是中期财政援助信贷，为期2~5年。从多年来欧洲货币体系的运行来看，欧洲货币基金确实促进了各成员国货币汇率稳定，为促进成员国内部贸易增长、强化经济政策协调提供了帮助。

8.5.3 欧洲货币体系的发展——欧元启动

1. 欧元创建的背景

1989年6月以欧共体委员会主席德洛尔为首的委员会向欧洲理事会马德里会议提交了《经济与货币同盟研究委员会报告》（以下简称《德洛尔报告》），再一次明确提出货币联盟的最终目标是建立单一的欧洲货币。1991年12月欧共体12国领导人在荷兰小镇马斯特里赫特签署了《马斯特里赫特条约》（以下简称《马约》）。《马约》提出了货币联盟的最终目标是构建一个中央银行、一种单一货币的联盟。为实现最终的目标，《马约》规定了3步走目标：第一阶段，1990年7月~1993年底，完成德洛尔计划第一阶段的任务，实现资本的自由流动，使所有欧共体成员国都以同一条件加入欧洲货币汇率机制，扩大欧洲货币单位的应用范围。第二阶段，1994~1999年初，从1994年开始，成员国要调整经济政策，使一些主要经济指标达到欧共体规定的标准，缩小成员国在经济发展上的差距。建立未来欧洲中央银行的雏形——欧洲货币局，最早于1997年但不晚于1999年1月1日前发行欧洲单一货币——欧元。第三阶段，1999年初~2002年6月底，建立欧洲中央银行体系，成员国之间实行不可逆转的固定汇率制度，引进欧元，各国货币退出流通。

为保证货币同盟目标的实现和欧元的稳定，《马约》规定了参加欧洲货币联盟必须达到的四项趋同标准：申请国前一年的通货膨胀率不超过通货膨胀率最低的3个国家平均水平的1.5%；当年财政赤字不超过GDP的3%，累积公债不得超过GDP的60%；政府长期债券利率不超过通货膨胀率最低3个国家平均水平的2%；货币汇率必须维持在欧洲货币体系汇率机制规定的范围内，并且至少有2年未发生货币贬值。

2. 欧元产生的历程

1995年12月，欧盟首脑会议在马德里举行，确定未来单一货币的名称欧元。1996年底，欧盟首脑会议在都柏林举行，就建立新的汇率机制、欧元使用的法律框架、货币稳定与经济增长的原则及主要内容等方面达成一致意见，欧洲单一货币运行机制框架基本形成。1997年6月，欧盟15国首脑在阿姆斯特丹举行会议，就修改《马约》达成一致，并正式批准了《稳定和增长公约》《欧元的法律地位》《新的货币汇率机制》三个文件，为欧元如期启动奠定法律基础。1998年5月，欧盟15国在布鲁塞尔召开特别首脑会议，确认德国、法国、比利时、西班牙、爱尔兰、意大利、卢森堡、荷兰、奥地利、葡萄牙和芬兰11国为欧元创始国（目前欧元区有19个成员国），并选出欧洲中央银行首任行长。1999年1月1日，欧洲单一货币——欧元开始以电子货币形式（支票、债券、信用卡、股票）在欧元区11国流通；2002年1月1日，欧元纸币和硬币在欧元区流通；2002年3月1日，欧元区各国货币退出流通，欧元成为欧元区唯一的合法货币。

作为欧元区唯一合法的通货，欧元具有如下两个方面的特点：

（1）欧元是跨主权国家创造的信用货币。其信用来自人们对欧盟内高效率的协调能力、经济实力和经济增长潜力所赋予的信心。

（2）欧元的缺陷在于货币政策与财政政策的分离。欧洲中央银行拥有统一的货币政策决策权，而财政政策掌握在各国主权政府手中，货币政策与财政政策的分离不能保证经济政策总是协调一致的。

3. 欧元启动的效应

（1）欧元产生对欧盟经济的影响。

①有助于扩大成员国之间的贸易，促进欧盟经济的发展。欧盟国家贸易总额的60%是在区内完成的，统一货币后成员国之间汇率大战的情况将不复存在，企业和个人不再承受区内货币汇率波动的风险。总之，欧元的产生为成员国提供了一个更为公平的统一市场，有助于成员国之间贸易的扩大，进而促进欧盟经济的发展。同时，欧元的产生还会带来贸易成本的降低，进而促进欧盟经济的发展。一方面，欧元区国家之间不再需要进行货币兑换，可节省大量的汇率保值和换汇费用；另一方面，欧盟建成统一的中央银行，其外汇储备金额应低于现在各成员国外汇储备总额，原因是欧盟国家之间的贸易由外部贸易转变为内部贸易，而内部贸易不需要外汇储备，这样也可以节省一笔可观的资金，将节省的资金用于投资，无疑将促进欧盟经济的发展。

②有助于抵御国际游资的冲击，增强平抑国际金融市场震荡的能力。据国际清算银行估计，1997年国际外汇市场的日交易额达到15 000亿美元，国际数千家对冲基金掌握的资本达3 000亿美元，按照杠杆原理，可以支配数万亿美元的资金。与规模巨大的国际游资相比，各国的国际储备水平显得微不足道，这就使得各国在干预外汇市场、捍卫本国货币方面越来越感到力不从心。1992年9月中

旬，在国际游资的冲击下，英镑被市场大量抛售，汇率顿时下跌20%，只得宣布退出欧洲货币体系的汇率稳定机制，意大利也因同样的原因退出了汇率稳定机制。为此欧共体不得不把成员国汇率的波动幅度扩大到±15%，5年间保持汇率稳定的努力功亏一篑。欧元区国家统一使用欧元后，各成员国的经济趋同，可以避免或减少国际金融市场动荡对经济产生的负面影响，从外部逐个击破成员国汇率防线的问题也不复存在。

③有助于抗衡美元的霸权地位，维持汇率的稳定。欧元产生前，欧洲货币集团以德国马克为核心，但马克没有足够的实力与美元分庭抗礼，美国的货币政策给西欧的经济复苏带来很大压力。欧元产生后，欧盟成员国之间的贸易成为内部贸易，对外汇储备的要求大幅度降低，对美元的需求大大下降；欧元的产生也将极大地增加其他国家对欧元的需求，减少美元储备，进而形成美元、欧元和日元三足鼎立的储备格局。欧元产生后，抗衡美元的能力逐步提高，欧元成为世界重要的贸易、投资和储备货币之一。

④有助于欧洲金融中心的优化布局，促进欧洲金融市场发展。一是欧元区内国际金融中心格局多元化。欧元区内国际金融中心一直是"众星捧月"的格局。伦敦是欧洲金融市场的核心，法兰克福、巴黎、米兰、布鲁塞尔等由于区位、区域经济金融实力和货币国际地位等因素的制约，只是欧洲金融市场的次级中心。欧元产生后，由于德、法是欧盟的"发动机"，且法兰克福是欧元区中央银行所在地，故其国际金融中心地位将得到迅速加强。二是欧洲货币资本市场迅速扩大。欧元产生后，其迅速成为银团贷款、发行国际债券和票据以及从事远期、期权、掉期、套期、利率互换等金融衍生业务的工具。大量资金可以自由地在区内不同国家的债券市场和股票市场之间转移，使欧洲货币资本市场容量迅速扩大，交易量大幅上升，市场的流动性大大提高。三是证券市场一体化进程加快。随着欧元区国家总体经济金融实力的壮大，欧元区证券交易所的联合和并购日益高涨。最为典型的是1999年9月，欧洲八大证券交易所总裁在布鲁塞尔的会议上，一致同意建立一个泛欧洲统一的证券市场，并签署了建立共同电子交易平台系统的协定。证券市场的联合大大推动了欧元区市场一体化的进程。

（2）欧元产生对国际货币体系的影响。

①巩固和发展了多元化的国际货币体系。在现行货币体系中，美元处于中心地位。世界上约有2/3的进出口贸易、1/2以上的国际商品交易、83%的国际金融交易用美元来结算和支付；美元仍是世界各国干预外汇、金融市场的重要手段。欧元产生后，成为欧盟唯一法定的货币，行使区域国际货币的职能，大大提高了欧元的国际支付能力，成为国际外汇市场上仅次于美元的第二大支付货币。同时，欧元的产生使国际储备结构发生了巨大变化，欧元在国际储备资产中的地位和比重逐步增加；而鉴于欧元在欧盟内外的国际贸易、国际投资、国际信贷等方面的特殊作用，欧盟美元储备将逐步减少。欧元的产生对美元在国际金融格局中的主导地位直接提出了挑战，成为与美元、日元抗衡的重要货币，巩固和发展了多元化的国际货币体系。

②推动了其他区域经济和货币一体化的进程。其推进的力量在于：一是压迫效应。欧元的产生、欧盟货币一体化对经济一体化的推动、欧盟成员国经济的进步必然对其他区域经济一体化组织产生压力，使其为了在多元化的世界经济及货币体系中谋求一席之地，加快货币一体化的步伐。二是示范效应。欧盟货币一体化和欧元的问世，给全球各地的区域经济组织提供了许多可资借鉴的经验，诸如怎样处理货币先行与经济先行的问题、推进单一货币和单一央行的问题等，这一切为其他经济组织的货币合作提供了示范。

③提供了国际货币体系改革的示范样本。汇率制度安排多样化、黄金非货币化以及国际政策协调艰难，是牙买加体系之所以被称为"非体系"的重要原因。欧元因为具有汇率稳定、跨国界协调及统一的中央银行三大优势，所以直接构成对牙买加体系"非体系"的挑战。同时欧元也是人类历史上第一次可用于非官方结算的跨国界信用本位货币。欧元的产生和发展，为国际货币体系深化改革提供了示范样本。

（3）欧元产生对世界政治的影响。

①突破了传统的国家经济主权的界限。金融是一国经济的命脉，而货币则不仅是一国经济主权的象征，还是一国经济政策操作的核心。在世界经济全球化条件下，11个国家在平等、互利的基础上，在政治主权没有合并的前提下，在区域集团利益的驱使下，主动提出放弃本国货币，创造了一个共同的货币，这是人类历史上一个伟大的创举。从传统的国家主权来说，欧元区各国放弃本国货币，统一使用欧元，这是对各国经济主权的一次重大让渡，各国因此丧失用货币政策调节经济的权力。但从各国经济发展长远利益来看，欧元区各国获得的是超过本国领土疆界数十倍的货币疆界，为本国经济发展获得了前所未有的空间、更加充裕的生产要素和更多的市场份额。

②提高了欧洲在世界政治中的影响力。欧洲一体化的进程实质上包括经济一体化和政治一体化，两者相辅相成，相互影响。一方面，欧元的产生为欧盟一体化发展和长期扩张奠定了更好的发展基础，迅速提高了欧洲经济在世界经济中的影响力。另一方面，欧元的实施将成为欧洲政治联合的强大基础，并在经济上为欧盟提供强有力的保障，从而提高欧盟在世界政治舞台上的地位。同时，欧元的产生也增强了欧洲意识和作为欧洲人的认同感，进而增强欧盟各国的凝聚力。

【经典人物】

罗伯特·A. 蒙代尔

罗伯特·A. 蒙代尔（Robert A. Mundell）1932年10月出生于加拿大安大略省，是美国哥伦比亚大学教授。因对不同汇率制度下财政与货币政策以及最优货币区的开创性研究，获得1999年诺贝尔经济学奖；因最优货币区理论对欧洲货币单位创设的影响，被冠以"欧元之父"。蒙代尔经济学的主要理论贡献有：一是开放经济宏观分析的奠基性研究（蒙代尔—弗莱明模型）；二是最优货币区理论。他曾担任联合国、国际货币基金组织、世界银行等国际机构，加拿大、欧洲等国家和地区政府，以及美国联邦储备委员会、美国财政部的高级顾问，1997年获美国经济学会颁发的杰出人士奖，1998年被选为美国艺术和科学院院士，2005年获德国Kiel研究所颁发的全球经济奖。蒙代尔长期关注中国经济与金融改革，先后发表《过渡经济中的货币和金融市场改革：中国个案》《体制转轨国家的通胀和增长》《中国的通胀和经济增长》等论文和著作；同时，他也高度关注中国经济学教育，受聘担任清华大学、南京大学、中国人民大学、北京科技大学、深圳大学、内蒙古大学等多所大学的荣誉教授。

资料来源：笔者根据相关资料整理得到。

【本章小结】

1. 国际货币体系是指在世界范围内确定的、调节各国货币关系的一整套国际性的规则和机构，以及国际上进行各种交易支付所采用的一系列安排和惯例。它旨在提供一种货币秩序或结构，以利于国际贸易和资本流动。

2. 国际货币体系主要包括以下五个方面的内容：汇率制度的确定；国际储备资产的确定；国际收支的调节方式；国际支付与国际结算原则的确定；国际货币事务的协调与管理。

3. 第二次世界大战后建立的国际货币体系又称布雷顿森林体系，其基本内容可概括为美元与黄金挂钩，各国货币与美元挂钩的"双挂钩"制度。该体系对当时的世界经济起到过积极的作用，但本身却存在着致命的缺陷——"特里芬难题"。

4. 牙买加体系是对布雷顿森林体系进行改革的结果，其核心内容是国际储备多元化、汇率制度多元化及国际收支调节方式多样化。

5. 欧洲货币体系是欧洲各国形成统一大市场后，建立在经济和货币联盟基础上的一种货币制度，是区域经济高度一体化的象征。欧洲货币体系的内容主要包括创立欧洲货币单位、实行稳定汇率机制和建立欧洲货币基金。欧洲联盟各成员国达成的《马斯特里赫特条约》是欧洲货币一体化的里程碑，也是国际货币体系发展演变过程中的一个重要事件。欧元于1999年1月1日成功启动对现行的国际货币体系产生了重大影响。

【复习思考题】

一、知识题

（一）名词解释

国际货币体系　　金本位制　　布雷顿森林体系　　牙买加体系
特里芬难题　　欧洲货币体系　　欧洲货币单位

(二) 单项选择题

1. 历史上第一个国际货币体系是（　　）。
   A. 欧洲货币体系　　　　　　　　B. 国际金本位体系
   C. 布雷顿森林体系　　　　　　　D. 牙买加体系
2. 布雷顿森林体系实际上是以（　　）为中心的国际货币体系。
   A. 美元　　　　　　　　　　　　B. 黄金
   C. 特别提款权　　　　　　　　　D. 多种储备资产
3. 欧洲货币体系实行的汇率制度是（　　）。
   A. 可调整的固定汇率　　　　　　B. 自由浮动
   C. 联合浮动　　　　　　　　　　D. 管理浮动
4. 欧洲货币体系创立的"一篮子"货币是（　　）。
   A. 特别提款权　　　　　　　　　B. 欧元
   C. 欧洲计算单位　　　　　　　　D. 欧洲货币单位
5. 牙买加体系是以美元为中心的多元化国际储备和（　　）体系。
   A. 固定汇率　　　　　　　　　　B. 浮动汇率
   C. 平均汇率　　　　　　　　　　D. 边际汇率

(三) 多项选择题

1. 国际货币制度的基本内容有（　　）。
   A. 国际本位货币的确定　　　　　B. 汇率制度及各国的汇率安排
   C. 国际储备资产的确定　　　　　D. 国际收支的调节方式
2. 国际货币体系经历了（　　）发展阶段。
   A. 银本位制　　　　　　　　　　B. 国际金本位体系
   C. 布雷顿森林体系　　　　　　　D. 牙买加体系
3. 牙买加体系的运作特点有（　　）。
   A. 国际储备多元化　　　　　　　B. 增加会员国的基本份额
   C. 多种国际收支调节机制相互补充　D. 汇率安排多元化
4. 欧洲货币体系的主要内容包括（　　）。
   A. 创立欧洲货币单位　　　　　　B. 实行稳定汇率机制
   C. 黄金限制输出输入　　　　　　D. 建立欧洲货币基金
5. 在布雷顿森林体系下（　　）。
   A. 黄金与美元挂钩　　　　　　　B. 各国货币与美元直接挂钩
   C. 各国货币与黄金直接挂钩　　　D. 各国货币与黄金间接挂钩

(四) 判断题

1. 布雷顿森林体系是一个以美元为中心的国际货币体系，是英美两国在国际金融领域争夺主导权的产物。（　　）
2. 在国际金汇兑本位制下，黄金依然可以充当支付手段。（　　）
3. 黄金的非货币化是指黄金虽然不是各国货币平价的基础，但可以用于官方的国际清算。（　　）

4. 欧元的优势在于货币政策与财政政策相分离。（　　）

5. 欧洲货币体系要求当一国货币波动超过警戒线但未达汇率机制规定的最大波幅界限时，相关各国可以不加干预。（　　）

（五）简答题

1. 什么是国际货币体系？它包括哪些内容？
2. 国际金本位制的特征有哪些？它为何会崩溃？
3. 布雷顿森林体系的主要内容是什么？其主要贡献是什么？
4. 牙买加体系的运作特点有哪些？它的积极作用和制度缺陷表现在哪些方面？
5. 简述欧元的产生对世界政治经济的影响。

二、能力题

1. 讨论题：你认为国际货币体系改革中应该注意哪些问题，并辅以例证。
2. 案例题。

案例素材：牙买加协议签订后，全球进入了一个完全基于央行信用的信用货币体系。美元供应更如脱缰的野马，一发不可收。数据显示，1971年至2021年底，美国的货币供应量（M2）增长了近30倍，而同期美国的实际GDP只增长了18倍。显然，高速的货币成长，严重的货币超发，远远超出了实体经济成长的需要，更多转化为价格上涨（包括消费物价和资产价格），并不断转嫁给其他以美元为主要外汇储备的经济体。

诚然，债务货币化使美国免除主权债务违约风险的担忧，大规模印钞既可以在全球征收超额铸币税，又可以满足美国社会过度的超前消费需求，还可以挽救经济危机。然而，将通货膨胀的风险、金融系统的风险和资产"泡沫"的风险输出给全世界的后果令市场对美元价值和地位的担忧此起彼伏，并且多年来美国肆意利用其货币霸权制裁与其战略行动不配合的国家，令各大经济体与之心生嫌隙，由此，"去美元化"的行动从未停歇。事实上，欧元的诞生和迅速发展（全球第二大储备货币）即是最好的明证。除此之外，2020年1月，英国、法国、德国三国宣布建立贸易互换支持工具（INSTEX），旨在帮助欧洲企业绕过美元与伊朗进行以物易物的交易，该机制已是国际资金清算系统（SWFIT）之外的世界第三大银行间清算支付系统。另外，减持美债和加强储备非美元国际货币（人民币和欧元）及黄金成为越来越多国家的战略选择。

资料来源："去美元化"进程将加快？[N]. 期货日报，2022-04-06.

案例思考：未来国际货币体系会如何发展？这对人民币又有何影响？

第8章 参考答案

第 9 章　国际金融市场

【知识结构与学习目标】

知识结构	知识目标	技能目标
国际金融市场概述	了解国际金融市场的概念及构成，熟知国际金融市场形成的条件	掌握并会分析建立国际金融市场的形成条件；掌握并会分析国际金融市场发展的新趋势
国际货币市场和国际资本市场	了解国际货币市场和国际资本市场概念、构成，熟知各市场的特征	掌握并会分析国际各市场的运作机制
欧洲货币市场和欧洲债券市场	了解欧洲货币市场和欧洲债券市场的构成和特征	掌握欧洲货币市场、欧洲债券市场的业务种类及运作程序

【导入案例】

俄乌冲突与全球金融市场

在 2022 年 2 月下旬俄乌冲突爆发之前，国际投资者对 2022 年全球经济金融走势的判断大致如下：第一，全球经济增速将在 2021 年超高增速（因为 2020 年基数很低）的基础上显著回落；第二，受美联储收紧货币政策影响，美国 10 年期国债收益率将会显著上行；第三，估值很高的美国股市的波动性将会显著上升；第四，美元指数将在较高水平上双向盘整；第五，全球大宗商品价格在 2020 年下半年至 2021 年全年的快速攀升态势或告一段落，将呈现双向盘整甚至温和回落态势。

2 月 24 日爆发的俄乌冲突成为超出大多数投资者预期的"黑天鹅"事件，给全球金融市场造成巨大冲击。一般而言，诸如冲突之类的意外事件爆发，通常会导致金融市场的避险情绪上升，从而导致避险资产（例如黄金、美元与美债）价格上涨，风险资产（例如股票与大宗商品）价格下降。但考虑到俄罗斯与乌克兰均为全球重要的大宗商品出口国，俄乌冲突的结果将会显著冲击全球重要大宗商品的供应链，从而也会造成大宗商品价格飙升。

2022 年 1 月 31 日至 3 月 4 日，伦敦 LBMA 黄金价格由 1 795 美元/盎司上升至 1 945 美元/盎司，逼近 2 000 美元/盎司大关，上涨了 8.4%。同期内，美元指数由 96.54 上升至 98.65，升值了 2.2%；10 年期美国国债收益率则由 1.79% 微降至1.74%。不过值得注意的是，在美联储加息与缩表预期的推动下，10年期美国国债收益率在2月15日已经上涨至2.05%，如果与这一高点相比，该指标截至3月4日下降了31个基点。

2022年1月31日至3月4日，美国道琼斯工业指数由35 131.86下降至33 614.80，下跌了4.3%；美国纳斯达克综合指数由14 239.88下降至13 313.44，下跌了6.5%。与美国股市相比，俄罗斯股市的下跌就要剧烈得多。2022年2月22日至2月25日，以美元计价的俄罗斯RTS指数就下跌了23.6%，以俄罗斯卢布计价的俄罗斯MOEX指数也下跌了20.0%。与此同时，俄罗斯卢布汇率也出现较大幅度的贬值。2022年1月31日至3月4日，卢布兑美元汇率与卢布兑欧元汇率分别贬值了36.0%与34.5%。

2022年1月31日至3月4日，布伦特原油期货价格由每桶89.26美元上涨至118.11美元，涨幅高达32.3%。同期内，美国大宗商品研究局（CRB）现货总指数、金属指数、食物指数、脂类和油类指数分别上涨了6.9%、6.4%、12.7%与9.6%。在2022年3月初的一周内，全球商品价格涨幅更是惊人，标准普尔商品指数年内涨幅达到37%。

如前所述，俄乌冲突对全球金融市场的最大冲击就是可能再度激发全球大宗商品价格的新一轮上涨。而其演进态势将决定大宗商品价格上涨的可持续性。如果冲突在短期内结束，那么大宗商品价格的上涨就可能是短暂的扰动；一旦俄乌形成在中期内对峙的局面，那么大宗商品价格的上涨就可能成为新一轮趋势。

资料来源：张明. 俄乌冲突对全球金融市场冲击几何[J]，中国外汇，2022（6）.

案例思考：什么是国际金融市场？各国政治经济变化会对国际金融市场有什么影响？

9.1 国际金融市场概述

9.1.1 国际金融市场的概念与种类

1. 国际金融市场的概念

在世界经济一体化的格局下，国家之间发生着非常频繁的国际金融活动，这些活动都是在国际金融市场上进行的。一般而言，国际金融市场是资金在国际上进行流动或金融产品在国际上进行买卖和交换的场所。从另外一个侧面来说，它是政策制定者、金融中介和私人市场参与者进行博弈的场所。这一场所既可能是固定的有形的场地，也可能是无形的计算机网络系统。

国际金融市场与国内金融市场有很大的区别：首先，参加者范围不同。国内金融市场的金融业务只限于一个国家的居民参加，而国际金融市场的业务活动涉及许多国家的居民。其次，交易的范围不同。国际金融市场的业务活动不受国界的限制，而国内金融市场的业务则限于本国领土之内。再次，使用的货币不同。国际金融市场可以使用多种货币，而国内金融市场则一般使用本国货币。最后，市场管制和干预程度不同。国际金融市场的活动很少或不受所在国政府的政策、法令的管辖和约束，而国内金融市场的业务活动要严格地受到所在国政府的政策、法令的管辖和约束。

2. 国际金融市场的分类

（1）按经营业务的范围来划分，国际金融市场可以分为货币市场、资本市场、外汇市场和黄金市场。

（2）按市场管辖程度划分，国际金融市场可以分为境内市场与境外市场。境内的国际金融市场是国内金融市场的对外延伸，如外国居民在本国金融市场上进行的筹资活动。这类交易一般使用市场所在国发行的货币，并受到该国金融市场上的惯例与政策法令的约束。境外市场又称离岸市场，交易的货币一般不是由市场所在国发行的，如发生在伦敦的美元借贷业务。这一市场基本上不受任何一国国内政策法令的管理，在利率、业务惯例上具有自己的特点，是国际金融市场的核心。

（3）从金融地理上看，国际金融市场可以分为五大区域：西欧区（伦敦、巴黎、法兰克福、苏黎世、布鲁塞尔和卢森堡）；北美区（纽约、芝加哥、多伦多、蒙特利尔）；亚洲区（东京、中国香港、新加坡）；中东区（巴林、科威特）；中美洲与加勒比海区（开曼群岛、巴拿马）。

9.1.2 国际金融市场形成的条件及发展趋势

1. 国际金融市场形成的条件

国际金融市场的形成与发展必须具备一定的条件，具体如下。

（1）稳定的政局。国际或国内政治、经济局势的稳定，是国际金融市场赖以生存和发展的前提。

（2）完善的金融制度与金融机构。任何一个国家或地区，只有具备完善的金融制度，具有足够数量且较集中的银行和其他金融机构，才能迅速周全地处理国际性金融业务。这是国际金融市场产生和发展的基础。

（3）实行自由外汇制度。这意味着很少实施外汇管制或没有外汇管制，外汇资金可以自由兑换，非居民参加金融交易享受与居民相同的待遇，从而国际资金才可以自由流入与流出，才能形成频繁的国际资金交易。

（4）优越的地理位置，现代化的交通、通信手段和其他相配套的服务设施。

（5）具有一支既懂国际金融理论，又具有国际金融实践经验的专业队伍。

2. 现代国际金融市场发展的新特征

20世纪80年代以来，金融市场经历了一系列深刻的变革并呈现出新的发展趋势，这些发展变化不仅影响了金融市场的结构和运作方式，也对全球经济的发展产生了重要影响。具体如下。

（1）金融市场的波动日趋频繁。除了通货膨胀的不确定性（对实际和名义价格的影响）日益增强，更伴随着汇率、利率和商品价格的不确定性，不仅其水平而且价格变动的速度和幅度都相当剧烈。1973年布雷顿森林体系固定汇率制度的崩溃和更加自由的国家经济政策，使第二次世界大战后稳定的金融市场出现了第一次大震动，国际金融市场的游戏规则发生了变化。通过国际贸易的利得可能会因为汇率的变动而荡然无存。市场上不可预计的利率和汇率的波动使借款人和投资者面临前所未有的风险。

（2）金融衍生工具不断增多。回顾20世纪60年代，私人投资者、融资企业和政府可选的金融工具是有限的，主要有银行信贷、本国货币计值的债券和普通股以及远期和期货合约等。但20世纪90年代以来，金融市场对价格波动性的增强作出了反应，人们开发出金融工具和财务策略来管理金融价格波动所引起的风险敞口，通过资产组合免受某些价格波动的冲击，金融工具变得更丰富和复杂。通过"金融工程"设计，一家需要固定汇率美元贷款的公司有多种不同的方法来获得这种基本形式的融资。该公司可以在本国或离岸金融市场上发行以其他国家货币（如英镑、日元或者欧元）计值的固定汇率或者浮动汇率的债券，然后订立货币互换合约，从而得到所期望的固定汇率的美元贷款。20世纪70年代，期货期权及其衍生工具出现，到1990年，它们的名义价值已经达到同期现货市场总价值的5～10倍；根据BIS的统计，2008年末所有场外衍生品合约总量35万亿美元，受次贷危机与危机后全球金融监管趋严的影响，2017年末所有场外衍生品合约总量约11万亿美元。①

（3）国际金融市场之间的竞争日益激烈。国际金融市场格局发生着渐进变化。自布雷顿森林体系建立以来，凭借美国强大的经济和政治力量，美元便占据了全球性金融霸权地位。自1944年以来，尽管美元在国际支付和储备资产体系中的份额有所下降，但美元在国际支付中的占比和在储备资产体系中的份额仍居第一。根据环球银行金融电讯协会（SWIFT）的数据，截至2020年底，美元在国际支付当中的占比约为40%；②根据国际货币基金组织（IMF）数据，截至2020年末，美元在全球外汇储备中的占比为58.36%。③依靠这种地位，美国获得了大量的"铸币税"收入，可以通过输出美元不断占有别国的实际经济资源，还可以允许巨额经常账户逆差的存在。美国在国际金融市场上一直是处于支配国地位，金融资产的美元化使得美元成为市场中的支配货币。但现在这两者的地位因1999年欧洲经济与货币同盟推出的欧元的竞争以及全球其他地区货币一体化进程的发展而发生了改变，美元的金融霸权地位将会面临更多的挑战。伦敦、东

---

① 范小云、陈平. 国际金融［M］. 2版. 北京：高等教育出版社，2019：229.
② "去美元化"持续加速［EB/OL］.（2023-05-11）. https://www.ccdi.gov.cn/toutiaon/202305/t20230511_263413.html.
③ 梁逸韬. 东南亚国家加快"去美元化"步伐［N］. 光明日报，2023-10-31（16）.

京、法兰克福、新加坡等的国际金融市场和其他新兴市场作为一级市场——证券发行中心以及二级市场——证券交易中心成为美国纽约、旧金山等的国际金融市场的强有力竞争者。

（4）欧元对国际金融市场的影响深远。首先有助于国际金融市场的稳定；其次对外汇市场的交易币种结构产生较大的影响；最后将对欧元债券市场产生重大的影响。

9.1.3 国际金融市场的作用

1. 促进国际贸易和投资

通过国际金融市场的融资、结算、资金调拨等方式，在世界范围内运作资金，把闲置资本转化为投资资本，调剂余缺，促进生产和资本的国际化。

2. 调节国际收支平衡

国际金融市场在国际收支调节中具有显著的作用。跨国银行在国际金融市场上的国际贷款调节了由于某些因素引起的国际收支的不平衡，如 1973 年的原油价格上涨和能源危机使得许多国家出现了国际收支逆差和失调，而石油输出国积累的"石油美元"通过国际金融市场缓和了这些国家的失调现象。

3. 提高国际资金使用效率

国际金融市场使各国货币和资本市场紧密地联系在一起，促进了国际金融市场一体化的形成，资金向利润率高的国家和地区流动，从而积极推动了国际分工体系的发展。

国际金融市场对世界经济也存在一些消极的影响：资本的人为操纵使得投机活动频繁，使得国际金融市场更加动荡；利率和汇率波动加大，使得投资和贸易管理更加复杂和困难，国际金融市场成为通货膨胀和经济衰退的传导途径；资本在各国间的迅速流动，使得国家货币政策的决策和贯彻缺乏自主独立性。

【经典人物】

斯坦利·沃伦·布莱克

斯坦利·沃伦·布莱克（Stanley Warren Black）1939 年出生于美国北卡罗来纳州，从 1977 年起担任范德尔大学经济学教授，1977～1978 年曾任美国国务院经济事务副国务卿特别助理。他的主要贡献是将合理预期理论引入外汇理论，发展了汇率决定理论和汇率政策理论。具体表现为对现汇市场交易与期汇市场交易所作的实证分析：一是从利率套汇、远期外汇投机及商业套头交易对外汇市场的供求作了流量分析；二是利用一般均衡分析方法研究了外汇市场三大部分的同时均衡问题；三是运用均衡模型研究了利率、预期、长期资本流动及政府干预远期外汇市场对汇率和短期资本流动的效应。

资料来源：陈岱孙，厉以宁. 国际金融学说史［M］. 北京：中国金融出版社，1991.

9.2 国际货币市场和国际资本市场

9.2.1 国际货币市场

1. 国际货币市场的概念

国际货币市场又称短期资金市场，是 1 年或 1 年以下的短期资金融通市场。传统的国际货币市场是在主要发达国家国内货币市场的基础上演变发展而来的，这些市场在满足国外短期投融资需求的基础上，逐步发展成为国际货币市场，是一国货币市场的对外部分。

2. 国际货币市场的构成

（1）短期信贷市场。短期信贷市场由两部分组成：一是一国银行对他国企业的短期信贷；二是银行间的同业拆借。19 世纪 60 年代伦敦银行间的英镑资金拆借市场后来国际化，成为国际上著名的银行同业拆借市场，由该市场决定的拆借利率成为国际贷款利率的基础。

（2）短期证券市场。这是国际上进行短期证券交易的场所，期限一般不超过 1 年，交易的对象是 1 年期内的可转让流通的信用工具。

短期证券市场的交易工具主要是信用工具，典型的有国库券、银行定期存单、商业票据和银行承兑票据等。

（3）贴现市场。票据贴现是收款人或持票人将未到期的银行承兑汇票或商业承兑汇票向贴现公司或银行申请贴现，银行按票面金额扣除贴现利息后将余款支付给收款人的一项银行授信业务。票据一经贴现便归贴现银行所有，贴现银行到期可凭票直接向承兑人收取票款。票据贴现作为一种高效实用的融资手段，具有以下特点：贴现业务能为客户快速变现未到期的商业票据，手续方便、融资成本低。客户可预先得到银行垫付的融资款项，加速公司资金周转，提高资金利用效率。

3. 国际货币市场的主要金融工具

国际货币市场的主要金融工具大体可以分为两类：一是与银行有关的市场信用工具；二是非银行的信用工具。其主要包括国库券、银行承兑汇票、商业票据、大额可转让存单、银行同业拆借和回购协议等。这些工具的交易买卖均构成各个单一的市场，都是国际货币市场的重要组成部分。

（1）国库券。国库券是一国政府财政部发行的借以应付国库短期财政需要的短期债务凭证。期限一般为 3 个月到 12 个月，因它是政府发行以财政收入作为保证，所以风险很小，加上国库券期限短、流动性强，所以成为短期投资的最好工具。

（2）银行承兑汇票。银行承兑汇票是银行在商业汇票上签章承诺付款的远期汇票，是由银行承担付款责任的短期债务凭证，期限一般在 180 天以内。银行承兑汇票多产生于国际贸易，一般由进口商国内银行开出的信用证预先授权。银行承兑汇票以银行信用为基础，信誉较高，持有人可以在到期前进行贴现，也可以在二级市场上转售。

（3）商业票据。商业票据是非银行金融机构或大企业为筹措资金而发行的短期无担保的商业期票。企业发行商业票据的主要原因是其筹资成本比银行贷款低。由于商业票据是一种无担保的短期债务凭证，商业票据的信用风险相对较高，这意味着投资者在发行者未能履行还款义务时无法获得额外的保护或补偿。因此，只有信誉很高的大企业才能发行商业票据。商业票据一般面额大，且为整数；期限从 1~270 天不等。

（4）大额可转让存单（CD）。大额可转让存单是银行发行的注明存款金额、期限和利率，具有可转让性质的定期存款凭证。持有人在到期时向银行提取本息，也可以在到期前转让变现。这种存单的特点是：面额大，期限固定，不记名，可以自由转让，利率与银行同业拆借利率大体相等。

（5）银行同业拆借。银行同业拆借是指银行为弥补交易头寸或存款准备金的不足而相互之间进行的短期资金借贷。银行同业拆借的特点是：无须提供担保品，仅凭信用；主要以在中央银行的存款这种即时可用资金为交易对象，期限按日计算，通常为隔夜拆借，即期限只有 1 天；利率由市场资金供求状况决定，经双方协商，一般低于优惠贷款利率。

（6）回购协议。回购协议是在买卖证券时出售者向购买者承诺在一定期限后，按预定的价格购回该证券的协议。交易大多是在商业银行间进行，回购协议的期限短，一般为 1~3 个月，也有 6 个月甚至 1 年的。因所担保的证券多是政府发行的，故安全性高。

9.2.2 国际资本市场

1. 国际资本市场的概念

国际资本市场也称长期资金市场，一般是指从事期限在 1 年以上的资金交易的场所。国际资本市场的形成主要源于企业发展中对长期资本的需求，因此，其与货币市场比较有以下特点：资金融通期限长；资金融通量大；但流动性差、风险大。

2. 国际资本市场的构成

（1）中长期信贷市场。中长期信贷市场是国际银行提供中长期信贷的场所。

中长期信贷一般可分为期限为1~5年的中期信贷和5年以上的长期信贷。借贷资金主要用于固定资产更新、中长期建设项目。其业务主要包括商业贷款、出口信贷、政府贷款和混合信贷等。

①商业贷款。它是适应第二次世界大战后工业生产和国际贸易中商品结构的变化而产生的一种中长期贷款。这种贷款必须有实物资产和有价证券作为抵押品，按资本市场的供需关系决定的利率收取利息。

②出口信贷。它是资本输出带动商品输出的信贷方式。这种信贷得到了出口方政府的支持和利息补贴，一般以借款人购买贷款国的商品为条件。其主要有卖方信贷和买方信贷。所谓卖方信贷是出口国银行向本国出口商提供信贷，基本做法是：进出口双方成交后，外国进口商支付15%的现汇，其余85%由出口商与本国银行洽订中长期贷款合同，从贷款中支取，并向外国进口商发货，给予延期付款的商业信用。进口商则按延期或分期付款的条件向出口商支付货款，出口商以收到的货款偿还银行贷款的本息。所谓买方信贷是出口方银行向外国进口商或进口国银行（继而再转贷给进口商）提供的贷款。基本做法是：双方成交后，进口商先向出口商支付15%的现汇，其余85%的货款由出口国银行给予中长期贷款，用以向出口商支付货款，在约定的贷款期限内，由进口商或进口商银行向出口国银行偿还贷款本息。

③政府贷款。它是政府间的对外经济援助性的贷款，特点是利率低，期限长。但贷款数量不大，附带条件较多。这主要是西方发达国家对发展中国提供的一种双边政府贷款。西方国家提供政府贷款时，一般要考虑的条件是：第一，同本国在政治上、经济上有密切联系的国家；第二，在战略上和外交上需要争取、扶持的国家；第三，可为本国提供重要资源和能源的国家；第四，可以带动本国的商品输出和资本输出的国家；第五，偿还能力强、使用贷款有成效的国家。

④混合贷款。它是将两种不同利率的贷款合并使用在一个贷款项目上的贷款。在当代，一些西方国家政府为了支持本国商品的出口，常以低利率对本国出口方或外国进口方予以政府贷款。要是借款人既使用了对方银行提供的买方信贷，同时又获得了出口国政府的贷款，就可以把这两种贷款合并起来使用，这就叫混合贷款。使用这种混合贷款的项目，有的是在两国贸易合作项目下设定的，有的是通过单项申请批准的。从目前情况来看，混合贷款一般用于经贷款国政府批准的合同项目。

（2）证券市场。证券市场是证券发行与流通的场所。证券市场按其交易的对象可分为债券市场和股票市场，其中最为主要的是国际债券市场。证券市场按市场功能则可分为一级市场和二级市场。一级市场又称初级市场、发行市场，是发行人出售新证券、投资者购买新证券的场所。二级市场又称流通市场，是投资者转让已发行证券的场所。证券市场按其组织形态可分为有形的场内市场和无形的场外市场两大类。场内市场为交易所市场，是在交易所内由会员以公开竞价的方式集中进行证券交易的市场。场外市场可分为柜台市场、第三市场（是指在场外市场从事已在证券交易所上市证券交易的市场）和第四市场（是指投资者直接进行证券交易的市场)。下面重点就国际债券市场作简要介绍。

国际债券是一国政府、金融机构、工商企业或国家组织为筹措和融通资金，在国外金融市场上发行的、以外国货币为面值的债券。按发行市场不同，可分为外国债券和欧洲债券。国际债券市场是指国际债券发行和流通的市场。按市场所在地划分包括美国债券市场、英国外国债券市场、日本外国债券市场、德国外国债券市场和瑞士外国债券市场等。

①美国债券市场。美国债券市场又称扬基债券（Yankee Bonds）市场，一度是世界上最大的外国债券市场，但自1969～1974年美国征收利息平衡税后，市场的发展受到很大的限制。发行扬基债券必须遵照美国1933年《证券法》的规定注册，并符合美国证券委员会公告的要求，如债券在纽约证券交易所上市，还须根据1934年的《证券交易所法》申请注册。美国债券市场的特点如下：一是发行额大，流动性强。20世纪90年代以来，平均每笔扬基债券的发行额大体都在7 500万～15 000万美元。扬基债券的发行地虽在纽约证券交易所，但实际发行区域遍及美国各地，因而能够吸引美国各地的资金。同时，又因欧洲货币市场是扬基债券的转手市场，因此，实际上扬基债券的交易遍及世界各地。二是期限长。20世纪70年代中期扬基债券的期限一般为5～7年，而到20世纪80年代中期后则可以达到20～25年。三是债券的发行者为机构投资者。如各国政府、国际机构、外国银行等。购买者主要是美国的商业银行、储蓄银行和人寿保险公司等。四是无担保发行数量比有担保发行数量多。五是由于评级结果与销售有密切的关系，因此非常重视债券信用评级。

②英国外国债券市场。英国在1979年10月以前，长期实行外汇管制政策，因而外国债券市场并不存在。1979年10月，取消外汇管制后，英国的债券市场开始向外国借款人开放，丹麦政府当即在伦敦债券市场上发行了第一笔外国债券。总额为7 500万英镑，年利率为13%，2005年到期。这笔债券被称为"猛犬债券"（bull-dog bounds），因而英国外国债券市场又被称为"猛犬债券市场"。此后，许多外国政府、国际机构相继在伦敦发行债券，英国的债券市场便逐渐活跃起来。

由于英国投资者不习惯估计国外风险，因而只愿购买资信最高者发行的债券，所以在英国外国债券市场发行外国债券的发行者主要是各国政府和国际机构，且所发行的债券几乎都是一个到期日的固定利率债券。债券有记名式，也有不记名式。利息每半年支付一次，没有利息预扣税。不过，总的说来，猛犬债券市场在英国债券市场所占份额不大，而且也没有欧洲英镑债券发展得快。

③日本外国债券市场。日元外国债券叫武士债券（samurai bonds），即日本以外的政府、金融机构、工商企业和国际组织在日本国内市场发行的、以日元为计值货币的债券。武士债券均为无担保发行，典型期限为3～10年，一般在东京证券交易所交易。

武士债券可以是记名式，也可以是不记名式，两种形式可以自由转换，债息收入免交预扣税。其初次发行由承销辛迪加办理，外国金融机构可以参与进去。

非居民投资者在初级市场上只能购买新发行额的25%，但二级市场上没有这种限制。

④德国外国债券市场。联邦德国资本市场曾是世界上最自由的市场，本国和外国的投资者在资本交易上不受任何限制，外国投资者可以在任何时候把德国马克调出，本国投资者也可把资本转移到外国而不受限制，在德国，国内债券、外国债券的区别不像其他市场那样严格，外国债券、欧洲债券与国内债券的区别仅在于非居民购买国内债券要交25%的利息税。马克欧洲债券和马克外国债券的区别则在于：倘若销售国际债券的银行辛迪加只是由德国银行经营，这种债券就是马克外国债券；如果辛迪加成员包括非德国银行，就叫作马克欧洲债券。

如今，法兰克福债券市场是德国主要的外国债券市场，也是仅次于纽约和瑞士的外国债券市场。由于欧洲中央银行设在那里，以及欧元区强大的经济实力，其具有竞争优势。

⑤瑞士外国债券市场。瑞士外国债券市场是世界上最大的外国债券市场。瑞士外国债券是指外国机构在瑞士发行的瑞士法郎债券。瑞士法郎外国债券的发行方式可分为公募和私募两种。瑞士银行、瑞士信贷银行和瑞士联合银行是发行公募债券的包销者。私募发行由牵头银行公开刊登广告推销，并允许在转手市场上转让。但是至今为止，瑞士政府不允许瑞士法郎债券的实体票据流到国外，必须按照瑞士中央银行的规定，由牵头银行将其存入瑞士国家银行保管。

（3）国际租赁市场。租赁是出租人提供不具法律所有权的资产使用权的一种安排。在现实经济中，许多制造企业不仅从事设备的生产和销售，还从事日常租赁；银行也大量从事租赁业务。此时的租赁实际上就成了一种资金融通的方式。目前，美国、英国和德国是世界上最主要的租赁市场所在地。

【扩展阅读9.1】

存托凭证——国际资本市场的"通行证"

存托凭证（depository receipts，DR）是指在一国证券市场流通的代表外国公司证券的可转让凭证。其由存托银行发行，一般代表公司股票，有时也代表债券。1927年，美国J. P. 摩根公司为了方便美国人投资英国的股票，于是发明了一种公司融资业务范畴的金融衍生工具，即存托凭证。许多世界知名公司在美国发行美国存托凭证上市并且有纸质凭证存世，例如英国最大的银行苏格兰皇家银行和世界最大的食品制造商雀巢公司均有美国存托凭证存世。

按存托凭证发行或交易地点的不同，存托凭证被冠以不同的名称，如美国存托凭证、欧洲存托凭证、全球存托凭证、国际存托凭证、中国存托凭证等。

从1993年起，中国企业陆续在纽约证券交易所上市，其中就包括中国人寿保险公司。其于2003年在美国上市，融资总额高达35亿美元，是当年最大的上市项目。中国人寿保险公司的股票就是以美国存托凭证的形式发行的，美国摩根大通公司负责发行存托凭证。存托凭证成为协助各国企业进入国际资本市场的高效、主流的工具。根据美联邦储备局数据，美国资本市场汇聚了全球金额最大的证券资本。中国企业通过存托凭证从美国市场融资已有十几年的历史，其中有百度公司、中国移动有限公司、中国电信股份公司、中芯国际集成电路制造公司、中国联通股份公司、携程旅行网等数十家公司。中国企业通过存托凭证这种融资产品，在纽约证券交易所、美国自动报价股市等上市。随着中国在全球经济体系中扮演越来越重要的角色，中国企业将继续在国际市场寻觅融资途径，获取资金以求发展。高新技术公司、国有企业等，将会更多选择存托凭证这一工具上市、融资。

而中国存托凭证是指在境外（包含中国香港）上市的公司将部分已发行上市的股票托管在当地保管银行，由中国境内的存托银行发行、在境内A股市场上市、以人民币交易结算、供国内投资者买卖的投资凭证，从而实现股票的异地买卖。

中国的存托凭证出现较晚，2020年9月22日，证监会发布公告同意九号机器人有限公司（即"九号智能"）科创板公开发行存托凭证注册。"九号智能"成为第一家通过发行中国存托凭证的形式登陆科创板的红筹企业。2021年9月30日，上海证券交易所正式受理联想集团首次公开发行存托凭证并在科创板上市申请。该公司本次拟公开发行不超过13.38亿份CDR，拟募集资金100亿元。这也是红筹上市公司以中国存托凭证形式回归A股的第一单。

资料来源：于捷. 它是国际资本市场的"通行证"[J]. 中国收藏，2022（1）：128－129.

9.3 欧洲货币市场和欧洲债券市场

9.3.1 欧洲货币市场

1. 欧洲货币市场形成与发展

（1）欧洲货币市场的性质。欧洲货币市场的前身是欧洲美元市场。当非居民将美元资金以存款形式存放在美国境外的其他国家的商业银行或美国商业银行分行时，欧洲美元就形成了。银行吸收了境外美元后当然要贷放，于是就形成了欧洲美元市场。此时的欧洲美元市场是以伦敦为中心的。欧洲美元市场发展到20世纪60年代后，在这一市场上交易的货币不再仅限于美元，马克、瑞士法郎等货币也出现在这一市场上。同时，这一市场的地理位置也扩大了，在亚洲的新加坡、中国香港等地也出现了对美元、马克等货币进行借贷的市场。这样，原有的欧洲美元市场便演变为欧洲货币市场。在这里，"欧洲"不再是一个地理上的概念，而有了境外的意思。所谓"欧洲货币"就是指在货币发行国境外流通的货币，如欧洲美元、欧洲马克等。而经营欧洲货币业务的银行以及市场就可被称为欧洲银行及欧洲货币市场。

（2）欧洲货币市场的类型。欧洲货币市场按其与在岸市场的关系可分为三种类型。第一种是一体型，即在由本国居民参加交易的在岸业务与非居民间进行交易的离岸交易之间没有严格的分界，在岸资金与离岸资金可以随时互相转换，伦敦国际金融中心和中国香港国际金融中心即属此类型。第二种是分离型，即在岸业务与离岸业务分开。分离型的市场有助于隔绝国际金融市场资金流动对本国货币存量和宏观经济的影响。美国纽约离岸金融市场上设立的国际银行业务机构、日本东京离岸金融市场上设立的海外特别账户以及新加坡离岸金融市场上设立的亚洲货币账户，均属于此类。第三种是走账型或簿记型，即这类市场没有或几乎没有实际的离岸业务交易，而只是起着其他金融市场资金交易的记账和划账作用，目的是逃避税收和管制。中美洲和中东的一些离岸金融中心即属此类。

（3）欧洲货币市场的成因。欧洲货币市场产生和发展的根本原因在于第二次世界大战后，世界经济和科学技术的迅速发展促进了国际分工以及生产国际化和资本流动国际化的发展，这使得传统意义上的国际金融市场不能满足需要，借贷关系必须进一步国际化。而从当时的具体情况来看，欧洲货币市场的产生主要是以下几方面因素共同作用的结果。

①20世纪50年代，苏联及东欧国家担心它们在美国的美元资金会被冻结，因此将这部分美元转存到欧洲各国尤其是英国的银行。而当时英国政府正需要大量资金以恢复英镑的地位和支持国内经济的发展，所以准许伦敦的各大商业银行接受境外美元存款和办理美元借贷业务，于是欧洲美元市场便应运而生。

②1958年以后，美国国际收支开始出现赤字，并且规模越来越大，于是美元资金大量流出国外，这为欧洲美元市场提供了大量的资金。为防止国际收支进一步恶化，美国政府采取了限制资本流出的措施，这迫使美国境外居民的美元借贷业务转移到欧洲美元市场上，美国银行也相应地在欧洲开设了许多分支机构，这些都刺激了欧洲美元市场的发展。

③在20世纪70年代之后石油的两次大幅提价也大大促进了这一市场的发展。一方面，石油输出国手中积累了大量的所谓"石油美元"需要寻求出路，这些美元投入欧洲美元市场使这一市场的资金供给非常充裕；另一方面，发展中国家中的非产油国的国际收支纷纷出现赤字，它们都转向欧洲美元市场上借入资金以弥补赤字，这使得这一市场上的资金需求也增加了。供求旺盛促进了欧洲美元市场的发展。

④利率优势是促进欧洲美元市场发展的重要因素。欧洲美元市场吸引存款人和借款人的关键因素是欧洲美元市场的存贷利差小于美国市场。形成欧洲美元市场这种利率优势的因素是多方面的。第一，在国内金融市场上，商业银行会由于存款准备金及利率上限等管制与限制增加营运成本，而欧洲美元市场上则无此管制约束，同时也可以自主确定利率，不受"利率上限"之类措施的限制，因此在欧洲美元市场上开展业务的银行便能提供更具竞争力的利率。第二，欧洲美元市场在很大程度上是一个银行同业市场，交易数额很大，因此手续费及其他各项

服务性费用成本较低。第三，欧洲美元市场上的贷款客户通常都是大公司或政府机构，信誉很高，贷款的风险相对较低。第四，欧洲美元市场上激烈竞争导致交易成本降低。欧洲美元市场存贷利差小、服务费用低和贷款风险较小等优势吸聚众多外国银行在欧洲的伦敦、法兰克福等国际金融中心设立分支机构，众多机构在同一地点从事国际金融业务，势必通过竞争的加剧带来费用的下降。第五，与国内金融市场相比，欧洲美元市场上管制少致使创新活动快而多，这也对降低市场参与者的交易成本具有明显效果。

2. 欧洲货币市场的主要业务

（1）短期信贷业务。这是欧洲货币市场最早的业务活动。迄今为止仍占有重要的地位，它是指从事信贷期为 1 年以内的欧洲货币市场借贷业务。这种业务虽然是在银行之间进行的，但大多数是由银行与非银行金融机构的资金交易引起的。

欧洲货币市场短期信贷资金来源主要有银行间的存款、非银行的存款、一些国家的中央银行和政府的存款、国际清算银行的存款、石油输出国的存款及派生存款等。其中欧洲银行间存款是主要的资金来源。欧洲货币市场短期信贷需求主要有商业银行、跨国公司和其他工商企业、国家和地方政府等。其中商业银行是该市场上最大的借款人。

欧洲货币市场短期借贷业务的特点是：第一，借款期限短。最短为 1 天，最长不超过 1 年，以为期 3 个月最为普遍。第二，借贷灵活方便。一般不需要担保，也不签订合同，通过电话或电传即可成交，客户可任选币种、借款地点，借款额度也可在一定程度内由借款人决定。第三，借款额度较大。该市场的存款人和借款人都是一些大客户，每笔交易很大。存款起点为 10 万美元，借款起点为 50 万美元，1 000 万美元的借款也司空见惯。第四，利率比较合理。该市场以伦敦银行同业拆借利率为基础，再加上一个附加额，存款利率略高于国内市场，借款利率则略低于国内市场，利差很小。且存、贷利率没有最高幅度的限制。

（2）中长期信贷业务。这是指 1 年以上的欧洲货币借贷业务。该市场的资金来源有接受短期欧洲货币存款、银行间的借款、发行的中长期欧洲票据、发行欧洲货币存单及利用本国总行的资金。该市场的资金需求者主要是大型跨国公司、各国政府、中央银行和国际机构。

欧洲货币市场的中长期业务活动的主要特点是：第一，借款期限较长。一般为 2~3 年，也有 5 年、7 年、10 年，有的借款期限可达到 20 年，近年来还有延长的趋势。第二，借款金额巨大。通常每笔交易在 2 000 万~5 000 万美元，也有 1 亿~5 亿美元，甚至 10 亿美元的交易。第三，贷款方式以银团贷款为主。第四，实行浮动利率。一般是每 3 个月或 6 个月根据当时市场的利率水平重新调整一次。借款人除支付利息外，还要支付管理费等各项费用。

3. 欧洲货币市场的经营特点

欧洲货币市场是一种完全国际化的市场，是国际金融市场的主体。由于它经营的是境外货币，因此具有许多与在岸金融市场所不同的经营特点。这些特点可归结为以下几点。

（1）市场范围广阔，不受地理限制。尽管欧洲货币市场是由现代化网络联系而成的全球性统一市场，但也存在着一些地理中心。这些地理中心一般是由传统的金融中心城市发展而来，例如伦敦、纽约、东京等，它们所在国家经济发达，有充足的资金来源，历史上一直是资金的主要交易场所。这些金融中心具有稳定的经济、政治环境，有良好的通信和金融基础设施，有熟练的金融业经营人才，有官方给予的自由经营条件和优惠措施。它们从20世纪50年代后期开始，相继经营欧洲货币的金融业务，成为具有国内金融中心、对外金融中心和欧洲货币中心三重功能的国际金融中心。20世纪60年代以来，巴哈马、巴林、新加坡、中国香港等若干具有特殊条件的地区形成了新的欧洲货币中心。它们与老的国际金融中心不同，这些新兴金融中心是利用降低税收、减少管制等一系列优惠性措施吸引国际资金在此交易、中转，成为跨国公司、跨国银行的良好避税地。世界范围内，大约2/3的欧洲货币市场资金在传统和新兴的国际金融中心流通。

（2）交易规模大，交易品种、币种繁多。欧洲货币市场以银行间交易为主，为批发市场，可满足各种需要，金融创新极其活跃。绝大多数欧洲货币市场上的单笔交易的金额都超过100万美元，几亿美元或几十亿美元的交易也很普遍。欧洲货币市场上交易的币种除美元、日元等传统主要国际货币外，瑞士法郎、英镑、加拿大元等币种的交易也很多，以发展中国家货币为交易币种的也并不少见，近年来还出现了以特别提款权和欧洲货币单位为交易币种的交易，这些交易使欧洲货币市场与外汇市场联系非常紧密。欧洲货币市场上的交易品种主要是银行间同业拆放、欧洲银行贷款与欧洲债券。欧洲银行贷款既有固定利率贷款，也有浮动利率贷款，并且短、中、长期贷款都有。

（3）利率结构独特。无法定准备金、存款利率高、放款利率低、利差小对存贷者有较强的吸引力。欧洲货币市场利率体系的基础是伦敦银行同业拆放利率（London inter—bank offered rate，LIBOR）。伦敦银行同业拆放利率同各国的利率有一定的联系，但又不完全相同。它除与各国货币市场利率相互影响外，还受欧洲货币市场上供求关系的影响。一般来讲，欧洲货币市场上存贷款的利差比各国国内市场存贷款的利差要小，这一利率上的优势使欧洲货币市场吸引了大批客户。

（4）经营管制较少。由于欧洲货币市场一般从事非居民的境外货币借贷，因此经营管制较少。尽管经营管制较少促进了欧洲货币市场的飞速发展，并对国内外经济发展产生了巨大影响，但是它不受任何一国国内法律管制，也尚不存在对这一市场专门进行管制的国际法律，因此这一市场上的风险日益加剧。

9.3.2 欧洲债券市场

1. 欧洲债券市场概念及历史沿革

欧洲债券是指借款人在国际金融市场上发行的以发行国以外的货币为面值的债券，或者说是一国筹资者在某国际债券市场上发行的、以第三国货币为面值的债券。其债券期限均为 1 年以上。欧洲债券市场则是指欧洲债券发行和交易的市场。该市场是在 20 世纪 60 年代与欧洲美元市场一起形成和发展起来的。1961 年 2 月 1 日在卢森堡发行了第一笔欧洲债券，不过 20 世纪 70 年代以前，欧洲债券市场的发展并不快，只是在 20 世纪 70 年代后半期才得以迅速发展。欧洲债券市场的发行额从 1963 年的 1.64 亿美元增至 1986 年的 1 880 亿美元。[①]

2. 欧洲债券的种类

（1）固定利率债券，也称普通债券。这种债券的期限一般为 5～10 年，利息固定，票面利率根据发行时的市场利率决定，每年付息一次，利息免税。

（2）浮动利率债券。这是指在债券的有效期限内，债券利率随市场利率波动而波动的债券。通常是每 3 个月或 6 个月按伦敦银行同业拆借利率或其他基准利率进行调整。由于利率适时调整，使投资者可免受利率波动带来的损失，所以在利率动荡时期特别具有吸引力。

（3）零息债券。这是一种不支付利息而是以低于债券面值折价发行的债券。

（4）可转换债券。这是指可以在指定的日期，以约定的价格转换成债券发行者的普通股票，或其他可转让流通的金融工具的债券。

（5）附有认购权证的债券。这是一种在债券发行时附有一个给予投资者在一定时期内按一定比例认购公司发行的一定数量证券的权利。认购权证分为股票认购权证和债券认购权证。

3. 欧洲债券市场的特点

（1）欧洲债券市场是一个自由而有弹性的市场。在欧洲债券市场上发行债券等有价证券，不需要经市场所在国的官方批准，也不受任何国家法律的约束。同时，在利率、汇率等方面也具有较大的弹性，这是其他证券市场所无法比拟的。

（2）欧洲债券市场为借款人和投资者提供了较大的选择性。欧洲债券种类繁多，除上述 5 种债券外，从币种来看，它还包括欧洲美元、英镑、日元、法国法郎、瑞士法郎等不同货币面值的债券，借款人可以根据各种货币的汇率，不同的利率和期限，选择发行对自己有利的债券。投资者则可以根据各种债券的收益情况，选择购买任何一种债券。这是在任何一个国家的外国债券市场上无法做

---

① 陈浪浪. 欧洲债券市场的新发展 [J]. 外国经济与管理, 1989 (4): 45-47.

到的。

（3）欧洲债券的发行费用低、税收优惠。在欧洲债券市场上发行债券的费用大约是债券面值的2.5%，债券的利息收入不纳所得税，债券以不记名的形式发行，可以保存在投资者的所在国以外，逃避国内所得税。这些对投资者具有较大的吸引力。

（4）欧洲债券市场具有安全性和流动性。欧洲债券市场的主要借款人是各国政府、国际组织和跨国公司，这些借款人一般来说具有极好的资信，对投资者来说是比较安全的。同时，欧洲债券市场拥有一个活跃的二级市场，可使债券的持有人比较容易地转让债券取得现款，从而保证了债券的流动性。

4. 欧洲债券发行程序

欧洲债券市场不受政府的管制，能比较容易地在3周内募集到资金。欧洲债券的发行有公开发行和非公开发行两种。公开发行是指在一个公认的证券交易所登记上市、交易；非公开发行债券手续比较简单，费用也较低，通常由大机构买下，然后在较小的范围内发行。欧洲债券发行的程序大体如下：

（1）决定发行债券的种类及期限。根据欧洲债券市场的行情，决定发行固定利率债券还是浮动利率债券抑或多重货币债券、可转换债券。

（2）选择牵头经理行。债券发行人应选择一家实力雄厚、有较强组织能力、经验丰富、信誉卓著的国际性大银行作为牵头经理行。牵头经理行组建发行管理集团辛迪加和承销团。

（3）编制有关发行文件。由发行人提供必要的资料，由发行管理集团主办者辛迪加负责编制债券募集和销售的必备文件，其主要包括发行说明书、认购承销合同、代销合同、财务代理人合同等。

（4）决定发行条件。即确定债券的数额、利率、期限和偿还方式等。

（5）推介发行人。由牵头经理行招集发行管理集团成员和承销团，向其推介发行人，并通过发行管理集团成员和承销团，进一步向公众推介发行人及债券。

（6）签约。正式签订发行合同、认购合同、代销合同，分发债券认购数量、代销数量。

（7）交割。债券和现金交换，借款者实际卖出债券，取得现金。

（8）上市。将公开发行的欧洲债券在证券交易所上市。

【扩展阅读9.2】

人民币离岸金融市场：发展动力与功能

根据IMF（2000）定义，离岸金融是指一国银行等金融机构向非居民提供的诸如吸收存款和发放贷款等业务的金融服务。离岸金融市场又称离岸金融中心，是指向非居民提供金融服务的国家或司法管辖区，其规模与其国内经济和融资的规模不相称。离岸金融市场在地理位置上可位于境外，也可位于境内，因此，人民币离岸金融市场可以分为两类：一类是境外的离岸金融市场，如中国香港、新加坡、英国伦敦等；另一类是境内的离岸金融市场，如中国（上海）自由贸易试验区（以下简称上海自贸区）、中国（海南）自由贸易试验区（以下简称海南自贸区）、中国（广东）自由贸易试验区（以下简称广东自贸区）等。

人民币离岸金融市场作为中国金融体系的重要组成部分，在中国金融发展和金融开放中发挥着重要的作用。人民币离岸金融市场的建设不仅是中国大国实力的重要组成部分，还是中国金融开放的长期需求和构建"双循环"新发展格局的客观需要。与在岸金融市场相比，离岸金融市场基本不受所在国政府部门金融法规的管辖和外汇管制的约束，并且有着相对独立的市场利率。因此，离岸金融市场是对在岸金融市场的重要补充，在一国金融体系中发挥着重要作用。现今，离岸金融市场已成为大国实力的重要组成部分。

一方面，出于"低监管、高回报"的特点，目前美国、英国、日本和新加坡等全球主要发达经济体均建成了具有一定规模的离岸金融市场。离岸金融市场发轫于20世纪50年代的欧洲美元市场，"马歇尔"计划援助的美元资金以及苏联、东欧国家美元资产的涌入使得英国伦敦成为最早的美元离岸金融中心。欧洲美元市场对美国国内资金限制的规避进一步提升了离岸金融市场的吸引力。建设离岸金融市场的热潮由此产生：1968年10月，美洲银行率先获准在新加坡设立亚洲货币单位（ACU）；20世纪80年代，美国设立国际银行设施（IBFs），其成为第一个位于该国境内的离岸金融市场，境内的离岸（onshore offshore）金融市场由此诞生；随着日本经济腾飞，日本于1986年12月设立东京国际金融中心（JOM）。可以发现，国际金融中心的确立与一国经济实力和国际地位是相互匹配的。事实也证明，发达经济体离岸金融市场的设立有力推动了本国金融发展，提升了该国的国际影响力。另一方面，在一定条件下，货币离岸市场的发展能够极大增强该国货币的国际地位。例如，美元离岸市场的发展就在很大程度上增强了美元的国际地位。其一，离岸美元市场的蓬勃发展，促进了美元在美国境外的流通，从而增强了美元的国际地位。其二，离岸美元市场作为布雷顿森林体系崩溃以后"美元体制"的基石，发挥了重要作用。其三，IBF的设立首开货币发行国境内设立离岸金融市场经营本币之先河，为美元的境外流通增添了渠道，从而为维持美元国际地位提供了有力支持。

需要指出的是，发达的本币离岸金融市场是本币国际化的必要条件，但本币离岸金融市场的建设并不必然导致本币国际化程度的上升。20世纪80年代，日本曾实施"黑字环流"计划，向发展中国家提供贷款与援助，推动国际收支改善和日元国际化。但日元离岸市场的发展并未对日元国际化起到决定作用。人民币国际化经历了从旧"三位一体"（跨境贸易与投资的人民币结算+离岸人民币金融中心+双边本币互换）到新"三位一体"（人民币计价的原油期货交易+加快开放在岸金融市场+鼓励"一带一路"共建国家的人民币使用）的转变，策略上也从全力发展离岸金融市场转变为鼓励在岸市场开放,这一策略的转变主要源于2015年后一个阶段人民币国际化进程的停滞。

资料来源:张明,潘松,李江.人民币离岸金融市场:发展动力、经验教训与前景展望[J].新金融,2022(2):4-12.

【本章小结】

1. 国际金融市场是资金在国际上进行流动或金融产品在国际上进行买卖和交换的场所。从另外一个侧面来说,它是政策制定者、金融中介和私人市场参与者进行博弈的场所。从经营业务的范围来看,国际金融市场可分为货币市场、资本市场、外汇市场和黄金市场;从金融地理上来看,国际金融市场可分为西欧区(伦敦、巴黎、法兰克福、苏黎世、布鲁塞尔和卢森堡)、北美区(纽约、芝加哥、多伦多、蒙特利尔)、亚洲区(东京、中国香港、新加坡)、中东区(巴林、科威特)和中美洲与加勒比海区(开曼群岛、巴拿马)五大区域。

2. 国际货币市场是1年或1年以下的短期资金融通市场。国际货币市场由短期信贷市场、短期证券市场和贴现市场等构成。国际货币市场的主要金融工具大体可以分为两类:一是与银行有关的市场信用工具;二是非银行的信用工具。其主要包括国库券、银行承兑汇票、商业票据、大额可转让存单、银行同业拆借和回购协议等。

3. 国际资本市场也称长期资金市场,一般是指从事期限在1年以上的资金交易的场所。其由中长期信贷市场、证券市场和国际租赁市场等构成。中长期信贷主要包括商业贷款、出口信贷、政府贷款和混合信贷等。证券市场按其交易的对象可分为债券市场和股票市场,其中最为主要的是国际债券市场。

4. 欧洲货币市场的主要业务包括短期信贷业务和中长期信贷业务。

5. 欧洲债券市场是指欧洲债券发行和交易的市场。欧洲债券主要包括固定利率债券、浮动利率债券、零息债券、可转换债券和附有认购权证的债券等。

【复习思考题】

一、知识题

(一)名词解释

国际金融市场　　离岸金融市场　　国际货币市场　　国际资本市场
欧洲货币　　　　欧洲货币市场　　欧洲债券　　　　欧洲债券市场

(二)单项选择题

1. 境外市场又称离岸市场,交易的货币一般是(　　)发行的货币。
A. 非市场所在国　　　　　　　　B. 非市场所在国或市场所在国
C. 市场所在国　　　　　　　　　D. 非市场所在国和市场所在国

2. 国际货币市场是(　　)的短期资金融通市场。

A. 1 年或 1 年以上　　　　　　　B. 1 年或 1 年以下
C. 2 年或 2 年以下　　　　　　　D. 2 年或 2 年以上

3. 英国债券市场又称（　　）。
   A. 伦布朗债券　　　　　　　　B. 扬基债券
   C. 武士债券　　　　　　　　　D. 猛犬债券市场

4. 欧洲货币市场中的"欧洲"意指（　　）。
   A. 地名　　　B. 境内　　　C. 境外　　　D. 货币

5. 国际债券包括（　　）。
   A. 零息债券和可转换债券　　　B. 欧洲美元债券和欧元债券
   C. 固定利率债券和浮动利率债券　D. 外国债券和欧洲债券

（三）多项选择题

1. 按经营业务的范围划分，国际金融市场可以分为（　　）。
   A. 外汇市场　　B. 资本市场　　C. 货币市场　　D. 黄金市场

2. 国际货币市场主要由（　　）构成。
   A. 短期信贷市场　　　　　　　B. 短期证券市场
   C. 贴现市场　　　　　　　　　D. 资本市场

3. 国际资本市场的特点是（　　）。
   A. 资金融通期限长　　　　　　B. 资金融通量大
   C. 流动性差　　　　　　　　　D. 风险大

4. 分离型离岸金融中心将离岸金融业务与国内金融业务分开，对居民的存放业务与对非居民的业务分开，属于该类型的离岸金融市场有（　　）。
   A. 新加坡离岸市场　　　　　　B. 东京离岸市场
   C. 伦敦离岸金融市场　　　　　D. 纽约离岸市场

5. 欧洲货币市场短期借贷业务的特点是（　　）。
   A. 借款期限短　　　　　　　　B. 借贷灵活方便
   C. 借款额度较大　　　　　　　D. 利率比较合理

（四）判断题

1. 稳定的政局、宽松的经济政策和严格的金融政策有利于国际金融市场的形成。　　　　　　　　　　　　　　　　　　　　　　　　　　　（　　）
2. 分离型市场有助于隔绝国际金融市场资金流动对本国货币存量和宏观经济的影响。　　　　　　　　　　　　　　　　　　　　　　　　　（　　）
3. 所谓"欧洲货币"就是指在货币发行国境内外流通的货币，如欧洲美元等。　　　　　　　　　　　　　　　　　　　　　　　　　　　　（　　）
4. 欧洲债券市场是个自由而有弹性的市场。　　　　　　　　　（　　）
5. 国际金融市场对世界经济的影响均是积极的。　　　　　　　（　　）

（五）简答题

1. 什么是国际金融市场？
2. 国际货币市场与国际资本市场有什么区别？

3. 欧洲货币市场的经营特点有哪些？
4. 欧洲债券有哪些种类？
5. 欧洲债券市场有什么特点？

二、能力题

1. 讨论题：现代国际金融市场发展的新特征有哪些？
2. 案例题。

案例素材： 数字货币正成为全球金融发展的大趋势。目前已有110多个国家和地区在不同程度上开展了央行数字货币相关工作。美联储近几年一直在从多个角度研究发行央行数字货币的潜在益处与风险。2021年7月，欧洲中央银行宣布启动数字欧元项目，并表示希望在5年内使数字欧元成为现实。俄罗斯央行计划于2022年测试数字卢布，同时确定该国数字货币下一步发展的路线图。尼日利亚政府2017年开始研究发行数字货币，2021年"e奈拉"的推出使尼日利亚成为首个正式启用数字货币的非洲国家，同时成为全球率先发行数字货币的国家和地区之一。

备受国内外关注的央行数字货币有加速落地的态势，商务部于2020年9月14日发文，确认将在京津冀、长三角、粤港澳大湾区及中西部具备条件的试点地区开展数字人民币试点。我国数字货币将走在全球众多国家央行前列，将让货币支付和发行等更加可控，未来应用广泛，可以在很多场景使用。央行数字货币将会有数字钱包推出，未来每个人手机应用里，都支持下载数字货币App，人们可以用它来支付购物、投资和转账等，将会十分便捷和安全。预计将会推出各种基于数字人民币的金融产品，出现纯粹的数字人民币银行，并将出现完全基于数字人民币的供应链金融和基于数字人民币支付的跨境贸易。以前跨境开设人民币银行账户是很困难的事情，现在数字人民币具有天然的全球化性质，国外客户无须通过银行，只需要下载一个App钱包，就可以接受数字人民币汇款，实现点对点，其效率极高，并且方便快捷。

对于数字货币未来在中国香港的应用前景，王学宗表示，数字人民币发行之后，将给中国香港带来划时代的机遇，可以大力振兴中国香港经济。就看中国香港是否能够配合内地的货币发行制度改革抓住机遇。中国香港可以非常方便地成为离岸人民币结算的国际金融中心，大力发展以数字人民币结算的跨境贸易和服务贸易，大力推动数字人民币在东南亚各国的支付落地；中国香港可以发展基于数字人民币的商业银行业务和投资银行业务，从事数字人民币的存款和贷款业务，以及信托业务；中国香港可以发展基于数字人民币的第三方支付业务，在全球开发各种支付场景，可以部分替代支付宝和微信支付在海外的业务；中国香港可以利用数字人民币发行的机会，率先成为全球的数字资产交易中心和数字金融中心。

王学宗认为，基于人民币的资产数字化是中国香港的机会。中国香港本来就是世界金融中心。中国香港可以利用立法优势，还需为此准备一套数字金融和数字证券的法律制度。中国香港如果能够在基于数字人民币的数字证券交易方面率先实践,可能有机会成为数字经济时代的全球资本市场中心和金融中心。

　　王俊文表示,现在几乎所有金融机构都接入到 SWIFT 平台,为全球 200 多个国家(地区)超过 11 000 多家银行、证券机构、企业与客户提供交易及结算服务。而在 SWIFT 平台上应用的主要货币为美元,因此说 SWIFT 平台是构成美元霸权重要的支柱。中国一直大力研发数字货币,一旦推出后,本质上便是想重构一道国际及国内的支付网络,从而规避美国的 SWIFT 平台可能关闭带来的冲击。

　　资料来源:宋爽、刘朋辉. 全球数字货币发展的最新进展与展望 [J]. 国际金融,2023(4):52-56.

　　案例思考:数字货币推出对于国际金融市场有什么影响?中国香港若想成为数字经济时代的国际金融中心,应该具备哪些条件?

第 9 章
参考答案

第10章 国际金融机构

第10章
国际金融机构

【知识结构与学习目标】

知识结构	知识目标	技能目标
国际货币基金组织	掌握国际货币基金组织的宗旨、组织结构和资金来源	掌握国际货币基金组织的主要贷款种类、贷款条件
世界银行集团	掌握世界银行、国际开发协会、国际金融公司的宗旨、组织结构和资金来源	掌握世界银行、国际开发协会、国际金融公司的主要业务
国际清算银行	掌握国际清算银行的宗旨、组织结构和资金来源	掌握国际清算银行的主要业务
区域性国际金融机构	掌握亚洲开发银行和亚洲基础设施投资银行的宗旨、组织结构和资金来源	掌握亚洲开发银行和亚洲基础设施投资银行的主要业务

【导入案例】

WBG、IMF、WFP和WTO呼吁在粮食安全方面采取紧急协调行动

2022年4月13日,世界银行集团(WBG)、国际货币基金组织(IMF)、联合国世界粮食计划署(WFP)和世界贸易组织(WTO)负责人呼吁各方就粮食安全问题采取紧急行动。世界银行集团行长大卫·马尔帕斯、IMF总裁克里斯塔利娜·格奥尔基耶娃、世界粮食计划署执行干事大卫·比斯利和世界贸易组织总干事恩戈齐·奥孔乔·伊韦阿拉在IMF-世界银行春季会议之前发表了以下联合声明:

不断加剧的危机正冲击着我们的世界。新冠疫情目前已进入第三个年头,俄乌冲突的影响令形势雪上加霜,而气候变化以及脆弱性和冲突加剧等问题,持续对全球民众造成伤害。主要作物价格急剧上涨且供给短缺,正使世界各地家庭的压力不断增加,并导致数百万人陷入贫困。最贫穷国家面临的威胁最大,因为食物进口在其消费中占据很大比重。但同时,中等收入国家的脆弱性也正在迅速上升——世界上大多数贫困人口都居住在这些国家。世界银行的估计显示:粮食价格每上涨一个百分点,全世界就将有1 000万人陷入极端贫困中。

天然气价格的快速上升加剧了粮食价格的上涨,因为天然气是氮肥的重要原料。化肥价格飙升，再加上全球供给大幅削减，导致大多数国家的粮食生产都受到了巨大影响，其中包括那些严重依赖化肥进口的粮食生产大国和出口大国。粮食价格上涨和供给冲击会加剧许多受影响国家的社会紧张局势——在那些本已脆弱不堪或受冲突影响的国家尤其如此。

我们呼吁国际社会协调行动起来，提供紧急粮食供给、资金支持、扩大农业生产并开放贸易，为脆弱国家提供紧急支持。我们承诺将利用我们的专长与资金，迅速加强政策和融资支持，为脆弱国家和家庭提供帮助，扩大受影响国家的国内农业生产和粮食供给。我们可以减轻国际收支压力，并与所有国家合作，保持贸易流动的开放。此外，我们将进一步加强对粮食脆弱性的监测，并根据各自机构的比较优势，尽快向受影响国家提供多角度的政策建议。

我们还敦促国际社会通过赠款等方式帮助满足紧急的融资需求。这包括为紧急粮食供给提供资金，建立满足贫困群体需求的安全网，以及为面临原料价格高企的小农户提供支持。我们还敦促所有国家保持贸易开放，避免采取限制性措施（如粮食或化肥出口禁令，这会进一步加剧最弱势群体的痛苦）。尤其重要的是，不要对联合国世界粮食计划署采购的人道主义粮食实行出口限制。

资料来源：杨海泉. 国际组织呼吁帮助脆弱国家保证粮食安全［N］. 经济日报，2022 - 04 - 16.

案例思考：世界银行集团、国际货币基金组织是什么样的国际组织？它们是如何发挥作用的？

10.1　国际货币基金组织*

10.1.1　成立的背景与宗旨

国际货币基金组织（International Monetary Fund，IMF）于 1945 年 12 月 27 日在华盛顿正式成立，1947 年 3 月开始办理放款业务，总部设在华盛顿。根据 1944 年 7 月 1 日布雷顿森林会议签订的《国际货币基金协定》而成立的 IMF，是一个旨在国际合作基础上协调汇率制度、向成员国提供短期贷款以平衡其国际收支的国际金融组织。IMF 成立时只有 40 个成员国，目前已增至 190 个成员国。

我国于 1980 年 4 月恢复在 IMF 的合法席位。2016 年 1 月 27 日，IMF 宣布 2010 年份额和治理改革方案正式生效，中国正式成为 IMF 第三大股东。中国份额占比从 3.996% 升至 6.394%，排名从第六位跃居第三位，仅次于美国和日本。2016 年 3 月 4 日，IMF 表示从 2016 年 10 月 1 日起在其官方外汇储备数据库中单独列出人民币资产，以反映 IMF 成员人民币计价储备的持有情况。2022 年 5 月，

---

* 本部分内容主要参考国际货币基金组织官网（https：//www.imf.org/zh/Home）相关内容。

IMF 完成五年一次的特别提款权定值审查，将人民币在特别提款权（SDR）货币篮子中的权重从 10.92% 上调至 12.28%。

《国际货币基金协定》规定，IMF 的宗旨是：

（1）通过设置一常设机构就国际货币问题进行磋商与协作，从而促进国际货币领域的合作。

（2）促进国际贸易的扩大和平衡发展，从而有助于提高和保持高水平的就业和实际收入以及各成员国生产性资源的开发，并以此作为经济政策的首要目标。

（3）促进汇率的稳定，保持成员国之间有秩序的汇兑安排，避免竞争性通货贬值。

（4）协助在成员国之间建立经常性交易的多边支付体系，取消阻碍国际贸易发展的外汇限制。

（5）在具有充分保障的前提下，向成员国提供暂时性普通资金，以增强其信心，使其能有机会在无须采取有损本国和国际繁荣的措施的情况下，纠正国际收支失调。

（6）根据上述宗旨，缩短成员国国际收支失衡的时间，减轻失衡的程度。

在其 6 个宗旨中，主要集中于两点：一是向成员国提供短期贷款，以平衡其国际收支的暂时不平衡；二是促进各国汇率稳定，消除外汇管制。

为实现国际货币基金组织的宗旨，凡属国际货币方面的事务，如货币汇率的确定与稳定、国际收支差额的弥补与调节、外汇政策与支付制度的管理和协调等，都属 IMF 的职能范围，其主要着眼点在于维持国际经济的稳定。

10.1.2 组织结构

IMF 的组织结构由理事会、执行董事会、总裁和常设职能部门等组成。

IMF 的最高权力机构是理事会，它由成员国选派的理事和副理事各 1 人组成，任期 5 年，其任免由成员国本国决定。理事会对接纳新的成员国、IMF 的份额规模与特别提款权的分配等重大问题作出决策。

执行董事会是 IMF 负责处理日常业务工作的常设机构，由成员国选举的 24 位执行董事组成（理事会可以经总投票权 85% 的多数票同意增加或减少执行董事人数），任期 2 年。

IMF 的总裁是最高行政领导人，兼任执行董事会主席，总管 IMF 的业务工作。历任总裁按照惯例由欧洲人担任。

IMF 设有 16 个职能部门，负责经营业务活动。

IMF 的活动由成员国投票决定，根据 2016 年版的 IMF 协定第十二条第 5 款规定：每个成员的总票数等于基本票数和以份额为基础的票数两者之和。其中：基本票是所有成员国总投票权加总之和的 5.502%，在所有成员国之间平均分配所得票数（应为整数）；以份额为基础的票数是按份额每 10 万特别提款权

（SDR）分配 1 票，若一国份额在表决前发生过买卖变化，则该国份额每购入（卖出）40 万特别提款权对应增加（减少）1 票。

IMF 各成员国的份额计算，主要考虑了成员国在世界经济中的相对位置、财政实力以及潜在的借款规模，具体体现为成员国经济规模（市场价的国内生产总值、购买力平价 PPP 衡量的国内生产总值）、经常性收支情况、净资本流量和官方储备。2008 年改革之后的份额计算公式如下：①

$$CQS = (0.5 \times Y + 0.3 \times O + 0.15 \times V + 0.05 \times R) \times 0.95 \quad (10.1)$$

其中，CQS 代表可计算份额；Y 代表近 3 年混合 GDP 的年平均值，$Y = 0.4 \times PPP\ GDP + 0.6 \times Market\ GDP$（PPP GDP 是指购买力国内生产总值，Market GDP 是指市场汇率国内生产总值）；O 代表开放度指标，用近 5 年中经常性收入与支出之和的年平均值来测算；V 代表经常性收入与净资本流的变化率在近 13 年中围绕 3 年期中值的标准差；R 代表储备情况，为涵盖外汇、黄金储备等在内的官方储备在 1 年中的月均值。

10.1.3 资金来源

IMF 的资金主要来自成员国缴纳的份额（quota）、借款与信托基金。

（1）份额。份额是 IMF 的主要资金来源，由成员国根据协议缴纳，各成员国认缴份额的大小，决定其在 IMF 的投票权、借款数额及分配的特别提款权（SDR_s）份额。份额的单位原为美元，后改以 SDR_s 计算。IMF 最初创立时，各成员国认缴的份额总值为 76 亿美元。此后随着新会员的增加及份额的不断调整，份额总数不断扩大，截至 2023 年 12 月 15 日，IMF 的份额达到 7 157 亿特别提款权（9 600 亿美元）。

1975 年以前，成员国份额的 25% 以黄金缴纳，其余部分以本国货币缴纳，存放于本国中央银行，但 IMF 可以要求成员国用本币支付剩余部分以供贷款使用。自 1976 年牙买加会议以后，IMF 废除了黄金条款，份额的 25% 改以 SDR_s 或自由兑换货币缴纳。

（2）借款。与成员国协商从成员国借入的资金，也是对成员国提供资金融通的一个来源。

（3）信托基金。1976 年 IMF 决定，在市场出售一部分成员国原来缴纳的黄金，以其所得利润作为信托基金，向最贫穷的成员国提供信贷。这是一项新的特殊的资金来源。

10.1.4 业务活动

IMF 的主要业务活动是经济监督、向成员国融通资金及提供各种培训咨询

---

① 黄微. 国际组织中的权力计算——以 IMF 份额与投票权改革为例的分析 [J]. 中国社会科学, 2016（12）: 181－198.

服务。

1. 经济监督

IMF 的核心职责之一是在全球、地区和国家层面开展国际货币体系监督以及 190 个成员国的经济和金融政策监测，识别潜在的稳定性风险，提出适当的政策调整建议，以维持经济增长，促进金融和经济稳定。

IMF 的监测既包括双边监督（侧重于个别成员国），也包括多边监督（全球经济的监督）。双边监督主要是检查汇率、货币、财政和金融政策，以及宏观关键的结构性改革是否符合基金协定所规定的义务和指导原则。多边监督主要是监测区域和全球经济趋势，分析成员国政策可能对邻国和全球经济产生的影响。

1999 年 5 月，IMF 与世界银行联合开展实验性的金融部门评估规划，对各成员国金融稳定状况进行判断和评估，目标是警示各国金融监管当局重视国内外金融部门的脆弱性因素，鼓励其采取提高金融稳定性的措施。

2. 融通资金

IMF 为遭受危机打击的国家提供资金支持，为其实施调整政策赢得喘息空间，以恢复经济稳定和经济增长。此外，IMF 还提供预防性融资，用以防止和应对危机的发生。IMF 的贷款工具不断完善，以满足成员国不断变化的需求。

（1）融通资金的特点。IMF 与一般金融市场和商业银行进行资金融通不同，具有下列特点。

①贷款对象限为成员国政府，不对私人企业和私人组织贷款；它只同成员国的财政部、中央银行、外汇平准基金组织等官方机构往来。

②贷款用途只限于解决成员国内经常项目收支逆差而产生的国际收支的暂时不平衡。

③贷款额度与成员国缴纳的基金份额的大小成正比例。

④贷款的方式是借款成员国以本国货币"购买"或"提存"外汇，而不称作"借款"；还款时，用黄金或外汇买回本国货币，称作"购回"。

（2）融通资金的类型。IMF 提供多种贷款工具满足成员国不同类型的国际收支需求，具体见表 10.1。

表 10.1　　　　　　　　　　IMF 贷款机制与贷款条件

贷款项目	贷款安排	贷款条件
常规性贷款项目		
备用安排 （1952 年）	解决短期国际收支困难。一般为 12～18 个月，最长 3 年。年度限额：份额的 100%；累计金额：份额的 300%。按季发放	成员国采取相应政策可以使国际收支困难在合理期间内解决
中期贷款 （1974 年）	解决长期性、结构性国际收支失衡。借款期限 4～10 年。正常贷款限额同上	成员国采纳三年期规划（具有结构性议程）并提供详细的政策情况说明

续表

贷款项目	贷款安排	贷款条件
特别贷款		
补充特别贷款 （1997 年）	向因突然和破坏性地丧失市场信心而面临国际收支困难的成员国提供短期援助。只在常规贷款超过年度或累计限额时提供，无限额规定。收附加费	在常规贷款安排下提供，要求执行相应规划，并实施强化政策恢复市场信心
应急信贷额度 （1999 年）	对正常时期实施良好政策、表现强劲的成员国提供的预防性防线，帮助其抵御外部金融事件的影响。无明确限额，预期为份额的 300%～500%。收附加费	承诺标准：承诺时状态良好，得到积极政策评价。在限制外部脆弱性方面进展良好，经济规划令人满意
补偿融资贷款 （1963 年）	弥补成员国暂时的、自身无法控制事件造成的出口收入和服务不足，以及谷物进口成本过高。单个成分限额为份额的 45%，总限额为 55%	只有成员国实施高档信贷条件安排，或除出口不足、进口过量外的国际收支状况令人满意时才提供
紧急援助		
自然灾害 （1962 年）	对与自然灾害有关的国际收支困难国提供迅速的中期援助。一般份额的 25%，特殊情况追加 25%	采取适当的努力克服国际收支困难，并侧重于体制和管理能力的培养。贷款是解决战乱后果的综合国际努力的一部分
战乱后 （1996 年）	对与内乱或国际武装冲突有关的国际收支困难国提供迅速的中期援助。限额同上	
对低收入成员国的贷款		
减贫与增长贷款 （1999 年）	对根深蒂固的结构性国际收支困难提供更长期的援助，旨在实现持久的、有助于减轻贫困的经济增长。一般为份额的 140%，特殊情况下最高可达 185%。优惠利率	以有关国家在参与过程中制定的减贫战略文件为基础，包括宏观经济、结构调整和减贫政策等内容

资料来源：陈雨露. 国际金融（第六版）[M]. 北京：中国人民大学出版社，2019：434-435.

3. 技术援助和培训

IMF 可以向成员国提供技术援助，帮助各国加强设计和实施稳健的经济政策的能力，在其核心专长领域提供建议和培训，包括财政、货币和汇率政策以及金融系统的监督、统计和法律框架等。通过技术援助和培训，有助于各国实现其增长和发展目标，并为各国在实现可持续发展目标（SDG）方面作出贡献。

10.2　世界银行集团*

世界银行集团（The World Bank）是联合国专门机构之一，也是世界上最大

---

* 本部分内容主要参考世界银行官网（https://www.shihang.org/zh/home.）相关内容。

的政府间金融机构之一，目前由 189 个成员国构成。总部设在美国华盛顿，并在巴黎、纽约、伦敦、东京、日内瓦等 130 多个地区设有办事处。世界银行集团包括国际复兴开发银行（IBRD）、国际开发协会（IDA）、国际金融公司（IFC）、多边投资担保机构（MIGA）和解决投资争端国际中心（ISCID）。这五个机构分别侧重于不同的发展领域，但都运用其各自的比较优势，协力实现其共同的最终目标，即减少贫困，推动共同繁荣，促进可持续发展。这些机构由成员国所有，成员国对机构的所有事务有最终的决策权。每个机构在执行帮助发展中国家减贫和提高生活水平的任务中起着不同的作用。

10.2.1 世界银行

1. 成立的背景和宗旨

世界银行通常是指国际复兴开发银行（International Bank for Reconstruction and Development，IBRD），其成立于布雷顿森林会议后的 1945 年 12 月 27 日，1946 年 6 月 25 日开始营业。在《国际复兴开发银行协定》上签字的创始成员国只有 37 个，后增加多个成员国。世界银行与 IMF 密切相关，凡参加世界银行的国家必须是 IMF 的成员国。

按照《国际复兴开发银行协定》规定，世界银行的宗旨是：

（1）通过对生产事业的投资，协助成员国经济的复兴与建设，鼓励不发达国家对资源的开发。

（2）通过担保或参加私人贷款及其他私人投资的方式，促进私人对外投资。当成员国不能在合理条件下获得私人资本时，可运用该行自有资本或筹集的资金来补充私人投资的不足。

（3）鼓励国际投资，协助成员国提高生产能力，促进成员国国际贸易的平衡发展和国际收支状况的改善。

（4）在提供贷款保证时，应与其他方面的国际贷款配合。

（5）在开展业务时适当顾及国际投资对成员国领土商业条件的影响，并在紧接第二次世界大战后几年协助实现从战时经济向和平时期经济的平稳过渡。

上述宗旨和任务，概括起来就是担保或供给成员国长期贷款，以促进成员国资源的开发和国民经济的发展，促进国际贸易长期均衡发展及国际收支平衡。

2. 组织结构

世界银行的组织结构由理事会、执行董事会、行长和常设职能部门等组成。

世界银行的最高权力机构是理事会。理事会由每个成员国任命的 1 名理事和副理事组成。该职位通常由该国财政部长、中央银行行长或级别相当的一名高级官员担任。理事和副理事任期 5 年，可以连任。

世界银行负责办理日常事务的机构是执行董事会，其由 25 人组成。其中 6

人由持有股金最多的美国、日本、中国、德国、法国和英国六国直接派任,其余 19 名执董由其他成员国的理事按地区组成 19 个选区,每两年选举一次,其中沙特阿拉伯、俄罗斯为单独选区。

世界银行行政管理机构由行长、若干副行长、局长、处长、工作人员组成。行长由执行董事会选举产生,是银行行政管理机构的首脑,他在执行董事会的有关方针政策指导下,负责银行的日常行政管理工作,任免银行高级职员和工作人员。其不得由理事、副理事、执行董事、副执行董事兼任,没有投票权,只有在执行董事会表决中双方票数相等时,才可投决定性一票。

世界银行的活动由成员国投票决定,每个成员国均享有基本投票权 250 票,此外,每认购 10 万美元增加 1 票。各成员国投票权由股份票(该成员国持有的本行资本存量每股一票)和基本票(计算得出的所有基本票数之和等于所有成员国的基本票数和股份票数之和的 5.55%)构成。第二阶段世界银行投票权改革完成后,IBRD 前 5 大股东国分别为美国(15.85%)、日本(6.84%)、中国(4.42%)、德国(4.00%)、法国(3.75%)和英国(3.75%)。世界银行于 2018 年 4 月 21 日在美国华盛顿召开的春季年会期间宣布,中国在世界银行投票权升至第三位(从 4.45% 上升至 5.7%),仅次于美国和日本(分别降至 15.87% 和 6.83%)。①

3. 资金来源

世界银行向成员国发放长期贷款的资金来源有以下几种。

(1)成员国缴纳的股本。一国认缴股份的多少通常根据该国的经济和财政实力,并参照其在 IMF 认缴份额的多少来确定。按原规定,成员国参加时先缴付股金的 20%,其中 2% 须以黄金或美元缴纳,18% 以本国货币支付,其余 80% 为待缴资本。世界银行成立初期,法定资本为 100 亿美元。通过历次增资,截至 2010 年 6 月 30 日,IBRD 总认缴股本约 1 899.43 亿美元,其中待缴股本约 1 784.51 亿美元,实缴股本约 114.92 亿美元。

(2)在国际金融市场发行债券取得借款。世界银行向国际金融市场发行债券,尤其是中长期债券是世界银行资金的主要来源。世界银行发行债券主要有两种形式:一是直接向成员国政府或中央银行发行债券;二是通过投资银行、商业银行等中间包销商向私人投资市场发行债券。

(3)债权转让。世界银行为了扩大贷款能力,还把贷出资本的债权转让给私人投资者(主要是商业银行),获得一部分资金,扩大银行资金的周转能力。

(4)利润收入。利润收入是指世界银行在投资和贷款业务中的利润所得。它除将一部分利润以赠款形式拨给开发协会以外,其余均充作本身的储备金,成为发放贷款的资金来源。

---

① 世界银行增资 130 亿美元,中国投票权上升 [N]. 环球时报,2018-04-23。

4. 业务活动

世界银行的主要业务是以其实收资本、公积金、准备金或从成员国金融市场筹措的资金与其他金融机构联合对外发放贷款，或自行发放贷款；也承担对私人投资与贷款给予一部分或全部保证的业务。

在第二次世界大战后初期，世界银行发放的贷款主要集中于欧洲国家，以"促进其生产恢复、经济复兴"工作。1948年后，欧洲各国的战后复兴主要依赖于美国的"马歇尔计划"援助。于是，世界银行的贷款转向亚洲、非洲、拉丁美洲等地区的发展中国家，帮助它们解决开发资金的需要问题。

(1) 世界银行的贷款条件。

①限于成员国。如贷款对象为非成员国政府时，则该项贷款须由成员国政府、中央银行或世界银行认可的机构进行担保，保证本金的偿还与利息及其他费用的支付。

②申请贷款的国家确实不能以合理的条件从其他方面取得贷款时，世界银行才考虑发放贷款，或参加贷款，或提供保证。

③申请的贷款必须用于一定的工程项目，有助于该国的生产发展与经济增长。发放贷款的重点工程项目为基础设施工程项目，如交通（公路、铁路、港口、航空）和公用事业（电力、电讯、供水、排水等）；农村发展和农业建设项目；教育建设事业项目等。

④贷款必须专款专用，并接受世界银行的监督。银行的监督不仅仅在使用款项方面，同时在工程的进度、物资的保管、工程管理等方面也进行监督。根据资料与实际状况，世界银行可建议借款国政府对工程项目做政策性的修改。

⑤贷款期限。一般为数年，最长可达30年。从1976年7月起，贷款利率实行浮动利率，随金融市场利率的变化定期调整。与国际资金市场收取承担费相似，世界银行对已订立借款契约而未提取部分，按年征收0.75%手续费。

⑥贷款使用的货币。贷款使用不同的货币对外发放，对承担贷款项目的承包商或供应商，一般用该承包商、供应商所属国的货币支付。如果由本地承包商供应本地物资，即用借款国货币支付；如果本地供应商购买的是进口物资，即用物资出口国的货币支付。

世界银行使用成员国以本国货币缴入的股本发放贷款时，要征得该成员国的同意。美国缴入的股本多，一般借款均用美元，这时必须征求美国的意见。

(2) 世界银行贷款的种类。世界银行的贷款可分为项目贷款、部门贷款、结构调整贷款、联合贷款和第三窗口贷款等几种类型，其中项目贷款是世界银行贷款业务的主要组成部分。

①项目贷款又称特定投资贷款。其用于资助成员国某个具体的发展项目。世界银行对农业和农村发展、教育、能源、工业、交通、城市发展等方面的大部分贷款都属于此类贷款。

②部门贷款。其由部门投资及维护贷款、部门调整贷款和中间金融机构贷款

组成。部门投资及维护贷款用于改善部门政策和投资重点,加强借款国制订和执行投资计划的能力,贷款的执行期为3~7年;部门调整贷款用于支持某一具体部门的全面政策和体制的改革,它所涉及的范围比结构贷款要小,贷款的执行期为2~4年;中间金融机构贷款是指世界银行将资金贷放给借款国的中间金融机构,如开发金融公司和农业信贷机构,再由中间金融机构转贷给该国的分项目,转贷利率和期限由中间金融机构自行决定,贷款的执行期为3~7年。

③结构调整贷款。其设立于1980年,属于非项目贷款。此项贷款用于帮助借款国在宏观经济、部门经济和结构体制等方面进行必要的调整与改革,使其能够有效地利用资金和资源,在较长时期内维持国际收支的平衡。世界银行发放结构调整贷款之前,要与借款国政府进行全面深入的"政策对话",找出面临的关键问题并制定一个结构调整规划。这个规划应包括调整进出口政策、修改国家投资计划、改革机构体制等一系列内容。结构调整贷款的拨付速度比项目贷款要快得多,拨付的方式也比较灵活。每笔贷款的执行期为1年,分两期拨付。但是,贷款的使用要受世界银行的监督。

④联合贷款。其是世界银行与借款国以外的其他方面的贷款者联合起来,对世界银行贷款资助的项目共同筹资,提供贷款。

⑤第三窗口贷款。其设立于1975年12月,其贷款条件介于世界银行发放的一般贷款和世界银行附属机构国际开发协会发放的优惠贷款之间。贷款的利率为4.5%:低于世界银行的一般贷款利率(8.5%),利差由工业发达国家和石油生产国自愿捐赠形成的"利息贴补基金"解决。贷款的期限为21年。这种贷款主要用于援助低收入国家。

世界银行的贷款由于贷款条件严格、贷款利率相对较高,又被称为硬贷款。

【经典人物】

林毅夫

林毅夫1952年10月出生于中国台湾省宜兰县,北京大学教授,2008年5月~2012年5月,任世界银行高级副行长、首席经济学家。林毅夫植根于改革开放实际,自主创立并实践了新结构经济学理论体系,在国际上产生重要影响力;丰富完善农业经济学理论,重新构建发展中国家制度安排和宏观经济理论,为我国经济学理论创新作出了重要贡献;参与国有企业、金融体制、电信体制改革,中国加入世界贸易组织和经济全球化,粮食和"三农"等重要改革政策制定,助推我国经济体制改革;积极推动中非合作新模式,帮助有关发展中国家成功实现经济结构转型;领衔创办"新结构经济学本科实验班",为培养经济学理论自主创新和引领世界思潮的拔尖人才作出了卓越贡献。

资料来源:笔者根据相关资料整理得到。

10.2.2 国际开发协会

国际开发协会（International Development Association，IDA）是专向低收入国家提供长期优惠贷款的国际性金融组织。其建立于 1960 年 9 月，同年 11 月 3 日开业，总部设在华盛顿。国际开发协会成立时只有 68 个成员国。由于它是世界银行的一个附属机构，因此只有世界银行的成员国才有资格参加国际开发协会（世界银行成员国不一定参加该协会）。

1. 宗旨

国际开发协会的宗旨是：专门为欠发达地区的协会会员国提供比世界银行贷款条件更为优惠的长期信贷，以减轻其国际收支负担，促进它们的经济发展，提高居民的生活水平，从而为世界银行提供补充，助推世界银行目标的实现。

2. 组织结构

国际开发协会由世界银行的人员负责经营管理，在组织机构方面是"两块牌子、一套人马"。但两者在法律上和财务上相互独立，两者的股本、资产和负债相互分开，业务分别进行。国际开发协会的组织机构在名义上也有理事会、执行董事会，以及经理、副经理。

理事会是最高权力机构；执行董事会是负责组织日常业务的机构；由经理、若干副经理和工作人员组成的办事机构负责处理日常业务工作。凡世界银行成员国又是协会会员国者，其指派的银行理事和副理事同时也是协会的理事和副理事，正、副执行董事由世界银行的正、副执行董事兼任，世界银行的正、副行长兼任该协会的正、副经理。

国际开发协会的活动由成员国协商或投票决定，协会成立初期规定，每个成员国拥有基本票 500，另外每认缴股金 5 000 美元增加 1 票。现行 IDA 投票权框架于 IDA 第 3 期增资（1968~1970 年）时制定，其后进行过 7 次审议，但未取得实质性进展，在各方一致支持下，IDA 于 2021 年 10 月完成了投票权改革，并将于国际开发协会第 20 轮增资开始实施。每个成员根据每个 IDA 增资决议中规定的规则，获得在 IDA 增资下分配的投票权。

IDA 是向低收入国家提供优惠贷款、赠款的最大多边机构。自 1960 年 IDA 成立以来，成员国可分为一类国家和二类国家。一类国家以发达国家为主，均为捐款国；二类国家以发展中国家为主，包括捐款国、受援国、非捐款非受援国。在国际开发协会第 19 次增资时，一类国家投票权为 51.59%，二类国家投票权为 48.41%，其中二类捐款国、受援国、非捐款非受援国投票权分别为 18.41%、16.85%、13.15%。中国是二类捐款国。IDA 执董会席位分配不依赖于投票权，大部分决策事项采取协商一致方式通过，极少进行投票。设立 IDA 投票权框架的目的是体现捐款国捐款贡献所对应的投票权，同时保障二类国家获得一定的基础投票权。

3. 资金来源

（1）成员国认缴的股金。国际开发协会原法定资本为10亿美元，之后由于成员国增加，资本额随之增大。截至1995年6月30日，成员国认缴股本总额为928.91亿美元。成员国认缴股本数额按其在世界银行认购股份比例确定。按照经济发展状况成员国可分为两类：第一类为工业发达国家和高收入国家，如美国、日本、德国、英国、法国等发达国家和南非、科威特等高收入国家，约占总数的1/6。这些国家认缴的股本需以黄金或自由兑换货币缴纳。第二类为亚非拉发展中国家，这些国家认缴股本的10%需以黄金和自由兑换货币缴纳，其余90%用本国货币缴纳，且这些货币在未征得货币所属国同意前，国际开发协会不得使用。

（2）补充资金。由于成员国认缴股金不能满足信贷需要，国际开发协会要求有能力的成员国，主要是一类国家，在一定时期内提供一些资金，以保证国际开发协会的财源。

（3）世界银行的赠款。世界银行从其净收益中划出一部分款项作为对国际开发协会的赠款。

（4）国际开发协会本身业务经营的净收入。国际开发协会本身业务经营的净收入是指国际开发协会经营业务所获得的净收益。

4. 业务活动

国际开发协会的主要业务，是向低收入国家提供长期优惠性贷款。按照2022年新标准的规定，只有人均国民收入在1205美元以下的成员国，才能获得此种贷款。

国际开发协会提供的贷款被称为开发信贷，又叫作软贷款。贷款期限为50年，在整个贷款期限内免收利息，只对已拨付的部分每年收取0.75%的手续费。1982年1月起，对未支付部分每年征收0.5%的承诺费。贷款的最后偿还期为50年，头10年可不还本，第二个10年内每年还本1%，以后逐年还本3%，并可用借款国货币偿还。因此，国际开发协会的信贷具有明显的援助性质。其贷款的主要对象是农业和农村发展、能源、工业项目、教育、人口保健和营养、电信、旅游、运输等部门。接受贷款较多的国家有印度、孟加拉国和巴基斯坦等。

中国曾经是国际开发协会的受援国，如今已成为重要出资国，过去几十年间，中国与国际开发协会的合作重点也在变化，从减贫到区域发展，再到全球公共产品以及气候变化等问题，中国和世界银行以及国际开发协会的关系充满活力。另外，国际开发协会也积极参与应对气候变化问题，近年来其相关领域融资不断增加，占其总融资比重越来越大。

10.2.3 国际金融公司

国际金融公司（International Finance Corporation，IFC）是专门向经济不发达成员国的私营企业提供贷款和投资的国际性金融组织。其成立于1956年7月24日，也是世界银行的一个附属机构，总部设在华盛顿。

1. 宗旨

国际金融公司的宗旨是：配合世界银行的业务活动，向成员国特别是发展中国家的私营企业提供无须政府担保的贷款或投资，以促进成员国的经济发展；鼓励国际私人资本投资发展中国家，促进其私营经济增长和资本市场的发展。

2. 组织结构

国际金融公司的组织结构和管理办法与世界银行相同，总经理由世界银行行长兼任，其余除少部分自己的办事机构和人员外，大都由世界银行相应机构和人员兼任。国际金融公司的成员国必须是世界银行的成员国，而世界银行的成员国并不一定都要加入国际金融公司。

国际金融公司的活动由成员国投票决定，每个成员国投票权由股份票（成员国持有的国际金融公司股本的每股一票）和基本票（计算得出的所有基本票数之和等于所有成员国的基本票数和股份票数之和的5.55%）构成。

3. 资金来源

（1）成员国认缴的股金（成立时为1亿美元，分为10万股）。认缴股金必须是黄金或美元。成员国认缴股金的多少决定了投票权的多少（具体与世界银行相同）。

（2）借款。借款是指从世界银行及其他国家的贷款。

（3）公司收益。

（4）转让投资股本。与世界银行相类似，国际金融公司通过转让投资股本取得周转资金。

4. 业务活动

国际金融公司的资金主要用于向成员国的私营企业提供贷款或直接投资。其中贷款不需要成员国政府提供担保，国际金融公司常与私人商业银行等联合提供，贷款期限多为7~15年，每笔贷款限于200万~400万美元，最高不超过3 000万美元，年利率为6%~7%，有时为10%，未提用部分每年收1%的承担费。而直接投资的对象是发展中国家的私营（包括公私合营）企业，一般投资额不超过项目资金的25%（最低的只有2%），但收益率要在10%以上。另外，在进行投资的同时，还向项目主办企业提供必要的技术援助，并且还向成员国政府提供政策咨询服务，以协助创造良好的投资环境，从而达到促进私人投资的目的。但还款条件较严，必须以原借款的货币偿还。

世界银行集团还包含于 1966 年建立的解决投资争端国际中心（The International Center for Settlement of Investment Disputes，ISCID）、成立于 1988 年的多边投资担保机构（Multilateral Investment Guarantee Agency，MIGA）。解决投资争端国际中心（ICSID）是世界银行下属的一个非财务机构，其宗旨和任务是制定调解或仲裁投资争端规则、受理调解或仲裁投资纠纷的请求、处理投资争端等问题，为解决成员国和外国投资者之间争端提供便利，促进投资者与东道国之间的互相信任，从而鼓励国际私人资本向发展中国家流动，促进其民经济的发展。解决投资争端国际中心解决争端的程序可分为调停和仲裁两种。多边投资担保机构（MIGA）的宗旨如下：一是向外国私人投资者提供政治风险担保，并向成员国政府提供投资促进服务，加强成员国吸引外资的能力，从而推动外商直接投资流入发展中国家；二是帮助投资者和政府解决可能对其担保的投资项目造成不利影响的争端，防止潜在索赔要求升级，使项目得以继续；三是帮助各国制定和实施吸引及保持外国直接投资的战略，并以在线服务的形式免费提供有关投资商机、商业运营环境和政治风险担保的信息。

【扩展阅读 10.1】

世界银行与中国的合作

2019 年 12 月 5 日，世界银行执行董事会审议通过了《2020－2025 财年中国国家伙伴关系框架》，这是一份指导世界银行未来五年与中国合作的战略文件，强调世界银行将与中国开展强有力的选择性合作。

未来五年，世界银行集团国际复兴开发银行对中国的贷款规模将保持在每年 10 亿~15 亿美元，国际金融公司对中国的业务规模将保持在每年 8 亿~12 亿美元。世界银行与中国的合作将围绕市场和金融改革、绿色增长以及包容性增长三大支柱领域，致力于促进全球知识和发展合作，促进中国发展经验的共享，帮助中国提高国际发展合作的标准和质量。世界银行的中国国家伙伴关系框架得到了绝大多数董事会成员的积极支持和欢迎。

随着中国的需求和发展水平的变化，世界银行在中国的业务性质也在不断演变。在早期阶段，世界银行帮助中国引进国际经验，设计经济改革战略，改善项目管理，解决阻碍经济增长的瓶颈问题。近年来，这一双向关系发生了变化，世界银行提供国际专业知识，助力中国应对面临的关键发展挑战，通过项目和计划进行改革试点。中国的发展经验也丰富了世界银行的全球知识宝库，提升了世界银行帮助其他发展中国家的能力。

世界银行与中国合作开展联合研究对于深化政策对话和推进世界银行业务计划发挥了重要作用，为其他中等收入国家提供了一个样板。世界银行与国务院发展研究中心联合撰写的《2030年的中国：建设现代、和谐、有创造力的社会》为中国的未来发展提出六大战略方向：完成向市场经济转型；加快开放型创新步伐；推进绿色发展，变环境压力为绿色增长，使之成为发展动力；增进机会均等，扩大面向全民的卫生、教育和就业服务；加强国内财政体制及其现代化；将中国的结构性改革与国际经济变化联系起来，建立与世界的互利共赢关系。

世界银行与国务院发展研究中心的联合报告《中国：推进高效、包容、可持续的城镇化》建议，改革征地制度以遏制城市空间的过快蔓延，建立居住证制度向外来人口提供均等化的基本公共服务，改革地方财政开辟稳定的财政收入来源，允许地方政府在中央严格限定的框架内直接举债。

下面则是部分世界银行贷款项目以及取得的成果。

黄河流域生态保护修复和环境污染治理示范项目，2022年3月批准，旨在帮助中国应对黄河流域水资源短缺和生态系统退化。该项目支持中国政府颁布的黄河流域规划，并为实现生态环境保护和水资源节约利用的国家规划核心目标作贡献。省级层面的项目活动支持黄河中游地区开展生态保护、用水效率提升和水污染治理工作，这些地区面临较为突出的水土流失、生态系统退化和水资源短缺问题。

湖南省乡村振兴地方政府治理能力提升项目，2021年2月批准，支持湖南省为农村地区提供更加公平和高效的公共服务。项目支持加强地方债务管理，提供结果导向型转移支付，旨在缩小农村基础教育质量差距和加强具有气候韧性的农村交通服务，并通过提高预算信息的透明度和公民可获得性，加强问责。

中国食品安全改善项目，2021年3月批准，协助中国在国家和地方层面加强食品安全管理，减少食品安全风险。项目加强了食品价值链全程的食品安全法规、执法与合规，与全球实践保持一致，并帮助农业和食品企业获得采用食品安全技术所需资金，开展促进食品安全和倡导健康生活方式的防范食品安全风险宣传活动。

中国新发传染病预防、准备和应对项目，2020年6月批准，支持中国加强国家和省级有关体系建设，减少人畜共患疾病及其他新发健康威胁的风险。项目采取多部门方式，联合公共卫生、农业与食品、环境及野生动物保护部门共同参与。

资料来源：笔者根据世界银行官网及《中国证券报》相关信息整理得到。

10.3 国际清算银行*

10.3.1 成立的背景与宗旨

国际清算银行（Bank for International Settlements，BIS）成立于1930年，最初

---

* 本部分内容主要参考国际清算银行官网（https：//www.bis.org）相关内容。

为处理第一次世界大战后德国战争赔款问题而设立,后演变为一家各成员方中央银行合作的国际金融机构,是世界上历史最悠久的国际金融组织,总部设在瑞士巴塞尔。

国际清算银行的宗旨是:促进各中央银行之间的合作,为国际金融活动提供更多便利;担任国际金融清算的受让人或代理人;通过对话、研究和发布金融信息,促进国际金融稳定。

10.3.2 组织结构

国际清算银行是以股份公司的形式建立的,主要决策和管理机构包括股东大会、董事会、管理委员会。

股东大会是最高权力机关,股东大会每年在巴塞尔举行一次,由认购该行股票的各国或地区中央银行派代表参加。国际清算银行的活动由成员方的中央银行代表投票决定。选票按有关银行认购的股份比例分配,而不管在选举的当时掌握多少股票。

董事会是经营管理机构,由 13 名董事组成。比利时、德国、法国、英国、意大利和美国的中央银行行长是董事会的当然董事,这 6 个国家可以各自任命 1 名本国工商和金融界的代表作为董事,此外董事会可以 2/3 的多数通过选举出其他董事,但最多不超过 9 人。董事会设主席 1 名,副主席若干名,每月召开一次例会,审议银行日常业务工作,决议以简单多数票作出,票数相等时由主持会议的主席投决定票。

董事会主席和银行行长由 1 人担任。董事会根据主席建议任命 1 名总经理和 1 名副总经理,就银行的业务经营向银行负责。

10.3.3 资金来源

(1) 成员方缴纳的股金。国际清算银行开创资本为 5 亿金法郎,分为 20 万股,每股 2 500 金法郎,由比利时、德国、法国、英国、意大利、美国中央银行和美国银行集团七方平均认购。1969 年资本增至 15 亿金法郎,分为 60 万股,每股 2 500 金法郎。以后又几度增资。2003 年 4 月 1 日起,国际清算银行使用国际货币基金组织特别提款权(SDR)计算股本,共有面值相等的 60 万股(每股面值 5 000SDR),由成员方认缴。该行股份 80% 为各成员方中央银行持有,其余 20% 为私人持有(无投票权)。

(2) 借款。向各成员方中央银行借款,补充该行自有资金的不足。

(3) 吸收存款。接受各成员方中央银行的黄金存款和商业银行的存款。

10.3.4 业务活动

(1) 办理多种国际清算事务。作为"中央银行的银行",国际清算银行先后成为欧洲经济合作组织、欧洲支付同盟、欧洲煤钢联营、黄金总库、欧洲货币合作基金等国际机构的金融业务代理人,承担着大量的国际结算业务。

(2) 办理或代理有关银行业务。国际清算银行业务不断拓展,目前的业务主要有:接受成员方中央银行的黄金或货币存款,买卖黄金和货币,买卖可供上市的证券,向成员方中央银行贷款或存款,也可与商业银行和国际机构进行类似业务,但不得向政府提供贷款或以其名义开设往来账户。世界上很多中央银行在国际清算银行存有黄金和硬通货,并获取相应的利息。

(3) 定期举办中央银行行长会议。国际清算银行于每月的第一个周末在巴塞尔举行西方主要国家中央银行的行长会议,商讨有关国际金融问题,协调有关国家的金融政策,促进各国中央银行的合作。

中国于 1984 年与国际清算银行建立了业务联系,中国人民银行自 1986 年起与国际清算银行建立了业务方面的关系,办理外汇与黄金业务。中国人民银行于 1996 年 11 月正式加入国际清算银行。

10.4　区域性国际金融机构

除 IMF 和世界银行集团外,尚有不少区域性的国际金融组织,如亚洲开发银行、欧洲投资银行、非洲开发银行和泛美开发银行等,这些区域性金融组织均为发展成员经济提供资金,具体做法和运作上各有特色,这里着重介绍亚洲开发银行(ADB)和亚洲基础设施投资银行。

10.4.1　亚洲开发银行[①]

亚洲开发银行(Asian Development Bank,ADB)(以下简称亚行)是根据联合国亚洲及远东经济委员会会议的协议,于 1966 年 11 月在东京召开首届理事会,宣告该行正式成立,同年 12 月开始营业,行址设在菲律宾首都马尼拉。它是一个致力于促进亚洲及太平洋地区发展中成员经济和社会发展的区域性政府间金融开发机构。自 1999 年以来,亚行特别强调扶贫为其首要战略目标。目前,该行成员包含 68 个亚洲及太平洋国家和地区。

1. 宗旨

亚行的宗旨是:向成员发放贷款,进行投资和技术援助,并同联合国及其专门机构进行合作,协调成员在经济、贸易、发展方面的政策,帮助亚太地区发展中成员消除贫困,促进亚洲及太平洋地区经济繁荣。

---

① 本部分内容主要参考亚洲开发银行官网(https://www.adb.org)相关内容。

2. 组织结构

理事会是亚行的最高权力机构,一般由各成员财长或中央银行行长组成,每个成员在亚行有正、副理事各1名。理事会通常每年举行一次会议。

董事会是亚行日常业务的领导机构,行使由亚行章程和理事会赋予的权力。亚行68个成员分成12个选区,每个选区各派出1名董事和副董事。董事会由12名董事和12名副董事组成。68个成员中,日本、美国和中国三大股东国是单独选取区,各自派出自己的董事和副董事。其他成员组成9个多国(地区)选区,董事和副董事一职由选区内不同成员根据股份大小分别派出或轮流派出。

亚行设行长(总裁)1名,负责主持董事会,管理亚行的日常工作。行长是该行的合法代表,由理事会选举产生,任期5年,可连任。

亚行最初的法定股本一共10万股,股本价值为10亿美元,每股的价值为1万美元。新加入的成员能够认购银行股本的比例由理事会决定。亚行成员的投票权采用按股东额计算的原则,成员认缴的银行股本越多,投票权就越大。目前,亚行成员中发达国家(地区)的投票权占总投票权的50%以上。特别是日本和美国,为了达到控制亚行的目的,其认缴额在亚行成员中一直占据前两名的地位。中国自1986年3月参加亚行以来,已成为除日、美之外的第三大认股方和最大的发展中国家(地区)认股方,在亚行的业务活动中,发挥着越来越重要的作用。

3. 资金来源

(1)普通资金。普通资金用于亚行的硬贷款业务,是亚行开展业务最主要的资金来源。其包括以下方面。

①股金。亚行建立时的法定资本为10亿美元,分为10万股,每股1万美元。本地区成员应缴纳的股金,按特定公式用人口、税收和出口额进行加权调整后的国内生产总值来计算;非本地区成员认缴的股金主要根据各自的对外援助政策和各自对多边开发机构资助的预算分配,经协商谈判确定。新接纳成员认缴的股金由亚行理事会确定。首批股金可分为实缴和待缴股本,各占50%。实缴股本分5次缴纳,每次缴20%。每次缴纳金额的一半以黄金或自由兑换货币支付,另一半以本国货币支付。待缴部分的数额当亚行催缴时,应以黄金、自由兑换货币或亚行指定的货币缴付。

②借款。最初自有资本是亚行发放贷款的主要资金来源。从1969年起,亚行开始向国际金融市场借款。多数依赖在国际资本市场发行长期债券筹集,也向有关成员政府、央行及其他金融机构直接安排债券销售,有时还直接从商业银行借款。

③普通储备金。按照亚行的有关规定,亚行理事会把其净收益的一部分作为普通储备金。

④特别储备金。对1984年以前发放的贷款,亚行除收取利息和承诺费以外,还收取一定数量的佣金以留作特别储备金。

⑤亚行的业务净收益。由提供贷款收取的利息与承诺费形成。

（2）特别基金。

①亚洲开发基金。亚洲开发基金始建于 1974 年 6 月 20 日，专门用于亚太地区贫困成员的优惠贷款。基金来源于发达成员的捐赠。最大捐赠方是日本，美国第二。

②技术援助特别基金。为了提高发展中成员的人力资源素质并加强其执行机构的建设，亚行于 1967 年建立技术援助特别基金，用于资助发展中成员聘请咨询专家、培训人员、购置设备进行项目准备与执行、制定发展战略、加强机构建设、增加技术力量、从事部门研究并制定有关国家（地区）和部门计划与规划等。

③日本特别基金。1987 年在日本大阪举行亚行第 20 届年会期间，日本政府表示愿意出资建立一个特别基金，用于加速亚行发展中成员的经济增长。亚行董事于 1988 年 3 月 10 日作出决定，由亚行与日本政府正式签署设立日本特别基金协议。该项基金以赠款形式对成员的公营、私营部门进行技术援助，或者通过单独或联合的股本投资，支持私营部门的开发项目，或者以单独或联合赠款的形式，对亚行向公营部门开发项目贷款的技术援助部分给予资助。

4. 业务活动

亚行贷款按贷款条件可分为硬贷款、软贷款或赠款三种形式。硬贷款的利率为浮动利率，按国际金融市场状况每半年调整一次，期限一般为 10~30 年，含 2~7 年的宽限期。硬贷款资金来自普通资金，特别是来自国际资本市场的借款。软贷款，即优惠贷款，仅提供给人均国民生产总值（GNP）低于 670 美元（1983 年标准）的贫困成员，贷款期限为 40 年，不收利息，仅收取 1% 的手续费。软贷款由亚洲开发基金提供。赠款用于技术援助，资金来自技术援助特别基金和日本特别基金，其金额有限。

10.4.2 亚洲基础设施投资银行①

亚洲基础设施投资银行（Asian Infrastructure Investment Bank，AIIB）（以下简称亚投行）正式成立于 2015 年 12 月 25 日，是首个由中国倡议设立的多边金融机构，总部设在北京，法定资本 1 000 亿美元。截至 2023 年 10 月，亚投行有来自世界各地的 109 个成员，既包括亚洲区域内的中国、缅甸、新加坡等，也包括亚洲区域外的新西兰、卢森堡、荷兰、德国、挪威等。

1. 宗旨

亚洲基础设施投资银行的宗旨是：通过在基础设施及其他生产性领域的投

---

① 本部分内容主要参考亚洲基础设施投资银行官网（https://www.aiib.org）相关内容。

资,促进亚洲经济可持续发展、创造财富并改善基础设施互联互通;与其他多边和双边开发机构紧密合作,推进区域合作和伙伴关系,应对发展挑战。

2. 组织结构

理事会是亚投行的最高权力机构。每个成员均应在理事会中有自己的代表,并应任命1名理事和1名副理事。每名理事和副理事均受命于其所代表的成员。除理事缺席情况外,副理事无投票权。在银行每次年会上,理事会应选举1名理事担任主席,任期至下届主席选举为止。

董事会负责指导银行的总体业务。董事会应由12名成员组成,董事会成员不得兼任理事会成员。9名应由代表域内成员的理事选出;3名应由代表域外成员的理事选出。每名董事应任命1名副董事,在董事缺席时代表董事行使全部权力。理事会应通过规则,允许一定数量以上成员选举产生的董事任命第二名副董事。董事任期2年,可以连选连任。

行长由理事会通过公开、透明、择优的程序,经超级多数投票通过选举产生。行长应是域内成员的国民。任职期间,行长不得兼任理事、董事或副理事、副董事。行长任期5年,可连选连任一次。行长担任董事会主席,无投票权,仅在正反票数相等时拥有决定票。行长可参加理事会会议,但无投票权。

每个成员的投票权总数是基本投票权、股份投票权以及创始成员享有的创始成员投票权的总和。每个成员的基本投票权是全体成员基本投票权、股份投票权和创始成员投票权总和的12%在全体成员中平均分配的结果;每个成员的股份投票权与该成员持有的银行股份数相当;每个创始成员均享有600票创始成员投票权。

3. 资金来源

亚洲基础设施投资银行的资金来源包括普通资金和特别资金。

(1) 普通资金。

①股本。即亚洲基础设施投资银行成员认购的股本金,可分为实缴股本与待缴股本。实缴股本分期缴付,每期缴付一定比例的黄金或者可兑换货币和本国货币。待缴股本无须每期缴付,而是亚洲基础设施投资银行为偿还其借款或担保金而导致资金不足时才向成员催缴。

②借款。其主要是以发行债券的方式在国际金融市场上融资,也可向有关国家(地区)政府、中央银行、金融机构直接销售债券。借款通常以长期借款为主,还包括可直接从区域内外的其他商业银行贷款等。

③准备金。将亚洲基础设施投资银行每年净收益的一部分作为准备金,划拨比率由理事会商讨决定。

④净收益。亚洲基础设施投资银行每年将从贷款项目中获得利息、承诺和佣金等收入,在支付银行的借款利息、财务费用、行政管理费用以及成员服务费用以后的结余即为净收益,直接构成银行的普通资金。

⑤吸引区域内外商业银行投资和私人资本参股。

（2）特别资金。

①中国—东盟开发基金。其主要是由区域内发达国家（地区）或是经济发展水平较高的成员的捐赠构成，主要用于向发展水平较落后的成员发放优惠贷款。

②中国特别基金。其主要是指"中国—东盟投资合作基金""中国—东盟海上合作基金"等。

4. 业务活动

亚洲基础设施投资银行的主要业务是援助亚太地区国家（地区）的基础设施建设。在全面投入运营后，亚洲基础设施投资银行将运用一系列支持方式为亚洲各国（地区）的基础设施项目提供融资支持——包括贷款、股权投资以及提供担保等，以振兴包括交通、能源、电信、农业和城市发展在内的各个行业投资增长。

【扩展阅读10.2】

亚洲基础设施投资银行：助力多国发展 改善当地民生

2021年12月25日是亚洲基础设施投资银行（以下简称亚投行）成立六周年的日子。2013年，筹建亚投行的倡议得到了许多亚洲国家（地区）的积极响应。2015年12月25日，亚投行正式宣告成立。6年来，不断有国家和经济体加入，目前的成员数量已经过百。

亚洲基础设施投资银行是一个政府间性质的亚洲区域多边开发机构，它成立的宗旨就是促进亚洲区域基础设施互联互通以及经济一体化的进程，并且加强中国及其他亚洲国家和地区的合作。2015年6月，50个意向创始成员代表共同签署《亚洲基础设施投资银行协定》，另外7个国家（地区）随后签署。2015年12月，《亚洲基础设施投资银行协定》达到法定生效条件，亚投行正式宣告成立。2016年1月，亚投行正式开业运营。截至2021年10月，亚投行的成员数量由开业时的57个增至104个，覆盖亚洲、欧洲、非洲、北美洲、南美洲、大洋洲六大洲。成员主体为发展中国家（地区），但也吸收了包括法国、德国、加拿大等在内的发达国家（地区）。

新冠疫情发生后，亚投行专门成立了总规模130亿美元的专项基金，用以帮助成员缓解疫情对经济、公共医疗等行业的冲击。自亚投行成立以来，已为多个亚洲国家（地区）的项目提供资金支持，同时也为当地民生带来了实质性的改善。巴基斯坦M4高速公路绍尔果德至哈内瓦尔段项目由亚投行、亚洲开发银行联合提供融资支持，融资额超过2亿美元。M4高速公路完善了巴基斯坦南北向高速公路网络，为巴基斯坦民众提供了一条更快速、更安全、更高效的交通走廊。2020年11月，亚投行投资支持的首个斯里兰卡保障房项目破土动工。该项目由中国企业承建，包括700套保障房，是亚投行科伦坡城市重建项目的一部分。建成后将大大缓解当地保障房紧缺状况，改善人民生活质量，优化城市规划，进一步激发斯里兰卡首都科伦坡作为国家经济中心的潜力。2019年7月，亚投行批准为柬埔寨光纤通信网络有限公司提供了一笔7 500万美元的贷款，用于建设柬埔寨近2 000公里的城域和区域光纤骨干网络，以覆盖主要城市、郊区和农村地区。该项目可以提高柬埔寨的互联网速度和质量，帮助柬埔寨在城市实现百分百的宽带覆盖率，在农村地区实现70%的覆盖率。2018年，孟加拉国达卡专区的帕德玛巴瑞村在亚投行首批项目资金支持下实现电力接入，结束了这个村自孟加拉国1971年独立后一直没有电的历史。

可以预见的是，各国（地区）基础设施发展格局将发生重要变化，亚投行将以高标准聚焦建设面向未来的绿色、数字、社会基础设施。2020年秋天，亚投行发布未来10年发展战略，明确了基础设施建设的具体指标：到2025年气候融资占比达50%；到2030年，跨境互联互通项目占比达25%～30%，私营部门融资占比达50%。

另外，亚投行还列出后疫情时期的五大战略优先项：拓展社会基础设施，建设绿色基础设施，动员私营资本，促进互联互通和区域合作，建设技术驱动的基础设施。

资料来源：笔者根据央视网、人民日报相关报道整理得到。

【本章小结】

1. 国际货币基金组织的宗旨主要集中在两点：一是向成员国提供短期贷款，以平衡其国际收支的暂时不平衡；二是促进各国汇率稳定，消除外汇管制。为实现国际货币基金组织的宗旨，凡属国际货币方面的事务，如货币汇率的确定与稳定、国际收支差额的弥补与调节、外汇政策与支付制度的管理和协调等，都属IMF的职能范围，其主要着眼点在于维持国际经济的稳定。IMF的最高权力机构是理事会，常设机构是执行董事会，IMF的总裁是最高行政领导人，兼任执行董事会主席。IMF的主要资金来源包括成员国缴纳的份额（quota）、借款与信托基金，其主要业务是经济监督、向成员国融通资金及提供各种培训咨询服务。

2. 国际复兴开发银行的宗旨和任务，概括起来就是担保或供给成员国长期贷款，以促进成员国资源的开发和国民经济的发展，促进国际贸易长期均衡发展及国际收支平衡。世界银行的最高权力机构与IMF相似，是理事会，负责办理日常事务的机构是执行董事会。世界银行向成员国发放长期贷款的资金来源有成员国缴纳的股本、借款、债权转让和利润收入，其主要业务是向成员国提供贷款。

3. 国际开发协会的宗旨是：专门为低收入国家提供比世界银行贷款条件更为优惠的长期信贷，以减轻其国际收支负担，促进它们的经济发展，提高居民的生活水平，从而为世界银行提供补充，助推世界银行目标的实现。国际开发协会由世界银行的人员负责经营管理，在组织机构方面是"两块牌子、一套人马"。理事会是最高权力机构，执行董事会是负责组织日常业务的机构。国际开发协会的资金来源主要包括成员国认缴的股金、补充资金、世界银行的赠款和协会本身业务经营的净收入，国际开发协会的主要业务是向低收入的发展中国家提供长期优惠性贷款。

4. 国际金融公司的宗旨是：配合世界银行的业务活动，向成员国特别是发展中国家的私营企业提供无须政府担保的贷款或投资，以促进成员国的经济发展；鼓励国际私人资本投资发展中国家，促进其私营经济增长和资本市场的发展。国际金融公司的组织结构和管理办法与世界银行相同，总经理由世界银行行长兼任，其余除少部分自己的办事机构和人员外，大都由世界银行相应机构和人员兼任。国际金融公司的资金来源主要包括成员国认缴的股金、借款、公司收益和转让投资股本，国际金融公司的业务活动主要是向成员国的私营企业提供贷款或直接投资。

5. 国际清算银行的宗旨是：促进各成员方中央银行之间的合作，为国际金融活动提供更多便利；担任国际金融清算的受让人或代理人；通过对话、研究和发布金融信息，促进国际金融稳定。国际清算银行是以股份公司的形式建立的，主要决策和管理机构包括股东大会、董事会、管理委员会。股东大会是最高权力机关，董事会是经营管理机构，董事会主席和银行行长由1人担任。国际清算银行的主要资金来源是成员缴纳的股金、借款和吸收存款，国际清算银行的业务活动主要是办理国际清算事务和办理或代理有关银行业务等。

6. 亚洲开发银行的宗旨是：向成员发放贷款，进行投资和技术援助，并同联合国及其专门机构进行合作，协调成员在经济、贸易、发展方面的政策，帮助亚太地区发展中成员消除贫困，促进亚洲及太平洋地区经济繁荣。亚洲开发银行理事会是亚行的最高权力机构，董事会是亚行日常业务的领导机构，董事会的最高领导是董事会主席，由亚行行长担任，行长是亚行的合法代表和最高行政长官，总部是亚行的执行机构，负责亚行的业务经营。亚洲开发银行的主要业务活动是按贷款条件向成员提供硬贷款、软贷款或赠款。

7. 亚洲基础设施投资银行的宗旨是：通过在基础设施及其他生产性领域的投资，促进亚洲经济可持续发展、创造财富并改善基础设施互联互通；与其他多边和双边开发机构紧密合作，推进区域合作和伙伴关系，应对发展挑战。亚洲基础设施投资银行理事会是最高权力机构，董事会是日常业务的领导机构，董事会负责指导银行的总体业务，行长是合法代表和最高行政长官，负责亚投行的业务经营。亚投行的资金来源包括普通资金（股本、借款、准备金、净收益、吸引区域内外商业银行投资和私人资本参股）及特别资金（中国—东盟开发基金、中国特别基金）。亚洲基础设施投资银行的主要业务是援助亚太地区国家（地区）的基础设施建设。

【复习思考题】

一、知识题

(一) 名词解释

国际货币基金组织　　　国际开发银行　　　国际开发协会

国际金融公司　　　国际清算银行　　　亚洲开发银行

(二) 单项选择题

1. 2022年5月，IMF完成五年一次的特别提款权定值审查，将人民币在特别提款权（SDR）货币篮子中的权重从10.92%上调至（　　）。

　　A. 12.28%　　　B. 15%　　　C. 20%　　　D. 12.18%

2. 世界银行的最高权力机构是（　　）。

　　A. 理事会　　　B. 执行董事会　　　C. 发展委员会　　　D. 总裁

3. 国际金融公司每个成员国投票权由股份票和基本票构成，计算得出的所有基本票数之和等于所有成员的基本票数和股份票数之和的（　　）。

　　A. 5.88%　　　B. 5.55%　　　C. 8%　　　D. 6%

4. （　　）是世界上历史最悠久的国际金融组织，总部设在瑞士巴塞尔。

　　A. 国际货币基金组织　　　　　　B. 世界银行

　　C. 国际开发协会　　　　　　　　D. 国际清算银行

5. （　　）是首个由中国倡议设立的多边金融机构。

　　A. 亚洲开发银行　　　　　　　　B. 世界银行

　　C. 亚洲基础设施投资银行　　　　D. 国际清算银行

(三) 多项选择题

1. 国际货币基金组织的主要业务活动有（　　）。

　　A. 经济监督　　　　　　　　　　B. 向成员国融通资金

　　C. 提供各种培训咨询服务　　　　D. 股本投资

2. 下列属于世界银行集团的机构有（　　）

　　A. 国际复兴开发银行　　　　　　B. IMF

　　C. 国际开发协会　　　　　　　　D. 国际金融公司

3. 世界银行的资金来源主要有（　　）。

　　A. 成员国缴纳的股本

　　B. 在国际金融市场发行债券取得借款

　　C. 债权转让

　　D. 利润收入

4. 国际清算银行的主要业务有（　　）。

　　A. 办理多种国际清算事务　　　　B. 办理或代理有关银行业务

　　C. 定期举办中央银行行长会议　　D. 特种业务基金贷款

5. 普通资金是亚洲开发银行开展业务最主要的资金来源，其主要包括（　　）。

A. 股金 　　　　　　　　　　B. 借款
C. 普通储备金 　　　　　　　D. 特别储备金

（四）判断题
1. IMF 的最高决策机构是执行董事会。　　　　　　　　　　（　）
2. 国际开发协会贷款不收利息，只收手续费。　　　　　　　（　）
3. 世界银行贷款只限于成员国。　　　　　　　　　　　　　（　）
4. IMF 投票制度与联合国大会相同，采用"一国一票"制。　（　）
5. 亚洲基础设施投资银行的主要业务是援助亚太地区国家的基础设施建设。
　　　　　　　　　　　　　　　　　　　　　　　　　　　（　）

（五）简答题
1. 简述 IMF 的宗旨。
2. 简述世界银行的贷款条件。
3. 简述国际开发协会的主要业务活动。
4. 简述国际清算银行的宗旨和组织机构。
5. 简述亚洲基础设施投资银行的宗旨和主要业务。

二、能力题
1. 讨论题：世界银行在国际社会中有何作用？
2. 案例题。

案例素材：1997 年 7 月 2 日，泰国宣布放弃固定汇率制度，亚洲金融危机正式登上历史舞台，当时许多亚洲国家经济增长戛然而止，甚至陷入政治混乱。在危急时刻，IMF 向部分国家伸出援手，提供资金来帮助它们渡过难关。

然而 IMF 的救援并没有赢得"满堂彩"。延后的救援时间、苛刻的贷款条件、政治因素的干预等，是随后 20 年 IMF 被批判的主要理由。尽管 IMF 期间完成了大规模的治理机构改革和功能改革，但新兴经济体仍然不断抱怨投票权被低估、获得救援资金的门槛过高等问题。

案例思考：如何评价过去几十年 IMF 的是非功过。

第10章
参考答案

第 11 章　国际资本流动

【知识结构与学习目标】

知识结构	知识目标	技能目标
国际资本流动	掌握国际资本流动的含义和国际资本流动的形态	掌握国际资本流动原因、国际资本流动格局演变及主要特点
国际债务	掌握国际债务概念、类型和结构	掌握国际债务规模适度性原则和外债适度规模指标运用
国际投资	掌握国际投资含义和种类	掌握不同国际投资方式异同
我国的利用外资与对外投资	掌握我国利用外资与对外投资的演进历程	了解我国利用外资与对外投资主要方式的发展趋势
国际金融危机	掌握金融危机的含义及国际金融危机的类型和理论	了解国际金融危机的经验教训

【导入案例】

2021 年全球资本流动态势

2021 年世界经济复苏势头强劲。发达经济体 2021 年 GDP 增长较 2020 年大幅上升,约为 5.2%,同比上升近 10 个百分点。具体来看,美国由于疫情防控举措的推进、有力的财政刺激政策和宽松的货币政策,2021 年经济增速预计为 6%,经济增长提速 9.4 个百分点;由于防疫相关限制的有序取消和新冠疫苗的广泛接种,欧洲发达经济体经济逐步复苏,其中欧元区发达经济体 2021 年经济增速预计为 5%,英国经济增速预计为 6.8%;亚洲发达经济体因采取有效的疫情管控措施和积极的经济政策,2021 年经济增长率预计提升至 4.6%。新兴与发展中经济体 2021 年经济增长率预计为 6.4%,提速 8.5 个百分点,因疫苗普及的差异化,各经济体复苏表现分化:亚洲新兴与发展中经济体中,伴随疫苗接种的普及和需求回升,中国 2021 年经济增速预计上升至 8.1%,同比提高 5.7 个百分点;印度全国性"封锁"的解除带动需求和产出大幅增长,2021 年经济强势复苏,预计经济增长率高达 9.5%,同比提高近 17 个百分点;欧洲新兴与发展中经济体经济增长率预计将达6%，同比上升8个百分点；拉美地区2021年经济增速预计为6.3%，同比提升13个百分点。然而，受疫苗供给能力和经济政策支持力度不足影响，中东和中亚地区以及撒哈拉以南非洲地区的新兴与发展中经济体2021年经济增长率预计均在4%左右，经济复苏进程相对缓慢。

在上述全球经济背景下，2021年国际资本流动呈现以下特点：整体来看，全球资本流动总规模将比2020年有较大提升，据2021年10月《世界经济展望》中的数据测算，2021年全球资本流动总规模预计为1.55万亿美元，同比上升15.8%。

分地区来看，一方面，发达经济体整体上继续呈现资本净流出且规模有所扩大的趋势，预计由2020年的1738亿美元扩大至2455亿美元，同比上升41.27%。其中，德国继续呈资本净流出态势，规模预计同比上升7.72%至2876亿美元；日本延续资本净流出趋势，预计同比上升7.59%至1769亿美元；美国和英国作为主要的资本净输入国，资本净流入规模均有所上升，2021年英国资本净流入预计同比上升3.98%至1046亿美元，美国受纾困经济的财政政策、宽松货币政策等因素影响，预计资本净流入规模同比上升29.22%至7961亿美元；除德国外的欧元区发达经济体继续呈现资本净流出态势，规模出现大幅上升，预计为8777亿美元。另一方面，新兴与发展中经济体预计将延续2020年的净流出态势，净流出规模进一步扩大。其中，亚洲地区主要新兴与发展中经济体延续其资本净流出态势，但规模有所收窄，预计同比下降23.99%，为2633亿美元；中国净流出规模预计由2740亿美元略微增加至2771亿美元；欧洲主要新兴与发展中经济体资本净流出规模预计大幅上升至738亿美元；拉美地区主要新兴与发展中经济体净流入规模在2020年的基础上显著提升，预计增加238亿美元至249亿美元；中东非洲地区主要新兴与发展中经济体延续资本净流入态势，但资本净流入同比下降10.91%至313亿美元。

直接投资方面，联合国贸易和发展组织（UNCTAD）发布的《2021年世界投资报告》指出，预计2021年全球外国直接投资将触底反弹，增速在10%~15%，但仍会比2019年的外国直接投资规模低25%左右。随着疫情影响的不断弱化，预计2022年外国直接投资将继续增长，乐观情况下将恢复到2019年的水平。分区域来看，据国际货币基金组织（IMF）2021年10月公布的《世界经济展望》数据，2021年发达经济体直接投资将延续2020年的净流出态势，但规模将有所减少，净流出规模约为74亿美元。受一系列财政刺激计划后经济复苏以及美联储加息预期的影响，美国直接投资规模预计将由上年的净流出1004亿美元逆转为净流入780亿美元；日本仍将延续自2013年以来的净流出态势，受新冠疫情的持续影响，日本国内经济复苏乏力，流入日本的直接投资大幅下降，预计净流出规模将增加45.0%，为1524亿美元；英国预计结束2018年以来的净流入态势，净流出311亿美元。新兴与发展中经济体方面，疫情率先好转带来的制造业反弹、出口增长等正在推动一些新兴与发展中经济体复苏，预计2021年直接投资净流入规模较2020年增长17.5%至4013亿美元；亚洲地区新兴与发展中经济体以及拉丁美洲和加勒比地区新兴与发展中经济体净流入规模预计分别增长 210 亿美元和 294 亿美元，约为 1 887 亿美元和 1 217 亿美元，北非和撒哈拉以南非洲净流入预计减少 25 亿美元，约为 242 亿美元。

证券投资方面，据 IMF 于 2021 年 10 月公布的《世界经济展望》数据，2021 年发达经济体证券投资将结束自 2014 年以来的净流出态势，预计净流入 312 亿美元。其中，美国受到新冠疫情防控不力和通货膨胀高企等因素的影响，经济运行风险上升，预计净流入规模较 2020 年下降超过 51.6%，约为 2 374 亿元；德国和西班牙预计延续此前的净流出态势，分别为 1 139 亿美元和 460 亿美元；得益于全球经济、贸易整体回暖以及多项政策支持经济复苏等因素的共同影响，英国由 2020 年的净流出态势转为净流入态势，预计净流入 1 686 亿美元。2021 年新兴与发展中经济体证券投资延续了自 2016 年以来的净流入态势，约为 922 亿美元，其中，受益于疫情好转后出口的改善，亚洲新兴与发展中经济体净流入规模较 2020 年增长 22.2%，约为 1 184 亿美元；欧洲新兴与发展中经济体由 2020 年的净流出态势转为净流入态势，预计净流入规模为 14 亿美元；受全球石油价格大幅上涨的影响，中东地区新兴与发展中经济体净流出规模下降 69.6%，约为 183 亿美元，而北非和撒哈拉以南非洲地区新兴与发展中经济体则由 2020 年的净流出转为净流入态势，约为 105 亿美元；拉丁美洲及加勒比地区新兴与发展中经济体延续自 2019 年以来的净流出局面，预计净流出规模为 197 亿美元。

资料来源：中国科学院大学国际资本流动与金融稳定研究课题组. 国际资本流动回顾和展望 [J]. 中国金融, 2022（3）：41—42.

案例思考：什么是国际资本流动？国际资本流动主要存在于哪些方面？

11.1 国际资本流动概述

11.1.1 国际资本流动的含义

所谓国际资本流动（international capital movement）是指一个国家或地区与另一个国家或地区以及国际金融组织之间资本的流进和流出。从国际资本流动的方向来看，它可以分为资本流出和资本流入。资本流出是指资本从国内流向国外，包括本国在外国资产的增加、本国对外国债务的减少、外国在本国资产的减少和外国对本国债务的增加四种形式，如本国企业在国外投资建厂、本国政府偿付外债本金、外国企业在本国资本金收回和本国购买外国发行债券等；资本流入是指资本从国外流向国内，包括本国在外国资产的减少、本国对外国债务的增加、外国在本国资产的增加和外国对本国债务的减少四种方式，如本国企业抽回在外国的资本金、本国在外国发行债券、外国企业在本国投资建厂和本国收取外国的偿债款项等。因此，国际资本流出和流入的实质是对外资产负债的增减变化。一国资本流出和资本流入相抵后即为其国际资本流动净额。

国际资本流动作为国际经济交往的一种基本类型，也是以营利为主要目的的，但不同于以所有权的转移为特征的商品交易，它是以使用权的转让为特征的。正确理解国际资本流动的含义，必须区分以下几组概念。

(1) 国际资本流动与资本输出入。资本输出入通常是指与投资和借贷等金融活动相关的，以营利为目的的资本转移，其范围较资本流动小。国际资本流动不仅包括资本输出入的内容，而且还包括以黄金、外汇等来弥补国际收支逆差的资本流动，这部分资本流动不以营利为目的，不属于资本输出入。

(2) 国际资本流动与资金流动。资金流动是指一次性的不可逆转的资金款项的流动或转移，如进出口贸易到期货款的支付，但进出口贸易项下的资金融通，如延期付款则属于资本流动。资本流动是指可逆转的双向性资本转移，如投资或借贷资本的流出将伴随着利润、股息以及本金的返回，但投资利润和贷款利息的支付属于资金流动。与国际资金流动有关的内容主要在国际收支平衡表的经常账户中反映，而与国际资本流动相关的内容则主要在资本、金融账户中反映。

(3) 国际资本流动与国际收支。国际资本流动作为国际经济活动的组成部分，其内容被纳入国际收支的考核之列。国际收支平衡表资本、金融账户集中具体地反映了一国在特定时期内国际资本流动的基本情况，如资本流动的规模、资本流动的方式、资本流动的类型以及资本流动的性质。另外，通过对国际资本流动的控制，可以达到调节国际收支状况的目的。

11.1.2 国际资本流动的形态

国际资本流动的具体形态是多种多样的，通常按资本使用期限的长短不同，可分为长期资本流动和短期资本流动。

1. 长期资本流动

长期资本流动是指使用期在 1 年以上，或未规定使用期限的资本流动。按资本转移的方式不同，长期资本流动又可分为直接投资、证券投资和国际信贷三种方式。

(1) 直接投资。直接投资（direct investment）是指一个国家或地区的投资者把资金投入另一个国家或地区的企业，或在另一个国家或地区新建企业，并拥有对该企业的全部或部分管理控制权。这种投资涉及实质性所有权和经营管理权，其主要特征是：第一，投资者通过拥有股份，掌握企业的经营管理权；第二，能够向被投资企业提供资金、技术和管理经验；第三，不直接构成东道方的债务负担。

直接投资的主要方式有：第一，在国外创办新企业，包括开办新厂，设立分支机构、附属机构或子公司，同东道国或第三国联合创办合资企业。第二，以收购或兼并的方式购买外国企业的股权并达到一定比例，从而拥有实质性控股权。第三，利润再投资，即将在国外投资获得的未分配利润全部或部分用来扩大原有企业生产规模或对其他企业进行再投资，可见它并不涉及资本的国际转移。

（2）证券投资。证券投资（portfolio investment）也称间接投资，它是指一国（地区）投资者通过在国际债券市场上购买外国中长期债券，或在股票市场上购买外国企业的股票所进行的投资。这种投资以获取长期稳定的收益为目的，其主要特征是：第一，投资者购买债券和股票只是为了获取股息、利息和证券买卖价差收入，对被投资企业没有管理控制权。第二，国际证券可以随时买卖或转让，具有市场性和流动性。第三，在国际市场上发行债券，构成发行方的对外债务。

（3）国际信贷。国际信贷（international borrowing）主要是指1年以上的政府贷款、国际金融机构贷款和国际银行贷款。其主要特征是：第一，它不涉及在外国设立企业或收购企业股权；第二，它不涉及国际证券的发行和买卖；第三，它的收益是利息和有关费用；第四，它的风险主要由借款者承担。国际信贷的主要方式有以下几种。

①政府贷款。它是指一国政府以其财政支出中的对外援助基金向另一国政府提供的优惠信贷。它是两国政府之间双边信贷关系，涉及国家资金的收入和支出。因此，政府贷款一般是由各国政府经过一定的立法手续予以批准的，具有国际经济援助的性质，通常需以两国之间政治外交关系良好为前提。此外，这种贷款通常是发达国家对不发达国家提供的开发贷款，如日本的海外经济合作基金。另外，这种贷款往往与指定项目相联系并指定用途。

②国际金融机构贷款。它是指全球或区域性国际金融机构对其会员发放的各种贷款。全球性国际金融机构主要有国际货币基金组织、世界银行、国际金融公司和国际开发协会等。区域性的国际金融机构主要有亚洲开发银行、非洲开发银行和泛美开发银行等。

③国际银行贷款。它是指国际商业银行提供的中长期贷款。它可由一家银行单独提供，被称为双边银行贷款；也可由一家或若干家银行为牵头银行或经理行，邀请多家银行参加，组成辛迪加银团共同提供，被称为辛迪加贷款或银团贷款。国际银行贷款的主要特征是：第一，贷款的形式、金额、期限都较灵活，可以由借款人根据需要自由选择，手续简便；第二，借款人可以自由使用贷款，贷款不指定用途，没有过多的附加条件和约束；第三，贷款利率较高，按国际金融市场利率计算。

④其他信贷。它主要包括中长期出口信贷和租赁信贷等。出口信贷是指有关国家为支持和扩大本国货物的出口，加强国际竞争能力，通过对本国的出口给予利息补贴并提供信贷担保的方法，鼓励本国银行对本国出口商或外国进口商（或银行）提供利率较低的贷款，以解决本国出口商资金周转的困难，或满足外国进口商对本国出口商支付贷款需要的一种融资方式。出口信贷通常有两种形式，即卖方信贷和买方信贷。其主要特征是：第一，贷款按指定用途使用，只可用于购买出口国的商品；第二，贷款利率低于市场利率，其利差由政府补贴；第三，属于中长期贷款。

租赁信贷是指出租人与承租人签订合同,由出租人垫付资金购买设备,租给承租人使用,承租人定期支付租金。租赁期间,设备的所有权仍属于出租人,租赁期满,承租人有权退租、续租或留购。其主要特征是:第一,承租人利用租赁方式引进设备,可以取得全额的资金融通;第二,租赁方式多样,灵活简便,时效较快,可以尽快形成生产能力;第三,租赁期限较银行信贷期限长,但费用较高。

2. 短期资本流动

短期资本流动是指期限为 1 年或 1 年以内的国际资本流动。它一般都借助于各种票据等信用工具进行,其主要特征是:第一,复杂性。短期资本流动的工具复杂多样,包括通货、活期存款、联邦资金、短期政府债券、商业票据、银行承兑汇票、可转让银行定期存单等。第二,政策性。短期资本流动对货币供应量有直接影响,因为通货和活期存款属于货币类,其他种类的短期资本则近似货币,它们的变动会扩大或缩小一国的货币基础。第三,流动性。短期资本流动工具易于买卖和转手。按照资本流动的原因和特征的不同,短期资本流动主要分为贸易资本流动、银行资本流动、保值性资本流动和投机性资本流动。

(1) 贸易资本流动。贸易资本流动是指由于进行对外贸易而发生的短期资金融通,如出口方提供延期付款信用、进口方预付货款以及结算中发生的提前和押后等。当一笔信贷直接由出口商或经由一家本国商业银行给予进口商时,不论这笔钱用什么货币支付,出口国均增加了对进口国的财务索取权。为了融通进口商品的资金,进口国要么减少对出口国的债权,要么增加对出口国的债务,这种资本流动带有明显的不可逆转性,从这个角度来看,它属于资金流动的范畴。

(2) 银行资本流动。银行资本流动是指各国经营外汇业务的银行和其他金融机构之间进行资金调拨而引起的短期性资本的国际转移。其形式包括套汇、套利、掉期、头寸调拨以及同业拆借等。

(3) 保值性资本流动。保值性资本流动是指为保证短期资本的安全性和盈利性,采取各种避免或防止损失措施而引起的国际资本转移,又叫资本逃避或资本外逃。

(4) 投机性资本流动。投机性资本流动是指利用利率差别、预期利率变动、预期证券价格变动、金价变动等来牟取预期利润的各种投机活动所引起的国际资本转移。

11.1.3 国际资本流动的一般原因

1. 资本谋求利润最大化的本性

由于世界经济发展的不平衡,各国资本的预期收益率必然形成差异,而资本的预期收益是资本追逐的目标。资本的本性——追求利润最大化,驱使它从一国

(地区)流向另一国(地区)。马克思曾经指出:"如果资本输往国外,那么,这种情况之所以发生,并不是因为它在国内已经绝对不能使用,这种情况之所以发生,是因为它在国外能够按更高的利润率来使用。"① 可见,增殖是资本运动的内在动力,如果资本投资于国内能获得多于投资于国外的利润,那么就没有必要向国外投资了。

2. 世界生产力的发展和国际分工的深化

从理论上来说,各国(地区)国际资本流动,是生产国际化和资本国际化的重要表现方式。生产国际化和资本国际化是生产社会化水平和国际分工提高到一定程度的产物,并且在不断前进的历史进程中向前发展。生产社会化程度的提高是与生产力水平的提高直接相联系的,也是与国际分工的深化直接相联系的。随着科学技术的进步,社会生产力在与之相适应的社会生产关系条件下不断发展,社会分工和国际分工也随之得到不断发展。长期资本在国际上的流动,正是在这个基础上得以形成的。世界经济和国际金融一体化的发展,加速了资本的国际流动。在以产业资本为主体的阶段,生产资本和商品资本的国际化日益扩张;在以借贷资本为主体的阶段,货币资本的国际化趋势大大增强。

3. 国际资本的供求差异

资本作为一种生产要素或特殊商品,必然遵循市场供求规律。一旦市场供求失衡,商品和生产要素相应流动,直至达到新的均衡。世界市场的出现,使得商品和生产要素的国际流动成为可能。资本也不例外。一方面,从国际资本的供给来看,发达经济体的经济发展水平高、资本积累的规模大,但其国内经济发展逐步趋缓、国内投资渠道日益萎缩、投资收益逐渐下降,因而出现大量相对过剩的资本。另一方面,从国际资本的需求来看,多数发展中经济体普遍存在经济落后、储蓄率低和金融市场不发达等问题,国内资金远远不能满足国内经济发展的需要。因此,只有利用外资来加速经济增长和技术进步,以促进国内长期资本的形成。资本的大量过剩和旺盛的资本需求,是国际资本流动的主要原因。

4. 国家的竞争优势

不论是发达国家还是发展中国家,进行对外直接投资都需要具备某种竞争优势,否则就难以形成对外投资。资本输入国与输出国之间生产要素成本差别、市场规模和特性、自然资源的禀赋程度、外资政策、地理位置以及民族之间文化的差异等,都是影响外国直接投资的重要因素。

5. 利率与汇率的地区差异

国际资本总是从收益率较低和风险较大的地方,流向实际收益率较高和风险

---

① 中共中央马克思恩格斯列宁斯大林著作编译局. 马克思恩格斯全集(第25卷)[M]. 北京,人民出版社,1972:285.

较小的地方，而决定实际收益率的因素很多，利率和汇率是其中两大重要因素。利率在很大程度上决定了资本的收益率，从而导致资本从利率较低的国家或地区向利率较高的国家或地区流动。当然，由国际利率差引起的资本流动并不是无条件的，它还受到货币的可兑换性、金融管制和经济政策目标等因素的制约。汇率的变化通过改变资本的相对价值，对国际资本流动产生影响，当资本持有者预测某种货币的汇率呈下降趋势时，他将会把所持有的该种货币转换成另一种货币资产，从而使资本从汇率不稳定或定值过高的货币向汇率稳定或定值偏低的货币流动。

6. 风险的地区差别

在现实经济生活中，由于市场的缺陷和各种消极因素的存在，造成投资者经济损失的风险随时可能出现。这种风险主要包括经济风险与政治风险。为规避风险，大量资本从高风险的国家或地区转向低风险的国家或地区。同时，从投资策略来看，降低风险可能造成的损失，不仅要求投资分散于国内的不同行业，而且要求投资分散于不同的国家。

11.1.4 国际资本流动格局演变及主要特点[①]

1. 全球外国直接投资增长乏力

根据联合国贸发会议（UNCTAD）统计可知，自金融危机以来，外国直接投资（又称外直接投资，简称FDI）流量均未超过2007年的1.9万亿美元，2020年FDI流量仅为0.93万亿美元，尽管2021年反弹至1.65万亿美元，但较2007年仍低13%。相关研究还表明，在扣除税收改革、巨额交易和不稳定的资金流动等一次性因素后，2007~2021年全球FDI年均增长率仅为1%，而2000~2007年的年均增长率则达到8%。与此同时，绿地投资尤其是制造业领域的绿地投资长期下滑。2020年制造业绿地投资金额下降28%，2021年虽有明显反弹，但较2019年仍萎缩35%。其中，汽车和化工等全球价值链密集型行业投资金额持续下降。

2. 债券融资成为跨境资本流入主渠道

金融危机后，随着遭受重创的欧洲银行纷纷退出国际市场，国际和国家层面推进一系列国际银行监管改革，国际银行业务的增长受到抑制。国际清算银行（BIS）的数据显示，2008~2019年，发达国家银行跨境债权占其本国GDP的比重从70%下降到50%左右，2021年2季度国际银行业务占全球GDP的比重更是降至46%。越来越多的借款人通过投资基金和其他投资组合进行外币融资，证

---

① 姚淑梅. 国际资本流动格局演变、趋势展望及相关举措建议 [J]. 中国投资，2022 (Z4)：16-18.

券投资已经超过银行成为最大的外国信贷来源。国际清算银行的全球流动性指标（GLIs）显示，从 2008 年 3 季度至 2021 年 2 季度，美国以外地区非银行部门借款人的美元信贷余额（包括银行贷款和债券融资）达 13.2 万亿美元，其中债券融资占比由 31% 升至 53.8%。与此同时，债券融资在新兴市场资本流入中的重要性愈加凸显，截至 2021 年 6 月底，新兴市场美元信贷余额中银行信贷和债券融资占比分别达 50.9% 和 49.1%。

3. 中国成为全球资本流动的主阵地

中国在外国直接投资流入量世界排名中已多年保持在前两位，与此同时，中国快速成为重要的对外直接投资国。据 UNCTAD 统计，2021 年中国吸引外商直接投资 1 735 亿美元，占发展中经济体 FDI 流入量的比重约为 20%（2020 年高达 22%）；2021 年中国对外直接投资 1 330 亿美元，成为当年全球最大对外投资国。据 BIS 统计，截至 2021 年 6 月底，国际银行对中国的综合国际债权超 9 700 亿美元，占其对所有新兴市场和发展中经济体（EMDEs）国际债权总规模的 18%；中资银行跨境贷款业务快速上升，占新兴市场所有跨境债权比重达 26%，在亚洲新兴市场所有跨境债权中占比 38%，在非洲和中东占比约 20%。中国对全球金融活动的深度参与，正在推动全球资本流动模式发生重大改变，对全球金融稳定和国际资本流动格局产生深远影响。

【扩展阅读 11.1】

国际资本流动的一般模型

国际资本流动的一般模型又称麦克杜加尔（G. D. A. Macdougall）模型，是一种用于解释国际资本流动的动机及其效果的理论。它实际是一种古典经济学理论，该理论认为：国际资本流动的原因是各国利率和预期利润率存在差异，认为各国的产品和生产要素市场是一个完全竞争的市场，资本可以自由地从资本充裕国向资本稀缺国流动。例如，在 19 世纪，英国大量资本输出就是基于这两个原因。国际上的资本流动使各国的资本边际产出率趋于一致，从而提高世界的总产量和各国的福利。

该模型的假定条件是：整个世界由两个国家组成，一个资本充裕，另一个资本短缺。世界资本总量为横轴 OO′，其中资本充裕国资本量为 OC，资本短缺国资本量为 O′C。曲线 AA′和 BB′分别表示两个国家在不同投资水平下的资本边际产出率。它意味着投资水平越高，每增加单位资本投入的产出就越低，也即两国投资效益分别遵循边际收益递减规律（如图 11.1 所示）。

（1）封闭经济系统是指资本没有互为流动的经济系统。无论是资本充裕国，还是资本短缺国，资本只能在国内使用。

①如果资本充裕国把其全部资本 OC 投入国内生产，则资本的边际收益为

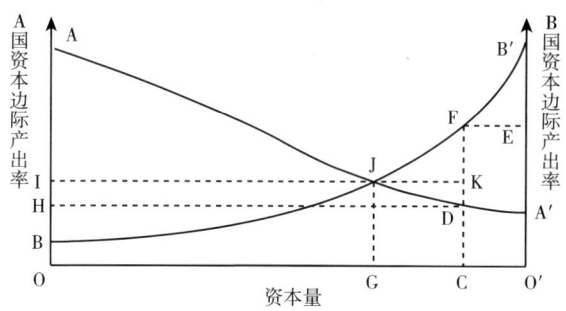

图 11.1 麦克杜加尔模型

OH，总产出为曲边梯形 OADC 的面积，其中，资本使用者的收益是曲边三角形 HAD 的面积，资本所有者的收益是矩形 OHDC 的面积。

②如果资本短缺国也将全部资本 O′C 投入国内生产，则其资本的边际收益率为 O′E，总产出为曲边梯形 O′B′FC 的面积。其中，资本使用者的收益是曲边三角形 EB′F 的面积，资本所有者的收益是矩形 O′EFC 的面积。

（2）开放经济系统是指有资本互为流动的经济系统。这时，如果资本充裕国把总资本量中的 OG 部分投入本国，而将剩余部分 GC 投入资本短缺国，并假定后者接受这部分投资，则两国的效益会增大，并且达到资本的最优配置。

①就资本输出国而言，输出资本后的国内资本边际收益率由 OH 升高为 OI，国内总产出变为曲边梯形 OAJG，其中，资本使用者的国内收益是曲边三角形 IAJ 的面积，资本所有者的国内收益是矩形 OIJG 的面积。

②就资本输入国而言，输入资本后的国内资本总额增为 O′G，总产出为曲边梯形 O′B′JG 的面积，其中，总产出增加量是曲边梯形 CFJG 的面积。这部分增加量又被分为两部分，矩形 CKJG 是资本输出国所有的收益，曲边三角形 JFK 则是资本输入国的所得。

这样，由于资本的输出与输入，就使资本输出国增加了曲边三角形 JKD 面积的收益，而资本输入国也增加了曲边三角形 JFK 面积的收益。资本流动增加的总收益就是这两个分收益之和，即 $S_{\triangle JFK} + S_{\triangle JKD}$。

（3）从上面的模型分析，可得出下面三个结论。

①在各国资本边际生产率相同的条件下，开放经济系统里的资本利用效益远比封闭经济系统里的高，并且总资本能得到最佳的利用。

②在开放经济系统里，资本流动可为资本充裕国带来最高收益。同时，资本短缺国也因输入资本使总产出增加而获得新增收益。

③由于上述两个因素，最后也因为资本可自由流动，结果在世界范围内可重新进行资本资源配置，使世界总产值增加并达到最大化，促进了全球经济的发展。

资料来源：笔者根据相关资料整理得到。

11.2 国际债务

11.2.1 国际债务的概念和类型

1. 国际债务的概念

国际债务即外债，是指居民对非居民用本国或外国货币所承担的具有契约性偿还义务的债务。外债总额是指一个国家（地区）一定时期居民对非居民应偿未偿的契约性负债总额，包括本金的偿还（付息或不付息）和利息的支付（还本或不还本）。以上定义是1984年3月国际货币基金组织、世界银行、国际清算银行和伯尔尼联盟联合举行的国际审计员工作会议统一确定的一般定义，它适用于世界各类经济体，包括发达经济体和发展中经济体。但在具体实践中，各国（地区）对国际债务具体内容的确定则不尽相同。有的国家（地区）不包括短期债务，但出口信贷与投资保险国际联盟（即伯尔尼联盟）则把短期国际融资确认为外债。有些国家（地区）不包括外商直接投资，但国际货币基金组织则视其为"准外债"。由于定义中没有涉及还款期，因而应包括短期债务和长期债务在内。

根据上述定义，作为外债应具有如下特征：

(1) 外债是发生在居民与非居民之间的债权债务关系。

(2) 外债必须具有契约性偿还义务。直接投资虽然也签订合同，但它确定的是投资与分配，与到期必须偿还有本质区别。另外，股票、捐赠款项和国际货币基金组织分配给成员国的特别提款权均不列入外债范畴。

(3) 外债包括外币和本币所表示和承担的义务，也包括用外币表示的实物形态的债务（如补偿贸易中引进设备和返销产品）。对于用本币方式承担的债务，只有对作为国际储备货币的货币发行国才较有现实意义。

(4) 外债是指已经使用但尚未清偿的债务，不包括对已签订借款协议但尚未使用和使用完毕已还本付息的借款。但拖欠到期应还的本金和利息视作债务增加（允许拖欠、豁免和债务资本化等除外）。

根据国际金融组织对外债所下的定义，各国（地区）政府都根据本国（地区）的实际对外债含义作了具体界定。2020年11月29日，国家外汇管理局根据《国务院关于修改和废止部分行政法规的决定》修正的《外债统计监测暂行规定》中明确了我国的外债定义，即中国境内的机关、团体、企业、事业单位、金融机构或者其他机构对中国境外的国际金融组织、外国政府、金融机构、企业或者其他机构用外国货币承担的具有契约性偿还义务的全部债务。这个定义与上述国际金融组织确定的外债含义基本是一致的，但结合我国国情也作了一些变通处理。具体有几点区别：①我国外债仅包括货币形式而不包括实物形态的债务，因此补偿贸易中返销产品就不算外债。②我国的外债仅仅是指外币形式的债务，这是由于人民币目前尚不能完全自由兑换。③在中国境内注册的外资银行向外借入的外汇资金不视为外债，这是因为在华注册的外资银行虽应属中国居民，但在管理上视其同非居民。

2. 外债的类型

外债的类型多种多样，可按不同的标准进行分类。

（1）按债务期限划分，有短期债务、中期债务和长期债务。短期债务是借款期限在 1 年之内的债务，中期债务是借款期限在 1 年以上和 5 年之内的债务，长期债务是借款期限在 5 年以上的债务。

（2）按实际债务人是否发生转移划分，有直接债务和间接债务。直接债务是境内机构向境外机构借入外债后，债务人自己使用并归还所借款项，不进行对所借入资金的转贷款，实际债务人不发生转移。间接债务是境内机构向境外机构借入外债后，再将其所借外债转贷给国内其他部门和使用项目单位，这通常被称为外汇转贷款。在这种债务形式中，向国外借入款项的直接债务人成为形式上的债务人和实际上的债权人，而实际债务人则是被转贷的单位和机构。

（3）按清偿债务的方式划分，有以货币形式承担的债务和以实物形态承担的债务。如补偿贸易中的引进设备和返销产品等即是以实物形态承担的债务。

（4）按有无担保划分，有担保债务和非担保债务。担保债务是指国内借款机构寻找一家国外贷款人认可的金融机构或企业为某笔借款提供担保。它又可分为全额债务担保和限额债务担保。非担保债务是债务人所借债务不进行任何担保，债权债务双方的权力义务只能根据协议在双方之间发生效力，不涉及第三方。非担保债务一般是债务人信誉较高而且贷款人信得过的机构和单位。

（5）按照贷款类型划分，有外国政府贷款、国际金融组织贷款和国际商业贷款。国际商业贷款又可进一步细分为向境外银行和其他金融机构借款、向境外企业和其他机构及自然人借款、境外发行外币债券、买方信贷和延期付款等形式贸易融资、国际金融租赁等，这些不同的贷款形式均有着不同的特点。

此外，还可以按偿还责任将外债分为主权外债和非主权外债。主权外债是指由一国政府举借的、以国家信用为担保的外债；非主权外债是指主权外债以外的外债。

11.2.2 国际债务的规模

1. 国际债务规模适度性原则

国际经济实践表明，一国（地区）尤其是发展中经济体使用外部资金，只有在规模适度和进行有效管理的情况下才能对一国（地区）经济的增长起到促进作用。如果外债规模超过国力及偿还能力，借款不仅不会促进经济发展，反而会使国民经济背上沉重的包袱，以至于在经济上甚至在政治上依附于债权国。因此，外债并非越多越好，应坚持适度规模原则。一国（地区）借用外债的适度规模受到国际资本的供给量、该国（地区）对外资金的需求量和该国（地区）

经济对借用外债的承受能力三个因素的制约。在这三个因素中，最为重要的是经济的承受能力，它包括对债务的吸收消化能力和偿还能力。吸收消化能力是指引进的外资是否有条件进行有效的利用，能不能迅速地转化为生产力。例如投资环境和生产条件能否跟上，包括基础设施是否完善、国内资金是否配套、原材料和能源供应能否保证、引进国外的适用技术能否有效地消化等。偿还能力取决于投资效益、出口增长、储蓄水平和国民经济发展状况等。

2. 衡量一国外债适度规模的指标

由于世界各国（地区）的情况不同，外债规模不能一概而论。同时，对一国（地区）债务的适度规模也无法以定量的方法精确计算，通常只能在数量分析的基础上提出一些外债规模的衡量指标和适度界限。国际上监测和衡量外债适度规模的评价指标较多，主要有以下三个。

（1）偿债率。其是指当年偿还外债本息总额（当年偿债总额）与商品和劳务出口收汇总额的比率。这是众多监测衡量外债规模指标中的核心指标，是最有价值的指标。国际上通常把该指标的参数定为20%作为安全线和警戒线，超过了这条警戒线，则被认为偿债能力存在问题，并有发生债务危机的风险。

（2）债务率。其是指当年外债余额（已拨付正在使用尚未归还的实际债务）与当年商品与劳务出口收汇总额的比率。一般应控制在100%以内。

（3）负债率。其是指当年外债余额与当年国民生产总值的比率。这是衡量一国经济发展对外债承担能力的指标，一般控制在5%~20%。如果低于5%，外债规模太小，对经济发展作用有限；如果大于20%，则说明一国债务已超出该国经济的实际承受能力，有可能发生债务危机。

除了以上主要衡量指标之外，还有一些使用较多的指标，如短期债务与债务总额的比率应控制在25%以下为宜；外汇储备与全部外债余额的比率一般应高于20%（否则表示资信较差）；当年外债还本付息额与当年财政支出的比率一般应低于10%。

从理论上来讲，只要外债的投资收益率高于偿还债务的利息率，就可以对外借款。但是当外债总额达到较大规模时，这一法则就很难把握和执行，就必须运用一些经济总量指标进行监测和衡量。从可维持的外债规模来说，它直接受制于一国的经济增长情况和出口能力，因此，以上三个主要衡量指标将外债余额与国民生产总值和出口创汇总额进行相互比较是适当的。从外债规模的动态视角来看，外债的增长速度不能高于国内生产总值的增长速度和出口收汇的增长速度。至于在监测与衡量指标之内，外债规模的具体确定则要考虑多方面因素，并根据各种因素的变化不断调整。

11.2.3 国际债务结构

一个国家（地区）的外债规模是由许多外债的总和构成的，因此就有一个外债结构问题。外债结构是否安排合理,对于提高偿债能力有重要影响。外债结构主要包括以下几个方面。

1. 来源结构

来源结构即外债的种类结构。国际债务结构从来源看大体可分为两类:一类是官方来源,即外国政府和国际金融组织的贷款;另一类是商业来源,即国际金融市场的商业贷款和发行国际债券等。对于外债来源结构的安排,一般来说应当在对方没有苛刻附加条件的前提下,尽量多使用外国政府贷款和国际金融机构贷款,因为这两类贷款的条件优惠,且偿还期较长,有一定的赠与成分。对国际金融市场上商业性贷款的借用要适当,并且要加强管理,因为这种贷款虽比较灵活,借用方便,但利率较高(多为浮动利率),偿还期短,易受国际金融市场波动的影响,风险较大,总的原则是高利率的商业贷款增长速度应低于优惠贷款增长速度。另外,从外债的国别来源来看,也不宜过分集中,以防止造成对某些国家和地区的过分依赖。

2. 期限结构

期限结构即长、中、短期外债结构。在外债期限结构的安排上,一般原则是应尽量多样化,长、中、短期债务合理搭配,保持一定比例,错开偿还期,保持均衡还债,目的是防止形成偿债高峰和阶段性债务压力。通常的做法应是把短期债务保持在全部债务的25%以内,应较多地安排中长期项目贷款或发行国际债券。从动态角度来看,其原则是短期债务的增长速度应低于中长期债务的增长速度。

3. 币种结构

币种结构即借入不同币种外债的构成。在当前国际货币多元化的情况下,外债可以用不同货币形式借入。但国际金融市场的汇率变化莫测,为了减少因汇率变动对所借外债带来的风险,债务币种应坚持分散化和多元化原则,避免过分集中于某一币种上。同时在货币选择上应尽量保持外债币种结构和本国出口收汇的币种结构相一致,即借、用、还的一致性。

4. 利率结构

利率结构即借入的固定利率与浮动利率外债的构成。借用外债要偿付利息,利率的高低直接影响到偿债负担。利率可分为固定利率和浮动利率,借入外债时,为了减少偿付困难应做到固定利率债务与浮动利率债务的合理搭配。一般来讲浮动利率贷款所占比例不宜太大。在市场利率动荡不定的情况下,最好采用相对稳定的固定利率。另外,通过国际资本市场变动趋势的分析,预测利率趋势,选择有利的利率形式,在利率趋势下降时采用浮动利率,在利率趋势上升时采用固定利率。

5. 外债使用（流向）结构

外债使用（流向）结构即借入外债使用方向的构成。在外债的借、用、还全过程中，用债是关键。所谓用债，就是把所借外债资金投向哪里。一般原则是，应根据国家的产业政策、债务来源和性质进行统一配置，达到合理利用资源。通常要考虑：对于国外政府和国际金融机构贷款，因其借款条件比较优惠，应重点安排能源、交通、通信、原材料、农业等基础产业部门；对于国际商业贷款，因其利率较高且期限一般较短，应重点安排投资少、回收快、出口创汇能力强的产业部门。同时根据知识经济时代和产业结构调整的要求，把外债资金有计划地投向高新技术产业，应严格限制外债资金流向易于产生泡沫经济的产业。

11.3 国际投资

11.3.1 国际投资的含义与种类

国际投资是国际货币资本及国际产业资本跨国流动的一种形式，是将资本从一个国家或地区投向另一个国家或地区的经济活动。国际投资有狭义和广义之分，一般来说狭义的国际投资是指直接投资和以证券投资方式所进行的间接投资；而广义的国际投资不仅包括直接投资和间接投资，也包括与贸易密切相关的国际经济技术合作，因为这种合作在不同程度上都涉及国际资本的流动。

国际投资活动可以按不同标准进行分类：按国际投资的主体，可划分为国家对外投资和私人对外投资。按国际投资的期限长短，可划分为短期投资和长期投资；长期投资按有无经营权，又可划分为直接投资和间接投资。按目前各国通行的国际投资方法，可划分为国际直接投资、国际间接投资和国际灵活投资。

11.3.2 国际投资的方式

1. 国际直接投资

国际直接投资是指投资者按照股权式合营原则，在国外建立企业或与当地资本合营企业的投资方式，这种方式涉及生产要素的直接介入，从而使投资者对其所投入的生产要素的使用和生产过程拥有直接的控制权力，投资者可通过直接控制或参与其生产业务的经营管理以取得利润。可见，国际直接投资的特征是投资者直接参与对企业的控制，并分享经营管理权，因而它不是国际上的一般资本流动，而主要表现为生产设备、关键材料、专门技术、管理方法及至商标专利等资本在国际上的转移或转让。

国际直接投资的方式又可分为以下几种。

(1) 合资企业。合资企业是指两个或两个以上属于不同国家或地区的公司、企业或其他经济组织共同投资、共同经营、共担风险及共负盈亏的企业组织形式，合资企业必须具备以下条件：

①至少有两个或两个以上的来自不同国家或地区的合资者，选择组成合资企业的形式取得法人地位，并决定企业在东道国或是在其他国家法律管辖范围之内设立。

②共同投资建立独立的企业，并按股份享受利润，分担亏损。

③根据合资者签订的协议与章程建立企业的决策和管理机构，共同管理企业。国际上通常的合资企业组织形式一般为公司形式，较为普遍的是有限责任公司和股份有限公司。

(2) 外资企业。外资企业是一种利用国际私人资本进行直接投资的国际投资方式，一般是指全部资本均由外国投资者投资的企业。一国（地区）中允许设立外资企业的先决条件是该企业能取得自身的外汇平衡，并同时具备以下条件之一，即有利于国家经济的发展，并采用先进的技术和设备，或产品全部或大部分出口。通常被投资国会对设立不利于本国经济、产业发展的外资企业加以限制。

(3) 跨国公司。跨国公司是指一个联合企业，组成该企业的实体要分布在两个或两个以上的国家经营业务。联合企业有一个中央决策体系，具有共同的反映全球战略目标的政策，联合企业中的各个实体分享资源、信息并分担责任。跨国公司以全球市场为角逐目标，在世界范围内配置生产要素和资源，充分利用各国的优势以保证总公司的最佳利益。可见，跨国公司具有全球性战略，跨国公司的全球性战略是其区别于国内企业的根本特性之一。跨国公司大多是股份有限公司，它在海外设立企业机构，一般采取设立总公司和分公司、子公司的形式。

(4) 各种契约式的直接投资。各种契约式的直接投资主要是对合作经营而言，合作经营与合资经营一样也属于国际直接投资范围，但不同之处在于它是国际经济合作的契约式经营，即合作各方有关投资条件、收益分配、债务清偿、风险责任及经营方式等都必须是按共同协商的合作经营合同来确定的，它与合资企业的最大区别在于合作经营企业各方的责任、权利和义务不是根据股权来确定，而是由合作各方协商并加以规定后按照合同规定执行的，它与合资企业相比更具有灵活性，因此，它也是国际灵活投资的形式之一。

2. 国际间接投资

国际间接投资是指证券投资。国际间接投资是传统的国际投资形式，第二次世界大战后，国际直接投资的发展较快，间接投资的比重相对下降，但从20世纪90年代开始，国际投资中的跨国并购成为国际投资的主流方式。

国际间接投资的方式主要有以下几种。

(1) 股票投资。股票是股份公司发给投资者的投资入股凭证，是股东借以取得股息和红利的书面凭证。股票对于发行者来说是一种筹资的手段，对于购买者来说是一种投资工具。股票投资就是指通过购买股票以取得相应的所有权和收益权的一种投资活动。

(2) 债券投资。债券是一种由发行者承诺在未来特定日期向债券持有人偿付规定的本金和利息的债务凭证。债券与股票一样既是一种筹资的手段，又是一种投资的工具，但它与股票在投资性质、收益方式以及风险性等方面均有区别。

3. 灵活性投资

国际投资除了直接投资和间接投资外，还包括一些与国际贸易密切相关的国际经济合作活动，如贸易信贷、国际租赁、信托投资、项目贷款、技术引进、补偿贸易、合作经营与开发、国际工程承包等，通常人们将这些统称为国际灵活投资，也就是这里所说的灵活性投资。

11.4 我国的利用外资与对外投资

11.4.1 利用外资

1. 利用外资的演进历程[①]

自改革开放以来，我国利用外资取得了令人瞩目的成绩。根据其特点，利用外资大致可以划分为三个阶段。

第一阶段（1979~1991年）：FDI初步发展与利用外资的规模导向阶段。该阶段特征如下：一是作为中国引进外资的探索和起步阶段以对外借款为主。根据国家统计局数据，1979~1991年，中国对外借款总额为525.6亿美元，占实际利用外资的65%；外商直接投资额为250.6亿美元，占利用外资总额的31%。二是该阶段引资对象以港澳台同胞和华侨为主。此阶段无论是企业数量，还是投资额，港澳台同胞和海外华侨在大陆的投资都占全国利用外资的70%左右。三是FDI进入方式以在沿海地区成立外向型合资、合作企业为主。这一阶段中国对外开放沿"经济特区—沿海开放城市—沿海经济开放区"顺序由点到面铺开，形成了对外开放前沿地带。与开放区域相匹配，这一阶段沿海地区吸收外资达90%以上。

第二个阶段（1992~2011年）：全方位吸引外资与效率导向阶段。该阶段特征如下：一是FDI成为中国利用外资的主导方式。我国实际利用外商直接投资额从1991年的43.66亿美元猛增到2011年的1 160.11亿美元，年均增长17.82%。自1992年起，中国连续成为发展中国家引资规模最大的国家。二是FDI来源、投向多元化。从FDI来源地来看，来自美国、日本、欧洲等发达国家和地区的FDI比重上升；从FDI的流入部门来看，除商业和房地产部门外，FDI流入制造

[①] 刘建丽. 新中国利用外资70年：历程、效应、效应与主要经验 [J]. 管理世界，2019 (11)：19-37.

业的比重迅速提高。三是中西部利用外资迈上新台阶。1993年，中西部实际利用外资额占全国利用外资总额的比重由1992年的10.1%跃升至15.6%，之后一直保持在13%以上。四是外商独资经营的比重显著提高。对外开放初期，中国基本不允许外商设立独资企业。随着1986年《中华人民共和国外资企业法》的颁布，外商在华设立独资企业具有了制度合法性。20世纪90年代以来，外国投资者越来越多地采取独资方式，2008年已达到80%左右。

第三个阶段（2012~2018年）：开放型经济新体制构建与高质量发展阶段。该阶段特征如下：一是利用外资质量和水平明显提升。根据商务部数据，2018年，全国新设立外商投资企业60 533家，同比增长69.8%；合同外资额达5 000万美元以上的大项目近1 700个。自党的十八大以来，中国高技术产业利用外资增长较快，占全部外商直接投资的比重整体呈上升趋势。2017年，我国高技术产业实际吸收外资同比增长57%，其中，高技术服务业同比增长85.6%，高技术产业利用外资占总额的比重达28.7%。二是服务业成为吸收外资的主要领域。从总量来看，服务业利用外资占全部外资的比重从2005年的不足1/3，增长到2010年的接近1/2，2017年更达67.9%；从质量来看，虽然房地产业利用外资的比重一直占据重要地位，但科技研发服务业、零售批发业等增长十分迅猛，成为服务业中利用外资增长最快的行业。三是外商直接投资中并购方式比重明显上升。2018年，外资并购金额同比增长28.4%，占全年外商直接投资额的比重上升到22.6%。随着有关外资促进政策和2019年合格境外机构投资者/人民币合格境外机构投资者（QFII/RQFII）取消配额的激励，外资并购中国企业的规模继续上升。

除了在中国资本市场吸引外资进入以外，中国开始注重通过企业海外上市间接引入外资。海外融资不仅有助于上市企业优化资本结构，还能享受境外发达资本市场的制度红利，有助于我国企业的健康发展。2018年，在国内首次公开募股（IPO）审核趋严、港股加大力度吸引内地优质独角兽企业以及美国批准"直接上市"政策的多重因素影响下，国内一些优质企业包括互联网企业和高端制造企业争相海外上市融资，中资企业赴港股、美股上市数量均有所增长，两地上市数量共计103家，首次反超国内上市数量。2011年以来，随着国内新经济的快速发展，谋求海外上市企业的迅速增加；2011~2018年，年均海外融资规模大致相当于1/5的年度外商直接投资流量。

2. 利用外资的主要方式[①]

改革开放40多年来，我国在利用外资方面取得了长足进展。对于利用外资的形式，在继续采用传统形式的基础上，也开始尝试一些国际上通行的新形式。

（1）中外合资经营企业。中外合资经营企业是我国外商投资的一种主要形

[①] 2020年1月1日起，《中华人民共和国外商投资法》施行，中外合资经营企业、中外合作经营企业和外商独资企业统一为外商投资企业，外商投资准入采用负面清单管理，外商投资企业的组织形式、组织机构及其活动准则，适用《中华人民共和国公司法》《中华人民共和国合伙企业法》等法律的规定。

式。它是由外国公司、企业和其他经济组织或个人，按照平等互利的原则，经中国政府批准，在中国境内同中国的公司、企业或其他经济组织共同投资、共同经营、共担风险、共负盈亏的股权式经济组织。

（2）中外合作经营企业。中外合作经营企业是由外国公司、企业和其他经济组织或个人，按照平等互利的原则，经中国政府批准在中国境内，同中国的公司、企业或其他经济组织共同举办的按协议约定各自权利与义务的契约式经济组织。

（3）外商独资企业。外商独资企业是指外国的企业、其他经济组织或个人依据我国的有关法律，在中国境内设立的全部资本由外国投资者投资，并由外商投资者独立经营、自负盈亏的企业。

（4）外资金融机构。外资金融机构是外国金融机构在中国境内投资设立的从事金融业务的分支机构和具有中国法人地位的外商独资机构或中外合资金融机构。

1982年，我国第一家外资金融机构南洋商业银行深圳分行被批准成立。此后，外资金融机构的数量在我国迅速增长。

（5）合作开发。合作开发是海上和陆上石油勘探开发的简称，是指与外商合作对本国资源进行开发，按双方商定的方式分担投资和分享利润。它是目前国际上在自然资源领域广泛采用的一种经济合作方式。其最大特点是高风险、高投入、高收益。中国在石油资源开采领域的对外合作中都采用这种方式。

合作开发一般采用国招标方式，外国公司可以单独也可以组成集团参加投标，中标者与中方签订石油合作勘探开发合同，确定双方的权利和义务，合同期一般不超过30年，该项合同须经对外经济贸易管理部门批准后生效。

（6）BOT融资方式。BOT是英文"build-operate-transfer"的缩写，是一种国际融资源共享方式。BOT在不同的国家有不同称谓，我国一般称其为"特许权"。典型的BOT形式，是政府与私营部门（在我国表现为外商投资）的项目公司签订合同，由项目公司筹资和建设基础设施项目。项目公司在特许协议期内拥有、经营维护这项设施，通过收取使用费或服务费用，回收投资并取得合理的利润。特许协议期满后，这项设施的所有权无偿移交给政府。BOT在实际运用过程中，还演化出几十种类似的形式，如BOO、BOOT、BLT、BTO和TOT等形式，其具体实施内容与BOT大同小异。

BOT融资方式主要用于投资额大、建设周期长、回收期长的国家基础建设和公共部门的大型项目，如港口码头、桥梁隧洞、高速公路、铁路、通信设施、发电厂、废水处理设施和城市地铁等。BOT方式主要用于公共基础设施建设，与我国吸收外商投资的重点相吻合。BOT方式是用项目本身进行融资不需要当地政府或与政府有关的机构作出任何还款担保，不会增加东道国的主权债务，是一种既不同于一般直接贷款，也不同于合资、合营等利用外资的方式。与其他利用外商直接投资方式相比，在投资主体、管理方式、风险承担方式、投资回收方式、清算方式和招商方式等方面都有很大不同。

11.4.2 对外投资

1. 对外投资的演进历程[①]

随着中国经济实力的不断增强,中国正逐步成为资本输出国。进入20世纪90年代以后,特别是中国加入世界贸易组织后,中国政府在对外开放领域逐渐从单纯地吸引外资,转变为"引进来"与"走出去"并举,在继续争取外国投资的同时,鼓励和支持中国有比较优势的企业到国外投资,发展中国的跨国公司。改革开放以来,对外投资大致可以划分为三个阶段。

第一阶段(1979~2001年):探索起步阶段。1979年8月,国务院提出"要出国办企业"后,一些长期从事进出口业务的专业外贸公司和具有对外经济合作经验的企业利用自身有利条件,先跨出国门到海外投资。1979年11月,北京市友谊商业服务总公司与日本东京丸一商事株式会社在东京合资开办了"京和股份有限公司",这是我国改革开放后在海外开办的第一家合资经营企业。1992年后,随着建立社会主义市场经济体制目标的确立,更多有竞争力的企业开始"走出去",以中国石油天然气集团有限公司、中国海洋石油集团有限公司为代表的大中型国有企业是主要力量,华为、中兴等企业也开始探索对外投资合作。同期,对外承包工程成为国内企业"走出去"的重要方式之一。

第二阶段(2002~2012年):快速发展阶段。加入世界贸易组织(WTO)后,随着对"走出去"管制不断放宽,并开始建立相关服务体系,中国企业对外投资步伐明显加快。2002年党中央明确加快实施"走出去"战略,中国对外投资进入快速发展阶段。对外投资规模从2003年的28.5亿美元,快速发展到2012年的878亿美元。同时,企业"走出去"形式趋向多样化、全球分布更加广泛,投资行业和主体也趋向多元化。截至2012年底,中国对外直接投资存量达5 320亿美元,境外企业近2.2万家,分布在全球179个国家和地区,境外企业资产总额超过2.3万亿美元。

第三阶段(2013年至今):跨越发展阶段。党的十八大以来,顺应中国经济深度融入世界经济的趋势,对外投资实现跨越式发展。相关部门大力推进"简政放权、放管结合、优化服务",投资便利化取得实质性进展。通过明确企业主体地位,简化审核管理程序,全面实现网上备案,对外投资管理体制总体上实现从核准制向备案制的转变,人员、货物、资金跨境流动便利化程度大幅提高。2013年"一带一路"倡议的提出为"走出去"发展提供了历史性机遇。2015年中国对外直接投资额首次超过实际利用外资额,2016年对外直接投资一度达到将近2 000亿美元,此后几年出现理性回调,但结构趋向优化,效益稳步提升。

---

① 黄勇,谢琳灿.中国对外投资发展的历史回顾、最新形势和趋势展望[J].全球化,2020(5):15.

2. 对外投资的 5 种模式[①]

(1) 在国外建厂或买厂的模式。海尔、TCL 等企业基本上都属于这种模式。海尔在全球设立 10 + N 开放式创新体系、35 个工业园、143 个制造中心和 23 万销售网络。1999 年 TCL 在越南投资过亿元设立生产基地，其包括一条年产量约 50 万台的彩电生产线和一条年产量 30 万台的数码影碟机生产线，以及一条电工产品生产线。2002 年，TCL 以 820 万欧元的价格收购了德国施耐德旗下的商标、生产设备、研发力量、销售渠道和存货以及施耐德拥有的 3 条彩电生产线，可年产彩电 100 万台。

(2) 在国外买店或借店的模式。新疆德隆集团主要采取这种方式走出去。它与具有 70 年历史的户外机械生产开发商美国毛瑞公司（其手推式和坐式割草机分别占全球市场份额的第一位和第二位）达成了以下几项合作：利用毛瑞的品牌和销售渠道，销售合金的产品；利用合金的生产基地，加工生产毛瑞的产品；共同开发销往欧美市场的产品；支持毛瑞在华采购零部件等。由此完成并顺利实施了在国外购买或建立销售网络的战略决策。

(3) 国内生产、大进大出的模式。福耀玻璃是这种模式的代表之一，它的制造、研发等基地均在国内，海外公司基本上都是贸易型公司。它生产汽车玻璃的主要原料 90% 以上从印度尼西亚、泰国等国进口，产品 60% 以上销售到国际市场。目前，福耀的汽车玻璃占据国内市场的半壁江山，在国际汽车玻璃配套市场，福耀已经取得世界八大汽车厂商的认证，成为奥迪（Audi）、宾利（Bentley）、大众（VW）、通用（GM）、福特（Ford）、丰田（TOYOTA）、本田（HONDA）、尼桑（NISSAN）、沃尔沃（VOLVO）等厂商的合格供应商。

如果说福耀的"大进"主要是大量进口原材料，那么格兰仕的"大进"主要是引进国外的生产线。格兰仕的战略是做全球名牌家电的制造中心，并且把这种制造中心放在中国。为实现这一战略目标，格兰仕的主要做法是，通过受让国际知名品牌生产线的方式实现扩张。简单来说，将国际知名品牌的生产线搬到中国来，交由格兰仕组织生产，所生产的产品再按照比这些名牌企业自己在本国生产的成本价更低的售价卖给对方，由对方利用自己的品牌、销售网络在国外销售。2002 年，格兰仕微波炉外销的比例占总产量的 70% 以上，占全球 40% 左右的市场份额，空调外销占总产量的 60% 以上。

(4) 国内生产、国际经销商采购的模式。浙江义乌小商品市场在这方面充当了表率。义乌小商品市场商品辐射 212 个国家和地区，行销东南亚、中东、欧美等地，年出口量已达总成交额的 60% 以上。现长驻义乌的外商达 8 000 多人，境外商务机构 500 余家。义乌小商品城的基本功能已经变为中国小商品展示—洽谈—接单的场所，已经成了一个真正的国际市场。国内所有企业的产品只要往这里一摆，也就进入了国际市场，用不着到国外建立销售体系，更用不着把工厂也

[①] 钟朋荣. 中国企业"走出去"的五种模式 [J]. 经贸导刊，2003（7）：2.

建到国外。

（5）反向原始设备生产商（original equipment manufacturer，OEM）模式。这种模式是万向集团首创的。其主要做法是，收购一家国外公司，然后为这家国外公司做OEM。例如，美国纳斯达克上市的UAI公司是一家成名已久的汽车零部件制造商。由于经营不善，2000年这家公司净资产降到70万美元，不符合纳斯达克200万美元净资产的最低要求，同年7月被美国证监会威胁除牌。这时，万向集团以战略投资者的身份介入UAI，以280万美元的代价，收购了UAI 21%的股权，成为第一大股东。而这宗交易的一项重要内容是"强制性采购条款"，即UAI每年必须向万向集团购买2 500万美元的产品（制动器），这是静态数据；从动态来看，因为UAI从万向集团采购的产品，其采购成本比以前自己的生产成本低30%~40%，所以会促使UAI进一步扩大销量，这样万向集团以后每年拿到的订单就不止2 500万美元了。

近年来，一些有竞争力的中国企业越来越多地采用收购兼并方式开展对外投资，2020年以并购方式实现对外直接投资164.8亿美元，占并购总额的58.4%，占同期对外直接投资总量的10.72%。投资的行业由初期的贸易航运和餐饮为主，拓展到生产加工、农业合作、资源开发、公共事业、工程承包、交通运输和研究开发等众多领域。

11.5 国际金融危机[*]

11.5.1 金融危机的定义

早期金融危机的发生主要集中在货币信用方面或者银行业方面，与当前的金融危机相比，所涉及的范围较窄。所以早期的金融危机主要是货币信用危机或者银行危机。

金融危机目前尚未有一个标准的定义，比较权威的定义是由雷蒙德·W. 戈德史密斯（Raymond W. Goldsmith, 1982）给出的，他认为金融危机就是全部或大部分金融指标——短期利率、资产（资产、证券、房地产、土地）价格、商业破产数和金融机构倒闭数——的急剧、短暂和超周期的恶化。其特征是基于预期资产价格下降而大量抛出不动产或长期金融资产，以换成货币。《帕尔格雷夫经济学大辞典》也给出了相似的定义，金融危机是指"全部或部分金融指标——短期利率、资产价格、商业破产数和金融机构倒闭数的急剧、短暂和超周期的恶化"。

实质上，近年来的金融危机越来越呈现出混合化的倾向，金融危机不仅包含

---

[*] 魏波. 金融危机的国际经验及现实思考［J］. 中国投资（中英文），2009（4）：1.

了国际债务危机、货币信用危机，还包括了银行危机以及金融市场危机；既包括周期性金融危机，也包括非周期性金融危机；既包括全球性的金融危机，也包括地区性的或单一国家的金融动荡，甚至包括一些大金融机构的倒闭所造成的金融动荡。特别是亚洲金融危机以后，人们对金融危机的认识有了新的变化。

第一，金融危机是经济生活中的一种金融动荡，并且这种动荡在经济生活中会引起不同程度的带有蔓延性的恐慌。

第二，这种金融动荡通常对外表现为：本币大量贬值、外汇市场上出现本币恐慌式的抛售、国际储备枯竭造成对外支付能力严重不足。对内表现为：银根吃紧、信贷紧缩、金融机构支付能力严重不足，并致使银行大量倒闭、股市和房地产价格狂跌、人们对金融机构丧失信心等。

第三，这种金融动荡的原因是多方面的，有可能是经济的周期性波动造成的，也有可能是贸易和财政赤字、外债规模过度、金融制度不完善、国际资本恶意的冲击和资产价格泡沫等因素造成的，归纳起来就是一国经济生活中各种因素的不正常发展所导致的。

11.5.2　国际金融危机的类型

1. 按金融危机规律，金融危机可分为周期性金融危机和非周期性金融危机

（1）周期性金融危机。所谓周期性金融危机是指经济经过一段时间的发展后，由于各种非常因素的作用所造成的恐慌性金融动荡。如20世纪30年代发生的金融危机、1994年爆发的墨西哥金融危机以及1997年爆发的亚洲金融危机应该属于周期性金融危机。墨西哥和亚洲就是在经过近20年的经济快速增长以后，由于各种因素的超常发展，爆发了影响深远的金融危机，使整个地区经济进入了一个低速发展的调整期。

（2）非周期性金融危机。非周期性金融危机是由于经济发展过程中某些特殊因素的作用引发的金融动荡。如1839年英国因粮食歉收而爆发的货币信用危机、1914年第一次世界大战前夕的证券交易所危机、1995年8月俄罗斯金融市场爆发的"金融市场8月危机"和1997年阿尔巴尼亚因非法集资计划而酿成的金融危机等都是由于突发事件而诱发的金融危机，均属于非周期性金融危机。

2. 按金融危机表现形式，金融危机可分为货币信用危机、债务危机和银行危机

（1）货币信用危机。所谓货币信用危机，是由于各种因素的作用，引起某种货币在外汇市场被大量抛售，使其急剧贬值，国内外对该货币失去信心，出现信任危机，结果造成金融体系的激烈动荡，甚至带来货币信用体系的瓦解。例如，1997年夏天泰国爆发的金融危机就是由于外汇市场上泰铢被大量抛售，导致泰铢在两三个月的时间里贬值 50% 以上，结果出现多米诺骨牌效应，东南亚各国货币纷纷大幅贬值。

（2）债务危机。所谓债务危机，就是由于外债规模过度膨胀，超出一国的偿还能力，到期无力偿还外债本息，导致资本外逃，本币急剧贬值，带来大规模的金融动荡。如以墨西哥为首爆发的发展中国家债务危机、韩国的金融危机和俄罗斯金融危机都是由于外债过多，超出其经济承受能力，结果导致大规模的金融动荡。

（3）银行危机。所谓银行危机，就是由于经济的过度银行化，造成银行信贷过度扩张，银行不良资产膨胀，银行清偿能力严重不足，导致银行破产，引发金融恐慌和金融动荡。如韩国和日本的金融危机就是由于银行体系的巨额不良资产造成的，由此导致一大批金融机构倒闭，带来剧烈的金融动荡。

11.5.3　国际金融危机理论

早期比较有影响力的金融危机理论是由欧文·费雪（Irving Fisher）于 1933 年提出的债务—通货紧缩理论。费雪认为，在经济扩张过程中，投资的增加主要是通过银行信贷来实现。这会引起货币增加，从而物价上涨；而物价上涨又有利于债务人，因此信贷会进一步扩大，直到"过度负债"状态，即流动资产不足以清偿到期的债务，结果引起连锁的债务—通货紧缩过程，而这个过程则往往是以广泛的破产而结束。在费雪的理论基础上，海曼·P. 明斯基（Hyman P. Minsky，1963）提出"金融不稳定"理论，查尔斯·P. 金德尔伯格（Charles P. Kindleberger，1978）提出"过度交易"理论，詹姆斯·托宾（James Tobin，1981）提出"银行体系关键"理论，M. H. 沃夫森（M. H. Wolfson，1996）提出"资产价格下降"理论，各自从不同方面发展了费雪的债务—通货紧缩理论。

20 世纪 70 年代以后的金融危机爆发得越来越频繁，而且常常以独立于实际经济危机的形式产生。在此基础上，金融危机理论也逐渐趋于成熟化。从 20 世纪 70 年代末至今，金融危机理论大致可分为三个阶段。第一阶段的金融危机模型是由保罗·克鲁格曼（Paul Krugman，1979）提出并由弗拉德（Fload）和戈博（Garber）加以完善及发展的，其认为宏观经济政策和汇率制度之间的不协调是导致金融危机的原因。第二阶段金融危机模型是由以奥伯斯菲尔德（Obstfeld，1994、1996）为代表，其主要引入预期因素，对政府与私人之间进行动态博弈分析，强调金融危机由于预期因素存在的自促成性质以及经济基础变量对于发生金融危机的重要作用。1997 年亚洲金融危机以后，金融危机理论发展至第三阶段。许多学者跳出货币政策、汇率体制、财政政策、公共政策等传统的宏观经济分析范围，开始从金融中介、不对称信息方面分析金融危机。其中有代表性的如克鲁格曼（1998）提出的道德风险模型，强调金融中介的道德风险在导致过度风险投资进而形成资产泡沫化中所起的核心作用；杰弗里·萨克斯（J. D. Sachs，1998）提出的流动性危机模型侧重于从金融体系自身的不稳定性来解释金融危机形成的机理；卡明斯基和莱因哈特（Kaminsky & Reinhart，1999）提出的"孪生危机"则从实证方面研究银行业危机与货币危机之间固有的联系。

【经典人物】

保罗·克鲁格曼

保罗·克鲁格曼（Paul Krugman）1953年出生于纽约，是美国普林斯顿大学教授。因其新国际贸易理论的开创性研究获1991年美国经济学会克拉克奖；由于他在"贸易模式上所做的分析工作和对经济活动的定位"方面的成就获2008年诺贝尔经济学奖。克鲁格曼还由于对亚洲金融危机的成功预警以及对能源危机和石油价格持续攀升的预示，被人们认为是一名成功的经济预言家。他对经济学的主要贡献，一是开创了第一代货币危机理论，提出在一国货币需求处于稳定状态的条件下，国内信贷扩张会带来外汇储备的流失，从而导致对固定汇率冲击而产生危机的国际收支危机模型；二是创建了新国际贸易理论，分析解释了收入增长和不完全竞争对国际贸易的影响；三是以规模报酬递增、不完全竞争的市场结构为假设前提，在迪克希特—斯蒂格利茨垄断竞争模型的基础上，提出了产业集聚是由企业的规模报酬递增、运输成本和生产要素移动通过市场传导的相互作用而产生的理论；四是在蒙代尔—弗莱明模型的基础上，结合对亚洲金融危机的实证分析，提出了一个国家不可能同时实现资本流动自由、货币政策的独立性和汇率的稳定性的"不可能三角理论"。

资料来源：笔者根据相关资料整理得到。

11.5.4　历史上的主要国际金融危机

从历史上来看，早期比较典型的金融危机有荷兰的"郁金香狂热"、英格兰的南海泡沫、法国的密西西比泡沫以及美国1929年的大萧条等。由于篇幅所限，这里仅回顾20世纪90年代以来所发生的重大金融危机，并试图从中找出导致金融危机发生的共同因素，进而为我国预防金融危机提供借鉴。

20世纪90年代以来一共发生了7次大的金融危机，按照时间顺序归纳如下。

1. 1992~1993年的欧洲货币危机

20世纪90年代初，联邦德国与民主德国合并。为了发展东部地区经济，德国于1992年6月16日将其贴现率提高至8.75%。结果马克汇率开始上升，从而引发欧洲汇率机制长达1年的动荡。金融风暴接连爆发，英镑和意大利里拉被迫退出欧洲汇率机制。欧洲货币危机出现在欧洲经济货币一体化进程中。从表面来看，是由于德国单独提高贴现率所引起的，但是其深层次原因是欧盟各成员国货币政策的不协调，进而从根本上背离了联合浮动汇率制度的要求，而宏观经济政策的不协调又与欧盟内部各成员国经济发展的差异紧密相连。

2. 1994~1995年的墨西哥金融危机

1994年12月20日,墨西哥突然宣布比索兑美元汇率的波动幅度将被扩大到15%,由于经济发展中本身长期累积大量矛盾,此举触发市场信心危机,结果人们纷纷抛售比索,1995年初,比索贬值30%。随后股市也应声下跌。比索大幅贬值又引起输入的通货膨胀,这样,为了稳定货币,墨西哥大幅提高利率,结果国内需求减少,企业大量倒闭,失业剧增。在国际援助和墨西哥政府的努力下,墨西哥的金融危机在1995年以后开始缓解。墨西哥金融危机的主要原因有三个方面:第一,债务规模庞大,结构失调;第二,经常账户持续逆差,导致储备资产不足,清偿能力下降;第三,僵硬的汇率机制不适应经济发展的需要。

3. 1997~1998年的亚洲金融危机

亚洲金融危机是泰国泰铢急剧贬值在亚洲地区形成的多米诺骨牌效应。这次金融危机所波及的范围之广、持续时间之长、影响之大都为历史罕见,不仅造成了东南亚国家的汇市、股市动荡,大批金融机构倒闭,失业增加,经济衰退,而且还蔓延到世界其他地区,对全球经济都造成了严重的影响。亚洲金融危机涉及许多不同的国家,各国爆发危机的原因也有所区别。然而亚洲金融危机的发生绝不是偶然的,不同国家存在着许多共同的诱发金融危机产生的因素,如宏观经济失衡、金融体系脆弱、资本市场开放度过高与监控不力、货币可兑换与金融市场发育不协调等问题。

4. 1997~1998年的俄罗斯金融危机

受东南亚金融危机的波及,俄罗斯金融市场在1997年秋季大幅下挫之后一直处于不稳定状态,到1998年5月,终于爆发了一场前所未有的大震荡,股市陷入危机,卢布遭受严重的贬值压力。俄罗斯金融危机是俄罗斯政治、经济、社会危机的综合反映,被称为"俄罗斯综合征"。从外部因素来看,一方面是因为1997年亚洲金融危机的影响;另一方面则是由于世界石油价格下跌导致其国际收支恶化,财政税收减少。但究其根本,国内政局动荡、经济长期不景气、金融体系不健全、外债结构不合理则是深层次的原因。

5. 1999~2000年的巴西金融危机

1999年1月7日,巴西米纳斯吉拉斯州宣布该州因财源枯竭,90天内无力偿还欠联邦政府的154亿美元的债务。这导致当日巴西股市重挫6%左右,巴西政府债券价格也暴跌44%,雷亚尔持续走弱,央行行长在三周内两度易人。雷亚尔对美元的汇价接连下挫,股市接连下跌。"桑巴旋风"迅即吹向亚洲、欧洲及北美,直接冲击了拉美国家、欧洲国家和亚洲国家等国家的资本市场。巴西金融危机的外部原因主要是受亚洲和俄罗斯金融危机影响使国际贸易环境恶化,而其内部原因则是公共债务和公共赤字日益扩大、国际贸易长期逆差、宏观经济政策出现失误等多种因素作用的结果。

6. 2007~2009年的美国次贷危机

次贷危机又称次级房屋抵押贷款危机或次级按揭贷款危机,是发生于美国的一场由于众多次级抵押贷款机构破产而引起的投资基金被迫关闭、股市剧烈震荡并波及全球经济的金融风暴。次贷危机以2007年4月美国新世纪房屋贷款公司申请破产保护为开端,风险迅速扩散至以次贷贷款为支撑的各类证券化产品,至2007年8月,危机已席卷至美国、欧盟和日本等世界主要金融市场。全球范围内参与次级债交易的各方因此蒙受了巨大损失,进而演化为全球信贷紧缩,酿成一场影响全球经济的金融危机。这场危机直接原因主要是金融监管制度缺失,但其根本原因在于美国近30年来加速推行的新自由主义经济政策。

7. 2010~2012年的欧洲主权债务危机

欧洲的主权债务危机最初爆发于希腊。2009年11月,希腊新政府宣布上届政府掩盖了政府债务和财政赤字的真相,2009年底政府债务余额占GDP的比重超过110%,修正后的财政赤字占GDP的比重达到12.7%(此前公布6%),由此引发市场恐慌和希腊主权信用评级下调。同年12月8日,惠誉国际信用评级公司将希腊主权信用评级由"A-"降为"BBB+",随后标普和穆迪两大国际信用评级公司也相继下调了希腊主权信用评级,使希腊成为欧元区主权信用评级最低的国家。受此影响,希腊国债收益率大幅攀升,主权债务负担持续升高。同时,投资者开始大量抛售希腊国债,希腊主权债务危机由此爆发。2010年3月,危机进一步发酵,爱尔兰、葡萄牙、意大利、西班牙等国家也陷入危机,债务危机迅速在欧盟国家蔓延。受危机影响,市场出现恐慌,欧元遭到大肆抛售,欧洲股市暴跌,欧洲主权债务危机全面爆发。欧元区内部货币政策由欧洲央行统一行使而财政政策由主权国家分而治之是欧洲主权债务危机产生的深层次制度性原因。此外,欧洲国家普遍的高福利政策和高标准社保体系导致财政负担过重、金融危机中政府加杠杆导致债务负担加重和欧元区国家之间交叉持债且缺乏退出机制导致危机扩散是欧洲主权债务危机产生的重要原因。

20世纪90年代以来,由金融自由化和金融全球化推动的现代意义上的金融危机呈现以下趋势和特征:第一,过度负债和流动性枯竭一直是造成国际金融危机频发的重要因素。第二,20世纪80年代以来,在通货膨胀得到较好控制的背景下,特定领域(如房地产)的信贷扩张引致的资产价格泡沫日渐成为国际金融危机产生的导火索。第三,由于金融创新与金融危机的关系日益紧密,因此,伴随着金融开放和金融自由化深度推进的制度变革逐渐成为国际金融危机产生的重要影响因素。第四,20世纪90年代以来,随着产业链全球一体化和金融全球化,国家间的相互依赖日益增强,金融危机的全球传导范围和速度持续上升。总的来看,金融危机的爆发是一个多种因素共同作用的结果。从发展的趋向来看,金融体系内部越来越成为金融危机爆发的直接原因。然而宏观经济结构失调、僵硬的汇率制度、脆弱的金融体系和不合理的外债结构往往成为酝酿金融危机的土壤，也是导致这些金融危机的共同因素。

11.5.5 国际金融危机的经验与教训

总结历史上主要国际金融危机的经验和教训，要成功抵御国际金融危机的发生需要做好以下几点。

1. 实施有弹性的汇率制度

对于一国（地区）经济而言，大致可以选择由市场决定的浮动汇率和由央行干预的固定汇率。比较而言，固定汇率在微观经济效率方面具有比较优势，但是央行明确承诺维持汇率稳定的义务却使得央行必须牺牲货币政策的自主权，而浮动汇率则可使货币政策能够对各种冲击作出反应，从而引致较优的宏观经济绩效。然而实施固定汇率制度却并非意味着绝对地固定名义汇率，而应当动态调整以反映经济发展的趋势。事实证明，汇率变动的压力如果不能以主动的方式加以化解，则必然以危机的方式释放。以墨西哥与泰国为例，由于僵硬的汇率制度越来越不能反映真实汇率变动的趋势，因而固定汇率的压力越来越大，结果在投机者的冲击下，外汇储备大幅下降并引发市场信心危机。

2. 谨慎对待国际贷款援助

外部贷款援助往往被认为是最有效的反危机措施之一。来自 IMF 等的外部贷款救援有利于稳定币值，恢复危机发生国的经济增长，但是其组织结构决定了其职能发挥是需要以保证极少数国家的利益为前提。IMF 在墨西哥金融危机与亚洲金融危机中表现的差异就说明了这一点，而这其实又是两次危机缓解时间存在巨大差异的重要原因之一。此外，IMF 的贷款条件往往比较苛刻，甚至是以牺牲部分国家利益为代价，并附带漫长的讨价还价时间，这对处于危机中的国家是极为不利的。而这其实也就是时任马来西亚总理马哈蒂尔宁愿过贫困日子也不向 IMF 求援的原因。因此，对于在金融危机后的国际救援不应抱有太多期望。

3. 建构合理的外债规模与结构

双缺口模型证明了发展中国家即使在较高储蓄率时也必然要借助于外资和外债。事实上，外资流入对发展中国家的经济发展起到了极为重要的作用。但是外债的规模与结构应当控制在合理的范围内，尤其是对于巨额短期资金进出应当适度从严，以减少金融市场的动荡。在上述的几次金融危机中，短期资金几乎都起着推波助澜的作用。此外，借入的外债应用于投资，而不应用于偿还旧债，更不应为特权阶层所挥霍。

4. 着力防范宏观经济运行失衡

总结历史上的主要国际金融危机,可以看出宏观经济失衡往往是金融危机爆发的前提条件。尤其是亚洲金融危机爆发在"东亚奇迹"正为世人所瞩目之际,因此,其中缘由更值得深思。事实上,在高增长光环的掩盖下,以高投入和出口带动的亚洲经济中早已出现了严重的结构问题。经济结构没有及时调整加剧了经济失衡,成为金融危机爆发的基本条件。

5. 努力完善金融监管体系

缺乏有效的金融监管,使金融风险蔓延和加剧,是东南亚金融危机的重要诱因。因此,建立健全与现代金融体系相匹配的监管体系,科学合理配置监管资源,建立中央银行金融风险预警机制、商业银行金融风险防范机制和短期跨境资本流动动态监测机制,是及时发现并化解金融风险的重要手段。

11.5.6　中国防范金融危机的现实思考

亚洲金融危机后,IMF 曾对金融危机的防范措施作了归纳,主要集中在以下五个方面:第一,鼓励各国政府实行健康的宏观经济政策;第二,由国际清算银行出面制定一系列的标准,鼓励新兴市场遵守这些标准;第三,在 IMF 建立自动生效的援助机制,当符合标准的国家在遇到金融危机时,自动给予援助;第四,IMF 积极鼓励新兴市场使用价格手段来限制那些不适当的、过多的短期资本流入;第五,把注意力从限制短期贷款的发放转移到切实让放贷者承担更大的风险。而对我国而言,除了 IMF 所归纳的这五点之外,更重要的是要解决我国经济发展中诱发金融危机产生的各种问题,从预防金融危机出发,构建完善的金融体系和有效的监管体系,并增强自身抵御金融危机的能力。

1. 强化宏观审慎监管体系

金融危机尤其是美国次贷危机暴露出金融监管体系的缺陷——宏观审慎监管体系的缺失。因此,我国需要通过改革监管组织框架和监管制度来强化宏观审慎管理,建立健全货币政策和宏观审慎政策双支柱调控框架。具体包括建构金融管理部门之间的协调和配合机制、建立健全宏观审慎评估体系、建设系统性金融风险监测预警体系、建立健全危机管理和系统性金融风险处置框架、建立健全逆周期宏观调控机制、完善系统重要性金融机构监管体系、建构跨境资本流动宏观审慎管理体系和建设宏观审慎监管金融基础设施等。

2. 着力完善"好的"金融体系

传统的经济理论认为资本市场导向型的金融系统优于银行为主导的金融系统,然而更新的研究表明两种金融系统各具优势和劣势。对一国而言,选择哪一种模式更多地应当从其社会、历史和文化背景方面予以考虑。然而大多数经济学家达成共识：一个"好的"金融系统应当具备有效的法律体系、良好的会计标准、透明的金融制度、有效的资本市场和规范的公司治理。实践证明，健全的金融体系将对抵御金融危机起到极其关键的作用。

3. 大力提高金融机构效率

金融机构的低效运作也是影响金融体系稳定的重要因素。因此，对于我国而言，应深化金融改革，大力提高金融机构效率。一是完善公司治理结构。探索完善中国特色最优的金融机构公司治理架构，建立更加有效的、更加协调的、权责更加对等的决策机制、执行机制和监督机制。二是加快金融创新。加快金融市场创新，大力发展金融市场体系，特别是直接融资体系；加快金融产品创新，丰富完善金融工具和产品体系；加快金融模式创新，不断加快推进金融业的数字化转型。三是持续推进金融开放。在持续增强金融体系的韧性与抗风险能力的前提下，持续深化金融开放，形成与外资、民资适度竞争的金融体系。各国的实践证明，市场化才是提高金融体系运作效率的根本途径。

4. 谨慎推行金融自由化

20世纪70年代以后，许多国家在麦金农和肖金融自由化理论指导下掀起了金融自由化的浪潮。然而不同国家金融自由化的结果却相差甚远。许多国家由于金融自由化不当导致了严重的金融危机。对于我国而言，金融自由化已成为现实的选择，重要的是要为金融自由化创造有利的初始条件，谨慎地推进金融自由化进程。

5. 建立健全金融危机预警系统

金融危机往往是金融风险积累的结果，因而事先监控和控制金融风险，将金融危机化解于未然就极为重要。对于金融体系中的风险因素，尤其是导致金融危机产生的潜在因素，如通货膨胀、汇率、银行体系风险及债务风险都应当纳入金融危机的预警系统。

6. 积极推进国际交流与合作

亚洲金融危机的危害性影响不断加剧和扩散表明，国际社会尚未找到适宜的对付全球性金融危机的办法，更未确立起防范全球金融危机的机制。这与许多国家在金融危机冲击面前只顾保全自身，忽视别国利益，特别是发达国家为谋求更多享受经济全球化利益而不愿承担相应义务直接相关。我国应加强与世界各国及国际金融组织的合作，与国际社会一道及时采取有效应对方案，及早建立起符合经济全球化要求的新型国际金融机制。特别是在跨境金融的监管上，更应强化与国际社会进行有效沟通与协作，防止监管真空，有效规避危机发生。

【本章小结】

1. 国际资本流动是指一个国家或地区与另一个国家或地区以及国际金融组织之间资本的流进和流出。从国际资本流动的方向来看，它可以分为资本流出和资本流入。资本流出是指资本从国内流向国外，资本流入是指资本从国外流向国内，一国资本流出和资本流入相抵后即为其国际资本流动净额。国际资本流动通常按资本使用期限的长短不同，可分为长期资本流动和短期资本流动。

2. 国际债务（外债）是指居民对非居民用本国或外国货币所承担的具有契约性偿还义务的债务。外债总额是指一个国家（地区）一定时期居民对非居民的应偿未偿的契约性负债总额，包括本金的偿还（付息或不付息）和利息的支付（还本或不还本）。外债应具有如下特征：外债是发生在居民与非居民之间的债权债务关系；外债必须具有契约性偿还义务；外债包括外币和本币所表示和承担的义务，也包括用外币表示的实物形态的债务；外债是指已经使用但尚未清偿的债务，不包括对已签订借款协议但尚未使用和使用完毕已还本付息的借款。衡量一国外债适度规模的指标主要有偿债率、债务率和负债率。考察一国外债结构主要包括来源结构、期限结构、币种结构、利率结构和外债使用（流向）结构。

3. 国际投资是国际货币资本及国际产业资本跨国流动的一种形式，是将资本从一个国家或地区投向另一个国家或地区的经济活动。国际投资有狭义和广义之分，一般来说狭义的国际投资是指直接投资和以证券投资方式所进行的间接投资；而广义的国际投资，不仅包括直接投资和间接投资，也包括与贸易密切相关的国际经济技术合作。国际投资的方式主要包括国际直接投资、国际间接投资和国际灵活投资。

4. 金融危机就是全部或大部分金融指标——短期利率、资产（资产、证券、房地产、土地）价格、商业破产数和金融机构倒闭数——的急剧、短暂和超周期的恶化。其特征是基于预期资产价格下降而大量抛出不动产或长期金融资产，以换成货币。按金融危机产生的规律可分为周期性金融危机和非周期性金融危机。按金融危机表现形式可分为货币信用危机、债务危机和银行危机。

【复习思考题】

一、知识题

（一）名词解释

国际资本流动　　直接投资　　间接投资　　国际信贷
国际债务　　　　国际投资　　金融危机　　债务危机

（二）单项选择题

1. 国际资本流动以（　　）的转移为特征，一般以营利为目的。
A. 所有权　　　B. 使用权　　　C. 经营权　　　D. 承包权

2. 狭义的国际投资通常是指直接投资和以（　　）方式所进行的间接投资。
   A. 合资企业　　　B. 跨国公司　　　C. 外资企业　　　D. 证券投资
3. 国际上通常将偿债率指标的参数定为（　　）作为安全线和警戒线。
   A. 30%　　　B. 20%　　　C. 50%　　　D. 100%
4. 改革开放后我国利用外资的第一阶段（1979~1991年）是以（　　）为主的。
   A. 对外借款　　　　　　　　B. 外商直接投资
   C. 外商贸易投资　　　　　　D. 外商证券投资
5. 第一阶段的金融危机模型是由（　　）提出并由弗拉德和戈博加以完善及发展的。
   A. 欧文·费雪　　　　　　　B. 詹姆斯·托宾
   C. 保罗·克鲁格曼　　　　　D. 杰弗里·萨克斯

（三）多项选择题
1. 按资本转移的方式不同，长期资本流动又可分为（　　）。
   A. 直接投资　　　B. 证券投资　　　C. 国际信贷　　　D. 资本流入
2. 衡量一国外债适度规模的指标主要有（　　）。
   A. 偿债率　　　B. 债务率　　　C. 外债收益率　　　D. 负担率
3. 按目前各国通行的国际投资方法分类，国际投资可分为（　　）。
   A. 国际直接投资　　　　　　B. 国际间接投资
   C. 国际灵活投资　　　　　　D. 国际长期投资
4. 按金融危机表现形式，金融危机包括（　　）。
   A. 货币信用危机　　　　　　B. 债务危机
   C. 周期性金融危机　　　　　D. 银行危机
5. 欧洲主权债务危机产生的主要原因包括（　　）。
   A. 欧元区货币与财政政策统分治理
   B. 欧元区国家高福利政策和高标准社保体系
   C. 金融危机中政府加杠杆债务加重
   D. 欧元区国家间交叉持债且缺乏退出机制

（四）判断题
1. 国际资本流动是指一次性的不可逆转的资金款项的流动或转移。（　　）
2. 外债既包括外币和本币所表示和承担的义务，也包括用外币表示的实物形态的债务。（　　）
3. 国际直接投资是指投资者按照股权式合营原则，在国外建立企业或与当地资本合营企业的投资方式。（　　）
4. 债务危机是由于各种因素的作用，引起某种货币在外汇市场被大量抛售，使其急剧贬值，结果造成金融体系的激烈动荡。（　　）
5. 改革开放后我国利用外资的第二阶段（1992~2011年）中 FDI 成为利用外资的主导方式。（　　）

（五）简答题

1. 国际资本流动的一般原因是什么？
2. 国际债务的特征有哪些？
3. 国际资本流动格局演变及主要特点是什么？
4. 简述改革开放后我国利用外资的发展历程和特征。
5. 20世纪90年代以来历史上的主要国际金融危机有哪些？

二、能力题

1. 讨论题：中国应当如何防范金融危机。
2. 案例题。

案例素材：2021年前三季度，我国持续巩固疫情防控成果、发挥经济率先复苏优势，积极复工复产，经济发展态势稳中向好，GDP同比增速高达9.8%，我国跨境资本流动保持活跃。据国家外汇管理局公布的数据，2021年前三季度跨境私人资本流动由2020年同期净流出605亿美元逆转为净流入418亿美元。分季度来看，第二季度由第一季度的净流出345亿美元逆转为净流入633亿美元，第三季度净流入130亿美元。分项目来看，前三季度直接投资净流入1 640亿美元，比2020年同期增长2.56倍，反映我国稳定向好的经济形势、潜力巨大的消费市场等备受外资青睐。前三季度证券投资净流入445亿美元，比2020年同期增长34.2%，体现了境外投资者对中国经济与金融发展前景的信心。其他投资前三季度净流出规模由2020年同期的1 283亿美元上升至1 704亿美元。究其原因，一方面，经济复苏背景下发达国家释放出货币政策收紧的信号，境内逐利资金大量流出；另一方面，政策部门为防范汇率和外债风险加强对境内企业境外融资的管制，引起信贷资金总流入规模的大幅下降。2021年前三季度净误差与遗漏项目净流出919亿美元，同比增长7%，可能意味着我国隐性资本流出规模在上升。

第11章
参考答案

资料来源：中国科学院大学国际资本流动与金融稳定研究课题组. 国际资本流动回顾和展望 [J]. 中国金融，2022（3）：41－42.

案例思考：简述突发事件会对国际资本流动产生哪些方面影响，并根据上述资料和本章知识试分析未来国际资本流动趋势。

第五编

国际金融创新

第 12 章　国际金融创新概述

【知识结构与学习目标】

知识结构	知识目标	技能目标
国际金融创新概述	掌握国际金融创新概念	掌握国际金融创新类型
国际金融创新内容	熟悉国际金融创新内容	掌握衍生工具创新的主要产品
国际金融创新动因	理解国际金融创新动因	掌握某金融创新产品产生的原因
国际金融创新影响	理解国际金融创新影响	掌握辩证看待金融创新的方法

【导入案例】

我国移动支付在消费中占比超八成。中国银联的调查显示，2021 年，一线城市受访人群月消费总额中，移动支付的占比大约是 8 成，月均消费金额超过 5 300 元；经济体量处于中小规模的五线城市受访人群月消费总额中，移动支付的占比超过 9 成，月均消费金额约 3 200 元。调查显示，随着我国数字支付场景建设的完善，2021 年移动支付使用频次最高的场景是商场、超市等实体零售店和线上购物。2021 年，"习惯"已经取代"便捷性"成为人们选择移动支付的首要因素。移动支付在给我们带来便利的同时，它的安全也需要格外关注。调查显示，2021 年，公众收到的诈骗信息和造成的损失金额都有明显改善。同时，2021 年的移动支付风险也有一些新的变化。2021 年，公众收到的诈骗信息呈减少趋势，全年没有收到过诈骗信息的人群比例上升接近 3 成。在被调查人群中，遭遇诈骗后平均受损金额为 1 650 元，比 2020 年降低 272 元。2021 年，约 11%的受访者遭遇过网络直播诈骗，平均损失金额超过 3 500 元；约 7%的受访者遭遇过虚拟币投资诈骗，平均损失金额超过 7 200 元。调查还显示，"00 后"、60 岁以上的老人、农民、网店店主等人群遭遇诈骗后受损的比例较高。调查报告显示，在所有影响移动支付安全的行为中，排第一的是所有支付密码都相同，占比 26%。然后是"在遇到有优惠促销字样的二维码时，都会尝试去扫"，占比 22%。此外，在连接公共 WiFi 的状态下去支付，将网站或 App 的登录习惯设置为"记住密码，自动登录"，更换手机时没有解绑银行卡并删除存储的敏感信息几种，也都位居前列。

资料来源：我国移动支付在消费中占比超 8 成 警惕新风险点！[EB/OL]．(2022 - 01 - 27)．

http://www.xinhuanet.com/politics/2022-01/27/c_1128304402.htm.

案例思考： 为什么移动支付发展迅速？移动支付带来便利同时带来哪些问题？

12.1　国际金融创新的含义与类型

1. 国际金融创新的含义

"创新"（innovation）的概念最初是由著名经济学家熊彼特（Schumpeter）提出的。熊彼特认为，创新是具有创新精神的企业家在某种刺激因素驱使下，为追求利润最大化，通过对生产要素的重新组合，开发出的新产品，形成的新的生产能力。对于作为通过出售（提供）金融产品（服务）来获取收益的金融业来说，也会受到不同因素的刺激，在这种情况下，金融业将会通过对各种金融要素重新组合，开发出适销对路的产品去满足客户的需要，以期获取更多的利润，这就是金融创新（financial innovation）。狭义的金融创新主要是指金融业务和金融工具的创新；而广义的金融创新不仅是指创造出的新的金融产品或融资技术，而是泛指金融领域出现的一系列新事物，它是金融机构或金融管理当局为适应经济环境的变化，而开发和创造出的金融新理论、新业务和新方式的总称。

国际金融创新是国际金融体系和国际金融市场上产生的一系列创新活动，包括金融市场创新、金融技术创新、金融制度创新和金融工具创新等。

2. 国际金融创新的类型

金融系统具备三大功能，即风险转移、流动性和收入要求权。据此我们可以将国际金融创新分为如下四类：

（1）风险—转移型创新。其主要功能是使得经济人可以在相互之间转移金融头寸中的价格和信用风险，如期权与期货交易、货币与利率互换交易等。

（2）流动—增强型创新。其主要功能是增强金融工具的可流通性或可转让性，如长期贷款的证券化等。

（3）信用—增加型创新。其主要功能是帮助经济人增加获得信用的机会，如票据发行便利等。

（4）股权—引致型创新。其主要功能是帮助经济人获得股权式融资的机会，如可转换债券、附有股权认购书的债券等。

12.2　国际金融创新的内容

1. 金融工具创新

金融工具创新是指金融业为适应社会经济和经济体制的发展与变革而创造出

的新的多样化的金融产品工具。不同金融工具在收益、风险、流动性、数额和期限等方面具有不同的特征，任何金融工具都可以被认为是这些特性的组合。通过对原有金融工具进行特性分解和重组所产生的新的金融工具，在收益、风险、流动性、数额和期限能够适应新形势下的汇率、利率波动风险以及套期保值的需要。

金融工具创新是国际金融市场金融活动创新的焦点所在，以美国为例，金融产品创新可以分为以下三个阶段。

（1）20 世纪 60～70 年代。这一阶段的国际金融市场创新以信贷工具的创新为特色。20 世纪 60 年代以来，布雷顿森林体系由于其固有的问题直接演化为一次又一次程度不断加深的美元危机，美元难以在动荡不定的条件下维持与黄金的官价，美国的国际收支也无法对美元的稳定提供必要的支持。随着布雷顿森林体系的瓦解，汇率波动更加频繁，这使供需双方皆有通过金融创新来防范风险的需要。在美国，由于金融管制条例未能及时顺应时代特征与市场变化而作出调整，使银行等金融机构经营环境日趋紧张，其借助金融创新工具开辟新市场或保持旧市场的需要更为迫切，直接导致美国这一时期的金融信贷工具产生。具体来说，这一时期主要的金融创新工具主要有大额可转让定期存单、银行信用卡、可转让支付命令账户、货币市场基金、自动转账账户和浮动利率证券等。

（2）20 世纪 70 年代末至 80 年代初。在这段时间里，国际金融市场以证券融资工具创新为特色。创新的重点开始由信贷工具创新向证券融资创新转移，其表现是更多的创新品种以证券形式出现，而信贷工具的比重则相对下降。混合货币贷款、市场指数存款、欧洲美元存款单、欧洲商业票据、欧洲中期债券、零息债券、垃圾债券和新型抵押债券都是这一时期的产物。

（3）20 世纪 80 年代以来，西方国家持续的高通货膨胀率、高利率和汇率利率的频繁波动，使国际金融市场动荡不定，严重地冲击金融机构资产的安全性和流动性，直接威胁着金融业的收益，同时也给国际金融市场上资金借贷双方带来巨大的风险。这一状况迫使金融机构通过不断改变经营方式，或推出新的金融产品，或采用新的融资技术来降低交易成本，避免融资风险。在这一时期，防范风险的各种金融工具应运而生，这些工具主要包括金融远期、金融期货、金融期权和金融互换等。

2. 金融技术创新

金融技术创新，即金融市场交易过程的创新，主要是通过在融资过程中引入各种新的资金营运和管理技术，使金融交易成本大幅度降低，从而有效地规避风险，提高交易速度。金融技术创新既是金融市场创新和金融产品创新的充分支持，也是引致两者进一步发展的必要促进因素。

首先，以因特网（Internet）和电子商务为平台的现代通信技术、计算机技术的广泛运用和发展推动了金融交易手段的革新与进步，为金融创新的发展提供了坚实的技术基础。这些新的科技成果的不断引入使金融资料的处理和传递更为便捷、及时。其次，现代化技术的应用带来了市场上金融服务形式的创新，使顾客能得到比以往更为方便和低成本的服务。最后,技术革新使大量非金融公司可经营金融业务,公司可以更为廉价地在市场上发行债券,促使金融服务更加多样化。

计算机网络技术的发展适应了国际金融市场一体化的进程,消除了地理距离障碍,全球交易也因此应运而生。1990年芝加哥金属交易所和路透社控股公司共同建立了全球自动交易体系。该体系将各个单独的金融市场连接成一个连续活动的全球性金融市场体系,使每个加入该系统的会员都可以在全球范围内、每天24小时不间断地从事期货、期权等金融交易。

3. 金融市场创新

金融市场创新是指金融业为谋求自身的生存和发展以及实现利润最大化目标,通过金融产品和金融技术的创新,扩展新的金融业务范围,创造新的金融市场,开拓新的融资空间所做的努力。可以说,金融市场创新是创新的金融技术和金融产品得以实施或者流通所不可缺少的基础。金融市场创新可以分为两种:一种是相对于传统的国际金融市场而言的欧洲货币市场;另一种是相对于基础市场而言的衍生市场,它包括远期、期货和期权等创新金融衍生工具市场,这些市场是国际金融市场中最为活跃的部分。当然,金融市场创新不仅只局限于有形市场的兴起,它还涵盖借助现代化通信手段而形成的无形金融市场,以及各种场外交易形式的纵深发展。

4. 金融制度创新

金融制度创新是指各国金融当局调整金融政策、放松金融管制、改革金融监管制度和金融业治理结构等所导致的金融创新活动,如推进金融自由化、建立新的组织机构、实行新的管理方法来维持金融体系的稳定等。

国际金融领域的金融制度创新主要表现在各国金融管理当局持续推进金融自由化政策所引起的一系列创新活动,这些创新活动体现在:放松或直至取消外汇管制和资本管制、创建离岸金融市场、降低市场准入门槛、逐步取消对金融业经营范围的限制和金融监管的目标从安全优先演进为安全与效率并重等。这促使越来越多国家的金融市场参与者能够很容易地逾越国内法规约束的界限从事各种金融活动,同时传统金融机构之间的界限正在被国际金融市场上新的金融机构的纷纷进入和激烈的竞争而打破,金融机构正朝着非专业化和联合化方向演进,20世纪90年代中期金融业跨国并购热潮一浪高过一浪,推动国际金融市场的结构向一体化网络化发展,国际金融业务向综合化同质化(意指所有金融机构的职能日益接近、各项业务日益交叉)发展。

【扩展阅读12.1】

什么力量打造了天价比特币

作为一种脱离国家属性的非主权货币,比特币并非什么空前绝后的新鲜事物。早在第二次世界大战结束之前的布雷顿森林会议上，经济学家凯恩斯就创造性地提出了超主权货币"班柯"（Bancor）的设想；著名的诺贝尔经济学奖得主哈耶克也提出过货币非国家化理论。在实际经济生活中，无论是国际货币基金组织的特别提款权，还是实现欧洲货币大一统的欧元，都完全摆脱了对于单一国家或政府的依赖。

然而，在比特币之前，从没有任何一种超主权货币能够在全球引发如此热潮。在笔者看来，支撑比特币价格一路飙升的核心因素是区块链技术打造的高端形象、发行量刚性天花板给持有者带来的价值信心，以及自发数量控制带来的去政府形象这"三驾马车"。

源于区块链技术的密码技术的应用，打造了比特币的高端形象。很多比特币玩家自己都很难搞清比特币背后的技术原理，这种神秘感反而让人坚信，比特币就是最先进的现代信息技术在金融中的应用，代表着科技金融的发展方向。即使之后又涌现出诸如以太坊、莱特币、狗狗币等一系列模仿比特币运行原理的虚拟货币，也没有对比特币产生直接冲击，反而让更多人坚信虚拟货币的光明前景，进而推动比特币价格的一路狂飙。

从魏玛时代的德国到21世纪初的津巴布韦，世人见证了太多由于货币发行量过大而毁灭整个国家民众幸福的悲惨事例。而中本聪在设计比特币时，就严格限定了2 100万枚的发行上限。根据公开的算法，这一刚性的规模天花板必须在2140年前后才可以达到，产生10多年后，进入流通的比特币数量才刚刚超过1 000万枚，这自然赋予了玩家们更多的信心。

几乎所有自取灭亡的货币背后都有一个不负责任、滥发货币的政府。正是西方政府在应对危机中的无力，引发了民众对于西方民主政治的极大怀疑，任何与当前政治机制格格不入的观点或行为，都能够引发民众极大的拥护，这种逆反心理直接导致了特朗普当选美国总统和英国脱欧。而在金融体系中，超主权，不受任何政治派别影响，不受富豪、财阀支配的比特币也被演绎为挑战现行金融体制的"孤胆英雄"，它的兴起更是当前西方民主政治动摇的真实反映。

资料来源：姜达洋. 比特币狂欢：信仰，抑或盲从？[J]. 群言，2021（5）：18－21.

12.3　国际金融创新的动因

在20世纪70年代以前，有关金融创新的理论是零散和不系统的。从理论上明确而系统地探讨金融创新的成因问题始于20世纪70年代初，此后，在众多学者的共同努力下，该理论不断充实和完善，比较典型的有下列几种观点。

1. 技术促进型金融创新

技术促进型金融创新理论认为技术进步是促成金融创新的主要原因，认为高新技术引入金融业的技术创新，如远程通信技术、计算机技术、Internet和电子商务等在金融业的广泛应用,推动了金融业的电子化和网络金融的迅猛发展。其诱因在于将这些新技术引入到金融活动的全过程以后,大大缩小了金融交易的时间和空间的距离,加快了资金转移的速度,降低了金融交易的成本,提高了金融市场的效率和金融业经营管理水平。

确实,电脑信息处理技术和通信卫星等高新技术成果应用于金融业后,大大缩短了时间和空间的距离,加快了资金调拨的速度,降低了成本,使各国金融制度和市场日趋国际化,使24小时不断的全球性金融交易和服务从梦想变成了现实,并大大方便了顾客。

2. 货币因素型金融创新

货币因素型金融创新理论认为,金融创新的出现主要是由货币方面的因素造成的,20世纪70年代的通货膨胀和利率、汇率反复无常的波动是金融创新的重要原因。金融创新是作为抵制20世纪的通货膨胀和利率、汇率波动的产物而出现的。如20世纪70年代出现的可转让支付账户、浮动利率票据、与物价指数挂钩的公债等都对通货膨胀和利率有高度的敏感性。弗里德曼认为,20世纪60年代美国通货膨胀的加剧,导致了布雷顿森林体系的崩溃,割断了美元与黄金的联系,使得世界上的所有货币都直接或者间接地建立在不兑换的纸币的基础上,撤除了政府实施通货膨胀的屏幕,反过来又加剧了20世纪70年代的通货膨胀及其在世界各地的传播,不正常的通货膨胀和变化频繁的利率引起的经济不稳定,促使人们进行金融创新。

总体上,货币因素型金融创新理论可以解释20世纪70年代布雷顿森林体系崩溃后出现的金融创新,而对20世纪70年代以前的逃避管制和20世纪80年代后产生的信用和股权的金融创新则无法解释。

3. 需求诱发金融创新

需求诱发金融创新的观点源于"特征需求论"(characteristics demand theory)。持这种观点的学者从投资者的角度来分析金融创新,认为各种金融产品具有不同的特性(如期限性、收益性、流动性、风险性和安全性等),随着经济环境的变化,投资者的投资偏好会随之改变,产生对新的金融产品的需求。西方一些经济学家十分重视投资者的需求对金融创新的影响,认为新的金融产品、新的金融技术或新的金融市场得以产生并被广泛应用的根本原因在于投资者对它们的需求,一旦投资者和筹资者双方都发现某种目前没有满足而亟须满足的需求,并且能够通过金融创新来满足这种需求时,这种创新将是成功的金融创新。因此,金融市场需求的变化将诱发金融创新。有的经济学家用"需求是发明之母"来突出需求是金融创新的重要诱因。

投资者产生对新的金融产品需求的原因有很多,其中最主要的原因有两个:一是回避风险的需求。金融市场投资者面临的风险有汇率风险、利率风险和信用风险等,这些风险的大小随着经济环境的变化而变化,诱发投资者产生对能够回避风险的新的金融产品的需求。二是对金融产品所具有的流动性和收益性的需求。如 20 世纪 70 年代以来西方主要发达国家的通货膨胀率和名义利率上升，提高了投资者持有不附带利息的现金余额的机会成本，使得传统的金融产品的流动性与投资收益性之间的替代越来越难以接受，导致投资者对能改善流动性和收益性的新金融产品的需求。

4. 约束诱导型金融创新

约束诱导型金融创新的观点源于美国纽约大学经济学教授威廉·西尔伯（William L. Silber）提出的"约束诱发的创新假设"（constraint-induced innovation hypothesis，以下简称约束理论）。该理论认为金融创新是金融机构为摆脱或减轻加于其上的约束而作出的反应。其外部约束来自受支付能力约束的消费者（投资者）所愿承担的金融服务成本、金融业的竞争和政府施加的金融管制等；其内部约束来自金融企业自身制定的流动性资产比例、资本比例、资产收益率和增长率等目标。只要这些约束发生变化，出现了扣除金融创新产品成本之后的利润机会，金融企业就会去创新。

赞同约束理论观点的学者强调政府施加的金融管制是诱发金融创新的重要原因。即使是市场经济国家，金融业所受到的政府制定的金融法规的管制相对而言也是最严的，有些法规由于限制了金融业的盈利能力，导致这些金融企业"发掘漏洞"去规避它们，当金融法规的约束大到回避它们便可以增加经营利润时，"发掘漏洞"的金融创新就非常可能发生。这种形式的创新被称为回避法规（circumventing regulation）的金融创新。从纯理论意义上分析，在一定条件下，金融法规的约束越强，金融创新就会越多。但实际上金融法规的约束程度与金融创新之间的关系并不永远是呈正比的，在某一限量内，金融创新水平随着约束程度的提高而提高，超过这个限量后，法规约束作用将逐渐增大，控制和阻止了金融创新的发生。对于金融管制权力完全集中在政府手里的国家，金融创新活动只能处在很低的水平上。

5. 规避管制型金融创新

规避管制型金融创新的观点源于"管制的辩证假设"（regulatory dialectic hypothesis，以下简称管制理论）。持这种观点的学者认为金融制度是由金融当局之间的竞争引起的。各国政府或金融当局的目标是在保护自身利益的同时，要使各自顾客的福利极大化，这表现为加强管制和维持主顾关系。当各金融管理当局相互竞争，试图促进和维护各自忠实顾客并期望各自的顾客能利用现有的利润机会时，就会放松管制或引进比以前管制程度低的新的管制措施，从而促进了金融创新。从根本上来说，金融创新是一种与经济制度相互影响、互为因果的制度改革，金融管理当局为稳定金融体系和防止分配不均所采取措施（如改革金融法规、放松管制等）的本身就是一种金融创新活动，同时它又能诱发金融业更为广泛的金融创新。

管制诱发金融创新观点的主要代表人物凯恩（E. J. Kane）认为，金融管制及由此产生的规避行为是以辩证形式出现的，金融管制阻碍金融业获取利润，因而金融业通过创新来规避金融管理当局的管制。金融企业之所以能够逃避管制，是由于其对各种金融法规的适应能力很强。例如在经济增长过程中，需求增长必然促进货币供给，扩大货币供给的过程可以通过采取许多创新产品来替代，从而规避引起了创新。反过来，当金融创新危及金融稳定和货币政策不能按预定目标有效实施时，政府和金融管理当局又会加强管制。与此同时，金融企业会为规避新的管制而推出新的替代品。管制诱发金融创新的观点可以说在某种程度上是约束诱发金融创新观点的折中。一方面该观点同意约束论的观点，即强加于金融业的种种管制引起了金融业规避管制的创新；另一方面该观点认为金融管理当局在金融业的创新活动危及货币政策的实施效力和金融体系的稳定时，会作出加强金融管制的反应，这种市场力量和政治势力的对抗构成了金融创新的辩证过程。

6. 交易成本动因金融创新

从"交易成本"角度阐述金融创新诱因的代表人物是希克斯（J. R. Hicks）和尼汉斯（J. Nienans）。希克斯把交易成本和货币需求与金融创新联系起来考虑，认为交易成本是作用于货币需求的一个重要因素，不同的需求产生对不同类型金融产品的要求，交易成本高低使经济个体对需求预期发生变化，交易成本降低的发展趋势使货币向更高级的形式演变和发展，产生新的交换媒介和新的金融产品，因而不断降低交易成本的诱因将刺激金融业的金融创新活动，并不断提高金融服务的质量。

这种理论将金融创新的动因归结为交易成本的降低，并侧重从微观结构的变化来研究金融创新，从另外一个角度说明了金融创新的根本原因在于微观金融机构的逐利动机，具有一定合理性。但该理论将金融创新的源泉完全归结于金融微观经济结构变化所引起的交易成本下降，具有一定局限性。

7. 制度学派的金融创新

一些学者以制度学派的理论揭示金融创新的诱因，这些学者主张从经济发展史的角度来研究金融创新，他们认为，金融创新是一种与经济制度相互影响、互为因果的制度改革，基于这种观点，金融体系任何因制度改革所引起的变动都可以视为金融创新。这些学者认为，在计划经济制度下，虽然也存在科技发展、财富增长和通货膨胀等金融创新的诱因，但由于高度集中统一和严格的计划管理体制，使金融创新受到很大的约束，因此，计划经济制度下金融活动的规模和范围必然很小，金融产品的种类很少，而且金融服务和管理水平都很落后。在市场经济条件下，如果是完全自由放任的经济，则金融管理当局对金融业的法规约束很小，规避管制的创新活动必然很少，由此他们认为，全方位的金融创新只能在受管制的市场经济中出现。他们认为金融管理当局的管制和干预行为本身就暗含金融制度领域内的创新,同时,这种创新活动在危及货币政策的效力和市场稳定时,金融管理当局必然要采取一系列有针对性的制度创新。这种自由市场力量与金融管理当局干预力量的博弈过程,也就形成了"管制—创新—再管制—再创新"的螺旋式发展过程。

8. 财富增长型金融创新

该理论认为,经济高速发展所带来的财富迅速增长是金融创新的主要原因。这是由于财富的增长加强了对金融资产和金融交易的需求,诱发了金融创新,以满足日益增加的金融需求。美国经济学家格林包姆(Greenbum)和海沃德(Haywood)从研究美国金融业发展历史的演进中得出财富增长是决定对金融资产和金融创新的需求的主要诱因的结论。他们认为科技进步引起财富的增加,随着财富的增加,将增加人们规避风险的需求和推动金融业发展。当金融资产日益增加时,金融创新就会随着产生。

总体上,财富增长型金融创新理论可以解释 20 世纪 70 年代以前的金融创新,但很难解释 20 世纪 70 年代以后的金融创新。

【经典人物】

约翰·希克斯

约翰·希克斯(John R. Hicks)1904 年 4 月 8 日出生于英格兰的瓦尔维克郡,先后任曼彻斯特大学、牛津大学教授,1972 年因其在一般均衡理论和福利经济学理论上的贡献,被授予当年的诺贝尔经济学奖。希克斯是宏观经济学微观化的最早开拓者,对西方经济学理论有许多重要贡献,主要著作有《工资理论》《价值与资本》《需求理论的修正》《经济史理论》《动态经济学方法》等。希克斯完善了以序数效用论和无差异曲线来解释的边际效用价值论,发展了一般均衡理论。提出了 IS-LM 模型,其中,I 代表投资,S 代表储蓄,L 代表货币需求,M 代表货币供给,并利用它分析产品市场和货币市场达到同时均衡时,国民收入与利息率的同时决定,以及它们之间的相互关系。这一模型把新古典经济学的一般均衡分析与凯恩斯的国民收入决定理论结合在一起,成为现代凯恩斯主义宏观经济学的理论核心。他继卡尔多之后提出了新的补偿标准,在批评庇古福利经济学基础上,建立起新福利经济学理论体系。他还研究了通货膨胀,提出结构性通货膨胀理论。他与萨缪尔森提出了乘数—加速原理,用以解释经济中产生周期性波动的根源;他还与尼汉斯(J. Niehans)提出了金融创新理论的基本命题是"金融创新的支配因素是降低交易成本"。

资料来源:笔者根据相关资料整理得到。

12.4 金融工具创新——衍生金融工具

衍生金融工具是一种价值取决于基础金融资产（可以是股票、债券、外汇、欧洲货币和其他金融资产等）的金融合约，主要包括以下几种形式。

1. 远期和期货合约

远期和期货合约是买卖两个对手之间签订的在将来一个确定时间按确定价格购买或出售某项资产的协议，后者与前者的不同在于后者以标准化的合约在正规的交易所交易。

2. 互换

互换是指交易双方在一段时间内通过交换来支付一系列现金流以达到双方互利（转移、分散和降低风险）目的一种金融交易。互换可分为利率互换和货币互换。利率互换是在一段时间内交易双方根据事先确定的协议，在一笔象征性本金数额的基础上互相交换具有不同特点的一系列利息款项支付。货币互换是交易双方在某一时期内根据事先确定的协议，进行包括利息支付和本金分期支付款项在内的交换，在开始时互相交换指定数额的两种货币，以后按规定互相偿还所欠款项的一种金融交易。

互换市场发展迅速，因为它能帮助交易双方减少风险，降低成本。尽管互换市场是国际性市场，但银行的国籍以及机构性特征是影响市场竞争的因素。例如投资银行（证券承销商）在互换市场上主要经营与债券有关的互换。商业银行则主要经营与资产负债管理有关的利率互换。同样地，在货币互换方面，一般银行多经营与本国货币有关的互换。几乎所有国际银行都经营互换业务，欧美大银行占主导地位。

3. 期权类合约

期权持有者有权在某一确定时间以某一确定的价格购买和出售某项标的资产。期权赋予其持有者做某件事情的权利，而持有者不一定必须行使该权利。

4. 利率上限与下限

利率上限（interest rate caps）是用来保护浮动利率借款人免受利率上涨风险的。如果贷款利率超过了规定的上限，利率上限合约的提供者将向合约持有人补偿实际利率与利率上限的差额，从而保证合约持有人实际支付的利率不会超过合约规定的上限。相反，浮动利率贷款人可通过利率下限（interest rate floors）合约来避免未来利率下降的风险，因为如果利率下降至下限以下，合约持有人可得到市场利率与利率下限之间的差额。

5. 票据发行便利

票据发行便利（note facilities）是指银团承诺在一定期间内（5~7年）给借款人提供一个可循环使用的信用额度，在此限额内，借款人得依据本身对资金的需求情况，以自身名义连续地循环地发行一系列短期（如半年期）票券，由银团协助将这些短期票券卖给投资者，取得所需资金，未售出而有剩余的部分则由银团承购，或以贷款方式补足借款人所需资金。因此，无论短期票券销售情况如何，借款人仍能按时取得所需资金。利用票据发行便利，能以短期市场利率取得中长期资金，筹资成本低，分散风险，同时使投资者获得较大利润。票据发行便利使得短期货币市场和长期资本市场的界限变得模糊了。

12.5 国际金融创新对世界经济的影响

国际金融创新既是竞争的产物，也是金融行为与环境对抗的产物。金融创新作为一把"双刃剑"使开放经济下的国际金融活动发生了深刻的变革，在各个层次上对世界经济产生深远的影响。

1. 国际金融创新对国际金融活动的影响

金融创新刺激了国际资本流动，特别是使与实物生产和投资相脱离的金融性资本的流动性大大增强了。其原因是：首先，金融创新为资本规避在国际上流动时遇到的风险提供了有效措施。金融品种的创新为企业提供了更多规避风险的方法，降低了企业资金融通的成本。同时，使企业和金融机构有更多规避风险的方法。其次，金融创新提高了资本流动的效率，新的金融工具的出现、新的金融市场的产生、新的融资方式的采用使资本在国际上流动的成本大为下降，融资效率大为提高，资本流动更为便捷、灵活。交易过程的创新同样提高了资金融通的效率和降低了资金融通的成本。最后，金融创新为国际资本流动提供了新的获利途径。追求利润永远是跨国资本流动的目的，衍生金融工具、产品的出现为投机者提供了新的舞台。在这一市场上，价格的变动非常激烈，加之这些交易的杠杆比率很高，投机者可以用较少的保证金来控制大量的合约，这使得可能盈利的幅度大大高于一般交易。同时，大多数衍生交易属于表外业务，使投机者获得了不影响资产负债比例的新的盈利途径。

金融创新在提供了风险管理有效途径的同时，其本身的交易风险也非常突出，已成为影响国际经济稳定的重要因素。金融品种的创新加剧了金融市场的不稳定性，增加了金融监管的难度，金融衍生品种的发展，使单个投资者有更多的方法转移或规避风险，但同时却加剧了整个金融市场的投机性。从货币形式的间接融通到债券和股票形式的直接融通，再到债券期货、债券期权、股票期货、股票期权，衍生品种加剧甚至数倍产生出来。由于是缴纳保证金进行交易，投机者利用金融杠杆进行大规模的投机，可能的盈利与亏损程度都很大，金融市场的波动性将会增大。20 世纪 90 年代多个国家（地区）发生的金融危机，都是机构投资者同时在传统和衍生金融市场掀起大规模的投机风潮促成的。

2. 国际金融创新对货币政策的影响

金融创新通过融资证券化和高度发达的金融市场，有利于中央银行公开市场业务的操作，提高了操作的灵敏性、力度和效果；金融创新减弱了货币需求、拓宽了融资渠道，可减轻央行货币供给压力和通货膨胀压力，有利于实现稳定货币的目标；传统的三大货币政策工具作用效力降低，中央银行可以通过管理创新结合现实创造出新的政策工具和操作手段来提高政策实施的有效性，如对金融机构的资产负债比例管理，电子技术的运用可提高决策系统、预警系统的有效性和灵敏性等。

尽管国际金融创新产生了广泛而深远的积极影响，但是一浪高过一浪的创新活动使各国（地区）货币政策的有效性明显削弱。首先，国际金融创新增大了货币政策实施的不确定性。金融创新的不断涌现和迅速扩散，改变了金融机构和社会公众的行为，使货币需求和资产结构处于复杂多变的状态，从而加重了传导时滞的不稳定性，使货币政策的传导时间难以把握。其次，金融创新影响货币政策实施的有效性和独立性。在金融创新中，更多的信贷不是通过银行，而主要是通过资本的渠道流动。融资渠道的多样化使商业性金融机构大大减少了向中央银行的再贴现，再贴现率的作用相对减弱。同时，银行信贷活动向证券市场转移削弱了货币当局对整个金融体系稳定性的监督职能，扭曲了货币政策的传导机制，而金融自由化改革又使货币当局丧失了许多控制金融运行的有力工具。

3. 国际金融创新对商业银行的影响

先进的金融技术、Internet 和电子商务等在金融业的广泛应用，改善了整个国际金融市场的效率，也使商业银行从中受益。以应用高科技成果为基础的金融创新，大大减少了商业银行在金融活动中进行支付、会计核算、资料处理等所需要的时间成本和交易成本，提高了工作效率；同时，多种金融工具的创造和运用及新服务的开展，扩大了商业银行客户和业务规模；而采用新的组织和管理方式，可以改善其经营管理，优化其结构组合，增强其活力和竞争能力。

创新活动同时也增加了商业银行风险降低了商业银行收益。首先，国际金融创新增加了商业银行的流动性风险。创新活动中证券融资的规模不断扩大，资信较高的借款人积极转向证券市场筹资的结果使银行放款的平均品质逐渐下降，这意味着商业银行可能对突如其来的流动性需求或其他方面的冲击难以适应。其次，国际金融创新增加了商业银行的利率风险。金融自由化降低了对利率的管制，利率的频繁波动使银行的资产负债结构发生很大变化，固定利率负债的比率不断下降，浮动利率负债的比例逐渐上升，从而市场利率的变化对银行经营的盈亏水平的影响大大增加了，银行的成本和收益变得难以准确控制，使银行置身于利率多变的风险之中，即使有众多避险工具可以利用，但仍无法消除这种风险。再次，国际金融创新增加了商业银行的表外业务风险。商业银行为回避资本比率限制，使表外业务迅速扩展，虽然表外业务能减轻商业银行资本需要量的压力，但也存在着风险。商业银行在表外业务中提供各种担保和承诺以及备用信用证等业务时，稍有疏忽便会从中介人变为债务人而承受风险，从而降低商业银行的信誉，危及商业银行的经营。最后，国际金融创新增加了商业银行的清偿力风险。国际金融创新推动的金融一体化和自由化趋势使商业银行间的竞争日益激烈，竞争的结果导致平均收益率下降的趋势使银行的生存和发展面临严峻的挑战，诱使商业银行加速金融创新寻求新的利润机会，商业银行因内部监管不严而诱发过度的高风险投资，最终引发清偿力危机的事件时有发生。

【扩展阅读 12.2】

中行"原油宝"事件

受全球经济放缓影响，国际原油价格自 2020 年初开始不断下跌。在这样的背景下，中国银行面向个人客户发行的挂钩境外原油期货合约的交易产品——"原油宝"受到欢迎。大量投资者认为原油价格已经跌至低位，适合"抄底"，因此选择多头持仓。根据中国银行统计，截至北京时间 2020 年 4 月 21 日晚 10 点，持仓单中，95% 为多单，仅 5% 为空单。

北京时间 2020 年 4 月 21 日凌晨（纽约时间 4 月 20 日），芝加哥商品交易所（CME）的 WTI05（WTI 原油 5 月）期货合约在最后交易时段一路暴跌，结算价跌至 -37.63 美元/桶。这个跌至负油价的原油期货合约正是中国银行发行的"原油宝"系列产品中的一款所挂钩的。随后，中国银行发布公告称"CME 对负值结算价进行真实性求证"。"负油价"出现的第二天，中国银行对负值结算价进行了审慎确认，并发布公告称将参考 -37.63 美元/桶的 CME 官方结算价对"原油宝"产品进行结算或移仓。这意味着多头持仓客户在本金全部亏损后还倒欠中国银行大笔保证金，即承担"穿仓"损失。投资"银行理财产品"不仅亏光本金，还要倒贴巨额资金的结果，引发了投资者巨大的争议。此后，中国银行又发布了三份公告，但是均未提及投资人的亏损以及此次事件的具体解决方案。

"原油宝"事件得到了监管机构的高度关切。2020 年 4 月 30 日，中国银保监会首次对"原油宝"事件作出回应，要求中国银行尽快梳理查清问题，严格产品管理，加强风险管控。5 月 4 日，在国务院金融稳定发展委员会召开会议中，基于"纸原油"这类账户商品产品本质、各方合同以及投资者适当性的监管要求，明确中国银行将自行承担穿仓损失；所有投资额在 1 000 万元以下的客户，可以从中国银行拿回 20% 的保证金。5 月 19 日，银保监会启动针对"原油宝"事件的立案调查程序。12 月 5 日，中国银行"原油宝"产品风波的处罚结果正式出炉。银保监会发布了中国银行"原油宝"事件的处罚通报，并在通报中指出中国银行"原油宝"产品风险事件涉及的违法违规行为包括四个方面：一是产品管理不规范；二是风险管理不审慎；三是内控管理不健全；四是销售管理不合规。

资料来源：余凯月，李思捷．"原油宝"事件的原因分析及启示［J］．现代商业，2021 (21)：48 - 50．

【本章小结】

1. 狭义的金融创新主要是指金融业务和金融工具的创新；而广义的金融创新不仅仅是创造出的新的金融产品或融资技术，而是泛指金融领域出现的一系列新事物，它是金融机构或金融管理当局为适应经济环境的变化，而开发和创造出的金融新理论、新业务和新方式的总称。

2. 国际金融创新的内容主要包括金融工具创新、金融技术创新、金融市场创新和金融制度创新等。

3. 衍生金融工具是一种价值取决于基础金融资产（可以是股票、债券、外汇、欧洲货币和其他金融资产等）的金融合约，主要包括远期和期货合约、互换、期权类合约、利率上限与下限和票据发行便利等形式。

4. 当前关于国际金融创新动机的主要观点包括：技术促进型金融创新、货币因素型金融创新、需求诱发金融创新、约束诱导型金融创新、规避管制型金融创新、交易成本动因金融创新、制度学派的金融创新和财富增长型金融创新等。

5. 国际金融创新既是竞争的产物，也是金融行为与环境对抗的产物。金融创新作为一把"双刃剑"使开放经济下的国际金融活动发生了深刻的变革，在各个层次上对世界经济产生深远的影响。

【复习思考题】

一、知识题

（一）名词解释

国际金融创新　　金融制度创新　　衍生金融工具　　互换
票据发行便利

（二）单项选择题

1. 下列各项中不属于金融技术创新范畴的是（　　）。
   A. 智能投顾　　B. 投贷联动　　C. 大数据征信　　D. 阿里金融云

2. 当一个分布式中的个体都按照同一个简单而有效的规则作出行为反应时，它就像深海中外形变幻莫测而又内在强大有力的鱼群，微小的单元集合能够组合演化成一个巨型的"智能生物"，此文字描述的金融科技技术是（　　）。
   A. 云计算　　B. 区块链　　C. 人工智能　　D. 大数据

3. （　　）认为20世纪70年代的通货膨胀和利率、汇率反复无常的波动是金融创新的重要原因。

A. 交易成本论　　B. 规避管制论　　C. 货币因素论　　D. 财富增长论

4. NOW 账户作为金融创新，主要动因是（　　）。

A. 规避风险　　B. 规避管制　　C. 货币因素　　D. 财富增长

5. 总体而言，当代金融创新对金融和经济发展起（　　）作用。

A. 缓解　　B. 决定　　C. 推动　　D. 抑制

（三）多项选择题

1. 国际金融创新包括（　　）。

A. 风险转移型金融创新　　B. 加速流动性型金融创新
C. 信用创造型金融创新　　D. 股权创造型金融创新

2. 下列是衍生金融工具创新的有（　　）。

A. 期货　　B. 互换
C. 可转让定期存单　　D. 自动转账服务账户

3. 金融创新对货币需求影响正确的有（　　）。

A. 降低了交易性货币需求　　B. 降低了预防性货币需求
C. 增加了投机性货币需求　　D. 增加了货币总需求

4. 当代金融业务创新的体现有（　　）。

A. 新工具不断创新　　B. 新业务和新交易大量涌现
C. 新技术广泛应用　　D. 金融制度创新

5. 区块链特点的有（　　）。

A. 数据不可篡改　　B. 共识信任机制
C. 去中心化　　D. 智能合约

（四）判断题

1. 金融科技是技术驱动的金融创新，旨在运用现代科技成果改造或创新金融产品、经营模式、业务流程等，推动金融发展提质增效。（　　）

2. 区块链采用复式记账法。（　　）

3. 当代金融制度创新的主要表现包括国际货币制度的创新和国际金融监管制度的创新。（　　）

4. 金融创新降低了居民持币比例。（　　）

5. 金融创新降低了货币乘数作用。（　　）

（五）简答题

1. 如何理解国际金融创新的含义？
2. 国际金融创新的内容主要有哪些？
3. 促成国际金融创新的因素有哪些？
4. 国际金融创新对国际金融活动产生哪些影响？

二、能力题

1. 讨论题：国际金融创新对货币政策有哪些影响？

2. 案例题。

案例素材： 一年半内非法吸收资金 500 多亿元，受害投资人遍布全国 31 个省区市……1 月 14 日，备受关注的"e 租宝"平台的 21 名涉案人员被北京检察机关批准逮捕。

"e 租宝"对外宣称，其经营模式是由集团下属的融资租赁公司与项目公司签订协议，然后在"e 租宝"平台上以债权转让的形式发标融资；融到资金后，项目公司向租赁公司支付租金，租赁公司则向投资人支付收益和本金。正常情况下，融资租赁公司赚取项目利差，而平台赚取中介费。然而，"e 租宝"从一开始就是一场"空手套白狼"的骗局，其所谓的融资租赁项目根本名不副实。"据我所知，'e 租宝'上 95% 的项目都是假的。"安徽钰诚融资租赁有限公司风险控制部总监雍磊称。丁宁指使专人，用融资金额的 1.5%～2% 向企业买来信息，他所在的部门就负责把这些企业信息填入准备好的合同里，制成虚假的项目在"e 租宝"平台上线。不仅如此，钰诚集团还直接控制了 3 家担保公司和 1 家保理公司，为"e 租宝"的项目担保。"1 元起投，随时赎回，高收益低风险。"这是"e 租宝"广为宣传的口号。许多投资人表示，他们就是听信了"e 租宝"保本保息、灵活支取的承诺才上当受骗的。记者了解到，"e 租宝"共推出过 6 款产品，预期年化收益率在 9%～14.6% 之间，远高于一般银行理财产品的收益率。

根据中国人民银行等部门出台的《关于促进互联网金融健康发展的指导意见》，网络平台只进行信息中介服务，不能自设资金池，不提供信用担保。据警方调查，"e 租宝"将吸收来的资金以"借道"第三方支付平台的形式进入自设的资金池，相当于把资金从"左口袋"放到了"右口袋"。

资料来源："e 租宝"非法集资案真相调查［EB/OL］.（2016-02-01）. http://money.people.com.cn/n1/2016/0201/c392426-28100317.html.

第 12 章 参考答案

案例思考： 什么是融资租赁？"e 租宝"宣称的经营模式和实际经营模式有什么区别？基于"e 租宝"案例如何辩证地看待金融创新？

第 13 章　国际金融创新风险管理

第 13 章
国际金融创新
风险管理

【知识结构与学习目标】

知识结构	知识目标	技能目标
国际金融创新风险	了解国际金融创新风险的含义与主要表现	掌握国际金融创新风险的内涵界定和具体现实表现
国际金融创新风险的构成与成因	把握国际金融创新风险的细分类别、内外在成因	掌握国际金融创新风险的具体表现形式，学会对具体风险进行分析
国际金融创新风险管理	了解国际金融创新风险内部控制和外部监管的具体方式	熟练运用各种控制、监管方式管理国际金融创新风险

【导入案例】

巴林银行破产始末

1763 年，弗朗西斯·巴林爵士在伦敦创建了巴林银行。截至 1993 年底，巴林银行的全部资产总额为 59 亿英镑，1994 年税前利润高达 15 亿美元。其核心资本在全球 1 000 家大银行中排名第 489 位。1995 年 2 月 27 日，英国中央银行突然宣布了一条震惊世界的消息，巴林银行不得继续从事交易活动并将申请资产清理。10 天后，这家拥有 233 年历史的银行以 1 英镑的象征性价格被荷兰国际集团收购。这意味着巴林银行的彻底倒闭。搞垮这一具有 233 年历史、在全球范围内掌控 270 多亿英镑资产的巴林银行的，竟然是一个年龄只有 28 岁的毛头小子尼克·里森。尼克·里森被誉为国际金融界 "天才交易员"，曾任巴林银行驻新加坡巴林期货公司总经理、首席交易员。1994 年下半年，里森认为，日本经济已开始走出衰退，股市将会有大涨趋势，于是大量买进日经 225 指数期货合约和看涨期权。然而 "人算不如天算"，事与愿违，1995 年 1 月 16 日，日本关西大地震，股市暴跌，里森所持多头头寸遭受重创，损失高达 2.1 亿英镑。为了反败为胜，里森再次大量补仓日经 225 期货合约和利率期货合约，头寸总量达十多万手，以 "杠杆效应" 放大了几十倍的期货合约。当日经 225 指数跌至 18 500 点以下时，每跌一点，里森的头寸就要损失两百多万美元。2 月 24 日，当日经 225 指数再次加速暴跌后，里森所在的巴林期货公司的头寸损失已达 14 亿美元，并且随着日经 225 指数的继续下挫，损失还将进一步扩大，巴林银行从此倒闭。

资料来源：（1）刘仲元. 股指期货教程［M］. 上海：上海远东出版社，2007.

（2）尼克·里森. 尼克·里森自传：我如何弄垮巴林银行［M］. 北京：中国经济出版社，1996.

案例思考：什么是国际金融创新风险？应该如何管理国际金融创新风险？

13.1 国际金融创新风险的含义

国际金融创新的重要功能是转移和分散国际金融风险，特别是 20 世纪 70 年代的国际金融创新，其主旋律便是风险转移型创新。但是国际金融创新在规避风险的同时，也产生了新的金融风险，即国际金融创新风险。

国际金融创新风险是指在国际金融创新过程中，创新供给主体的创新措施不能顺利实施，或者创新收益遭到损失的可能性。国际金融创新风险包含两方面的含义：一是国际金融创新主体在进行金融创新过程中所面临的不确定性，又称初始风险；二是国际金融创新后在其运用过程中给金融机构或金融体系及社会所带来的不确定性，又称继生风险。初始风险和继生风险是金融创新在设计、开发、传播、运用过程中的不同阶段产生的不同类型的风险，都属于国际金融创新风险。

国际金融创新在推动金融业和金融市场发展的同时，也在总体上增大了金融体系的风险。其主要表现如下。

（1）国际金融创新使金融机构的经营风险增加。金融创新使金融机构同质化，使竞争更加激烈。为了获得更多利润，金融机构转而从事高风险、高收益业务，从而使金融机构的经营风险增加，信用等级下降。20 世纪 90 年代出现的英国巴林银行倒闭和日本大和银行的巨额损失，都与金融创新不无关系。

（2）国际金融创新使表外风险增加。表外风险即指不在金融企业的资产负债表中反映出来，却又能转化为金融企业真实负债的业务或交易产生的风险，即金融企业的各种或有负债转化为真实负债所带来的风险。金融机构从事表外业务的实质就是变相减少账面负债。这种表外业务既可以维持虚假的资本资产比率，回避金融当局的监管，又可以增加金融机构的利润，但同时也造成金融企业的潜在风险增加。一旦表外业务的或有负债转变为真实负债，金融企业的潜在风险也就转变为真实风险。

（3）国际金融创新增加了体系风险。国际金融创新推动了金融业的同质化、自由化、现代化和国际化，国内金融机构之间、国内金融机构与国外金融机构之间、国内金融市场和国际金融市场之间的相互依赖性增加。这样一来，金融体系中某个环节的差错都能波及整个金融体系。如现在国际上盛行的电子转账清算系统，一旦该系统内某个银行不能及时支付，整个支付链条就会中断。

(4) 国际金融创新增加了投机风险。对创新市场而言，投机是一把"双刃剑"，一方面它是维持创新市场流动性不可缺少的"润滑剂"，同时也是套期保值、转嫁风险赖以存在的承接体；另一方面非稳定性投机又可能加剧国际金融市场的波动，并且，由于创新交易的高杠杆性，其投机性对金融市场的影响比传统交易大得多。

13.2 国际金融创新风险的构成与成因

13.2.1 国际金融创新风险的构成

国际金融创新风险可以细分为以下各种风险。

(1) 设计风险，即由于国际金融创新设计过程中的各种不确定因素而使金融创新措施未能如期出台，甚至流产的可能性。设计风险主要与金融创新供给主体有关。在设计风险已经形成、创新计划宣告失败的情况下，创新供给主体将耗费时间成本及与创新设计相关的设计成本，同时，也可能被其他创新供给主体占尽先机而失去创新的主动地位。

(2) 市场风险，即市场价格变动导致国际金融衍生产品价格变动而产生的风险。这里的市场价格主要是指基础资产的价格。不同的衍生产品所涉及的市场风险是不同的。在期货市场上，套期保值者面临的主要价格风险是基差风险。基差即现货价格与期货价格之差。基差的大小与正负直接关系到套期保值者能否达到保值的预期目的。在一般情况下，由于现货市场价格与期货市场价格之间的变动呈高度正相关，基差风险总是要小于现货市场的价格风险。在期权市场上，交易者所面临的市场风险是基础工具价格波动的风险。在互换市场上，交易者所要承受的市场风险是基础利率变动的风险。

(3) 信用风险，即衍生交易的一方不按合同条款履约而导致的风险。期货、期权等衍生产品是以标准化合约在交易所内交易。交易所内这类衍生产品的交易，一般都有严格的履约、对冲和保证金制度。交易所的结算公司以所有买方的卖方和所有卖方的买方的角色出现，是所有交易者的交易对手，其主要职责是负责衍生交易的结算，确保交易合约在到期时按时交割或在未到期前平仓。这样，就使得交易所内衍生交易的信用风险大大下降。而场外的衍生产品交易由于没有交易所这种确保履约的严格制度安排，加之不存在结算公司这种专门的机构，因而其信用风险较之交易所要大。

(4) 流动性风险，即国际金融衍生工具的持有者在市场上找不到适当的对手，只能以低于市场价格的价格，将衍生工具出售所造成的风险。一般来说，场内交易的衍生工具都是标准化的合约，且交易规模较大，因而流动性风险较小。而场外交易的衍生工具，大多是根据客户的特殊需要专门设计制作的，不具有广泛的需求主体，因而流动性较差，流动性风险自然较大。

（5）操作风险，即由于内部控制系统或清算系统失灵而导致的风险。这种失灵可能是由于人为的失误或欺诈，未能对突然变化作出及时反应，以及监管体系不完善等因素，也可能是由于电脑系统发生故障，工作或技术流程出现问题等因素。一般的国际创新金融工具在运作过程中都有可能产生操作风险。特别是衍生工具，由于其价值计算、交易环节和支付过程均比较复杂，如缺乏严格有效的内控机制，更容易引发操作风险。

（6）法律风险，即由于交易合约内容不符合法律规范，交易合约不具备法律效力或其他方面的法律因素，而给交易主体带来的风险。法律风险的表现很多，例如，由于法律建设相对滞后或现行法律与国际金融创新有冲突，使创新工具及其交易的合法性无法得到保证，交易主体的利益受损；有关创新工具交易的法律裁决可能对涉及交易的某一方的利益和声誉带来不良影响；直接规范国际金融创新或与之相关的一些法律，如交易法、税法等可能发生变化；等等。一般说来，一项金融创新措施刚刚出台时，由于相关法律尚未问世或未及时调整，交易主体承受的法律风险较大。较之场内交易，衍生产品的场外交易的法律风险较大。

（7）声誉风险，即由于操作失误，不按时履约，违反相关法律、法规或其他因素，而给组织国际金融创新工具交易的机构或交易中一方的声誉带来的不良影响。声誉风险这种无形损失经过一段时间后一定会转化为有形损失。

国际金融创新风险是相互联系、相互影响的。其中市场风险占据主体地位，它与其他风险相互紧密联系。例如，在衍生产品交易市场上，某种衍生产品的价格波动越大，交易主体无法履约的可能性越高，因而信用风险也就越大。同时，市场风险越大，交易主体把衍生产品合约在理想的价位上脱手的可能性越小，流动性风险也就越大。同样地，其他风险也会对市场风险产生影响。例如，操作风险的增大会提升衍生产品合约价格波动的幅度，从而增大市场风险。总之，国际金融创新的风险体系是一个由多种风险交织在一起的彼此制约的复杂链条。

【经典人物】

杰西·利弗莫尔

杰西·利弗莫尔（Jesse Livermore）1877年7月26日出生于美国马萨诸塞州什鲁斯伯里，被认为是日交易的先驱人物，直到20世纪20年代后期都是华尔街的活传奇。利弗莫尔交易股票的基础在今天被称为"技术分析（technical analysis）"，他的交易原则，如交易情绪的影响（effects of emotion on trading）等，都被后人反复研究。利弗莫尔的一些大手笔，例如他在1907年的旧金山地震和1929年的华尔街"黑色星期四"之前的做空等，都是极具传奇色彩的交易，也使他成为有史以来最伟大的投资者之一。利弗莫尔撰写的关于股市交易的书《股票大作手操盘术》（*How to Trade in Stocks*）在 1940 年 3 月由迪尔、斯隆和皮尔斯出版社（Duell, Sloan and Pearce）出版，在百年后的今天成为股票投资者热捧的一本证券交易必读经典。

资料来源：笔者根据相关资料整理得到。

13.2.2　国际金融创新风险的成因

1. 国际金融创新产品本身原因——内在特性

（1）国际金融创新产品如指数期货、指数期权、指数基金等的价格是基础产品价格变动的函数，因此，国际金融创新产品较传统国际金融工具对价格的变动更为敏感，风险系数比传统市场大。

（2）国际金融创新产品，特别是金融衍生产品的交易多采用杠杆交易方式，参与者只须少量，甚至不用资金调拨，即可进行数额巨大的交易，极易产生信用风险。

（3）期货、期权（权证）、调期、互换等跨期交易使未来的产品价格具有不确定性。

（4）国际金融创新产品交易大多属于银行的表外业务，不易及时了解风险头寸数额。而现代金融技术和市场的高度流动性，使交易头寸随时发生巨大变化，因此传统的监管数据很难真实反映交易头寸的最新情况。

2. 微观主体原因——内部控制

内部控制薄弱，对交易员缺乏有效的监督，是造成国际金融创新风险的一个重要因素。例如，内部风险管理混乱是巴林银行覆灭的主要原因。首先，巴林银行内部缺乏基本的风险防范机制，里森一人身兼清算和交易两职，缺乏制衡，很容易通过改写交易记录来掩盖风险或亏损。同时，巴林银行也缺乏一个独立的风险控制检查部门对里森的行为进行监控。其次，巴林银行管理层监管不严，风险意识薄弱。在日本关西大地震之后，里森因其衍生合约保证金不足而求助于总部时，总部竟然还将数亿美元调至新加坡分行，为其提供无限制的资金支持。最后，巴林银行领导层分裂，内部各业务环节之间关系紧张，令许多知情管理人员忽视市场人士和内部审检小组多次发出的警告，以至于导致整个巴林集团的覆没。

3. 宏观原因——金融监管及金融市场的全球化

金融监管不力是造成国际金融创新风险的主要宏观因素。美国长期资本管理公司（LTCM）曾是美国最大的对冲基金，其利用复杂的金融模型和高杠杆操作进行投资。然而，由于 1998 年俄罗斯的主权债务违约事件，LTCM 产生巨大亏损，并最终导致了其崩溃。监管中存在真空状态是导致其巨额亏损的制度性因素，甚至在 LTCM 出事后，美国的金融管理当局都还不清楚其资产负债情况。由于政府对银行、证券机构监管的放松,使得许多国际商业银行集团和证券机构无限制地为美国长期资本管理公司(LTCM)提供巨额融资,瑞士银行(UBS)和意大利外汇管理部门(UIC)均产生了巨额损失。[①]

金融市场的全球化增加了外部风险。在金融全球化迅猛发展的 20 多年中,国际金融市场的动荡愈加剧烈,金融危机影响的广度和深度比以往更加明显。过去 30 多年的金融实践表明,在金融全球化的进程中,金融业的稳定性在逐渐下降,金融风险和金融危机的国际传染性越来越强。如果说过去的金融风险主要来自一个国家内部的话,那么,随着金融全球化的发展,现在的金融风险来自外部的比重则明显增加,特别是发展中国家,开放程度越高,受国际金融风险的冲击就越大,不仅原有的金融风险在增加,同时还形成了新的金融风险。

13.3 国际金融创新风险的管理

国际金融创新作为金融发展的产物,在其自身发展过程中,对世界经济和金融发展产生了广泛及深远的影响,它不仅为国际金融经济带来了巨大的利益,同时也给国际金融经济的发展带来了许多的风险隐患。

亚洲国家先后发生金融危机的一个重要原因和教训,就是在金融创新的过程中,没有及时对金融体系严格实施审慎监管制度,金融风险的透明度较差,风险未能得到及时发现、预警和监控,致使金融风险不断累积、蔓延,直到最后总爆发,酿成严重的金融系统性危机。

国际金融创新引起风险再生问题是不争的事实,对国际金融监管机构和国际金融机构来说,最重要的是在风险产生之前采取各种有效的措施进行监测,使得风险能及早发现;同时,对风险的产生采取各种措施进行防范,尽量减少风险的产生。从风险管理的层次来看,国际金融创新风险的管理应该从内部控制与监管、外部监管和会计监控三个方面来进行。

13.3.1 国际金融创新风险的内部控制与监管

金融机构的内部控制是现代金融风险管理的基础,只有金融机构内部形成严格的内控机制,外部的金融监管才能有效。随着金融业的飞速发展,金融业业务日趋复杂多变,金融机构的内部控制在金融监管中的基础作用地位越来越突出、越来越重要。作为国际金融创新主体的金融机构,为了追逐利润和逃避金融监管,新的金融产品、金融工具不断涌现,而金融监管机构的监管方式和监管手段往往相对滞后。为了规避金融机构自我创新而形成的金融风险,加强金融机构的

---

① 朱雪莹.98 年俄债违约下的巨星陨落:LTCM 往事[EB/OL]. https://wallstreetcn.com/articles/3654188,2022-03-14.

内部控制就成为实施有效金融监管的前提和基础。

内部监管是指经营金融业务的金融机构内部的自我监管。对国际金融创新风险而言，强化内部监管也至关重要。国际金融创新风险监管中的内部监管包括微观金融主体的内部监管、交易所内部监管以及市场约束与行业自律。

1. 微观金融主体的内部监管

微观金融主体的内部监管主要是指微观金融主体的总部通过建立风险监管系统（包括组建专门机构，制定监管制度、程序和监控指标等）对所辖金融机构的经营活动进行全面监控。强化国际金融创新风险的内部监管必须注意如下问题。

（1）建立由董事会、高层管理部门和风险管理部门组成的风险管理组织系统，确立风险决策机制和内部监管制度。高层管理部门负责拟定风险管理的书面程序，包括限定交易的目的、对象、目标价格、合约类型、持仓数量、止损点位、交易流程以及不同部门的职责分配等，并报董事会同意；董事会定期考核机构风险暴露状况，并对上述程度进行评估与修正。风险管理部门是联系董事会、高层管理部门和创新业务部门的纽带。其必须独立于创新业务部门，客观公正地评价、度量和防范在金融创新产品交易过程中面临的市场风险、信用风险、流动性风险、结算风险、操作风险等。

（2）制定合理的风险管理监测系统。该系统至少应包括三方面：风险衡量系统，即对机构的各类风险进行全面、准确和及时的衡量；风险限制系统，即为机构各类风险设置分类界限，保证风险暴露超过界限时及时报告管理层，并由其授权同意；管理资讯系统，即由风险管理部门将衡量的风险及时向管理部门和董事会报告以便进行监测。

（3）实施全面的内部控制与稽核。金融创新业务风险管理规则和程序是内部控制总体框架的延伸，内部稽核人员对风险管理过程和内部控制系统进行定期检查，严格控制交易程序，将操作权、结算权和监督权分开，严格执行层次分明的业务授权，加大对越权交易的处罚力度，对机构的风险管理部门的独立性和总体有效性进行评估，从而有效发挥内部监管职能。

2. 交易所内部监管

交易所是金融创新产品交易的组织者和市场管理者，它通过制定场内交易规则，监督市场的业务操作，保证交易在公开、公正、竞争的条件下进行。为了有效管理国际金融创新风险，必须做到以下几个方面。

（1）创建完备的金融创新市场制度。其主要包括：严格的市场信息披露制度，增强透明度；大额报告制度；完善的市场准入制度，对创新市场交易者的市场信用状况进行调查和评估，制定资本充足要求；以及其他场内和场外市场交易规则等。

（2）建立创新市场的担保制度。其主要包括：合理制定并及时调整保证金比例，起到第一道防线的作用；持仓限额制度，发挥第二道防线的作用；日间保证金追加条款；逐日盯市制度或称按市价计值（mark to market），加强清算、结算和支付系统的管理；价格限额制度等。

(3) 加强财务监督。根据创新产品的特点，改革传统的会计记账方法和原则，制定统一的信息披露规则和程序，以便管理层和用户可以清晰明了地掌握风险敞口情况。

3. 市场约束与行业自律

市场既是竞争的场所，也是一个自然的监督机制，因此各国际金融经济体都日益开始强调市场约束的作用。从1999年美国《金融服务现代化法案》的实施，2001年《新巴塞尔协议》的出台，到2002年美国《萨班斯—奥克斯利法案》的颁布，国际金融监管中的市场约束受到高度重视。各国监管当局正采取各种方法将政府监管与市场约束有机地结合起来，通过市场经济力量本身对金融机构和金融活动实施约束，以提高国际金融监管的效率，从根本上防范国际金融创新风险。

同时，有效的国际金融创新风险管理需要各方面的共同努力，与行政监管相比，行业自律具有相当大的灵活性，对各金融机构也具有一定的约束力，是一道灵活有效的外部防线。通过建立金融业行业自律组织，可以督促各金融机构认真执行国家的金融法律法规，协调金融机构同业竞争关系，确保金融业平稳健康发展。加强自律，可以通过市场主体之间的相互监督和共同自律，减轻市场监管机构的负担，提高市场监管效率，有利于更好地降低创新产品交易的风险，特别是衍生金融交易的风险。

13.3.2 国际金融创新风险的外部监管

对国际金融创新风险进行外部监管，是国际金融监管的主要方法。尽管世界各国的金融监管体制不尽相同，但政府和金融当局对证券业、保险业和银行业的经营都实行外部金融监管。除保险业外，证券业和银行业是形成金融创新风险的主要源头，因此，对证券业和银行业以及两业合营的金融机构实行外部监管尤为重要。

国际金融创新风险的外部监管包括金融立法、建立专门的监管机构对金融机构（主要是银行业和非银行性金融业）进行专业管理以及国际监管。

1. 金融立法

从发达国家的实际情况来看，无论是对直接金融交易市场的监管，还是对间接金融交易中银行部门的监管，健全立法并依法监管，是加强金融监管的基础。通过立法形式把一定时期的管理政策固定在法律基础上，这样，就使金融监管有了准则，使市场调控有了依据，且使管理具有强制性、规范性和稳定性。国际金融创新是国际金融发展的产物，日新月异的创新业务及金融工具交易所构成的金融活动充满了形色各异的风险，对于金融创新发达的国家而言，虽然传统金融监管的法规制度比较健全，但仍然面临着随着金融创新的发展需要进一步完善有关创新金融法规的任务。因为近20年来西方经济金融发展较快的国家频频发生大的金融案件，并由此酿成对国际金融体系具有较大冲击的金融震荡，从不同侧面暴露出金融创新风险监管方面的法律不健全和监管疏漏。

进一步完善金融立法、加强金融执法是实施国际金融监管、保障国际金融安全的法律依据，也是国际金融监管规范化、法治化的根本保证。

2. 建立专业金融监管机构

（1）对大的金融衍生工具交易所实行专业管理。如新加坡国际金融交易所建立完善的交易所风险监管体系，包括：聘请国际期货界专家组成顾问小组；要求各会员公司总部对其分公司加强内部管理和监控；要求会员公司确保交易部门的负责人不得兼管清算部门，以及自营业务与客户业务必须分离，交易所必须建立赔偿基金保护散户的利益；规定交易所对推出的新合约和成立分支机构均须报请金融主管当局批准等。同时建议建立场外衍生业务清算所，监管者对场外交易通过清算所进行外部监管。

（2）金融当局运用资本条件，即规定资本与资产的充足比例，对金融机构及证券经营机构进行管理。目前有三种基本方法：欧共体与巴塞尔委员会采用的基本因素法、英国采用的组合法和美国等采用的综合法。

（3）与个别机构达成书面协议，金融当局直接对该机构发出警戒指令。书面协议是一种比较严厉的制裁措施，金融当局通过书面协议，对被监管机构进行约束，如果经营衍生证券交易的机构违背协议，金融当局有权终止其经营。

3. 国际监管

国际金融创新风险的国际监管包括两个方面：一是国与国之间联合协作监管；二是国际性金融机构对其成员进行的金融风险监管。

（1）国际监管合作。金融国际化和金融自由化在加快金融业发展的同时，也在很大程度上扩大了金融风险在国家之间的相互传递，对一国的金融监管提出了新的挑战。由于金融创新工具的市场交易几乎都是跨国进行的，而且多数发达国家的金融组织分支机构几乎遍及世界各国，其金融创新业务也几乎渗透到世界大部分地区。这样，一方面，增加了一国政府和金融当局对本国金融机构及金融市场交易活动进行金融监管的难度；另一方面，一笔业务或经济纠纷也往往涉及多国的管理法规能否共同协调的问题。特别是一些创新性金融机构从其注册之日起就是一种国际性组织并经营跨国性业务。这些机构本质是私人金融机构，由于其本国注册，他国经营，或他国注册，别国经营及多国经营，经营的又是跨国业务，以致其经营活动完全置于本国和其他经营所在国的金融监管之外，因此，金融创新的风险带有国际性质，其监管不是某个国家的事情，也不是一个国家的政府和金融当局能够单独完成的事情，它关系到本国乃至全球的金融安全，因此，加强国际间合作显得更为重要。

目前的国际监管合作主要有以下几种形式：多边论坛、双边谅解备忘录、以统一的监管标准为基础的协调和统一监管。历年来金融危机的多次爆发对世界金融、经济造成了巨大影响，因此加强金融监管的国际合作，是在金融国际化、金融自由化的环境下防范、规避国际金融风险的一个必然选择，加强金融监管的国际合作与交流对实施有效的金融监管具有重要意义，是一个必不可少的内容。

（2）国际性金融机构对成员的监管。根据组织的协调能力，现有的金融监管国际合作组织基本上可以分为两类：一类是对成员没有法律约束力的国际监管组织，包括巴塞尔委员会、国际证券委员会组织、国际保险监管联合会等，这类组织主要通过没有法律约束的"君子协议"来推动成员之间的合作以及国际性监管标准的推广。另一类是以国际法或区域法为基础的监管组织，它们通过的监管规则对成员具有法律约束力，可以在一定程度上统一实施对成员的金融监管。例如欧盟和北美自由贸易组织等。从合作内容上来看，国际金融监管合作活动主要在以下几个领域进行：改善监管主体之间的信息交流，建立信息共享机制；加强对跨国金融机构的监管；对跨国金融机构实施并表监管；建立统一的国际监管标准；对金融集团的监管以及区域性的金融监管一体化的努力。

20 世纪 90 年代以来，随着国际金融创新业务的迅猛发展，国际金融创新风险愈发暴露出它的巨大破坏性。东南亚金融危机以后，国际金融界开始高度重视国际金融创新的风险监管和防范。在统一监管的国际化进程中，巴塞尔委员会发挥了重要作用。该委员会于 1975 年通过了《对国外银行机构监督的原则》，1983 年进行了修改；1988 年颁布了《关于统一银行资本衡量和资本标准的协议》（即《巴塞尔协议》），该协议成为银行业国际监管的重要标准；1996 年初，又公布了《巴塞尔资本金协议市场风险修正案》，制定了统一的估测、监管银行市场风险的标准等。此外，其他国际性组织也发挥了重要作用。针对银行及金融危机，1995 年 6 月，西方七国首脑会议提出要大力加强国际货币基金组织（IMF）对各国经济和财政金融状况实行监督的能力、建立金融危机预警防范和应对机制、建立全球范围内监视和控制金融市场风险体系的设想。1996 年 1 月，欧盟要求成员国银行分配充足的资本，以防止股票、债券和货币市场交易的风险，该监督性指令对成员国都具有约束力。1995 年 4 月 12 日，国际清算银行提出了金融机构市场风险防范标准方案。1995 年 8 月，国际货币基金组织（IMF）发表关于资本市场的年度报告，建议各国政府应该加强对金融交易的监管。1994 年 9 月，西方十大工业国中央银行总裁在巴塞尔国际清算银行达成协议，拟订了公开衍生金融产品交易资讯的统一标准。

从 1998 年开始，国际巴塞尔银行监管委员会和国际证券监管委员会积极与各成员签订国际金融监管协作备忘录，确定诸多的金融监管协作原则，而且从 1998 年开始着手修改和完善《巴塞尔协议》，增添对金融创新业务的风险监管条款。2004 年 6 月 26 日，《新巴塞尔资本协议》在巴塞尔银行监管委员会获得通过,保持了与《旧巴塞尔资本协议》的连续性、一贯性,同时又有新的发展,监管框架更完善、更科学,风险权重的计量更准确,风险认识更全面,并创新出内部评级法(IRB)。2010年9月12日,巴塞尔银行监管委员会宣布,各方代表就《巴塞尔协议Ⅲ》的内容达成一致。

随着国际金融业和国际金融市场的进一步发展,伴随着金融创新产品的层出不穷,国际金融机构在国际金融创新风险的监管方面也必将发挥着越来越重要的积极作用。

【扩展阅读】

《巴塞尔新资本协议》的三大支柱

《巴塞尔新资本协议》对于统一银行业的资本及其计量标准作出了卓有成效的努力,在信用风险和市场风险的基础上,新增了对操作风险的资本要求;在最低资本要求的基础上,提出了监管部门监督检查和市场约束的新规定,形成了资本监管的"三大支柱"。

1. 第一大支柱

最低资本充足率要求仍然是新资本协议的重点。该部分涉及与信用风险、市场风险以及操作风险有关的最低总资本要求的计算问题。最低资本要求由三个基本要素构成:受规章限制的资本的定义、风险加权资产以及资本对风险加权资产的最小比率。其中有关资本的定义和8%的最低资本比率,没有发生变化。但对于风险加权资产的计算问题,新协议在原来只考虑信用风险的基础上,进一步考虑了市场风险和操作风险。总的风险加权资产等于由信用风险计算出来的风险加权资产,再加上根据市场风险和操作风险计算出来的风险加权资产。

《巴塞尔新资本协议》仍然将资本充足率作为保证银行稳健经营、安全运行的核心指标,仍将银行资本分为核心资本和附属资本两类,但进行了两项重大创新:一是在资本充足率的计算公式中全面反映了信用风险、市场风险、操作风险的资本要求;二是引入了计量信用风险的内部评级法。银行既可以采用外部评级公司的评级结果确定风险权重,也可以用各种内部风险计量模型计算资本要求。

资本充足率的计算公式为:资本充足率=(资本-扣除项)/(风险加权资产+12.5倍的市场风险资本+12.5倍的操作风险资本)。

2. 第二大支柱

监管部门的监督检查,是为了确保各银行建立起合理有效的内部评估程序,用于判断其面临的风险状况,并以此为基础对其资本是否充足作出评估。监管当局要对银行的风险管理和化解状况、不同风险间相互关系的处理情况、所处市场的性质、收益的有效性和可靠性等因素进行监督检查,以全面判断该银行的资本是否充足。《巴塞尔新资本协议》要求各国监管当局通过银行内部的评估进行监督检查,确保银行有科学可靠的内部评估方法和程序,使银行能够准确地评估、判断所面临的风险敞口,进而及时准确地评估资本充足情况。为保证最低资本要求的实现,《巴塞尔新资本协议》要求监管当局可以采用现场和非现场检查等方法审核银行的资本充足情况。在资本水平较低时,监管当局要及时采取措施予以纠正。

3. 第三大支柱

市场约束旨在通过市场力量来约束银行,其运作机制主要是依靠利益相关者(包括银行股东、存款人、债权人等)的利益驱动,出于对自身利益的关注,会在不同程度上和不同方面关心其利益所在银行的经营状况,特别是风险状况,为了维护自身利益免受损失,在必要时采取措施来约束银行。由于利益相关者关注银行的主要途径是银行所披露的信息,因此,《巴塞尔新资本协议》特别强调提高银行的信息披露水平,即要求银行及时、全面地提供准确信息,加大透明度,以便利益相关者作出判断,采取措施。《巴塞尔新资本协议》要求银行披露信息的范围包括资本充足率、资本构成、风险敞口及风险管理策略、盈利能力、管理水平及过程等。市场约束是对第一大支柱、第二大支柱的补充。

资料来源:笔者根据相关资料整理得到。

13.3.3 国际金融创新风险的会计监控

金融创新风险往往会使投资者遭受严重损失,甚至危及整个金融市场的稳定。因此,及时、充分地从会计上监控和披露金融创新的风险状况,对金融创新风险进行会计防范,也是当前金融创新会计的主课题。

(1) 运用谨慎性原则。当今世界各国对风险防范运用得最广泛的会计理论当数谨慎性原则。要求企业在选择会计处理方法时采用尽可能不高估资产和所有者权益的会计处理,并使会计核算尽可能建立在比较稳妥可靠的基础上。为此,可以提取金融创新风险金,利用谨慎性原则确认损益。

(2) 改革会计制度,增加金融衍生市场的透明度。作为金融创新发源地和中心的美国专门制定了第105号财务会计准则,并从1994年开始执行。根据该准则,金融衍生业务交易商必须按合约净值在资产负债表中反映信用风险,监管当局通过非现场检查,及时了解交易商的风险情况,并即时对其实行外部监管。

(3) 完善结算制度。金融创新风险管理的基本条件是建立完善的结算制度,一些金融创新交易是以少量保证金作为保证的信用交易,具有杠杆效应,收益可观,但风险也是惊人的。一旦金融创新产品开始交易,就意味着风险的发生,该风险先通过结算反映出来,要规避风险也要通过结算进行。因此,实行风险管理应主要依据结算系统进行,但要使结算系统有效运作,就必须从制度上做到周密安排。

【本章小结】

1. 国际金融创新风险是国际金融创新过程中,创新供给主体的创新措施不能顺利实施，或者创新收益遭到损失的可能性。国际金融创新风险包含两方面的含义：一个是初始风险；另一个是继生风险。国际金融创新在推动金融业和金融市场发展的同时，也在总体上增大了金融体系的风险。其主要表现为：国际金融创新使金融机构的经营风险增加；国际金融创新使表外风险增加；国际金融创新增加了体系风险；国际金融创新增加了投机风险。

2. 国际金融创新风险可以细分为几种主要风险，包括设计风险、市场风险、信用风险、流动性风险、操作风险、法律风险、声誉风险。国际金融创新的风险体系，是一个由多种风险交织在一起的彼此制约的复杂链条。各种风险是相互联系、相互影响的。其中市场风险占据主体地位，与其他风险相互紧密联系，而其他风险也会对市场风险产生影响。国际金融创新风险的成因则包括：国际金融创新产品本身原因，即内在特性；微观主体原因，即内部控制；宏观原因，即金融监管及金融市场的全球化。

3. 国际金融创新风险的管理应该从内部控制与监管、外部监管和会计监控三个方面来进行。金融机构的内部控制是现代金融风险管理的基础，加强金融机构的内部控制是实施有效金融监管的前提和基础。内部监管即指经营金融业务的金融机构内部的自我监管。国际金融创新风险监管中的内部监管包括微观金融主体的内部监管、交易所内部监管以及市场约束与行业自律。国际金融创新风险的外部监管包括金融立法和建立专门的监管机构对金融机构（主要是银行业和非银行性金融业）进行专业管理。国际金融创新风险的会计监控是当前金融创新会计的主课题，可以从三个方面来进行：其一，运用谨慎性原则。其二，改革会计制度，增加金融衍生市场的透明度。其三，完善结算制度。

【复习思考题】

一、知识题

（一）名词解释

国际金融创新风险　　　初始风险　　　继生风险　　　表外风险
内部监管　　　　　　　市场约束　　　行业自律　　　谨慎性原则

（二）单项选择题

1. 由于市场价格变动而导致国际金融衍生产品价格变动的风险是指（　　）。
   A. 设计风险　　　B. 市场风险　　　C. 信用风险　　　D. 操作风险
2. 由于内部控制系统或清算系统失灵而导致的风险是指（　　）。
   A. 设计风险　　　B. 法律风险　　　C. 信用风险　　　D. 操作风险
3. 市场风险越大，则流动性风险（　　）。
   A. 越大　　　　　B. 越小　　　　　C. 不变　　　　　D. 无法判断
4. 金融市场的全球化增加了（　　）。
   A. 内部风险　　　B. 法律风险　　　C. 外部风险　　　D. 无法判断
5. 衍生交易的一方不按合同条款履约而导致的风险是指（　　）。

A. 流动性风险　　B. 法律风险　　C. 信用风险　　D. 声誉风险

（三）多项选择题

1. 国际金融创新在推动金融业和金融市场发展的同时，也在总体上增大了（　　）。

　　A. 经营风险　　B. 表外风险　　C. 体系风险　　D. 投机风险

2. 国际金融创新推动了金融业的（　　）。

　　A. 异质化　　B. 自由化　　C. 现代化　　D. 国际化

3. 亚洲国家先后发生金融危机的原因有（　　）。

　　A. 缺乏审慎监管制度　　　　B. 金融透明度差
　　C. 风险未及时预警　　　　　D. 存在传染效应

4. 对金融创新风险进行会计防范，可以采取下列（　　）措施。

　　A. 运用谨慎性原则　　　　　B. 改革会计制度
　　C. 完善结算制度　　　　　　D. 持仓限额制度

5. 国际金融创新风险产生的主要原因有（　　）。

　　A. 国际金融创新产品本身因素
　　B. 内部控制薄弱因素
　　C. 金融监管不力的因素
　　D. 金融市场全球化带来的外部风险增加

（四）判断题

1. 初始风险和继生风险都属于国际金融创新风险。　　　　　　　　　　（　　）
2. 由于创新交易的低杠杆性，其投机性对金融市场的影响比传统交易大得多。　　　　　　　　　　（　　）
3. 金融机构从事表外业务的实质就是变相增加账面负债。　　　　　　　（　　）
4. 由于创新交易的高杠杆性，其投机性对金融市场的影响比传统交易大得多。　　　　　　　　　　（　　）
5. 场内交易的衍生工具都是标准化的合约，流动性风险较小。　　　　　（　　）

（五）简答题

1. 为什么说国际金融创新在推动金融业和金融市场发展的同时，也在总体上增大了金融体系的风险？
2. 如何理解"国际金融创新风险是相互联系、相互影响的"？

二、能力题

1. 讨论题：试分析如何进行国际金融创新风险的管理。
2. 案例题。

案例素材：1992年，尼克·里森被巴林银行总部任命为新加坡巴林期货总经理兼首席交易员，负责该行在新加坡的期货交易并实际从事期货交易。1992年巴林银行有一个账号为"99905"的"错误账号"，专门处理交易过程中因疏忽而造成的差错，新加坡巴林期货公司的差错记录均进入这一账号。1992年夏天，伦敦总部的清算负责人要求里森另行开设一个"错误账户"，此"错误账户"以代码"88888"为名设立。数周之后,巴林总部换了一套新的电脑系统,重新决定新加坡巴林期货公司的所有差错记录仍经由"99905"账户向伦敦报免,"88888"差错账户因此搁置不用。这个账户却被尼克·里森用来进行交易,甚至成了里森赔钱的"隐藏所"。1992年7月17日,里森手下一名交易员误将客户买进日经指数期货合约的指令当作了卖出,损失2万英镑,当晚清算时被里森发现。但里森决定利用"88888"账户掩盖失误。长此以往,到1994年时,亏损额已由2 000万英镑、3 000万英镑一直增加到7月份的5 000万英镑。巴林银行由于长期缺乏严格的内部控制,1994年8月银行才成立资产管理部对风险进行集中管理,但是到当年年底才知道里森对银行已造成了损失。直到1995年初,有关部门还错误地认为里森尚在盈利之中。到了1995年2月,里森进行违规操作,在金融衍生产品市场上的投机行为直接造成14亿美元的损失,导致巴林银行宣告破产。

第13章 参考答案

资料来源:(1) 刘仲元. 股指期货教程[M]. 上海:上海远东出版社,2007;

(2) 尼克·里森自传:我如何弄垮巴林银行[M]. 北京:中国经济出版社,1996.

案例思考:巴林银行破产倒闭的主要原因是什么?

参考文献

1. 陈彪如. 国际金融概论（增订本）[M]. 上海：华东师范大学出版社，1991.
2. 陈岱孙，厉以宁. 国际金融学说史 [M]. 北京：中国金融出版社，1991.
3. 陈雨露. 国际金融 [M]. 6版. 北京：中国人民大学出版社，2019.
4. 范小云，陈平. 国际金融 [M]. 2版. 北京：高等教育出版社，2019.
5. 韩博印. 国际金融 [M]. 北京：机械工业出版社，2013.
6. 姜波克. 国际金融新编 [M]. 6版. 上海：复旦大学出版社，2018.
7. 蒋先玲. 国际金融学 [M]. 北京：中国人民大学出版社，2018.
8. 李贺，冯晓玲，赵昂. 国际金融——理论实务案例实训 [M]. 上海：上海财经大学出版社，2015.
9. [美] 理查德·M. 莱维奇. 国际金融市场价格与政策 [M]. 施华强，等译. 北京：中国人民大学出版社，2003.
10. 栗书茵. 国际金融学 [M]. 北京：机械工业出版社，2006.
11. 刘舒年. 国际金融（修订本）[M]. 北京：对外经济贸易大学出版社，1991.
12. 吕随启，王曙光，宋芳秀. 国际金融教程 [M]. 3版. 北京：北京大学出版社，2013.
13. [美] 迈克尔·梅尔文，斯蒂芬·C. 诺尔宾. 国际货币与金融 [M]. 8版. 何青，译. 北京：中国人民大学出版社，2016.
14. 梅德平. 国际金融学 [M]. 武汉：武汉大学出版社，2016.
15. [英] 莫利纽克斯，沙姆洛克. 金融创新 [M]. 冯健，等译. 北京：中国人民大学出版社，2003.
16. 彭洪辉. 外汇业务操作技巧 [M]. 上海：学林出版社，1992.
17. [美] 托马斯·梅耶，等. 货币银行与经济 [M]. 林宝清，等译. 上海：上海人民出版社，2007.
18. 王继祖. 国际经济金融若干前沿理论问题研究 [M]. 天津：南开大学出版社，2005.
19. 叶云. 国际金融 [M]. 北京：中国传媒大学出版社，2014.
20. [加] 约翰·C. 赫尔. 期货期权入门 [M]. 张陶伟，译. 北京：中国人民大学出版社，2001.